中国
反不正当竞争法
发展研究报告

宁立志 等◎著

ZHONGGUO
FAN BUZHENGDANG JINGZHENGFA
FAZHAN YANJIU BAOGAO

中国法制出版社
CHINA LEGAL PUBLISHING HOUSE

本书作者

宁立志　董　维　赵　丰

前 言

反不正当竞争法是竞争法的核心部分之一，我国较早时期的反不正当竞争法还包含了反垄断法，其与反垄断法共同构成竞争规则体系的主体架构；反不正当竞争法也是知识产权法的重要组成部分，是知识产权法体系大厦的四梁八柱中不可或缺的一柱，兜底或并行地使知识产权法保持一定的开放性。反不正当竞争法所追求和维护的公平竞争和正当竞争，是整个市场经济规则体系的灵魂和基石。它不仅为万千经营者和亿万消费者的合法权益提供保护，而且也对竞争秩序和商业道德加以维护和诠释，特别是对新业态、新领域新型竞争活动的商业伦理起到引领和培育作用，还为市场自由与政府监管划定边界并提供依据。其对于社会主义市场经济法律体系的完善和我国经济的高质量发展，重要性都不言而喻。习近平总书记在主持政治局第二十五次集体学习时也强调，要完善公平竞争相关法律法规和政策措施，要促进公平竞争。所以，回顾我国几十年来反不正当竞争法的风雨历程，特别是近年来反不正当竞争法的发展变化，总结经验和教训，为我国反不正当竞争法各项制度特别是理念取向的后续发展提供历史参照和未来指引，都十分必要。本书的出版，正是基于这样的出发点。

2014 年笔者受邀作为《反不正当竞争法》修订小组负责人之一，全程参与修法；2019 年受聘国务院反垄断委员会专家咨询组成员，参加大量疑难案件的研讨、规范性文件的起草论证和研究报告的评阅，无数次亲历了反垄断和反不正当竞争关系问题的处理；2020 年还受托执笔起草国务院部门规章《商业秘密保护规定》。笔者主持的“武大知识产权与竞争法”微信公众号坚持不间断地每天关注和推送包括反不正当竞争动态在内的全球最新知识产权和竞争法学术及实践动态，这些经历中的点滴心得，也部分融入在书中，期能对我国反不正当竞争法的学术研究、制度建设和实践完善，有所助益。

需要特别说明和诚挚感谢的是，本书第一章是应学界好友、同仁、厦门大学知识产权研究院院长林秀芹教授之约，为一本纪念改革开放四十周年的知识产权法著作撰写的一章，完成约稿、兑现允诺的压力让我克服了一些懒惰，对改革开放四十年来反不正当竞争法的变迁进行了一次全面回顾和梳理。第二至六章是承蒙中南财经政法大学前校长、文澜资深教授、一代知识产权大家吴汉东老师之不弃和垂邀，为吴老师主编的《中国知识产权蓝皮书》撰写的“反不正当竞争法部分”2015 年至 2020 年各年份的年度研究报告，各年度研究报告对当年反不正当竞争法的立法修法进展、法律制度发展、执法司法情况、学术研究状况等进行体系化组织和全景式呈现，每年年度研究报告的撰写让我保持了对反不正当竞争法的持续关注，对吴老师的敬仰让我不敢有丝毫懈怠并得以坚持多年，深深感谢吴老师的信任和提督。当然，也要感谢每到岁末年初，我的好友、中南财经政法大学知识产权研究中心彭学龙教授不时的交稿截止日期提醒和对初稿的审阅。本书出版的主要动因就是将这些年度研究报告汇集起来，作为一份反不正当竞争法小史，奉献给 2021 年这个有巨大总结意义的年份，希望对我国反不正当竞争法制度建设和学术研究的承前启后和继往开来，有些许参考意义。

本书成稿过程中，有我指导的多名研究生的参与和协助，具体执笔情况如下：第一章：宁立志；第二至四章：宁立志、董维；第五章：宁立志、董维、赵丰；第六章：宁立志、赵丰。另外，第三至六章还有部分研究生参与资料收集和数据整理，他们的名字见之于各章首部的注释说明。第二至六章分别于 2016 年至 2021 年编入各年份《中国知识产权蓝皮书》，该书由知识产权出版社首次出版时，各位编辑老师审稿过程中帮我纠正了一些文字错误。本书统稿过程中，博士生龚涛和硕士生喻张鹏、李慧妍帮我再次校对了书稿和补充部分数据，减少了数据的遗漏。本书出版过程中，曾敬编审投入了大量细致的工作，付出了大量的辛劳。在此一并表示感谢。

受本人水平限制，书中不当和遗漏之处，定不在少数，特别是各年份典型案例的选择，选取的标准是须具备足够的典型性和代表性，但也有部分同样具有典型意义和研究价值的案例由于篇幅限制而忍痛搁置的情形，还有各年份反不正当竞争法学术论文的数据统计，不排除应纳入而未纳入统计范围的情况，对各位大作的扼要介绍也未必十分准确和全面。这一切都缘于我们工作时间和工作能力的限制，在此特向各位同仁深表歉意，期盼各位不吝赐教和批评指正。

宁立志

2021 年 7 月 1 日

目录

第一章

中国反不正当竞争法治四十年回顾

一、改革开放40年来反不正当竞争法变迁概述

（一）立法背景

从新中国成立到20世纪70年代末，竞争在我国一直被视为是资本主义国家的“专利”，当时的计划经济体制也往往用社会主义劳动竞赛来取代竞争。[①] 直到党的十一届三中全会召开，我国才提出以经济建设为中心和改革开放的新决策，并着重提出了健全社会主义民主和加强社会主义法制的任务。而社会主义经济是否存在竞争以及竞争的性质、形式等问题也借此契机才逐步被社会广泛讨论和得以凝聚社会共识，国家也逐步重视发挥价值规律和市场机制对国民经济运行的作用。因此，总的来说，从1979年至1992年，国家改变了过去高度集中的计划经济体制，逐步开始实行计划经济与市场调节相结合的体制。[②] 而竞争机制正是市场调节的基本运行机制，但其并非总是发挥正向的激励作用。譬如，在转轨期间，各行各业在初步开放的市场中竞争愈演愈烈，甚至出现了以方便面、白酒、电视机等商品为代表的价格、品牌大战，可以说在此竞争过程中，大多数经营者是通过改善经营管理、开发引进新技术新产品、降低生产运营成本和开拓国内市场等合法方式来开展竞争的，但亦有部分经营者是通过诋毁竞争对手、发布虚假广告、搭便车、商业贿赂等违背商业道德和诚信原则的不正当竞争

---

① 李天霞：《反不正当竞争法释疑与诉讼策略文书标准格式》，吉林人民出版社2000年版，第19页。

② 漆多俊：《经济法学》，武汉大学出版社2001年版，第59页。

行为来获取商业利益的。[①] 加之，在 1992 年 1 月 17 日，中美两国政府签署了《关于保护知识产权的谅解备忘录》，根据该文件我国政府承诺将根据《保护工业产权巴黎公约》（以下简称《巴黎公约》）第 10 条第 2 项的规定有效地防止不正当竞争，并将于 1993 年 7 月 1 日之前向立法机关提交符合该规定保护水平的议案，且尽最大努力于 1994 年 1 月 1 日前使该议案通过并实施，这在客观上加快了我国竞争法立法的步伐。[②] 正是在上述宏观政策积极改革、部分市场消极运行以及中美谈判加速推动的背景下，对市场竞争行为如何进行规制的问题才逐步引起国内各界的重视，反不正当竞争法的相关立法工作亦逐渐被视为建立和保障社会主义市场经济的法制建设的重要组成部分，并最终促成了《中华人民共和国反不正当竞争法》的出台。

自 1993 年《中华人民共和国反不正当竞争法》（以下简称《反不正当竞争法》）颁布以来，该法的出台和实施在我国推进改革开放和建构市场经济体制的进程中承担着规范市场秩序的使命和重任，时至今日，其已成为我国市场经济体制中的基础性法律制度之一。然而，与 20 世纪 90 年代初相比，我国在经济规模、发展模式、竞争状态、竞争方式等方面都发生了广泛而深刻的变化。尤其在以计算机、信息网络等为代表的现代信息技术深刻改变社会面貌的现实背景下，法律的滞后性已越来越明显，而社会对该法的修订要求也越来越迫切。[③] 其必要性亦能从修法的诸多理论争执和条款变动中凸显出来，包括：第一，新时代经济与技术的发展需要修法对实践中出现的新型不正当竞争行为作出适时回应；第二，相关概念界定和行为列举等需要修法进一步完善其规范的周延性和细致性；第三，反不正当竞争法

① 张富强：《经济法通论》，法律出版社 2013 年版，第 110 页。

② 中国法律年鉴 1993 年分册：《反不正当竞争法实用全书》，中国法律年鉴社 1993 年版，第 25 页。

③ 宁立志：《互联网不正当竞争条款浅析》，载王先林主编：《竞争法律与政策评论（第 3 卷）》，法律出版社 2017 年版，第 7 页。

与其他法律之间的交叉冲突问题需要通过修法加以厘清；第四，不正当竞争行为的规制和治理机制还不够完善也需要通过修法得以加强和创新等。[①] 同时，在 2013 年十八届三中全会通过的《中共中央关于全面深化改革若干重大问题的决定》中，特别强调"建设统一开放、竞争有序的市场体系，是使市场在资源配置中起决定性作用的基础"，凸显出在全面深化改革的新时代，完善相关的竞争规范仍是新时代的重要命题。足见，以上市场条件的变化、旧法的滞后性以及深化改革的政策支撑成为推动《反不正当竞争法》修法的重要背景。

（二）立法过程

1.《反不正当竞争法》(1993 年) 立法过程

（1）1978—1987 年酝酿铺陈阶段：事实上，自 1978 年十一届三中全会后，我国就开始纠正排斥市场机制和市场竞争的错误的经济政策，决定引进竞争机制，培育社会主义市场体系，在此基础上形成了初步的竞争政策。如 1980 年 10 月 17 日，国务院即发布了《关于开展和保护社会主义竞争的暂行规定》(简称《竞争十条》)，从内容上看，其肯定了竞争对于现代化建设的重要作用，正式提出了鼓励公平竞争，反对垄断和不正当竞争的核心内容，并授权各地区、各部门根据该暂行规定的精神，制定实施办法，保护竞争的公平进行。在此规定的推动之下，各地方和部门也相继进行了反不正当竞争立法的有益探索。如 1985 年武汉制定了《制止不正当竞争行为试行办法》，这也是中国第一部反不正当竞争地方立法；1987 年上海制定了《制止不正当竞争暂行规定》；江西省于 1989 年制定了《江西省制止不正当竞争试行办法》；国务院也在 1983 年颁布了《国营工业企业暂行规定》，在其第 70 条中规定了一些有关不正当竞争的内容，在 1987 年又相继制定和

---

① 张茅：《关于〈中华人民共和国反不正当竞争法（修订草案）〉的说明》，载《中华人民共和国全国人民代表大会常务委员会公报》2017 年第 6 期，第 810 页。

出台了《价格管理条例》《广告管理条例》等，如后者第 4 条明确规定："在广告经营活动中，禁止垄断和不正当竞争行为。"总体来看，这些相关规范既丰富了我国反不正当竞争的实践，也为反不正当竞争的全国性统一立法提供了极其宝贵的经验。

（2）1987—1993 年立法形成阶段：1987 年，国务院首次提出要制定全国性的制止不正当竞争行为法，并由当时的国务院法制局、国家工商行政管理局等七个部门组成联合小组起草《反不正当竞争法》，该小组起草了一个《禁止垄断和不正当竞争暂行条例》，其间前后四易其稿，但由于各方对立法中的一些基本问题意见分歧较大，加之缺乏相关经验，而使起草工作不得不停顿下来。直至 1991 年春，由于经济的发展和改革开放的进一步深入，全国人大常委会重新强调要加快经济立法，反不正当竞争立法才再次被提上日程，并在 1992 年初被列入全国人大常委会的立法计划，由国家工商行政管理局承担该法的起草任务，专门成立了起草小组。起草小组在前四稿的基础上，收集研究了国内外大量的相关法律资料，并派人赴美国、韩国等考察后，正式完成了《反不正当竞争法》征求意见稿。1993 年初，召开了专家论证会，1993 年 9 月 2 日，第八届全国人大常委会第三次会议审议通过了《反不正当竞争法》，并于 1993 年 12 月 1 日起开始实施。[①] 至此，我国的反不正当竞争开启了竞争基本法的时代。

（3）1993—2013 年补充完善阶段：在《反不正当竞争法》通过的 20 年时间里，国家工商行政管理局又先后发布了一些配套规章，如《关于禁止公用企业限制竞争行为的若干规定》（1993 年 12 月 24 日发布）、《关于禁止有奖销售活动中不正当竞争行为的若干规定》（1993 年 12 月 24 日发布）、《关于禁止仿冒知名商品特有的名称、包装、装潢的不正当竞争行为的若干规定》（1995 年 7 月 6 日发布）、《关于禁止侵犯商业秘密行为的若干规定》

① 国家工商行政管理局条法司：《反不正当竞争法释义》，河北人民出版社 1994 年版，第 8–9 页。

（1995 年 11 月 23 日发布）、《关于禁止商业贿赂行为的暂行规定》（1996 年 11 月 15 日发布）、《关于禁止串通招投标行为的暂行规定》（1998 年 1 月 6 日发布）等。一些省市也根据《反不正当竞争法》的规定，结合本地实际情况制定了一批地方性竞争法规，如《北京市反不正当竞争条例》（1994 年 7 月 22 日通过）、《上海市反不正当竞争条例》（1995 年 9 月 28 日通过）、《江苏省实施〈中华人民共和国反不正当竞争法〉办法》（1995 年 10 月 19 日通过）等。[①] 更重要的是，在此期间，与竞争相关的全国性法律也纷纷出台，如《消费者权益保护法》（1993 年 10 月 31 日通过）、《广告法》（1994 年 10 月 27 日通过）、《价格法》（1997 年 12 月 29 日通过）、《招标投标法》（1999 年 8 月 30 日通过）、《反垄断法》（2007 年 8 月 30 日通过）等。可以说，上述规范一方面有益地补充了《反不正当竞争法》规定的不足，也在一定程度上被后来的立法所吸收和借鉴；但另一方面也与《反不正当竞争法》产生了交叉和冲突，更凸显了其在内涵界定和规范列举上的局限性。这也为通过修法的形式清理和完善《反不正当竞争法》提供了规范上的理据和空间。

2.《反不正当竞争法》（2017 年）修法过程

（1）2013—2015 年修法启动阶段：《反不正当竞争法》仅实施五个年头后，就已有学者指出其规定的滞后性，并认为需要对其进行相应的法律修改。[②] 尤其是自《反垄断法》通过以来，学界对于梳理竞争法体系，修订《反不正当竞争法》的声音越发高涨。[③] 而这一修订的契机则是源自 2013 年十八届三中全会通过的《中共中央关于全面深化改革若干重大问题的决定》，其中明确提出改革市场监管体系，反对不正当竞争，建立统一开放有序的市场体系的要求。中央全面深化改革领导小组也将现行法的修订作为全面

① 黄赤东、孔祥俊：《反不正当竞争法及配套规定新释新解》，人民法院出版社 2001 年版，第 18–19 页。

② 孔祥俊：《反不正当竞争法的适用与完善》，法律出版社 1998 年版，第 1–4 页。

③ 种明钊主编：《竞争法》，法律出版社 2008 年版，第 108–110 页。

深化改革的工作要点。[①] 鉴于此，在 2014 年 12 月 25 日通过的《全国人大常委会 2015 年立法工作计划》中，开始将《反不正当竞争法》的修改列为预备项目之一，[②]《反不正当竞争法》的修订工作也得以正式启动。

（2）2015—2018 年修法加速阶段：虽然《反不正当竞争法》的修订已被列入 2015 年立法工作计划之中，但是作为预备项目，其在计划中被明确指出，这些立法项目由有关方面抓紧调研和起草工作，视情况在 2015 年或者以后年度安排全国人大常委会审议。[③] 而在 2015 年 12 月 30 日，工商总局即向国务院报送了《反不正当竞争法（修订草案送审稿）》，《反不正当竞争法》的修订也因此在 2016 年 3 月 17 日通过的《国务院 2016 年立法工作计划》中被列为全面深化改革急需的项目。[④] 在工商总局报送后，国务院法制办即开始征求有关部门、地方和行业协会的意见，公开征求社会意见，召开企业座谈会、专家论证会。根据各方意见反馈情况，会同工商总局并邀请最高人民法院法官反复研究修改，形成了《反不正当竞争法（修订草案）》，于 2016 年 11 月 23 日国务院第 155 次常务会议讨论通过，并提交全国人大常委会审议。[⑤]2017 年 2 月、2017 年 8 月，全国人大常委会对《反不正当竞争法（修订草案）》进行了两次审议。在此期间，全国人大常委会法制工作委员会将修订草案印发各省、自治区、直辖市、中央有关部门和部分企业、研究机构征求意见，并两次在全国人大网全文公布修订草案征求社会公众意见（2017 年 2 月 26 日至 3 月 25 日、2017 年 9 月 5 日至 9 月 24 日）。全国人大法律委员会、财政经济委员会和全国人大常委会法制工作委员会

---

① 张茅：《关于〈中华人民共和国反不正当竞争法（修订草案）〉的说明》，载《中华人民共和国全国人民代表大会常务委员会公报》2017 年第 6 期，第 810 页。

② 《全国人大常委会 2015 年立法工作计划》，载《中华人民共和国全国人民代表大会常务委员会公报》2015 年第 3 期，第 683–684 页。

③ 《全国人大常委会 2015 年立法工作计划》，载《中华人民共和国全国人民代表大会常务委员会公报》2015 年第 3 期，第 683–684 页。

④ 《国务院 2016 年立法工作计划》，载《国务院公报》2016 年第 12 期，第 19–20 页。

⑤ 张茅：《关于〈中华人民共和国反不正当竞争法（修订草案）〉的说明》，载《中华人民共和国全国人民代表大会常务委员会公报》2017 年第 6 期，第 810 页。

联合召开座谈会，听取中央有关部门、部分企业和专家对修订草案的意见。同时，经过实践调研，法律委员会、法制工作委员会就修订草案的有关问题与财政经济委员会、最高人民法院、国务院法制办公室、国家工商行政管理总局交换意见，共同研究，对修订草案进行了修改。[①]2017 年 11 月 4 日，第十二届全国人大常委会第十三次会议以 148 票赞成、1 票弃权，表决通过了修订后的《反不正当竞争法》，国家主席习近平签署主席令予以公布。新修订的《反不正当竞争法》也于 2018 年 1 月 1 日起开始施行。此举无疑标志着我国《反不正当竞争法》的修法工作已收锣罢鼓，但其修法成效仍有待于执法与司法实践的检验。

3.《反不正当竞争法》（2019 年）修法过程

2018 年，美国对中国发起贸易战。美国贸易代表办公室发布的《中国与技术转移、知识产权和创新相关的行为、实践和政策的 301 调查报告》[②]指责中国对知识产权的保护不足。美方的指责中存在大量夸大和揣测的内容。随后，以商业秘密为代表的知识产权保护问题成为中美贸易谈判的焦点之一。

2019 年 3 月 15 日，第十三届全国人民代表大会第二次会议通过了《外商投资法》，于 2020 年 1 月 1 日起生效，取代实行多年的《中外合资经营企业法》《中外合作经营企业法》《外资企业法》，成为中国管理外商投资领域的基本法。《外商投资法》第 23 条规定行政机关及其工作人员对于履行职责过程中知悉的商业秘密应当予以保密，同时在第 39 条规定了相应的法律责任。

为配合《外商投资法》的实施，应对中美贸易谈判，加强对商业秘密的保护，本次《反不正当竞争法》的修订便应运而生。2019 年 4 月 23 日，

---

① 王瑞贺、杨红灿：《中华人民共和国反不正当竞争法释义》，中国民主法制出版社 2017 年版，第 13-14 页。

② United States Trade Representative, Section 301 Investigation of China's Acts, Practices, and Policies Related to Technology Transfer, Intellectual Property and Innovation, March, 2018.

全国人大常委会通过了《全国人民代表大会常务委员会关于修改〈中华人民共和国建筑法〉等八部法律的决定》，对《反不正当竞争法》中的商业秘密条款进行了修订。

（三）立法的主要亮点

1.《反不正当竞争法》（1993 年）的中国特色

事实上，国际竞争立法早在 20 世纪初期就已经初具规模，尤其是 1900 年《巴黎公约》就已将反不正当竞争列入其调整范围，并在 1911 年的华盛顿文本中对制止不正当竞争的措施作了进一步规定。之后，在 1925 年的海牙文本中正式规定了不正当竞争行为的含义，并要求成员国向其他成员国提供反不正当竞争救济。该公约的反不正当竞争规定也逐渐具有国际竞争法的性质与意义，使得在 100 多个《巴黎公约》的成员国中，其制止不正当竞争的法律基础由此不仅基于国内立法，而且建立于国际水准之上。[①] 我国则于 1985 年 3 月 19 日正式加入《巴黎公约》成为其成员国，这在事实上也推动了我国反不正当竞争立法的进程，我国的《反不正当竞争法》也吸收融入了现代国际竞争立法的先进经验与技术，但仍具有一些鲜明的中国特色，譬如：

第一，我国《反不正当竞争法》采用的是综合调整的立法模式。纵览各国竞争法制，其在反不正当竞争立法体例上虽各有差异，但一般为分立式、统一式或混合式的立法模式。其中分立式是指反不正当竞争法与反垄断法分别立法，如德国、日本等；而统一式是指制定一部市场竞争法来对不正当竞争行为、垄断行为等统一进行调整，如匈牙利和我国台湾地区等；混合式则是指并没有专门的反不正当竞争法，而是通过若干法律、法规和判例来调整各种不公平交易行为，典型国家如美国。[②] 而当初我国《反不正当竞争法》确定调整范围的原则是，借鉴国外立法经验，但主要从我国社会

---

① 孔祥俊：《反不正当竞争法新论》，人民法院出版社 2001 年版，第 15 页。

② ［德］弗诺克·亨宁·博德维希：《全球反不正当竞争法指引》，黄武双等译，法律出版社 2016 年版。

主义市场经济发展水平和实际情况出发，规范那些在我国经济生活中亟待加以规范的不正当竞争行为。依据这个原则，经考察认为，因我国尚处于社会主义初级阶段，典型的经济垄断和大部分限制竞争行为在我国并不突出，且受到传统体制的影响和财政包干体制的制约，我国存在严重的部门垄断和地区封锁以及某些公用企业限制竞争行为比较突出的现象，①立法最终选择了综合调整模式，即既调整狭义上的不正当竞争行为，也调整包括行政垄断在内的部分垄断行为，以适应社会发展的实际需要，这也体现了我国反不正当竞争立法的特色。

第二，我国《反不正当竞争法》侧重行政执法机关的主动干预。我国《反不正当竞争法》突出了政府主动干预原则，即带有强烈的行政干预色彩，其中干预的主体既包括该法的行政主管机关——各级工商行政管理机关，又包括各级人民政府和依法具有监督检查职能的其他部门。②同时，虽然我国与域外国家一样规定了多种救济方式，如民事制裁、行政制裁和刑事制裁，但我国特别突出了对行政执法的规定，包括：责令停止违法行为、吊销营业执照、没收违法所得、罚款等。这主要与我国当时的国情相关，因我国地域广阔，法治观念正在培育，且处在市场经济刚刚起步的初始阶段，再加之我国有运用行政救济来处理纠纷的传统，而且与司法救济相比，行政救济具有快捷、简便的特点，③故，在立法之初较为侧重行政执法机关的主动干预。

2.《反不正当竞争法》(2017 年)的修订亮点④

从法律条文的整体变动情况来看，原《反不正当竞争法》共 33 条，修订后的《反不正当竞争法》共 32 条，其中删除 11 条，新增 10 条，修改 20 条，

---

① 国家工商行政管理局条法司：《反不正当竞争法释义》，河北人民出版社 1994 年版，第 10–11 页。

② 李天霞：《反不正当竞争法释疑与诉讼策略文书标准格式》，吉林人民出版社 2000 年版，第 19 页。

③ 国家工商行政管理局条法司：《反不正当竞争法释义》，河北人民出版社 1994 年版，第 12–13 页。

④ 宁立志、董维：《反不正当竞争法发展研究报告（2016—2017）》，载吴汉东主编：《中国知识产权蓝皮书（2016—2017）》，知识产权出版社 2018 年版。

原法第 3 条分立为新法第 3 条、第 4 条，原法第 31 条、第 32 条合并修改为新法第 30 条，足见变动不小。具体从法律条文的修订内容来看，新法主要有以下亮点：

第一，表述科学，界定周严。本次修法充分考量了立法宗旨、法律衔接、执法依据、司法认定等问题。譬如第 1 条由“保障”改为“促进”，反映出立法宗旨由“保守被动”向“积极主动”的转变；第 2 条第 1 款的“市场交易”改为“生产经营活动”，通过这一严谨科学的表述，明确了反不正当竞争法所属的规制范畴，也便于司法机关作出清晰的判断；第 5 条（原第 4 条）由“国家机关工作人员”改为“国家机关及其工作人员”，“及其”二字的修改进一步明确了法律的规制对象。而新法在定义界定上的严谨性，则主要体现在其对定义内容的修改更为科学与系统，如对不正当竞争行为、经营者及商业秘密的准确界定，增强了法律的适应性。

第二，增加列举，除旧迎新。本次修法对新的或当初立法时未充分考虑到的典型的不正当竞争行为或对象适当增加了列举，如在第 6 条的混淆行为中增加了字号、社会组织名称、域名主体部分、网站名称、网页等内容。所谓“除旧”主要指删除了旧法中关于规制排除、限制竞争行为的条款，将包括公用事业单位排除和限制竞争、行政垄断、企业以排挤竞争者为目的的低价倾销、捆绑销售以及串通招投标等行为交由反垄断法或招标投标法等法律规制，同时为了与新的广告法、新的商标法等法律衔接，对虚假宣传、混淆行为等的规定也进行了处理。而所谓“迎新”主要指新增了若干有亮点的条款，如修订后《反不正当竞争法》第 12 条的互联网条款，以概括加列举的形式对互联网相关的不正当竞争行为进行了规制，由于考虑到互联网技术及商业模式发展迅速，还增加了兜底条款以适应实践发展之需。

第三，汲取经验，回应热点。本次修法充分吸收和采纳了旧法实施以来，出台的配套规章、司法解释以及地方性法规的经验，同时还吸收了大量司法、执法案例所总结出来的对制度修正的经验及学术界的研究成果。如一般条款的设计问题、商业秘密的界定问题以及不正当宣传的表述问题等均有所体现。另外，对于现实中出现的热点不正当竞争问题，如商业贿赂中向影响交易第三人进行行贿的情形，互联网领域中的插入链接、强制进行目标跳转、网购刷单等新型不正当竞争行为，本次修法均作出了积极的回应。

第四，完善执法权能，提升违法成本。本次修法进一步完善了行政执法权能的分配，增加了检查、查封、扣押、查询等强制措施。此外，本次修法在民事赔偿和行政处罚上突出了“违法行为成本恒定大于违法收益”的原则。对于不正当竞争行为的法律责任，一方面细化了民事赔偿责任，如第 17 条对赔偿数额的详细规定；另一方面提高了行政罚款的上限额度，如由“违法所得三倍以下罚款”提升为“违法经营额五倍以下罚款”等。同时加大了行政处罚的力度，新法的第 19 条、第 20 条均规定了“情节严重的，吊销营业执照”的处罚措施等。

3.《反不正当竞争法》（2019 年）的修正亮点[①]

第一，充盈了商业秘密的侵权方式。修正前的《反不正当竞争法》第 9 条第 1 款第 1 项规定了“盗窃、贿赂、欺诈、胁迫或者其他不正当手段”，“电子侵入”可以作为“其他不正当手段”进行规制，但由于实践中以“电子侵入”手段获取商业秘密的案件频频发生，对此单独列出予以明确，可以防止不法分子通过侵入他人计算机盗取商业秘密。

第二，周延了保密义务的来源。修订前的《反不正当竞争法》第 9 条第 1 款第 3 项规定，“违反约定或者违反权利人有关保守商业秘密的要求，披露、使用或者允许他人使用其所掌握的商业秘密”属于侵犯商业秘密的行为，其中“约定”是基于双方的合意而产生的保密义务，“权利人有关保守商业秘密的要求”是基于权利人单方的意思表示而产生的保密义务，但是这一规定忽略了保密义务的来源除当事人的意思表示之外，还包括法律的强制性规定，导致对商业秘密权利人的保护不够周延。修正后的《反不

① 宁立志、董维、赵丰等：《反不正当竞争法发展研究报告（2018—2019）》，载吴汉东主编：《中国知识产权蓝皮书（2018—2019）》，知识产权出版社 2020 年版。

正当竞争法》将“约定”改为“保密义务”，有效地弥补了这一漏洞。

第三，增加教唆、引诱、帮助侵权的规定。修正后的《反不正当竞争法》第9条第1款第4项规定了教唆、引诱、帮助侵权的行为，使得教唆、引诱、帮助者不仅要根据侵权法承担民事责任，还要承担行政责任。而且教唆、引诱、帮助的行为具有较强的隐秘性，原告往往难以举证证明其间接侵权，在《反不正当竞争法》中单独规定教唆、引诱、帮助行为，并配合第32条举证责任转移的规定，可降低原告举证负担。

第四，扩大了侵权主体的范围。修正前的《反不正当竞争法》将侵犯商业秘密的主体限定为“经营者”，即从事商品生产、经营或者提供服务的自然人、法人和非法人组织。但是在实践中，商业秘密权利人的员工、前员工或者某些不从事商品生产、经营或提供服务的单位、个人，也可能会实施侵犯商业秘密的行为，而这些主体的行为很难依据修正前的《反不正当竞争法》得到规制。为了弥补这一漏洞，本次修法将侵犯商业秘密的主体从单独的经营者扩大到包括“经营者以外的其他自然人、法人和非法人组织”，从而实现了主体范围的全覆盖。

第五，完善了商业秘密的定义。修正前的《反不正当竞争法》对商业秘密的定义为“不为公众所知悉、具有商业价值并经权利人采取相应保密措施的技术信息、经营信息”，该定义中，“不为公众所知悉、具有商业价值并经权利人采取相应保密措施”是商业秘密与其他种概念的差异，“技术信息、经营信息”是临近的属概念，虽然“技术信息、经营信息”本身的内涵也十分丰富，可解释空间很大，但仍然有一些属于商业秘密的信息无法纳入这一概念中。因此，本次修法在“技术信息、经营信息”后增加“等商业信息”，在临近属概念的基础上又增加了一层属概念，通过这种兜底性表述，使得商业秘密的表现形式不再局限于“技术”或“经营”信息。[①]

---

① 詹昊、宋迎等:《本次〈反不正当竞争法〉修改意义重大》，载《中国市场监管报》2019年5月21日第7版。

第六，强化了侵犯商业秘密行为的法律责任。本次修法在第 17 条中增设了惩罚性赔偿制度，即“经营者恶意实施侵犯商业秘密行为，情节严重的，可以在按照上述方法确定数额的一倍以上五倍以下确定赔偿数额”。这是我国在《反不正当竞争法》中建立惩罚性赔偿制度的有益探索。同时，本次修法将第 17 条第 4 款规定的法定赔偿的最高限额由 300 万元提高到了 500 万元，可见我国在加大对知识产权的保护力度。此外，本次修法还在第 21 条中增加了没收违法所得的处罚，增加了侵犯商业秘密的违法成本，可以起到有效的威慑和预防作用，从源头上切断经营者侵犯商业秘密的意图。

第七，增设侵犯商业秘密民事审判程序中的举证责任转移制度。本次修法最大的亮点便是新增了第 32 条，对侵犯商业秘密的民事审判程序中举证责任的转移作了规定。在商业秘密的构成要件方面，权利人只需提供初步证据证明商业秘密的“保密性”，并且合理表明商业秘密被侵犯，举证责任即转移给被告，而无需证明“秘密性”和“价值性”。在侵犯商业秘密的行为方面，权利人只需提供初步证据合理表明商业秘密被侵犯，且提供第 2 款规定的三类证据之一，举证责任即转移给被告。总的来说，本次修法在法律效果上极大地减轻了商业秘密权利人的举证责任，使得商业秘密侵权纠纷中的举证责任分配近乎变成了举证责任倒置，将是否构成商业秘密侵权的举证责任实质上分配给了侵权人。[①]

（四）立法后的实施情况

1.《反不正当竞争法》（1993 年）实施概况

（1）执法情况

从《中国工商行政管理年鉴》历年统计情况来看，我国的工商行政管理部门自 1996 年年鉴（统计 1995 年情况）起就开始专门统计了反不正当竞

---

① 陈冠东：《商业秘密侵权纠纷中举证责任的再认识——写在〈反不正当竞争法〉第三十二条增加之际》，载《中国专利与商标》2019 年第 3 期。

争执法案件情况。[①]经过对1995—2016年这二十来年的执法案件数量、种类、罚款金额及案件总值等的统计与分析，可以勾勒出以下反不正当竞争执法概况：

第一，执法案件总数呈现双驼峰形。从图1可以观察到，自《反不正当竞争法》（1993年）实施以来，1995—2006年出现执法案件总数波动上涨的情况，表明在市场经济建设的初期，随着市场化改革的推广，不正当竞争案件的爆发量也呈现一定的递增趋势。而自2008年以来，随着《反垄断法》的出台对竞争行为的威慑力的加强和金融危机的爆发使得全球商业环境的衰退恶化等，执法案件总数又呈现了递减情况。直至2012—2014年，随着《商标法》修改的热潮以及国家工商总局《关于做好2013年一季度全国工商系统打击侵权假冒重点工作的通知》（办字〔2013〕18号）的推动，使得在这一段时间假冒他人注册商标的查处力度较大，直接导致2013年达到自《反不正当竞争法》实施以来“假冒他人注册商标案件数量”和“执法总数”的最高峰，如2013年查处的假冒他人注册商标案件数量（10586件）比2012年（3706件）整整多了6880件。而自2014年之后，执法案件数量又开始呈现波动下降趋势。总体来看，反不正当竞争执法案件数量的变化与我国的市场经济政策推动、经济大环境运行和执法行动等密不可分。

① 关于《中国工商行政管理年鉴》的统计有以下五点说明：第一，1994年、1995年年鉴未专门统计反不正当竞争执法案件情况，而是仍然沿用“全国处理投机倒把违法违章案件基本情况”的统计思路，遂无法提炼出《反不正当竞争法》（1993年）在1993—1994年的实施情况，执法情况统计将从1995年开始；第二，《中国工商行政管理年鉴2008年》中并未专门统计2007年反不正当竞争执法案件情况，将导致统计和分析时缺失此年份的数据；第三，年鉴中的案件总数统计既有不正当竞争案件的数量，也有排除、限制竞争案件的数量，故我们在总量数据选取时将剔除后者案件的数量；第四，因《反不正当竞争法》（1993年）中市场混淆条款与商业误导条款之间存在法条竞合的情形，而年鉴统计中，2013年年鉴开始把“在商品上伪造或者冒用认证标志、名优标志等质量标志，伪造产地，对商品质量作引人误解的虚假表示”纳入“虚假表示和虚假宣传的行为”，考虑到本次修法亦是将上述内容由商业误导条款加以调整，因此，在本次统计中，将上述内容纳入商业误导执法案件；第五，囿于部分统计中并未单列排除、限制竞争情形的罚没金额、案件总值的具体内容，且为保持数据的统一性，故关于反不正当竞争执法案件的罚没金额、案件总值的统计会包括排除、限制竞争案件的内容。

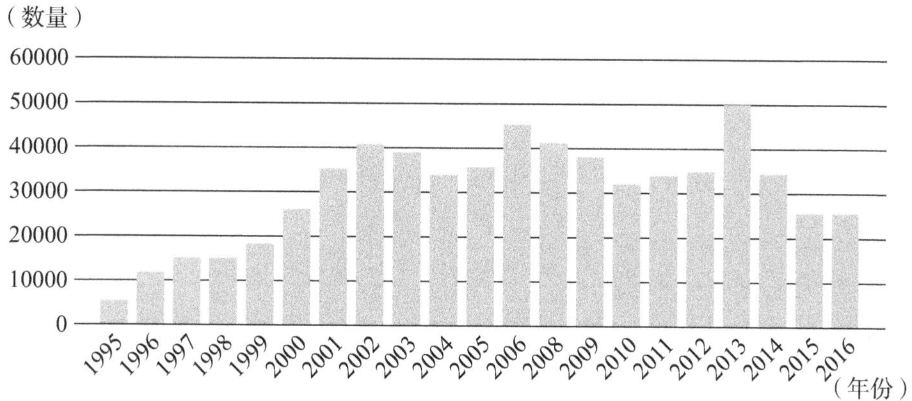

图 1　1995—2016 年反不正当竞争执法案件数量统计

第二，各类案件数量变动态势不一。从具体类型的反不正当竞争行为来看，各类行为因其产生原因、行为特征、市场环境、政策驱动等因素的不同，在案件数量的分布和变动上呈现各自不同的态势。首先，市场混淆行为长期处于频发状态，而不正当有奖销售则执法频率较低，商业诋毁和侵犯商业秘密的执法案件数量则一直保持最低状态。究其原因，搭便车和投机取巧等心理容易使市场行为人在优胜劣汰的市场竞争中作出市场混淆的行为，消费者对商品、服务质量意识的加强使不正当有奖销售的空间越发有限，而商业诋毁的道德谴责性较高、商业秘密的隐秘性较强，因此这两种行为的执法案件数量一直在 0—100 件的低位徘徊。其次，商业贿赂行为在 1995—2005 年期间长期处于缓慢增长的态势，但自 2005 年后则呈现小幅爆发的态势，并一直持续到 2012 年，而进入 2013 年，随着党的十八大以来从中央到地方“有腐必反、有贪必肃”的查案力度形成的高压态势，使得商业贿赂行为的发生一路走低，到 2016 年下降到 1009 件。再次，商业误导行为整体上呈现一个明显波动增长的态势，这凸显出在现代市场竞争中，相较于消费者需求，产品种类供给尤为充足，致使商业宣传在产品销售中越发重要，也进一步引致商业宣传中误导行为的增加态势。当然，相信随着社会诚信体系建设越发完善，商业误导行为的发生也会得到一定的抑制。最后，关于其他不正当竞争行为，其整体上则呈现出一个先升后降的发展趋势，也即在 1995—2002 年间其案件数量持续走高，而自 2003 年以来则呈现明显的下降趋势，这可能与我国《反不正当竞争法》（1993 年）实施 10 年以来配套规范等的出台有关，从而使一些行为在类别界定上更为清晰明确。

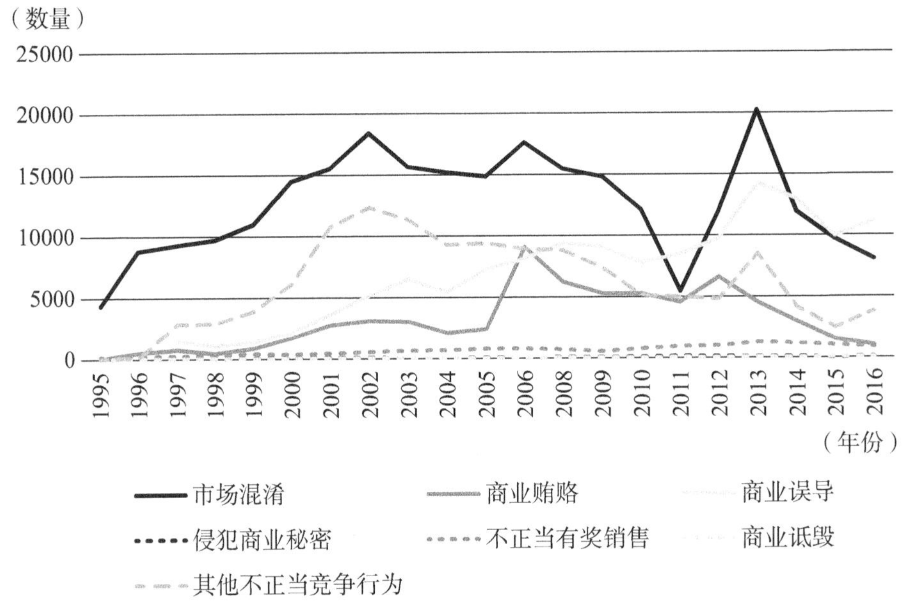

图 2　1995—2016 年反不正当竞争执法各类案件数量统计、趋势

第三，罚没金额与案件总值呈波动增长后又回落的态势。随着我国经济规模的爆发式成长和执法规范的完善及执法能力的提升，执法案件的罚没金额与案件总值呈现高速成长态势是可以预期的。从图 3 整体来看，罚没金额与案件总值在发展态势上具有较强的关联性和一致性，且罚没金额占案件总值的比例平稳上升（即从 1995 年的 8% 上升至 2016 年的 45%），而随着执法力度的加强，在 2014—2016 年间又呈现小幅上涨的趋势。不过，囿于案件的不可预期性，导致罚没金额与案件总值在增长中出现较大的波动。而自 2013 年以来，罚没金额与案件总值则呈现出一定的回落态势。同时，具体到图 4 可以发现，商业贿赂的案件总值及罚没金额的总量是最高的，其次是商业误导、其他不正当竞争行为以及市场混淆，而侵犯商业秘密、不正当有奖销售及商业诋毁则在案件总值及罚没金额的总量上处于较低水平。

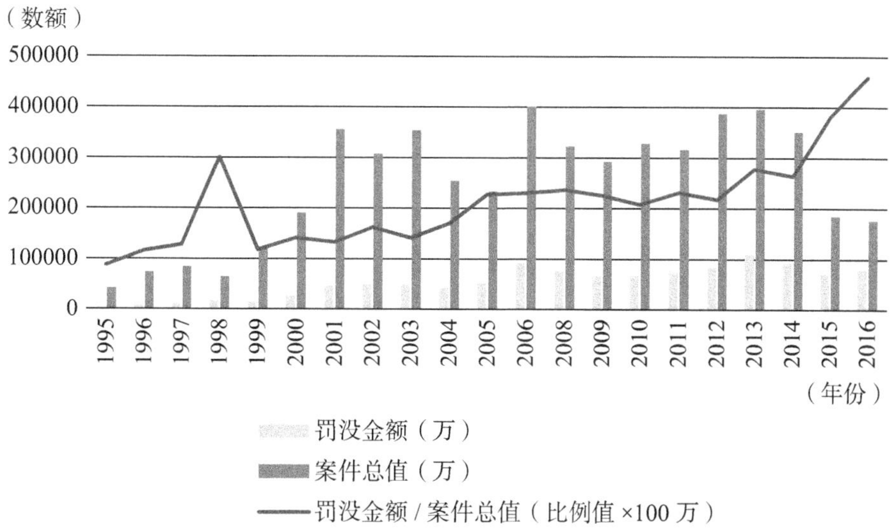

图 3　1995—2016 年反不正当竞争执法案件罚没金额与案件总值趋势

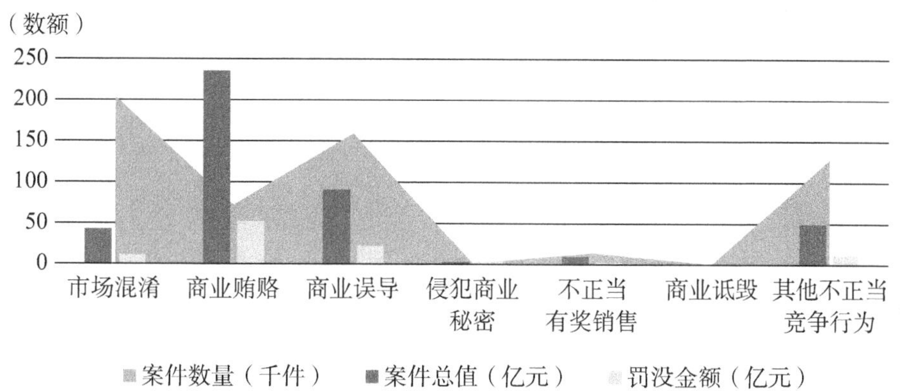

图 4　1995—2016 年各类不正当竞争行为之案件总量、案件总值与罚没总额

（2）司法情况

从“中国裁判文书网”“北大法宝”等法律数据库的分类情况来看，实践中都是将“反不正当竞争司法案例”分类于“知识产权司法案例”中。因缺乏相关反不正当竞争司法案例的年鉴数量统计，笔者遂仅以北大法宝的数据库统计为例，粗略分析2007—2018年以来我国反不正当竞争司法案例的情况。

从整体数量来看，“北大法宝”记录的2007—2018年以来我国反不正当竞争司法案例总量为7700件（此处统计剔除了其所归类的低价倾销、捆绑销售及串通投标的“不正当竞争纠纷”案件数量）。而从具体行为类型来看（见图5），仿冒纠纷的司法案例数量是最多的，紧随其后的则为侵害商业秘密纠纷、虚假宣传纠纷、商业诋毁纠纷以及商业贿赂纠纷，不正当有奖销售纠纷数量则最少，仅有25件。另外，从不同审级法院的案件数量来看（见图6），其中经过最高人民法院审理的有225件，基层人民法院及中级人民法院的审理数量则均超过了3000件，高级人民法院的审理数量仅有上述案件数量的三分之一强。最后，从实践发展来看，我国反不正当竞争司法案件主要呈现以下特点：第一，案件涉及的法律关系复杂，有的案件不仅涉及不正当竞争行为，同时还涉及侵犯著作权、商标权等行为；第二，案件社会影响较大，如有些案件往往涉及大型、知名企业，还有许多是外国企业，涉及具有较高知名度的商品或服务，社会影响重大；第三，新类型案件逐渐增多，近年来随着互联网产业的崛起和发展，除侵犯商业秘密、仿冒、虚假宣传等传统不正当竞争行为外，还出现了一些新类型案件，如刷单、链接跳转纠纷等；[①] 第四，案件审判越发专业化，随着我国知识产权法院的试点和推广，我国知识产权审判体系趋于完善、审判能力也走向成熟，而不正当竞争案件由于和知识产权纠纷关联甚密，也得以享受了这一专业化“福利”；第五，裁判思路上从权利侵害式向行为可责式转变，[②] 随着反不正当竞争法的竞争行为法属性的强化，已经确立了其迥异于绝对权侵权判断的竞

① 张晓津：《不正当竞争案件审理中的若干问题研究》，载《电子知识产权》2005年第1期，第33-34页。

② 孔祥俊：《〈民法总则〉新视域下的反不正当竞争法》，载《比较法研究》2018年第2期，第109页。

争行为正当性判断模式，引致司法实践在裁判思路上也已经开始改弦更张，如“脉脉案”二审判决在不正当竞争行为判定上的思路。[①]

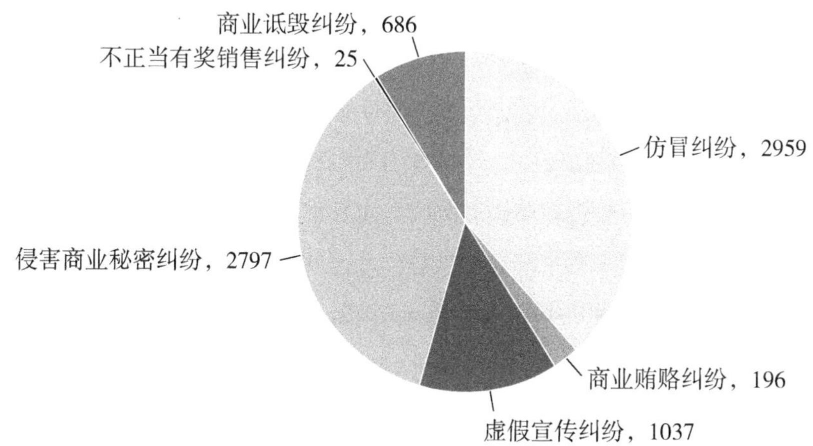

图 5 2007—2018 年反不正当竞争司法案件数量统计（件）

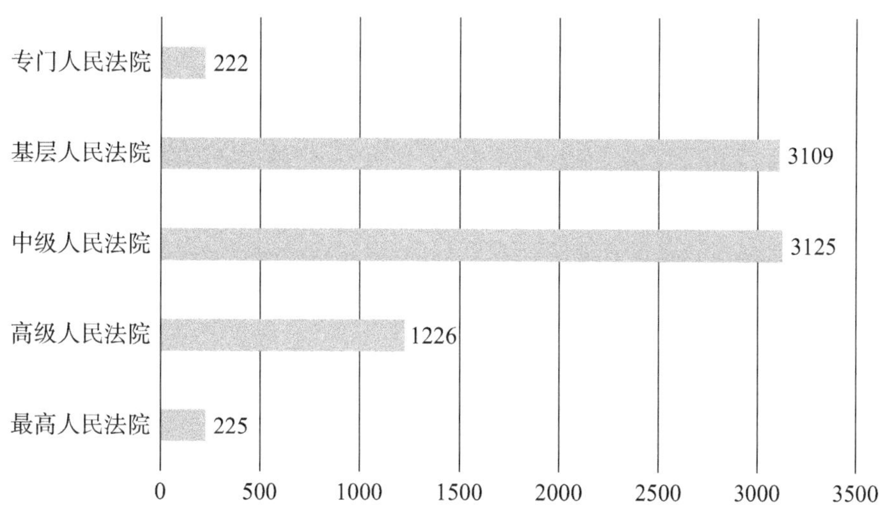

图 6 2007—2018 年反不正当竞争司法案件各审级法院数量统计（件）

① 北京知识产权法院（2016）京 73 民终 588 号民事判决书。

2.《反不正当竞争法》(2017 年)实施情况

(1)大部制改革下的反不正当竞争执法体制

1993 年制定《反不正当竞争法》时，虽有诸多部门、地方和专家在征求立法意见过程中建议参考国外经验，专门设立处理不正当竞争行为的全国性权威机构，如类似美国的联邦贸易委员会、日本的公正交易委员会、韩国的公正交易委员会等，以保证该法统一、严格地得以实施。但考虑到我国实际情况，最终认为按照当时的行政管理体制和部门分工比较切实可行，即“根据工商行政管理职能，制止不正当竞争行为，维护市场经济秩序，工商行政管理部门是责无旁贷的。同时，法律、法规另有规定，由其他有关部门管的，还是应由有关部门负责”。[①] 从此，我国反不正当竞争执法体制形成了以县级以上工商行政管理职能部门为主，法律、行政法规规定的质检、物价、卫生、建设、文化等部门为辅的多头执法体制。而 2017 年修法依然维持了上述关于执法体制的规定，并未作出实质性修改。但随着 2018 年大部制改革的推动，立法上规范的分散执法或可被行政体制上的机构合并而得以统一起来。如在 2018 年 3 月，中共中央印发了《深化党和国家机构改革方案》，根据该方案关于“深化行政执法体制改革”的要求，将整合组建市场监管综合执法队伍，即“整合工商、质检、食品、药品、物价、商标、专利等执法职责和队伍，组建市场监管综合执法队伍。由国家市场监督管理总局指导。鼓励地方将其他直接到市场、进企业，面向基层、面对老百姓的执法队伍，如商务执法、盐业执法等，整合划入市场监管综合执法队伍”。当然，机构改革后的执法效果如何仍有待于实践的进一步检验。[②]

---

① 刘敏学:《关于〈中华人民共和国反不正当竞争法(草案)〉的说明——1993 年 6 月 22 日在第八届全国人民代表大会常务委员会第二次会议上》，http://www.npc.gov.cn/wxzl/gongbao/2000-12/28/content_5003002.html，2021 年 7 月 9 日访问。

② 如 2018 年 5 月 14 日，国家市场监督管理总局即发布了《关于开展反不正当竞争执法重点行动的公告》〔2018 年第 4 号〕。为全面贯彻党的十九大精神，进一步促进新《反不正当竞争法》的实施，营造公平竞争的市场环境，市场监管总局决定，自 2018 年 5 月至 10 月，在全国范围内开展反不正当竞争执法重点行动。此次执法行动，重点围绕网络交易、农村市场、医药、教育等行业和领域，集中整治社会关注度高、反映强烈的市场混淆、商业贿赂、虚假宣传以及涉网不正当竞争等突出问题，切实维护公平竞争市场秩序，维护经营者、消费者合法权益。

另外，值得注意的是，在2017年修法中，原法中的“监督检查”权已改为“查处”权，强调了相关部门不得随意对经营者进行检查，只有在发现经营者涉嫌不正当竞争后，才能依法进行调查处理，[①] 进一步明晰了执法主体和执法权限。

（2）建立反不正当竞争工作协调机制

新法第3条第2款新增规定：“国务院建立反不正当竞争工作协调机制，研究决定反不正当竞争重大政策，协调处理维护市场竞争秩序的重大问题。”可以说，此款一方面确立了国务院从宏观角度拟定符合我国国情的反不正当竞争方面的重大政策的决定权，以结合产业发展等层面切实维护我国公平有序的市场竞争环境；另一方面则从微观角度针对执法交叉、执法空白以及多头执法标准不一等现实情况赋予国务院以重大市场竞争问题的决策权，从而改变了以往出现难以确定的不正当竞争问题时无人可作决定的尴尬处境，[②] 以保证我国反不正当竞争执法工作的权威性和有效性。

（五）《反不正当竞争法》的目的与作用

从《反不正当竞争法》的立法过程及修法状况来看，我国在《反不正当竞争法》的立法目的定位问题上举棋不定，至今仍对未来《反不正当竞争法》的目标定位缺乏把握，存在传统与现代、本土化与全球化、中国特色与世界潮流、私益保护与私益保护兼顾公益保护等的分野和抉择。[③] 但毋庸置疑的是，从立法之初《反不正当竞争法》在我国就并非一个经济转轨初期的临时产物和所谓主要保护竞争者的工具，而是具有现代竞争法所蕴含的通行价值，[④] 只是在其内容表述、层次安排与法益规范上仍尚存争执。但这种犹疑或争执并非只发生在我国，因经济基础决定上层建筑，法律的产生需

---

① 王瑞贺：《中华人民共和国反不正当竞争法释义》，法律出版社2018年版，第10页。

② 宁立志：《〈反不正当竞争法〉修订的得与失》，载《法商研究》2018年第4期，第120页。

③ 郑友德：《浅议我国〈反不正当竞争法〉的修订》，载王先林主编：《竞争法律与政策评论（第3卷）》，法律出版社2017年版，第3页。

④ 孔祥俊：《反不正当竞争法新论》，人民法院出版社2001年版，第15页。

要一定的经济、社会条件，其又服务于这个基础，所以这种相互关系就决定了反不正当竞争法在不同社会背景与经济时期的目的取向和作用呈现又有一些时代差异，这一点从 2004 年以来德国反不正当竞争法的修改来看就可见一斑。总体来说，我国《反不正当竞争法》的目的和作用主要有以下层次和内容：

第一，直接目的与作用是制止不正当竞争行为，保护经营者和消费者的合法权益。事实上，直接目的一般是指与某一内容有较为明显的、直接的联系，并直接促使其发生的目的，有时也称为手段。而《反不正当竞争法》作为一部行为规制法，首要的就是对行为的规制，以及对于行为判定构成要件中的经营者或消费者的合法权益的保护，这从我国《反不正当竞争法》对不正当竞争行为条款的列举和责任的设计中就能一目了然。如立法背景所述，我国自实行改革开放政策以来，竞争者之间为争夺交易机会和资源，往往会采取各种手段参与竞争，甚至不择手段，导致各类不正当行为早已泛滥成灾。这些行为不仅直接损害了经营者或消费者的合法权益，破坏了市场竞争秩序，严重阻碍了我国建立和发展市场经济，导致社会道德水准下降，败坏了社会风气，助长了腐败现象，严重影响了我国改革开放事业的顺利发展，甚至还影响着我国的外贸信誉、投资环境和创新培育。[①] 因此，迫切需要通过立法来营造我国公平的竞争环境。而规制各类不正当竞争行为，防止这类行为的进一步泛滥，同时保护经营者和消费者的合法权益，无疑成为认定和打击不正当竞争最直接的手段。故，制止不正当竞争行为，保护经营者和消费者的合法权益成为我国《反不正当竞争法》立法的直接目的和作用。

第二，根本目的与作用是鼓励和保护公平竞争，维护有序的市场竞争机制。与表象的直接目的相比，根本目的是某种行为从根源上、本源上所要追求的结果。公平有序竞争作为一种高度抽象的概念，其所追求的是一

① 邵建东：《竞争法教程》，知识产权出版社 2003 年版，第 18 页。

种秩序价值，其在法益呈现上是一种具有整体普遍性的社会公共利益，[①]其谋求的是整体的最大多数人的个体利益的实现，是个体利益的普遍化，而非简单的个体利益的相加，这也是竞争法法益目标的本质所在。[②]而对不正当竞争行为的规制与个体经营者或消费者利益的保护则是实现这一根本目的的具体路径和先决条件，这也体现了反不正当竞争法的根本目标是“保护竞争秩序而非保护竞争者”的现代竞争法观念。我国《反不正当竞争法》在起草过程和内容构造中，均充分体现了以社会为本位的竞争法的定位和取向。[③]从经济基础来看，社会主义市场经济作为现代国家经济模式的典型之一，其建设过程同样离不开市场秩序。而市场秩序的核心则是形成健康的竞争机制，因为只有通过竞争这一优胜劣汰的法则，才能充分调动经营者的积极性，促使他们提高质量、技术、管理和服务水平，并实现市场对资源的优化配置。[④]尤其是，十八届三中全会通过的《中共中央关于全面深化改革若干重大问题的决定》中，特别强调“建设统一开放、竞争有序的市场体系，是使市场在资源配置中起决定性作用的基础”，这已明确体现了国家对公平竞争制度的支持和对公平竞争理念的追求。

第三，最终目的与作用是与其他经济立法一道促进社会主义市场经济健康发展。根据我国《宪法》第 15 条的规定：“国家实行社会主义市场经济。国家加强经济立法，完善宏观调控。国家依法禁止任何组织或者个人扰乱社会经济秩序。”鉴于此，保障和促进社会主义市场经济健康发展是我国宪法这一规定的延伸和具体化，[⑤]也是我国《反不正当竞争法》立法的最终目的。事实上，在日本等国家和地区，“促进国民经济的健康发展”“促进经济之安定与繁荣”作为竞争法立法目的之一，均是出于促进经济发展的迫

---

① 刘继峰：《竞争法学原理》，中国政法大学出版社 2007 年版，第 256、261 页。
② 蒋悟真：《论竞争法的基本精神》，上海三联书店 2008 年版，第 212 页。
③ 孔祥俊：《论反不正当竞争法的竞争法取向》，载《法学评论》2017 年第 5 期，第 25 页。
④ 种明钊主编：《竞争法》，法律出版社 2008 年版，第 119 页。
⑤ 徐士英：《竞争法论》，世界图书出版公司 2007 年版，第 139 页。

切需要，服务经济发展的大局。而从 2017 年中国修法来看，立法目的条款唯一变动的一处即将“保障”一词改为“促进”一词，其不仅反映了我国立法态度越发开放和积极，也深刻反映了我国经济基础条件的转变。如在我国市场经济发展初期，重点是破除计划经济的思想樊篱，减少政府这只“有形之手”对市场的干预，避免市场竞争处于混沌无序的状态，[①] 以建立健全社会主义市场经济，在这样的背景下，旧《反不正当竞争法》在立法目的条款中明确提出了“保障社会主义市场经济健康发展”。这看似是一种较为被动和保守的表达方式，但确实是特定环境使然。而随着我国市场经济的不断健全，改革进程的不断深化，市场竞争观念的不断普及和法治意识的不断提升，此时人们对于社会主义市场经济的期待已经不再限于只是“保障市场经济依旧存在”，而是过渡到更高阶的“促进市场经济深化发展”。因此，如果仍然停留在“保障”一词，就无法深刻地反映时代的变化和经济发展阶段的新要求，而改为较为主动的“促进”一词，方能凸显出法律与政府对市场公平竞争秩序的积极追求，也彰显出我国对于市场经济发展现状和未来的自信。

（六）反不正当竞争法与知识产权法的关系

反不正当竞争法与知识产权法的关系问题实质上反映的是反不正当竞争法的性质与定位问题，但关于这一点，学界众说纷纭，2017 年修法也未能统一学界的认识。总体来看，学界主要呈现以下两种定位或关系的分野：第一，反不正当竞争法应属于知识产权法，即反不正当竞争法同商标法、专利法、著作权法等一同是知识产权法律体系的组成部分。如李明德教授认为：“无论是依据相关的国际公约，还是依据大多数国家的立法，反不正当竞争法都属于知识产权法，属于知识产权法律体系的一个组成部分。

---

① 袁嘉：《以多元利益保护观重塑反不正当竞争法立法目的条款》，载《经济法论丛》2017 年第 1 期，第 221–223 页。

因此，按照此理念，我国首先应当定位反不正当竞争法是保护某些智力活动成果的法律，是我国知识产权法律体系的一个组成部分。”[①]第二，反不正当竞争法应属于竞争基本法的范畴，但对知识产权的保护具有补充和衔接的功能。如孔祥俊教授指出：“反不正当竞争法始终以竞争法方式实现知识产权保护功能。无论是历史还是现实，反不正当竞争法都属于竞争法的范畴，需要回归到竞争法的轨道中来，按照其竞争法属性确定法律理念、制度定位和适用方法，追求竞争法的目标取向，采用符合竞争法和市场竞争属性的行为判断标准。”[②]

可以说，上述观点的分野与反不正当竞争规范的历史渊源密不可分，尤其是在国际法脉络下，反不正当竞争法被纳入了保护工业产权的国际条约之中，而在西方国家国内法的发展中，反不正当竞争法则出现了与反垄断法合流的趋势。

而从我国的实际修法来看，新法对于与反垄断法、知识产权法、广告法、产品质量法、招标投标法及消费者权益保护法等的关系问题也确实作了较大的区隔处理和规范厘清。同时，与早期相比，现代反不正当竞争法所关注的对象也早已不再限于知识产权保护（尤其是商业标志、商业秘密）的问题，而是拓展到整个市场竞争领域，如商业贿赂、不正当有奖销售，甚至新法所规范的互联网新型不正当竞争行为（如插入链接、强制进行目标跳转）等。并且在欧美反不正当竞争法走向效率取向的自由化过程中，[③]知识产权的财产法规制路径与反不正当竞争法的行为法规制路径的分歧亦越发明显。故，从发展趋势来看，反不正当竞争法由知识产权辅助保护法到竞争法功能日趋强化的非知识产权法，由经营者的“私益保护”到经营者、消费者和公共利益的“私益与公益叠加保护”，可能会更加凸显其在

---

① 李明德：《关于〈反不正当竞争法〉修订的几个问题》，载《知识产权》2017 年第 6 期，第 13、21 页。

② 孔祥俊：《论反不正当竞争法的竞争法取向》，载《法学评论》2017 年第 5 期，第 18、31 页。

③ 邵建东：《德国反不正当竞争法研究》，中国人民大学出版社 2001 年版，第 13、14 页。

新时代潮流下的竞争基本法的属性与定位。当然，基于知识产权在市场竞争上的双重效果，对其必要的保护和规范仍然是反不正当竞争法的重要任务和使命。故，从其作为来看，一方面，反不正当竞争法为知识产权提供的是有限的补充性保护，即知识产权权利人在专利权、著作权、商标权等典型权利形态之外，可依据反不正当竞争法对那些典型性不足的知识产权客体享有有限度的兜底性权益，以解决专门的知识产权法保护不足的问题。另一方面，反不正当竞争法亦从维护市场公平竞争秩序的核心出发，对扰乱市场竞争秩序，损害其他经营者或者消费者合法权益的知识产权滥用行为予以规制和打击，如恶意出具知识产权警告函或实施知识产权滥诉可能构成的商业诋毁等独立的不正当竞争行为。而从其底线来讲，反不正当竞争法一般提供的是消极禁止的保护，而非赋予积极的知识产权权利，因此，相对于知识产权法基本、专门的权利保护和规范，反不正当竞争法应以尊重和保护知识产权为前提，而对其规制和干预则要符合一定的比例原则。①

二、不正当竞争行为的禁止规范及其适用情况

（一）一般条款

《反不正当竞争法》自 1993 年颁布实施以来，其一般条款的功能定位和规范设计就饱受各方关注和争论。事实上，反不正当竞争法之一般条款是多数国家普遍采用的立法体例，如德国 2004 年《反不正当竞争法》第 3 条第 1 款、《法国民法典》第 1382 条和第 1383 条、《意大利民法典》第 2598 条、瑞士 1986 年《联邦反不正当竞争法》第 1 条和第 2 条、澳大利亚 1974 年《商业行为法》第 52 条、美国《联邦贸易委员会法》第 5 条、欧盟 2005 年

① 宁立志:《经济法之于知识产权的作为与底线》，载《经济法论丛》2018 年第 1 期，第 161、163 页。

《公平交易行为指令》第 5（2）条等均是适例。一般条款之所以成为各国的普遍选择，实因不正当竞争行为纷繁复杂，难以穷尽，故而通过兜底规范，在法律规定的具体事实构成不敷适用的地方，发挥查缺补漏的作用。[①] 这在我国也不例外，据笔者统计，在 1995—2016 年间全国工商行政管理机关查处的不正当竞争案件情况中，无法归类到具体行为条款的其他不正当竞争案件在案件总数中占比曾达到 30% 的最高水平（见图 7）。可见大量案件的存在，使得一般条款具有了适用基础和空间，在一定程度上一般条款确实发挥着克服成文立法不周延和滞后的弊端的作用。同时，其他不正当竞争案件无法具体、典型归类的现实，也从侧面反映了“法无明文规定不处罚”与“现时市场交易中非典型不正当竞争行为案件却屡见不鲜”之间的矛盾。同样地，我国司法实践中以《反不正当竞争法》的一般条款来认定不正当竞争行为的案件也占到了不正当竞争纠纷案件总数的 12.88%。[②] 故，在 2009 年“山东省食品进出口公司等诉青岛圣克达诚贸易有限公司等不正当竞争纠纷再审案”（简称“海带配额案”）[③] 中，最高人民法院以再审方式第一次确立了独立适用第 2 条的“三要件”（即：第一，法律对该种竞争行为未作出特别规定；第二，其他经营者的合法权益确因该竞争行为而受到实际损害；第三，该种竞争行为因确属违反诚实信用原则和公认的商业道德而具有不正当性或者说可责性），为后续不正当竞争纠纷的审判提供了操作上的指引。因此，在 2017 年修法过程中，理论与实务界对一般条款的修改尤为关注。

---

① 许可：《数据保护的三重进路——评新浪微博诉脉脉不正当竞争案》，载《上海大学学报（社会科学版）》2017 年第 6 期，第 20–21 页。

② 笔者在北大法宝法律数据库中，查得不正当竞争纠纷的案件统计数据，截至 2021 年 4 月，共有 14838 个案例，在这些案件中，以“诚实信用”为关键词进行进一步检索，发现适用《反不正当竞争法》第 2 条认定不正当竞争行为的案件有 1911 个，占比为 12.88%。

③ 参见最高人民法院（2009）民申字第 1065 号民事判决书。

图 7　1995—2016 年其他不正当竞争行为案件占案件总数百分比

1. 基本原则条款（第 2 条第 1 款）[①]

（1）修改评述

关于此款，《反不正当竞争法》（2017 年）主要修改了两个地方：其一，将“在市场交易中”改为“在生产经营活动中”。事实上，市场交易的说法过于具体和狭隘，不能完全体现不正当竞争行为涉及的范围，如商业秘密案件中员工未经许可披露、使用商业秘密的案件，往往不涉及商品交易，但也构成不正当竞争，因此修改为“在生产经营活动中”可以扩大法律适用范围。[②]其二，新法将“遵守公认的商业道德”修改为“遵守法律和商业道德”，即强调守法原则并删除商业道德的“公认”性的要求。这里守法原则的强调类似于《民法总则》[③]中合法原则的规定，但又似乎比第 2 款不正当竞争行为界定中“违反本法规定”的要求更为宽泛，但从实际效果来讲，

① 通常认为，我国《反不正当竞争法》第 2 条第 1 款、第 2 款合称为一般条款。参见郑友德：《浅议我国反不正当竞争法的修订》，载王先林主编：《竞争法律与政策评论（第 3 卷）》，法律出版社 2017 年版，第 5 页。

② 宁立志：《〈反不正当竞争法〉修订的得与失》，载《法商研究》2018 年第 4 期，第 120 页。

③ 现已失效，条文经修改后作为《民法典》总则编。

此处重复性的规范更像是一种教导性的宣示。而关于“公认”的修改，如果从商业道德的本义来讲，商业道德的形成和发展本身体现的就是整体的、内在的和长远的变化，[①]而所谓的“公认”性应已内化于商业道德的评价之中了。但是，也有学者指出，在竞争行为正当性的认定上，应注意把握行业的惯例和公认的行为的标准，而不应当以偶然的行为或者非公认的标准进行认定，反不正当竞争法关于“公认”标准的限定，体现了对于行业良善标准的认可，也体现了对于法律确定性的要求。[②]因此，去掉“公认”是否会拓宽不正当竞争行为认定中商业道德的选取范围及增加商业道德认定的不明确性是未来实践中值得注意的问题。除以上修改之外，与2017年《民法总则》对民法基本原则的修改相比，[③]本次《反不正当竞争法》的修法并未进一步对原则的内容进行调整，仍然保留了“遵循自愿、平等、公平、诚信”原则的要求，同时也留下了诸多争议。

（2）学术争论

关于到底设立何种原则作为我国《反不正当竞争法》的基本原则的问题，学界尚有争议。如除保留原立法规范的意见外，一些学者则主张缩小设立范围，认为原则内容仅保留“诚实信用原则”或其类似的规定即可。[④]其主要修改理由为：首先，从域外来看，包括《巴黎公约》等国际条约及其他国家的反不正当竞争立法，其一般条款均限缩于“工商业诚实惯例”这一核心内容，其具体表达包括“诚实信用”“善良风俗”“职业道德”和“专业审慎要求”等，而我国规定的“自愿、平等、公平”并非市场竞争秩序因素的核心考量。其次，从诚实信用原则与其他原则的关系来看，在民法中，诚实信用原则是帝王原则，反映到市场竞争中，诚实信用原则则

① 李舒东:《社会主义商业道德的特点及其变化》，载《学习月刊》2001年第12期，第52页。

② 孔祥俊:《反不正当竞争法的创新性适用》，中国法制出版社2014年版，第66页。

③ 《民法总则》确立了平等、自愿、公平、诚信、合法、不违背公序良俗及绿色（节约资源、保护生态环境）原则。

④ 郑友德等:《对〈反不正当竞争法（修订草案送审稿）〉的修改建议》，载《知识产权》2016年第6期，第4页。

是根本内核，其他原则也是其应有含义，因此现实设计的并列关系规定并非适当。最后，从反不正当竞争法原则的特质化角度来说，如若该条款负荷的抽象价值过多，其利益平衡的复杂性及价值因素的主观性会对司法实践造成一定困扰，同时现有的原则如只是反映民法总则原则而欠缺本身特质，则不如像意大利《反不正当竞争法》一样直接设计援引民法典条款，但这显然并不符合《反不正当竞争法》作为一部重要经济法而独立立法的要义。而另一些学者则基于《反不正当竞争法》实施20多年来的经验考量，认为可适度扩大原则的设立范围。[①] 其理由包括：在反不正当竞争法原则的树状结构中，已经在司法审判实践中形成许多次级原则，如"非公益必要不干扰原则""最小特权原则""避让原则"和"社会公共利益原则"等，这些原则不仅在处理具体纠纷上具有裨益，而且在事实上这些法律原则也通过案件的归纳得到适用的证成。同时，由于立法与修法的所处时代发生重大变革，随着市场经济已趋向成熟，商业伦理的积累也日益丰盈。因此，基于司法审判实践和法学理论研究成果而提取的原则理应在修法中得以体现，以确保日益多元的法律价值运行不缺位，使我国《反不正当竞争法》适应未来市场竞争态势的能力越强。作为对多原则的负荷效应的回应，其也认为法律原则的具体化已是发展态势，因此不能惧于其可能带来的负担，归根结底的解决路径在于向审判者普及如何筛选和评价原则的手段。

笔者认为不正当竞争行为的判断应以该行为是否违反了诚信原则和商业道德作为基本判断标准，但同时应考虑所有的市场因素，如各方利益、规模、相关竞争者数量、行为性质、严重性、持续性和反复性等。这趋向于缩小原则范围的主张，但支持理由却与其并不完全一致。主要理由可析如下：第一，自愿、平等与公平原则在逻辑关系上尚需厘清，如平等是形式上的公平，并非并列关系，而是包含关系，自愿和平等之间也具有交叉

---

① 陶鑫良：《非公益必要不干扰原则与反不正当竞争法一般条款适用》，载《电子知识产权》2015年第3期，第30页。

性。而且如果只是像当初的立法考量一样——不要让《反不正当竞争法》调整的市场行为作为民事活动的一部分偏离《民法通则》规定的基本原则而如此规定，[①] 那么事实上任何市场活动都会遵守上述民法原则，这样的原则性规定的必要性便不是很充分。第二，相较于其他原则，诚信原则涉及的是当事人之间的利益关系（经营者之间）和当事人与社会间的利益关系（经营者与消费者、竞争机制代表的整体），因此该原则被认为是具有实现如上两个利益关系的平衡的目的，符合现时代《反不正当竞争法》的利益保护结构。第三，从抗辩角度来讲，诚信原则在各时代的市场竞争发展中，逐渐成为更易判别的标准。因此客观诚信的学说也变得流行，如费雷伊拉在介绍客观诚信时曾指出，诚信原则在客观上是在正直和忠诚的观念指导下的正当的行为。[②] 而“自愿、平等、公平”原则不仅成为裁判者的判定难题，更是当事人的抗辩盲点，同时也无端耗费了司法资源。[③] 而反观现代的诚信原则的来源便是古代罗马法中一般的恶意诈欺的抗辩，反过来抗辩权的功能发挥也有助于实现《反不正当竞争法》的保护目的，即保护所有市场参与者行动、决定自由及让消费者获得未受扭曲的商业选择。第四，诚信原则与商业道德之间虽有意涵上的重合之处，如诚信经营是商业道德的一种核心具体表现，但仅仅是以商人行为为标准有时又是不够的，需要从消费者或者社会公众的角度进行评判和伦理矫正。[④] 正如当初立法时认为，一些重要的商业惯例已被法律所吸收成为法律规范，但有限的条文不可能反映出商业道德的全部内容，因此遵守商业道德依然对发挥其规

---

① 国家工商行政管理局条法司：《反不正当竞争法释义》，河北人民出版社 1994 年版，第 14 页。

② 徐国栋：《诚实信用原则二题》，载《法学研究》2002 年第 4 期，第 75 页。

③ 谢晓尧：《〈反不正当竞争法〉修改的限度》，载王先林主编：《竞争法律与政策评论（第 3 卷）》，法律出版社 2017 年版，第 39 页。

④ 孔祥俊：《反不正当竞争法的创新性适用》，中国法制出版社 2014 年版，第 60 页。

范作用具有重要意义。[①] 第五，我国已在司法实践中逐渐形成以诚信原则和商业道德为原则判断竞争行为正当性的思路，如在“山东食品公司与马庆达案”中，最高人民法院在裁定中直接把诚信原则和商业道德作为衡量依据，并在其之后的司法政策中强调把握诚信原则和商业道德作为评判行为正当性标准的重要性及其尺度。[②] 第六，《反不正当竞争法》中法律原则的选取，也是其特殊样态即一般条款的构成，但这一般条款的原则性内容的选取困难却不应被过分强调，因为大多数的不正当竞争行为已在行为列举章节被规定，实践中更细致化的原则解释几乎没有必要，[③] 而且越是下位阶的原则，其在案件领域的适用范围便越窄，其内容也越趋近于规则。而从那些法院在案件判决中适用的次级原则来看，虽然似乎有些原则在多个案件中有被适用，但其处理的案件领域也几乎重叠一致，如避让原则主要是在知名的商业标识领域，非公益必要不干扰原则则主要集中于互联网以及安全软件领域等。因此，更多细化原则的确立实在徒增困扰。如我国的《反不正当竞争法》修订主要参考了德国的《反不正当竞争法》，而事实上，从修法趋势来看，德国在 2004 年《反不正当竞争法》解释性备忘录中已不再适用仅以“诚实商业惯例”来解释“不正当”的做法，而是抛弃了以往过于抽象、主观的表述，取代的是 2008 年改革后的综合考察，即“内容、目的、动机、频繁度以及商业后果”的判断。[④] 因此，对不正当竞争行为的判断应更多从竞争功能角度出发，在以是否违反了诚信原则和商业道德作为判断标准的基础之上，考察所有的市场竞争因素，才符合其作为竞争

---

① 国家工商行政管理局条法司：《反不正当竞争法释义》，河北人民出版社 1994 年版，第 26–27 页。

② 最高人民法院：《关于充分发挥知识产权审判职能作用推动社会主义文化大发展大繁荣和促进经济自主协调发展若干问题的意见》，http://rmfyb.chinacourt.org/paper/images/2011-12/21/02/2011122102_pdf.pdf，2021 年 7 月 9 日访问。

③ 谢晓尧：《未阐明的规则与权利的证成——不正当竞争案件中法律原则的适用》，载《知识产权》2014 年第 10 期，第 5 页。

④ ［德］弗诺克 · 亨宁 · 博德维希：《全球反不正当竞争法指引》，黄武双等译，法律出版社 2016 年版，第 297 页。

行为基本法的规范定位。

2. 不正当竞争行为的界定

（1）修改评述[①]

第一，新法完善了不正当竞争行为的概念。旧《反不正当竞争法》在界定不正当竞争时，以“经营者损害其他经营者的合法权益”为核心要素，这就导致实践中对不正当竞争行为进行认定时出现了是否要以具有直接的竞争关系为前提的困惑。而新法以“扰乱市场竞争秩序，损害其他经营者或消费者的合法权益”为要件，摒弃了原法中对损害法益的限制，不再以“是否具有竞争关系”作为行为判断要件。

第二，新法在不正当竞争行为的概念里增加了“消费者合法权益”，进一步彰显了《反不正当竞争法》对消费者的保护，与本法的立法目的保持一致，同时回应了损害消费者合法权益是不正当竞争行为的主要危害之一的疑问。一般而言，现代竞争法具有三种目的，即保护竞争者、保护消费者以及维护一般公众利益或未受扭曲的竞争利益。其保护对象经历了由保护诚实经营者到消费者的发展过程，因为竞争行为与消费者利益息息相关，加上19世纪六七十年代消费者运动的发展，各国反不正当竞争法越来越重视对消费者利益的保护，本次修法也顺应了这一国际立法趋势。

（2）学术争论

在不正当竞争行为的界定中，对于是否将损害消费者利益纳入该行为成立要件的考量，在本次修法过程中曾出现过反复。如旧法和国务院通过的修订草案，均是要求必须以损害其他经营者利益为唯一构成要件，而在修订草案前的送审稿中则加入了损害消费者利益这一客体选择要件。事实上，不正当竞争行为损害的客体呈现多重性，在市场交易活动中，参加者实施的不正当竞争行为首先侵害的是竞争对手的利益，在一些情况下呈现的

---

① 宁立志：《〈反不正当竞争法〉修订的得与失》，载《法商研究》2018年第4期，第120–121页。

是对特定竞争对手利益的侵害，如市场混淆、商业诋毁和侵犯商业秘密等，而另一些情况下则是侵害的不特定竞争对手的利益，如商业贿赂、虚假宣传和不正当有奖销售等。同时，不正当竞争行为也侵害了交易相对人尤其是消费者的利益，因消费者是经营者争取的获利对象，其也在此竞争中理应获得不受混淆和非不正当指引的选择权，如在不正当有奖销售和虚假宣传行为中，消费者的选择权受到直接侵害，也可以说是通过损害消费者利益进而影响竞争者的利益。而《反不正当竞争法（修订草案）》中却并未将该客体纳入，可能主要是出于以下考量：一是《反不正当竞争法》未给予消费者或消费者团体以诉权，因而，如将该客体利益明文纳入一般条款的规定，则会呈现客体保护与救济程序不配套的状况；二是狭义保护经营者竞争关系的修法格局使两位一体或三位一体的构想难以呈现。但最终修法还是突破旧格局，将消费者利益纳入不正当行为的判定要件之中，也是符合现代《反不正当竞争法》的发展走向和立法宗旨的，但却未同时赋予消费者或消费者团体以诉权，这也仍将成为未来理论和实务界进一步讨论的重点。

（二）不正当竞争行为的类型化与一般条款的适用

1. 类型化的规范

有学者曾提出："从《反不正当竞争法》的观念形态和法律渊源上来解读的话,《反不正当竞争法》本质上属于原则之法或者一般条款法。"[①] 不过，原则与规则相比，虽具有更大的包容性和更宽的适用范围，但明确程度却显然不如后者。因此,《巴黎公约》在制定时为确保法律规定的清晰明了，特别吸收了普通法系的立法模式，采取了一般条款加非穷尽式的列举方式，以解决一般条款在适用时可能带来的过于宽泛及不精确的弊端。[②] 可以说，

---

① 谢晓尧:《〈反不正当竞争法〉修改的限度》，载王先林主编:《竞争法律与政策评论（第3卷）》，法律出版社 2017 年版，第 37 页。

② Frauke Hen-ning-Bodewig, International Handbook on Unfair Competition，转引自孔祥俊:《反不正当竞争法的创新性适用》，中国法制出版社 2014 年版，第 90-91 页。

这种对于现实中典型的可类型化的不正当竞争行为的规范列举，在提升适用精确度的同时，也提高了审判效率，正如《反不正当竞争示范法》注释中所指出："被认为是当然的不正当竞争行为，不需要再用证据证明其违反诚实惯例这一一般条款。"

2017 年修法在不正当竞争行为的类型化问题上也主要作出以下努力：第一，剔除了非典型的不正当竞争行为，也就是删除了原法中应由《反垄断法》调整的排除、限制竞争行为的条款，如行政垄断、串通招投标、低价倾销等，以及删除了应由《商标法》调整的假冒他人注册商标的内容；第二，添加了新类型的不正当竞争行为，即对互联网领域中"利用技术手段，通过影响用户选择或者其他方式，实施妨碍、破坏其他经营者合法提供的网络产品或者服务正常运行的行为"进行了规范列举；第三，规范了不正当竞争行为类型内的竞合问题，如旧法中市场混淆条款与商业误导条款之间存在重复规范问题，本次修法均进行了相应调整。

当然，本次修法虽然在不正当竞争行为的类型化问题上作出如上诸多努力，但仍然留下了些许瑕疵和遗憾。如严格来看，第 6 条"市场混淆行为"属于"商品来源"方面的误导行为，第 8 条"虚假或引人误解的商业宣传行为"则表示"一般意义上"的商业误导行为，而第 11 条"商业诋毁"则是对"他人商誉"方面的误导行为的规范，且其中第 10 条"不正当有奖销售"第 1 款、第 2 款所规定的"所设奖的种类、兑奖条件、奖金金额或者奖品等有奖销售信息不明确，影响兑奖""及采用谎称有奖或者故意让内定人员中奖的欺骗方式进行有奖销售"的行为则也是一种在有奖销售信息上的误导行为。可见，如上四条的规范内容在种属关系上，第 8 条"虚假或引人误解的商业宣传行为"应是误导行为一般意义上的条款，即商业误导行为，因此，如分条规范则应放在其他三条前面或可统一编排规范，不然将导致这些条款在立法逻辑关系上稍显不顺。

2. 一般条款的适用

与《巴黎公约》的立法思路相反，我国《反不正当竞争法》（1993 年）

立法参与者曾撰文指出："在反不正当竞争法中，总则与分则的关系并非原则与规则之间的适用关系，即反不正当竞争法第二章所列明的各项不正当竞争行为就是本法所承认的不正当竞争行为，也就是说，不正当竞争行为需要依法制裁的只限于第二章列明的各项，除非另有法律规定，是不允许执法机关随意认定的。"[①] 这也导致一些学者在不正当竞争行为的界定解读中，认为"违反本法规定"应持立法论（亦即狭义解释），即"违反本法规定"的规范限定了认定不正当竞争行为的范围，凸显出《反不正当竞争法》的立法本意是将依法制裁的不正当竞争行为严格限定在第二章所列明的 11 种情况，不允许执法机关在此之外进行认定，形成了封闭体系。[②] 在此之下又形成法律定义与价值指令说以否定其一般条款的认定。但即便立法本意并非要将《反不正当竞争法》第 2 条设计为一般条款，在后续的司法实践中却早已普遍接受了该条规定的一般条款意义，即对于该法第二章没有列举的不正当竞争行为，如果确实违反了该条规定的竞争原则以及符合不正当竞争的定义，就可以认定构成不正当竞争行为。[③] 因此，持目的论（亦即广义解释）的学者则认为"违反本法规定"应理解为整部《反不正当竞争法》，为弥补概念的周延性，其并不只含第二章的禁止性规定。[④] 在其内部又划分为一般条款说和有限的一般条款说。为消弭上述争议和科学规范立法，本次修法在修订草案版本中曾采用了"违反前款规定"来取代"违反本法规定"，但这一修改会使得不正当竞争行为的认定走向仅包括违反法律原则而不包括违反法律规则的误区，因此，在全国人大法律委员会、财政经济委员会和全国人大常委会法制工作委员会联合召开座谈会期间，有关部门提

① 孙琬钟：《反不正当竞争法实用全书》，中国法律年鉴社 1993 年版，第 26 页。

② 陈立骅：《〈中华人民共和国反不正当竞争法〉解读》，中国政法大学出版社 1993 年版，第 14 页。

③ 孔祥俊、刘泽宇等：《反不正当竞争法原理 · 规则 · 案例》，清华大学出版社 2006 年版，第 10–11 页。

④ 邵建东：《〈反不正当竞争法〉中的一般条款》，载《法学》1995 年第 2 期，第 34–35 页。

出将“违反前款规定”改回“违反本法规定”。[①] 当然，这样的转折也并不一定能使概念界定显得更周延，如竞争法实践范围较广，但“违反本法规定”却限制了其适用范围，导致其与其他法律没有接口，无法与其他法律对接，而实践部门却早已有突破，导致判决没有依据，超出本法规定范围，为保持本法的开放性，与其他法律相互呼应，将“违反本法规定”修改为“违反法律规定”也未尝不是一个解决之道。不过，虽然上述争议延续及条款改造最终回归规范原点，但是却重新反映了立法者的本意，即立法者意图通过修改规范来打破立法论的基调，这确实值得肯定。尤其是在司法实践中出现诸多适用案例的情况下，对一般条款兜底功能的认同已形成理论与实务界的共识。不过，值得注意的是，行政执法与侵权行为之间存在是否奉行法定原则的差异，即人民法院在处理不正当竞争纠纷时，可根据案件的实际情况在第二章未列举的情况下适用一般条款，但由于本法没有针对违反一般条款设定相应处罚，故按照我国 2021 年修订的《行政处罚法》第 4 条中“公民、法人或者其他组织违反行政管理秩序的行为，应当给予行政处罚的，依照本法由法律、法规、规章规定，并由行政机关依照本法规定的程序实施”的规定，行政机关依然不能适用一般条款查处不正当竞争行为。

（三）市场混淆行为的规制问题

在生产经营活动中，经营者应当通过自身努力，提高商品和服务的质量，增加其影响力和美誉度，从而提高自身的市场竞争力。但在实践中，有的经营者却基于投机取巧、不劳而获的心理，试图通过“搭便车”“傍名牌”等方式攀附他人的商业标志声誉，这也成为国际公约及各国竞争法所重点规制的内容。尤其是在我国社会主义市场经济建设的初期，法治观念、权益观念等均较为薄弱，“搭便车”“傍名牌”等行为层出不穷。因此，当时

① 《法律委、财经委、法工委座谈会对不正当竞争法修订草案的意见》，载王瑞贺主编：《中华人民共和国反不正当竞争法释义》，法律出版社 2018 年版，第 160 页。

在立法之初，立法者就突出了从行为人从事竞争的手段和性质的角度，即行为人采取假冒或模仿的手段争取交易机会，来进行相关行为的列举和规范，并统称为“仿冒行为”。[①]但从现在来看，这样的称呼和规范不仅没能在结果上突出混淆的核心标准，也与《商标法》的规范产生了适用冲突。故，本次修法特别在此方面作出了一些修改和完善。

1. 修改评述[②]

市场混淆条款的核心在于加强对商誉的保护。在商业标识使用市场中，除了擅自使用他人商标这种侵权行为以外，还存在其他可能攀附他人商誉的行为，也是一种不正当竞争。商标法主要保护注册商标专用权，对商品外包装、企业名称等保护不足，因此在反不正当竞争法中作出规制市场混淆的规定是对商标法的一种补充。总的来说，本条修订有以下亮点：

第一，引入了“混淆”概念，并明确判断标准。旧《反不正当竞争法》规定所谓的市场混淆是指“采用不正当手段从事市场交易，损害竞争对手”的行为，这一规定较为模糊，而且在具体行为列举中也存在“使购买者误认”“引人误认”“引人误解”等不同表述，致使实践中对该条文的理解容易出现分歧，且相关行为难被准确识别。此次修订，引入了“混淆”的概念，从行为后果角度将市场混淆行为限定为“引人误认为是他人商品或者与他人存在特定联系”的行为，确定了“引入误认”为市场混淆行为的核心判断标准，增强了条文在适用时的共识基础，提升了实践中对市场混淆行为判断的准确性。

第二，明确了商品名称保护对象。旧《反不正当竞争法》对商品名称的保护一直是学界和实践界讨论的焦点问题之一。其规定的“知名商品特有的名称”，不仅本身存有歧义，即“知名”究竟是对商品的要求还是对特有名称的要求始终存在不同的理解；而且对于“知名”的判断在行政执法和

---

① 邵建东：《竞争法教程》，知识产权出版社 2003 年版，第 52 页。

② 宁立志：《〈反不正当竞争法〉修订的得与失》，载《法商研究》2018 年第 4 期，第 121-122 页。

司法保护中的理解与判断标准也不统一。此次修订，明确了禁止市场混淆主要是禁止“傍名牌”，故法律保护所关注的是“商品名称”这一商业标识，而非商品本身。同时，“知名”的要求也改述为统一的“有一定影响的”要求。

第三，扩大了市场混淆行为中标识的类型。旧《反不正当竞争法》主要保护的是注册商标，商品特有的名称、包装、装潢，企业名称或者姓名，认证标志、名优标志等质量标志以及产地等商业标识。这一范围规定显然已经远滞后于实践中商业标识种类的快速增多，使得很多常见的商业标识在被他人擅自使用时往往无法找到明确的法律保护依据。此次修订，不仅将域名主体部分、网站名称、网页等新型商业标识加入其中，而且还细化了企业名称、社会组织名称以及姓名的各种表现形式，同时增加了兜底性的表述，使得法律条文本身的包容性增强。

第四，协调了其与商标法的关系。旧《反不正当竞争法》将“假冒他人注册商标”作为市场混淆行为的一种进行了规定。虽然出发点是好的，但由于《商标法》作为专门保护注册商标的立法日趋成熟，其已经可以为注册商标的保护提供较为充分的法律依据，故该条规定实际上不符合该法与《商标法》衔接关系的要求。此外，《商标法》中，商标侵权包括假冒注册商标和仿冒注册商标。在旧《反不正当竞争法》中“假冒他人注册商标”主要是指仿冒注册商标，这使得“假冒”行为在两部法律中含义不同，导致行政执法和司法保护中出现行为判断标准混乱的情况。

第五，与第 8 条即商业误导条款进行了区分。旧法第 5 条第 4 项与商业误导条款存在一定的重合之处，因此在此次修法中明确二者的区别也显得尤为必要。第 5 条第 4 项即“在商品上伪造或者冒用认证标志、名优标志等质量标志，伪造产地，对商品质量作引人误解的虚假表示”，商业误导条款为“经营者不得对其商品的性能、功能、质量、销售状况、用户评价、曾获荣誉等作虚假或引人误解的商业宣传，欺骗、误导消费者”。二者并无实质性区别，都有在商品包装上使用虚假标志等内容，因此显得重复。第 5 条第 4 项的存在并不影响第 8 条对商品或服务的相关内容进行误导之情形作规定，因为狭义的误导行为主要指向商业标识之外的商品或服务的品质及特征。也可认为，仿冒是误导的特殊表达，是关于商品来源的误导。因此在此次修法中删除了第5条第4项，对于第4项的内容由商业误导条款来进行规制。

2. 学术争论

从此条款的上述修改情况来看，与旧法相比确实进步明显，但是依然未解决一些棘手的问题，而且在学界产生了较大纷争。譬如，作品名称到底适用《著作权法》《商标法》还是《反不正当竞争法》获得保护？如果适用《反不正当竞争法》，其市场混淆条款中“其他”兜底的规定能否涵盖作品名称？随着2018年一些纠纷的发生（如“红星照耀中国”作品名称纠纷）和相关判决（“金庸诉江南”等著作权和不正当竞争纠纷案）的出炉，使得这一问题在新法适用的第一年里探讨尤其激烈。整体来看，学界对这一问题的观点大体分跨三个阵营。第一，认可作品名称的可版权性空间，即从作品名称和作品本身可并列保护的角度来讲，作品名称可仿照作品的独创性来进一步判断其是否符合保护的要件。如有学者认为：“根据《著作权法》法理，只要作品标题具备独创性，完全可以与作品本身受到同等保护。”[①]甚至有学者认为：“作品名称可以转化为作品本身，即如果作品名称非常新颖别致，具有强烈的个性和独到特色，就应成为具有独创性的作品受到保护。”[②]第二，作品名称应按照商业标志性权益来进行保护，按其属性分类，已作商品化使用的作品名称应当定位于商业标志保护，除已注册为商标外，在民事上主要按照《反不正当竞争法》知名商品特有名称进行衡量和保护（即认可了适用市场混淆条款，而不再需要适用一般条款）。而未经实际商品化的作品名称和角色名称，即便具有知名度和潜在商业价值，并不当然成为受保护的现实法益。[③]第三，作品名称等作品要素应适用一般条款进行

① 邹韧：《翻译出版有哪些相关的版权问题》，载《中国新闻出版广电报》2018年8月23日。

② 冯晓青：《著作权法》，法律出版社2010年版，第45页。

③ 孔祥俊：《作品名称与角色名称商品化权益的反思与重构——关于保护正当性和保护路径的实证分析》，载《现代法学》2018年第3期，第74页。

综合判定，包括被告的主观意图、原被告之间的竞争关系、原告是否有损害、损害与收益之间是否有因果关系等。[①] 事实上，从实践来看，可版权性的说法不仅没有助力作品名称得到《著作权法》的保护，反而使作品名称在实践认定中更倾向于被认定为不具有独创性。另外，第二种观点与第三种观点整体反映出学界对于作品名称等作品要素的保护持较为谨慎的态度，以避免不适当扩大保护范围而有损公益空间。当然，市场混淆条款的兜底规定与《反不正当竞争法》一般条款之间在适用关系上，仍需要通过在兜底条款的类推解释上出台更为详细的指引规则，以使其更为清晰明朗。

3. 完善空间[②]

与此同时，市场混淆条款的修订也留下了些许不足与遗憾：

第一，“有一定影响”的判断问题。此次修订后，市场混淆条款对商业标识的保护皆以“有一定影响”为前提条件，这体现出该法对未注册商业标识保护和商标法对注册商标保护的态度区别，但何为“有一定影响”却缺乏明确判断标准。在行政保护与司法保护中，判断特定商业标识是否有一定影响，应当以消费者标准为据，还是以同业竞争者标准为据，抑或是以其他标准为据，还有待进一步明确。在我国商业标识法律制度体系中，驰名商标是一个确定的法律概念，其体现了法律对商业标识承载商誉的关注。“有一定影响”这一要求也是对商誉的关注，商誉的判断需要法律适用规则的创新。

第二，与商标法的衔接出现新问题。我国现行《商标法》第 58 条规定：“将他人注册商标、未注册的驰名商标作为企业名称中的字号使用，误导公众，构成不正当竞争行为的，依照《中华人民共和国反不正当竞争法》处理。”然而此次《反不正当竞争法》修订删除了“假冒他人注册商标”，而且其他条款中亦未出现“商标”，那么《商标法》第 58 条应当怎么适用就

---

① 王太平：《知识产权的基本理念与反不正当竞争扩展保护之限度——兼评“金庸诉江南”案》，载《知识产权报》2018 年第 4 期。

② 宁立志：《〈反不正当竞争法〉修订的得与失》，载《法商研究》2018 年第 4 期，第 122 页。

成为一个需要明确的问题。实践中，有观点认为“擅自使用与他人有一定影响的商品名称、包装、装潢等”中的“等”应当包括“注册商标”，但如果适用此款，则要求注册商标应当“有一定影响”，这显然缩小了《商标法》规定的保护范围。也有观点认为“其他足以引人误认为是他人商品或者与他人存在特定联系的混淆行为”这一款可以适用，但这一款实际上是个兜底条款，将他人注册商标作为企业名称字号已经是实践中极为常见的一种侵权行为，依靠兜底条款来保护并不合适。

第三，“商业标识”概念未能最终保留。早在我国《商标法》第三次修正之时，就有不少研究者主张将“商业标识”概念法定化，并认为在反不正当竞争法中增加“商业标识”的法律概念是可行方法之一。在《反不正当竞争法》的多个修订草案中，都有“商业标识”的概念及范围，但在最终通过的修订稿中，“商业标识”的概念与范围被删除，也留下了遗憾。

（四）商业贿赂行为的规制问题

商业贿赂作为一种不正当谋取交易机会或竞争优势的行为，不仅排挤了其他竞争对手，扭曲了市场竞争机制，而且会对正当的价格、价值竞争产生强烈的腐蚀效应。因此，商业贿赂行为被很多国家所禁止。尤其是在我国改革开放初期，市场交易机制不够透明且行政干预依然频发的氛围下，通过《反不正当竞争法》对商业贿赂行为进行适时打击，显得尤为必要。不过，从《反不正当竞争法》（1993 年）的具体规范来看，其规定相对简单，但现实中的商业贿赂行为却是五花八门。[①] 于是，为制止商业贿赂行为，维护公平竞争秩序，根据《反不正当竞争法》（1993 年）的规定，国家工商总局于 1996 年发布了《关于禁止商业贿赂行为的暂行规定》，进一步对商业贿赂的法律内涵、手段、回扣的含义及法律要件等进行了细化。而且该暂行规定直接使用了“商

---

① 吕来明、熊英：《反不正当竞争法比较研究——以我国〈反不正当竞争法〉修改为背景》，知识产权出版社 2014 年版，第 163 页。

业贿赂”这一术语，这在我国法律文件中也尚属首次。[①]

1. 修改评述[②]

商业贿赂作为一种严重损害公平竞争机制的不正当竞争行为，在新《反不正当竞争法》中体现出较大幅度的修改，尤其是明确并充实了受贿对象的范围。

第一，修改了行为目的。旧法将商业贿赂的目的定性为“销售或者购买商品”，不当地限缩了商业贿赂概念的适用范围。而某一版修订稿完全删除了关于商业贿赂目的的规定也不尽合理。事实上，除销售或购买商品以外，还存在其他可能实施商业贿赂的动机，如形成特定的排他市场、获取特定的优势地位等，但追本溯源其一般目的在于谋取交易机会或竞争优势。因此修订稿将商业贿赂的目的修改为“谋取交易机会或竞争优势”更符合商业贿赂的本质特征。

第二，明确并充实了商业贿赂的对象。旧法对商业贿赂对象的规定仅限于“对方单位或个人”几个字，对对方单位或个人可能存在的情形并未作出列举，这就增加了法律适用上的模糊性。另外，旧法将商业贿赂主体规定为“对方单位和个人”一直广受诟病，事实上在商业交易中只要对交易的达成有一定影响力的主体都可能成为商业贿赂的对象，并不限于交易对方。这也与刑法相关规定保持一致，刑法虽然没有商业贿赂罪这一罪名，但刑法对贿赂犯罪主体的规定包括公司、企业人员，即商业贿赂犯罪适用刑法条文。而《刑法修正案（七）》将贿赂犯罪的主体扩大到“国家工作人员的近亲属或有密切关系的人”，具体到商业贿赂中，即突破了“对方单位和个人”这一规定。

第三，增加了利用职权或者影响力影响交易的单位或个人。在《反不正当竞争法》修订过程中对此项规定一直争议不断，此前的修订草案有过“可能影响交易的第三方”的表述。对“利用影响力影响交易的第三方”是

---

① 孔祥俊：《反不正当竞争法的适用与完善》，法律出版社 1998 年版，第 334 页。

② 宁立志：《〈反不正当竞争法〉修订的得与失》，载《法商研究》2018 年第 4 期，第 123 页。

否需要作出范围上的限定，成为一个问题。如果不对该概念予以范围上的限定，可能导致该概念的泛化，执法部门作扩大解释，带来执法标准不统一、执法不公正等问题。如需作出限定，要限定在什么范围，这些问题都亟须加以解决。事实上，新法并未解决该问题，利用职权影响交易很容易理解，但利用影响力影响交易仍是一个开放的概念。

第四，对商业贿赂中员工的行为加以说明。“经营者的工作人员进行商业贿赂的，应当认定为经营者的行为；但是，经营者有证据证明该工作人员的行为与为经营者谋取交易机会或竞争优势无关的除外。”在实践中员工与单位的隶属关系一般使得员工的行为是单位意志的表达，因此将员工利用商业贿赂为经营者争取交易机会或竞争优势的行为认定为经营者的行为具有合理性。然而员工与所属单位存在利益不一致的情况，当员工私自采取商业贿赂行为时，单位既没有参与商业贿赂的意思表示也没有指示员工实施具体的商业贿赂行为，更没有获得经济利益或竞争优势，这种情况下不宜将员工的商业贿赂行为笼统地归属于单位的行为。并且明确此种情况下举证责任归属于单位，而不让处于弱势地位的员工自证清白，是对员工的一种倾斜保护。①

2. 学术争论

虽然社会各界对于禁止商业贿赂是有共识的，但从立法过程来看，各方特别是参与讨论的执法者也在考量在积极打击商业贿赂的同时，应避免“泛商业贿赂化”，这也体现了其对市场行为的审慎监管的态度，以保护新出现的交易模式和市场创新。在这之中的一个典型争议就是，“账外暗中给予、收受回扣”是否属于商业贿赂呢？从法条对比的角度可以发现，新法删除了账外暗中给予、收受回扣视同行贿、受贿的规定，却保留了明示入账的要求。根据旧法的规定，“在帐外暗中给予对方单位或者个人回扣的，以行

① 一般而言，与单位相比，员工处于弱势地位，其权利较易受到侵害。在实践中，可能出现单位实施了商业贿赂，但为了免予处罚将责任嫁祸给员工个人的情况。若让员工举证来自证清白，可能因员工的弱势地位而面临取证困难。因此，将举证责任施加给强势的单位，以在一定程度上保护员工利益。

贿论处；对方单位或者个人在帐外暗中收受回扣的，以受贿论处”，但这一规定却并未对财务造假、财务过失或商业惯例等进行区分，而是一视同仁，难免会矫枉过正。而新法则直接删除了账外暗中给予回扣的条款，从而弱化了因入账不当而可能产生的商业贿赂问题。因此，有学者提出质疑，如不按照商业贿赂论处，则失去了在此处这样规定的意义，而如按照商业贿赂论处，则没有依据。将来，有可能在规章中明确按照商业贿赂论处，但是，这会有缺乏上位法依据、创设处罚之嫌。[①] 另外，值得注意的是，《关于禁止商业贿赂行为的暂行规定》也还未作出相应修改，因此，其是否仍会继续参照之前的标准确有疑虑。

3. 完善空间[②]

值得注意的是，该条款的修订仍存在一些不足之处，譬如：

第一，贿赂物仍局限在“财物或其他手段”。原意以“其他手段”补充“财物”所不能覆盖之物，然而在实践中“其他手段”作为一个模糊概念难以得到准确的理解与利用，缺乏具体的衡量标准，容易被执法人员作出扩大解释。另外，对“贿赂物”的内涵和外延都缺乏权威的解释。

第二，贿赂形式规定过于简单。旧法对贿赂的形式规定局限于回扣等，并与折扣、佣金作了区分，新法未作扩大，也未揭示各自的内涵，对于许诺给予、提议给予更未加以关注。

第三，仅规定了商业行贿。旧法既规定了商业行贿又规定了商业受贿，而新法仅仅关注行贿这一方面，忽略了受贿可能带来的不正当竞争。在实践中存在向他人索取贿赂的情况，此时商业贿赂是因受贿人的索要而生发的。一般而言，行贿与受贿是伴生的，正因为受贿人接受行贿人的贿赂并对其予以优待才产生不正当竞争的后果，因此不仅要关注商业行贿，也要关注商业受贿。

---

① 张士海：《反商业贿赂执法趋势与合规建议》，http://lawv3.wkinfo.com.cn/topic/61000000859/index.HTML，2021 年 9 月 15 日访问。

② 宁立志：《〈反不正当竞争法〉修订的得与失》，载《法商研究》2018 年第 4 期，第 123 页。

（五）商业误导行为的规制问题[①]

现代的商品化社会中，关于商品和服务的宣传随处可见，而经营者给出的信息有时并不是真实的、完整的，其中存在虚假、夸大、片面等情形，这会对消费者造成误导，因此需要《反不正当竞争法》加以规制。WIPO的《反不正当竞争示范条款》主要针对混淆、诋毁、误导、商业秘密等行为进行了规定；《巴黎公约》更是列举了三种主要的不正当竞争行为：仿冒、诋毁和误导。不难看出，对误导行为的规制在《反不正当竞争法》中占据了重要地位。

1. 修改评述

新法对商业误导条款的修改主要有以下亮点：

第一，厘清了“引人误解”与“虚假宣传”的关系。“虚假”是与实际不符的内容，既包括子虚乌有的情况，又包括歪曲了的事实与原本不一致的情形。“引人误解”包含了真实的表示引人误解的情况和虚假的表示引人误解的情况。在旧法中“引人误解”是作为定语来修饰“虚假宣传”的，使得该条款仅能禁止虚假宣传行为，会将其他情况的引人误解的表示排除在外，不利于对误导行为的全面规制，如“引人误解的真实宣传”“不引人误解的虚假宣传”都不在规制范围之内。

第二，与旧法第5条第4项进行了区分。旧法第5条第4项与本条款（第8条）存在一定的重合之处，因此在此次修法中明确二者的区别也显得尤为必要。第5条第4项即“在商品上伪造或者冒用认证标志、名优标志等质量标志，伪造产地，对商品质量作引人误解的虚假表示”，与本条“经营者不得对其商品的性能、功能、质量、销售状况、用户评价、曾获荣誉等作虚假或引人误解的商业宣传，欺骗、误导消费”并无实质性区别，二者都有在商品包装上使用虚假标志等内容，因此显得重复。对此部分可见前文

① 宁立志：《〈反不正当竞争法〉修订的得与失》，载《法商研究》2018年第4期，第123-124页。

关于"市场混淆行为"的论述。

第三，厘清了与《广告法》的关系。将旧《反不正当竞争法》第 9 条第 2 款对广告经营者发布虚假广告的规定删除，因为该条第 2 款中的虚假广告问题可直接适用《广告法》第 55 条的规定。

第四，增加了虚假交易的规定。随着网络信息技术的发展，消费模式逐渐发生了改变，网络购物成为一种主流购物模式，这种无实物购物的主要参考依据除商品的具体描述性信息以外，还有以往的消费者评价。对商品、消费体验的评价，最直观地反映消费者对商品的满意程度，故能左右、引导潜在消费者的选择。中评与差评不仅影响销售量，还会降低信誉评级，因此网络卖家对评价极为重视。这就催生了职业刷单人，他们既可以刷成交量，也可以给出虚假评价。

2. 学术争论

针对电子商务领域虚假表示日益严重的现状，《反不正当竞争法》在修法中作出了回应。不仅是经营者对商品进行的虚假或引人误解的宣传，帮助其他经营者进行虚假或引人误解的宣传（主要表现为刷单、炒信、删差评、虚构交易量、虚假荣誉等）也被纳入规制范围。组织虚假交易的经营者与被帮助的经营者并不是同一市场的竞争者，与被帮助经营者该领域内的其他经营者也不具有竞争关系，那么组织刷单行为是否是不正当竞争？即不正当竞争行为的构成是否以经营者之间存在竞争关系为前提或者要件？对此，学界有两派观点，不赞同扩大主体为非竞争者，认为这种扩大对商业误导行为的侵权主体界定没有任何意义，而且会影响反不正当竞争法体系的统一。[①] 同意扩大主体的观点认为反不正当竞争法中的竞争关系应当是广义的竞争关系，"竞争关系的广义化，是反不正当竞争法本身变化的结果，如其保护目的由竞争者向消费者和公众利益转化和拓宽，其由单纯的私权保护

① 洪伟：《〈反不正当竞争示范法〉与我国〈反不正当竞争法〉的完善》，载《福建法学》2003 年第 4 期，第 32 页。

向市场管制目标的发展。这就使得不正当竞争行为的界定不限于同业竞争者之间的竞争行为，而扩展到非同业竞争者的竞争损害”，“只要实质上是以损人利己、食人而肥、搭车模仿等不正当手段进行竞争、获取竞争优势，就可以认定构成不正当竞争行为”。[①] 世界知识产权组织国际局起草的《反不正当竞争示范法》认为“在工商活动中违反诚实信用原则的任何行为都构成不正当竞争行为”。另外，从侵权法来看，虽然刷单者与被帮助的经营者不具有竞争关系，但二者属于共同侵权，即帮助经营者实施侵害他人公平竞争权益的行为，因此也要承担责任。

3. 完善空间

但不可否认，对商业误导行为的修改仍有待改善的余地。

第一，新法采取的是对引人误解的商业宣传行为进行列举的方法，“对其商品的性能、功能、质量、销售状况、用户评价、曾获荣誉等作虚假或者引人误解的商业宣传”，但上述列举并不能完全涵盖主要的引人误解的商业宣传行为，除此之外还有“无有效依据的评比活动、与社会善良风俗相违背的宣传、科学上的未定论、片面的宣传或对比”等损害竞争秩序的商业误导行为。而对经营者进行引人误解的商业宣传可能采取的手段进行列举不失为一种更好的选择，同时也与域外国家立法选择相似。我国《广告法》第 28 条直接对虚假广告的情形进行了列举。

第二，“商业宣传”一词内涵过于局限。应以“商业表示”代替“商业宣传”。在法条阐述中使用“表示”而非“宣传”一词，可以突出本条所规定的行为不限于一般意义上的作为，因为“宣传”只能体现出动态的广告行为，“表示”一词涵盖明示和默示，并且可以包括口头、书面、动作甚至手势和眼神等难以被“宣传”所涵盖的各种方式。

第三，本条款的核心概念应是“误导”而非“虚假”。本条规制的重点在于经营者对其商品或服务作出足以误导他人的行为，误导是核心要素。多

---

① 孔祥俊：《反不正当竞争法的创新性适用》，中国法制出版社 2014 年版，第 115–116 页。

种行为都会引致对他人的误导，如虚假的许诺、夸大的宣传、隐藏不利信息的包装等，这是一种意思表示有瑕疵的行为。笔者认为引人误解是误导行为的核心要素，而虚假表示只是引人误解表示的情形之一。另外，从域外立法来看，发展趋势是认为误导行为包含虚假宣传行为但不限于此。从《反不正当竞争法》的立法目的来看，不论是虚假表示还是真实表示，只要可能对消费者的正常选择进行误导式的干扰，均应当予以规制。

（六）侵犯商业秘密的规制问题

自 1986 年《民法通则》在其第五章第三节“知识产权”中规定“其他科技成果”以来，有关隐含商业秘密的实际概念便不断涌现，包括我国《技术合同法》（1987 年）的“非专利技术”、《合同法》（1999 年）的“技术秘密”等。但“商业秘密”作为法律术语首次使用，却是在 1991 年《民事诉讼法》这一程序法之中，而商业秘密保护的里程碑立法则应是 1993 年《反不正当竞争法》第 10 条规定的设立，因其对商业秘密的概念、行为类型等作了较为明确的规定和清晰的指引。

1. 修改评述

2017 年，我国对已实施 20 余年的《反不正当竞争法》进行了全面修订。本次修订厘清了商业秘密的概念，将“能为权利人带来经济利益”修改为更准确的“具有商业价值”，并删除了饱受诟病的“实用性”要件。由于实践中“跳槽”“挖角”后泄露商业秘密的案件频频发生，本次修法将第三人利用商业秘密权利人的员工、前员工实施侵犯商业秘密的行为明确纳入规制范围。此外，本次修法完善了侵犯商业秘密的法律责任，在实际损失、侵权所得利益难以确定时适用法定赔偿制度，并将行政罚款的上限提高到了 300 万元。

2019 年，我国基于应对中美贸易谈判、配合《外商投资法》实施、完善知识产权保护制度等多种因素，再次对《反不正当竞争法》进行了修订。本次修法内容仅限于商业秘密条款，包括：增加列举“电子侵入”的手段，并增加教唆、引诱、帮助侵权的规定，充盈了商业秘密的侵权方式；将“违反约定”修改为“违反保密义务”，周延了保密义务的来源；将侵犯商业秘密的主体从经营者扩大到包括“其他自然人、法人和非法人组织”，实现了主体范围的全覆盖；在“技术信息和经营信息”后增加“等商业信息”，完善了对商业秘密的定义。此外，本次修法还增设了惩罚性赔偿制度，将法定赔偿与行政罚款的最高限额提高到了500万元，确立了侵犯商业秘密民事审判程序中举证责任的转移制度，从而全方位、多层次地加强了对商业秘密的法律保护，对优化营商环境、促进经济发展具有重要意义。

2. 学术争论

商业秘密本身是一个较为复杂的法学概念，其到底是权利抑或利益，尚有争议。如倡导法益保护的学者认为，商业秘密本身具有模糊性和不确定性，因此其构不成权利而只是一种不甚确定的法律利益。[①]而支持商业秘密权利化的学者则从权利与法益的区分核心来论证，认为商业秘密可以被持有人积极行使，故而其是权利而不是法益。[②]事实上，法益与权利的界分在学界也有不同的声音，但是，从救济角度来说，学者们基本能达成共识，即权利兼具积极行使和消极禁止，而法益则只能在被损害之后消极行使。由此可见，客体性质的确定对于商业秘密的保护来说极为关键，也决定着一国商业秘密保护的基本理论和保护强度。但同时，即便是认可商业秘密应作为权利客体保护的学者，亦在商业秘密的权利属性问题上未形成共识。如有学者认为商业秘密权是一种特殊的知识产权，[③]也有学者提出商业秘密权是知识产权与信息财产权的耦合，[④]更有学者主张商业秘密权既是一种财

---

① 孙山：《反思中前进：商业秘密保护理论基础的剖解与展望》，载《知识产权》2011年第8期，第61页。

② 胡滨斌：《质疑“商业秘密法益论”——兼论商业秘密权的具体内容》，载《上海交通大学学报（哲学社会科学版）》2010年第5期，第25-26页。

③ 李永明：《商业秘密及其法律保护》，载《法学研究》1994年第3期，第51页；徐朝贤：《商业秘密权初探》，载《现代法学》2000年第6期，第108页。

④ 董慧娟、李雅光：《商业秘密权中知识产权与信息财产权的耦合》，载《江西社会科学》2015年第11期，第182页。

产权又是一种人格权等。[①②] 可见这些学说之间存在错综复杂的逻辑关系和论证标准，虽然立法范本不代表学术正确，但不能否认的是，在此问题上众说纷纭的其中一重要原因便是我国立法上未对此问题予以明确。而《民法典》第 123 条通过“概括 + 列举”知识产权客体的方式，确立了知识产权类型的“7+N”模式，且商业秘密权被明确为七者之一。对此，有学者认为本条的规范是在遵循国际条约、惯例及吸收我国现有立法经验的基础上，[③④] 将商业秘密权保护从《反不正当竞争法》中剥离出来，以确立为独立的知识产权客体。更重要的是，《民法典》的立法规范明确了商业秘密作为私权利客体予以保护，且其权利性质是一种具有专有性质的知识产权。虽然这种立法明确难以消弭学术上的纷争，[⑤] 但这对我国立法体系的构建和司法案件的裁判却具有无可争议的直接作用力。

3. 完善空间 [⑥]

从修法现状和学术争论来看，商业秘密条款还可在以下几方面进行完善：

第一，商业秘密获取典型手段列举仍不全面。其不足之处在于，应对

① 关今华：《精神损害的认定与赔偿》，人民法院出版社 1996 年版，第 170 页。

② 除了以上三种学说，还存在其他几种学术观点，如我国有学者提出商业秘密权是一种信息权，如张守文等在《信息法学》一书中对此进行的论述；也有学者则倾向于美国的准财产权学说；甚至有德国学者认为商业秘密权属于企业权等。

③ 易继明：《知识产权法定主义及其缓和——兼对〈民法总则〉第 123 条条文的分析》，载《知识产权》2017 年第 5 期，第 8 页。

④ 但持商业秘密权否定论的学者孙山则认为，各国法律及 TRIPs 协议中并没有所谓“商业秘密权”，甚至没有在商业秘密的定义中使用任何与“权利”有关的措辞，只有我国在表述商业秘密的概念时，直接使用了“权利人”的概念，这种中国特色，在很大程度上是由西法东渐过程中一些研究者不成熟或不慎重的误译所致的。参见孙山：《无根的“商业秘密权”——从制定法看“商业秘密权”的虚妄》，载《河北法学》2011 年第 3 期，第 91 页。

⑤ 如李琛教授认为此条的“专有的”限定只能被解释为一种语言习惯，既不意味着在实质上肯定了专有性是知识产权的特点，也不意味着排除了制止不正当竞争保护。因此，在知识产权列举的客体中，其虽然包含了商业秘密，但商业秘密不是专有权的客体，法律只能禁止恶意地获取或泄露商业秘密。参见李琛：《论〈民法总则〉知识产权条款中的“专有”》，载《知识产权》2017 年第 5 期，第 12、16 页。

⑥ 宁立志：《〈反不正当竞争法〉修订的得与失》，载《法商研究》2018 年第 4 期，第 125 页。

“擅自复制”这一常见的获取商业秘密的方式进行单独列举。虽然该款规定了“其他不正当手段”这一兜底项，但一方面新法并未对“不正当获取”进行界定，另一方面“复制”形式相较于其他手段属于较为特殊和常见的获取方式，因此，应予特别指出。如2016年修订的《欧盟商业秘密保护指令》就规定“非法获取”是指未经商业秘密持有人的同意故意或因重大过失取得商业秘密的下列行为：（1）未经授权获取或复制受商业秘密持有人合法控制的、含有商业秘密或从中可演绎出商业秘密的任何文件、资料；（2）窃取；（3）贿赂；（4）欺诈；（5）违反或诱使他人违反商业诚信原则的行为。[①]

第二，将商业秘密权利化。既然《民法典》第123条把商业秘密列入了知识产权客体中，将商业秘密等同于所列举的专利、版权、商标等一系列比较确定的知识产权权利客体对待，使之成为知识产权类型中的一项专有权利——商业秘密权，那么为与相应法条中所使用的“权利人”概念相呼应，《反不正当竞争法》中应当增加进行权利确定的内容，以体现出对民事基本法的应有遵循。笔者认为，商业秘密权实质上是对特定信息的控制权和对不正当竞争的禁止权。

第三，考虑增加本条款的除外规定。本条款采用的模式为正面列举实施某种行为就构成侵犯商业秘密。但单纯的强制性侵权认定可能带来负面效应——滥诉，甚至成为恶意商业竞争的工具。如企业的内部员工、前员工，因其他公益目的披露相关商业秘密，如劳动者权益、环境保护等，这种行为不应认定为侵权。企业因其违法行为产生的即使是商业秘密信息，本身也不能享有合法法益，也就不存在侵权问题。因此，可以在法律当中结合原则性规定，明确排除不构成商业秘密侵权的行为。

（七）不正当有奖销售行为的规制问题

近年来，不管在理论界还是实务领域，现行法关于不正当有奖销售的规

---

① 李薇薇、郑友德：《欧美商业秘密保护立法新进展及对我国的启示》，载《法学》2017年第7期，第138页。

定都广受诟病，因此，2017 年修法对之进行了较大幅度的修改与完善。有奖促销本身正当与否，不能一概而论，一方面，在市场经济条件下它是市场主体进行竞争的常见手段，可以激发消费者的购买欲望，活跃市场；另一方面，作为一种竞争手段，过度的或欺骗性的有奖促销会扭曲价格机制，造成经营者之间的不正当竞争，同时还可能诱发消费者的博彩心理，扰乱市场秩序。

1. 修改评述[①]

我国《反不正当竞争法》（1993 年）没有简单地肯定或否定有奖销售，而是通过禁止特定形式有奖销售的方式对其进行规范和调整。其中，学界从不同的角度对有奖销售进行了研究，认为其与市场竞争的公平原则有一定冲突，具有限制的必要性，在这一点基本达成共识。[②]本次修法也秉持这一共识，并主要在以下方面作出了修订：

第一，有奖销售表现形式多样化。随着市场发展，有奖销售的形式不断翻新，旧法对欺骗性有奖促销、利用有奖销售的手段推销质次价高的商品的规定过于狭窄，不利于对有奖促销的规制，因此新法增加了对未尽明示义务的有奖销售的禁止，即“所设奖的种类、兑奖条件、奖金金额或者奖品销售信息不明确，影响兑奖”。设奖者通过对设奖模棱两可的表述，使参与有奖促销的消费者对促销产生误解，对可能获得的奖励形成错误的期待，导致消费者获得的奖励与参与促销时预计其付出所取得的收获形成明显的差异，这使经营者获取了不正当的交易机会，给消费者带来不公平。因此新法规定经营者需要对有奖促销的信息进行明示，保障消费者的知情权。

第二，将抽奖式有奖销售最高奖金提高至 5 万元。法律对有奖销售的金额作出限制是从维护市场正常交易秩序的角度出发的，避免消费者产生赌博心理及经营者一味依赖有奖销售来吸引消费者，从而忽略提高质量、改善服务。1993 年颁行的《反不正当竞争法》是结合当时的国民经济发展水平、

---

① 宁立志：《〈反不正当竞争法〉修订的得与失》，载《法商研究》2018 年第 4 期，第 125 页。

② 李东方：《对我国限制有奖销售的立法思考》，载《现代法学》1994 年第 1 期，第 64–66 页。

物价水平制定的 5000 元最高奖金，而经过 20 多年的发展，我国的经济水平、消费水平早已大大提升，因此有必要提高最高额的限制。同时我国消费者的消费理性不断成熟，市场在资源配置中的决定性作用不断加强，应该赋予经营者更大的经营自由。

2. 学术争论

有奖销售行为的性质判定一直是理论界的研究热点。事实上，《反不正当竞争法》（1993 年）和国家工商行政管理局发布的《关于禁止有奖销售活动中不正当竞争行为的若干规定》对抽奖式有奖销售作了较为具体的规定，其行为性质相对容易判定，学界主流观点认为对其应当附加限制条件允许，但也有少数学者认为应当对其一律禁止。[①] 而附赠式有奖销售的规制在法律法规中仅仅略有涉及，因而学界对附赠式有奖销售展开了激烈的讨论。有学者提出附赠式有奖销售表现形式多样，目前的经济情形下对我国利大于弊，立法上应限制性允许附赠。[②] 这也是学界的主流观点。而有学者就附赠式有奖销售与巨奖销售、附条件交易、商业贿赂、不正当削价竞销等容易混同的行为进行了比较分析，认为附赠式有奖销售有其独特的表现形式和价值，要通过法律设计来制止不正当竞争、防止损害购买方利益，以达到扬长避短的效果。[③] 也有学者认为《反不正当竞争法》应规范附赠式有奖销售行为中赠品的性质、价值、赠品的宣传，并规范有奖销售申报制，加强对附赠式有奖销售的监管。[④] 还有学者通过对附赠式有奖销售的附赠利益在法律性质上属于价格折扣的论证，提出对附赠式有奖销售规制的完善设想。[⑤] 本次

① 孔祥俊：《反不正当竞争法的适用与完善》，法律出版社 1998 年版，第 590 页。

② 汪传才：《附赠式有奖销售的法律思考》，载《中国市场监管研究》1999 年第 12 期，第 35–36 页。

③ 王继军：《附赠式有奖销售的若干法律问题》，载《法学研究》1998 年第 5 期，第 100、108 页。

④ 邹泓：《浅析附赠式奖售行为及其法律规范》，载《中国市场监管研究》1999 年第 1 期，第 32–33 页。

⑤ 安增科：《附赠式有奖销售的法律思考》，载《中南财经政法大学学报》2002 年第 3 期，第 129、133 页。

修法则对此问题的规范在修法过程中出现了反复。

3. 完善空间[①]

本次对不正当有奖销售的修改并不尽如人意，2016 年 2 月 25 日公开向社会征求意见的《反不正当竞争法（修订草案送审稿）》与新法相比区分了附赠式有奖促销和抽奖式有奖促销，明确二者同为《反不正当竞争法》所规制的对象。给予确定奖励的是附赠式有奖促销，即经营者在销售商品或提供服务时，对购买者附带地提供物品、金钱或者其他经济利益作为赠与，以促进销售的行为；而以偶然性的方法确定奖励种类或是否给予奖励的是抽奖式有奖促销。在实践中附赠式有奖销售也广为存在，同时还有返点、满一定金额赠一定金额的购物券等不同形式的有奖销售方式，都需要立法的及时回应。另外，可以考虑改变对不正当有奖销售具体行为进行单纯列举的模式，转而采取概括加列举的形式，即不仅对有奖促销的概念加以明确，同时列举典型的不正当有奖促销行为，兜底性规定使得该条款在行政执法和司法中适用的空间增大，符合国际立法模式及现实需求。

（八）商业诋毁行为的规制问题

商业诋毁是指经营者自己或者利用他人，通过捏造、散布虚伪事实等不正当手段，对他人的商业信誉、商品声誉进行恶意的诋毁、贬低，以削弱其市场竞争力，并为自己谋取不正当利益的行为。[②]根据《巴黎公约》第十条之二的规定，商业诋毁是对竞争者的营业所、商品或工商业活动的信用性质的虚假陈述。改革开放后，在现实激烈的市场竞争中，经营者通过贬损他人商誉来谋取竞争优势的行为不断涌现，并因其成本低廉、效果显著而迅速蔓延，严重破坏了公平有序的竞争环境。故，商业诋毁行为作为一种典型的不正当竞争行为，应当予以严格禁止。

---

① 宁立志:《〈反不正当竞争法〉修订的得与失》，载《法商研究》2018 年第 4 期，第 126 页。

② 王先林:《竞争法学》，中国人民大学出版社 2009 年版，第 191 页。

1. 修改评述[①]

2017年修订的《反不正当竞争法》对于商业诋毁条款的变动主要有两条。第一，关于商业诋毁行为的禁止性规定（第11条）：经营者不得编造、传播虚假信息或者误导性信息，损害竞争对手的商业信誉、商品声誉。第二，关于商业诋毁行为的行政责任之规定（第23条）：经营者违反本法第11条规定损害竞争对手商业信誉、商品声誉的，由监督检查部门责令停止违法行为、消除影响，处10万元以上50万元以下的罚款；情节严重的，处50万元以上300万元以下的罚款。从这两条的修改情况来看，其中主要有两大亮点：

第一，将原条文“捏造、散布虚伪事实”的表述变更为“编造、传播虚假信息或者误导性信息”，明确了商业诋毁“欺骗性信息行为”的属性，增加了诋毁行为的种类。一般而言，“事实”是指事情的真实情况，因而不存在所谓“虚伪事实”这一说法。相比之下，采用虚假信息的概念更加贴切。此外，原条文仅规定虚假信息不足以囊括所有诋毁行为，现实中有一些信息是居于中间地带的。如依照当前的科学或者知识无法判断真伪的未定论，还有那些片面的、断章取义的“真实信息”，这些误导性信息亦可能损害他人的商誉并造成消费者的错误判断。本条的修订能够突破“非虚假信息不能认定商业诋毁”的局限，有助于更加全面地制约商业诋毁行为的发生。

第二，加入了商业诋毁行政责任的规定。我国《反不正当竞争法》（1993年）第14条明确对商誉诋毁行为作出了禁止性规定，遗憾的是该法未对商业诋毁行为的行政责任作出专门规定，即仅有禁止性规定而无处罚性规定。部分学者认为，商业诋毁行为是关于他人商誉的一种误导行为。由于《反不正当竞争法》（1993年）缺少对商业诋毁行为的行政处罚规定，当商业诋毁行为与商业误导行为发生竞合时，可以适用关于商业误导行为的行政责任规定。但《反不正当竞争法》把商业误导和商业诋毁认定为两种不同的不正当竞争行为就表明二者存在一定差异，故应当制定商业诋毁行

① 宁立志：《〈反不正当竞争法〉修订的得与失》，载《法商研究》2018年第4期，第126页。

为的行政责任条款。此次修法增加相应条款将有助于行政机关主动、积极采取措施消除商业诋毁带来的负面影响，这些带有惩戒性质的行政规制手段将有助于提升法律的威慑力、增加诋毁行为的违法成本，进而在一定程度上减少诋毁行为。

2. 学术争论

事实上，经营者商品的性能、功能、质量、销售状况、用户评价、曾获荣誉等，都是在日积月累的经营下所形成的一种无形价值。因此，有部分学者建议确认商誉权这一法律概念。当然，不同的学者对商誉权的理解也大相径庭。学者们对商誉权的解读，总体可分为四种学说："知识产权说""人格权说""复合权说""商事人格权说"。早期有学者提出"知识产权说"，认为商誉是人的脑力、智力的创造物，与各种各样的信息有关，而且这些信息与各种有形物质相结合，因此符合知识产权的固有特征。[①]不过，随着《民法典》对于知识产权客体的明确列举，已使得商誉权作为知识产权的观点在民法基础上没有了立法根据。随后又有学者提出"人格权说"，认为当一个企业的名誉被一般人（即非竞争对手）侵害时，其所侵害的是名誉权；当一个企业的名誉被其竞争对手以反不正当竞争法等规范的手段侵害时，其所侵害的是商誉权。[②]提出"复合权说"的学者认为商誉权兼具人身性（即人格权）和财产性（即知识产权），侵害商誉权的行为不仅侵犯了权利主体的知识产权，同时也侵犯了其人格权。[③]主张"商事人格权"的学者则认为商誉权是一种公民、法人为维护其人格中包含经济利益内涵在内的、具有商业价值的特定人格利益——上市人格利益而享有的一种民（商）事权利。[④]故，有学者建议修订《反不正当竞争法》时把商誉侵权作为内容之一，补充对商誉的解释和界定，增加"其他不正当手段"以弥补列举方式的不

① 梁上上：《论商誉与商誉权》，载《法学研究》1993年第5期，第38页。

② 张新宝：《名誉权的法律保护》，中国政法大学出版社1997年版，第35页。

③ 关今华：《精神损害的认定与赔偿》，人民法院出版社1996年版，第172-177页。

④ 程台红：《商事人格权论》，中国人民大学出版社2002年版，第13页。

足。[①] 事实上，当时我国《反不正当竞争法》(1993 年)没有规定商业诋毁行为的行政责任，也是因为立法者是将此类行为作为民事侵权行为来对待的，认为其是侵犯名誉权的一种特殊形式。[②] 不过，从本次的修法主流意见来看，商誉权的提法并未形成一种共识，而且《反不正当竞争法》的行为法属性，使其更加关注的是行为本身的正当性，而非客体归属于何种权益。故，商誉权的学术争论在《反不正当竞争法》的框架中将越发“不得志”。

3. 完善空间[③]

然而，本次修法也有部分不足，未来还需关注这些问题：

第一，诋毁主体仍为经营者。随着互联网的迅速发展，信息传播更加快捷。消费者个人、消费者团体、行业组织、新闻媒体等主体传递的市场信息也有可能造成其他社会公众的误导，进而发生消费转向并造成他人现实或潜在交易机会的丧失，这实际上也是一种商业诋毁，故需要对这些主体的言论予以适当限制。另外，互联网时代下的行业进出更加容易、市场竞争更加激烈，依旧强调诋毁者与被诋毁者的竞争关系会造成商业诋毁条款的适用受限。如今极易出现新的市场主体迅速加入某一行业竞争的局面，即某些市场主体之间可能不存在直接竞争关系，但两者的销售或服务对象是一致的，故双方可能发生潜在竞争致使诋毁行为的出现，但现行规定和修订后的诋毁条款可能会因双方缺乏竞争关系而被认定不存在诋毁行为。放眼世界，某些国家的立法、国际性法律文件已将反不正当竞争的规范扩大适用于“一切可能影响市场竞争的主体”，故在未来修订时或可以考虑将诋毁主体扩大为“经营者及其他可能对市场竞争产生影响的法人、其他组织和个人”，从而顺应当前世界的立法新趋势。

第二，商誉范围的列举较为局限。修订后的条款同现行立法一样，采取

① 江帆：《商誉与商誉侵权的竞争法规制》，载《比较法研究》2005 年第 5 期，第 40 页。

② 孔祥俊：《反不正当竞争法的适用与完善》，法律出版社 1998 年版，第 598 页。

③ 宁立志：《〈反不正当竞争法〉修订的得与失》，载《法商研究》2018 年第 4 期，第 126–127 页。

将商业信誉和商品信誉并列的做法。毫无疑问，在形成商誉的诸多要素中，商品无疑起着最主要的作用，它往往可以决定商业信誉的好坏。但商品声誉只是商业信誉的一个组成部分，某一商品的良好声誉并不必然意味着该经济主体享有同等价值的商业信誉。因此，商业信誉是一个“综合印象”，而商品声誉只是对某项商品的“个别印象”，故二者应为隶属关系而非并列关系。相比商品声誉，商业信誉的范围则更为广泛：除商品或服务产生的声誉、信誉之外，通常还涉及与商业活动有关的其他因素，如社会关系、公益形象、企业文化等均可成为商誉的载体或体现，商业信誉实质上是一种社会公众评价，希望在未来的修订中能突破商誉的局限列举。

第三，“误导性信息”仍是一个模糊不清的说法，在执法、司法活动过程中仍需进一步解释方可适用。相比之下，采取“捏造、散布虚假信息或陈述不完整、无法证实的信息”，更能明晰诋毁行为之欺骗性信息行为的属性。

第四，缺乏真实信息、合法行使权利的除外适用规定。例如善意且无过错、陈述信息客观真实且表达方式恰当的同业监督行为以及避免过高诉讼成本而表达合理要求的侵权警告行为都是符合法律规定的合法合理行为。由于我国目前没有侵权警告与同业监督的相关规定，且正当的侵权警告、同业监督并不是不法行为，因此对于执法、司法活动而言，明确商业诋毁与上述两种行为之法律界限是十分重要的。可尝试加入以下说法：“本着维护公平竞争秩序之目的，合理、恰当地发布客观真实信息的行为不适用本条（商业诋毁规制）之规定。”即规定侵权警告与同业监督的除外适用情形，这将有助于执法者与司法者对于具体行为性质的判断。

总而言之，本次《反不正当竞争法》中有关商业诋毁条款的修订是一种积极的表现，表明了国家加大打击商业诋毁、维护市场公平竞争的决心，尽管还存在少许不足，但未来仍值得期待。

（九）互联网领域不正当竞争行为的规制问题

近年来，随着互联网的快速发展，互联网领域的不正当竞争行为与日俱增，如抢注域名、竞价排名、软件捆绑、钓鱼网站等，一系列案件随之产生，如“3Q 大战”“优酷诉金山不正当竞争案”等。这些案件中有一部分属于传统不正当竞争行为在互联网领域的延伸，对此应适用原有的相关规定进行规制，而另一部分则属于互联网领域特有的、利用技术手段进行的不正当竞争行为，对此可通过概括加列举的形式作出规制以适应实践发展之需要。[①]因此，新增互联网专条也成为本次修法的重要亮点之一，被诸多媒体报道，甚至有人解读认为“新版法规或可有效避免互联网领域的劣币驱逐良币现象，保护企业创新的积极性，最终助推互联网行业迈入文明发展、良性运营的新时代”。[②]不过，该条款的规范和设计在理论与实务界还是引起了诸多争议。

1. 修改评述[③]

从新法的具体规定来看，新法对于互联网领域不正当竞争行为的规范主要有以下几个亮点：[④]

第一，新法明确规定，“经营者利用网络从事生产经营活动，应当遵守本法的各项规定”。

第二，新法对典型的互联网领域的不正当竞争行为进行了适当列举。

第三，新法增加兜底条款“其他妨碍、破坏其他经营者合法提供的网络产品或者服务正常运行的行为”。

2. 学术争论

关于是否应该将涉及网络技术的不正当竞争行为类型化为一种单独的新型不正当竞争行为，学界出现了较大的分歧。如有的学者并不认同将其独立类型化，认为该款的设计违反了技术中立规则的要求，而且法条中所

---

① 《全国人民代表大会法律委员会关于〈中华人民共和国反不正当竞争法〉（修订草案）修改情况的汇报》，载王瑞贺主编：《中华人民共和国反不正当竞争法释义》，法律出版社 2018 年版，第 115 页。

② 李立娟：《〈反不正当竞争法〉首次大修》，载《法人》2017 年第 4 期，第 46-47 页。

③ 宁立志、董维：《反不正当竞争法发展研究报告（2016—2017）》，载吴汉东主编：《中国知识产权蓝皮书（2016—2017）》，知识产权出版社 2018 年版。

④ 关于此条更为详尽的规范解读可参见本书第二章第 86-89 页及第三章第 155-157 页。

列举的“插入链接”“目标跳转”“关闭”“卸载”“不兼容”以及“网络产品”等，是不符合网络技术术语不断更新的现状的，一旦其中的有些技术术语过时，立法机关就会面临再次修法的问题。[①] 也有学者从规制思路和域外考察的角度提出进一步的质疑，认为该条实质上是2011年我国工信部《规范互联网信息服务市场秩序若干规定》第5条的升级版，并提出，互联网领域的不正当竞争行为一方面能被另外六种行为所覆盖，另一方面难以覆盖的亦可以通过一般条款来规制，而且如果按照新法的立法思路，以后对于人工智能、机器人、大数据、合成生物学等颠覆性技术领域出现的有别于网络不正当竞争行为的不正当竞争，在再次修法时是否应该逐一再设专条规范之？而且国外反不正当竞争的成文法中也没有单独为新技术设立不正当竞争条款的先例，甚至该条的设立会产生反向效果扼杀我国网络技术的发展。[②] 当然，学界也不乏支持的声音，如有学者认为“互联网专条”鲜明地体现和回应互联网时代的竞争特性与规制需求，也可以有效防止一般条款在处理互联网领域不正当竞争行为的适用泛化的问题。[③] 但笔者认为，《反不正当竞争法》的制定、规定和完善，是我国市场经济领域立法体系化、规范化发展过程中的重要内容，并处于顶层设计的地位。因此，该法的功能在于设计市场竞争的基本架构，对所调整的对象和行为进行全局性的概括和基本面上的界定，而非针对某些具体领域中的无序竞争问题进行回应。甚至可以说，该条款的设立是对竞争法领域“法典化”的破坏——“正确”的条文出现在了错误的位置。[④]

---

① 李明德:《关于〈反不正当竞争法〉修订的几个问题》，载《知识产权》2017年第6期，第18页。

② 郑友德、王活涛:《新修订反不正当竞争法的顶层设计与实施中的疑难问题探讨》，载《知识产权》2018年第1期，第17–18页。

③ 田小军、朱萸:《新修订〈反不正当竞争法〉“互联网专条”评述》，载《电子知识产权》2018年第1期，第31–32页。

④ 宁立志:《互联网不正当竞争条款浅议》，载王先林主编:《竞争法律与政策评论（第3卷）》，法律出版社2017年版，第10页。

3. 完善空间[①]

从该条款设立的初衷和内容安排来看，它在很大程度上迎合了相关领域经营者、网络用户以及社会公众的需求，是我国针对自身国情、面向市场经济新体制所开展的主动修法，在可以预见的将来能够迅速地发挥作用，规范相关市场的竞争秩序、保障消费者权益。在立法程序中，相关条款的提出、修改和最终定稿过程也由过去的“关门立法”模式转变为公开、广泛征求社会各界意见，当中的进步意义同样不容忽视。然而，从立法理由、内容设计以及保障实施等方面看，相关条款还有进一步完善的空间。

第一，在立法逻辑上，“互联网条款”更多体现的是立法对现实的妥协，而非逻辑的必然。虽然《反不正当竞争法》具有“竞争基本法”的地位，从内容、功能和价值追求角度看，属于相关制度体系中的“顶层设计”部分，但它并不是一部“务虚”的法律，也包含大量的具体对象和行为。然而，什么样的对象或行为应当被纳入其中，并不是随意决定的，《反不正当竞争法》有自身的逻辑路径。具体而言，则体现在此次《反不正当竞争法》的修订思路上：除了应当对“一般条款”等重要问题加以明确，在对如何合理地“列举”方面，也应该同我国制定实施《民法典》的期望相一致，以法律制度的体系化、系统化为追求，而不应失于盲目。事实上，“互联网市场”也只是诸多社会部门或细分市场之一，当中的不正当竞争问题并不比其他领域的不正当竞争问题更重要。也即是说，可以通过专门制度加以规制的某些具体领域的无序竞争问题，没有写入《反不正当竞争法》的必要。而专门法的制定与出台，将是中国竞争法顶层设计完成后，在产业别化阶段的立法任务，彼此之间应当有清晰的逻辑顺序，不应该被混为一谈。[②]

第二，在内容设计上，对于“适度归纳”和“准确列举”的平衡，还

① 宁立志:《〈反不正当竞争法〉修订的得与失》，载《法商研究》2018 年第 4 期，第 127-128 页。

② 宁立志:《互联网不正当竞争条款浅议》，载王先林主编:《竞争法律与政策评论（第 3 卷）》，法律出版社 2017 年版，第 10 页。

应该更准确一些。其一，该条款所列举的四项内容之间既无清晰的逻辑关联，也没能体现出广泛意义上的互联网不正当竞争行为之间的共性，与《反不正当竞争法》的定位和应然的风格显得格格不入。在该条款的四项内容中，第一、二、三项更像是对数年前引起全社会广泛关注的“3Q案”的回应：确认了未经授权或未明示地在他人产品或服务中嵌入自己的软件代码，或者以“不兼容”为理由要求用户做出“二选一”取舍之类的行为属于不正当竞争行为。虽然就内容而言这样的表述并无错误，该条所列举的行为也确实具有不合理性，但通过《反不正当竞争法》这一竞争基本法来重复某些具体案件判决书中的技术性内容，于立法层面难称妥当。“过强”的针对性同时也导致了相关条款适用范围过窄。对此，应当对相关领域的不正当竞争行为加以抽象，即从互联网竞争行为的本质和不正当竞争行为共性出发进行归纳，而非如此这般琐碎和片段化。

第三，在责任条款设计上，还应有进一步的明确与细化。一方面，对于行使处罚权的主体，本法第24条笼统地称之为“监督检查部门”，并未作进一步的说明。当下，可能被纳入“监督检查部门”范畴的，至少包括满足一定级别要求的市场监管部门，但是，中华人民共和国工业和信息化部（工信部）、中华人民共和国国家互联网信息办公室、中共中央网络安全和信息化委员会办公室（网信办）等其他政府部门和党中央下属机构也拥有介入某些重大互联网行业竞争纠纷案件的权力和职能。另一方面，“监督检查部门”的执法权体现为两部分：责令停止违法行为和处以罚款。对于罚款情节和数额，尚需观察社会反应，方能判断处罚尺度是否宽严合理。但是，对于“停止违法行为”部分，则相对复杂一些：虽然我国诉讼法中并无对“禁令”的直接规定，但这一处罚在事实上相当于带有终局性的“禁令”，而“禁令”对于相关市场经营者的影响是巨大的，尤其在互联网网络外部性的影响下，可能意味着被施加禁令的经营者在短期内就流失大部分的用户或者流量，并且难以恢复。这种可能造成严重影响的终局性的决定，事后的行政复议或者行政诉讼可能难以挽回之前行政行为失误所带来的损失，故而更应当由司法裁判来决定。事实上，在现代社会中，依托于信息网络的市场经营活动方式多变、内容复杂，以现行《反不正当竞争法》第 12 条并不足以明确地判断出某些行为是否属于不正当竞争行为，况且，在该条第 2 款第 4 项中，有“其他妨碍、破坏其他经营者合法提供的网络产品或者服务正常运行的行为”的表述，兜底意味十分明显。在这样的情形下，判断某一行为是否确实属于“不正当竞争行为”，更应谨慎。对此，笔者认为，将此方面的执法权略加限缩，控制在保存证据、在不严重影响相关经营活动的情形下查验、查封相关设备以及账目范围内更为妥当。

（十）不正当竞争行为的法律责任

我国《反不正当竞争法》主要规定了行政责任和民事责任，同时涉及刑事责任。但三者在法律依据上却略有不同，如行政责任主要是依据《反不正当竞争法》予以追究的，即除转致适用的其他法律外，对于不正当竞争行为都是直接依照《反不正当竞争法》的具体规定来追究行政责任；而民事责任（除主要强调损害赔偿外）和刑事责任则都是原则性地加以提及，责任的确定主要是依据民法、刑法的相关规定。[①] 这样的责任设计与我国的国情密不可分，因我国既有行政救济处理纠纷的传统，又得益于行政救济的高效便捷性，遂主要形成了行政救济的模式，也突出了政府对于市场竞争活动的主动干预和对市场秩序的维护。众所周知无救济则无权利，在这样一部法律中，对法律责任的明确同样十分重要，因为完善的法律责任可以起到威慑作用，更能增加法律的适用性。因此，在本次修法中，法律责任条款也是修法参与者关注的重点。

不可讳言的是，囿于时代的局限性，1993 年《反不正当竞争法》对法律责任的规定在现在看来存在不少缺陷和漏洞，如民事责任的表述不够清晰，行政责任条款不全面，处罚力度落后于市场发展等。而 2017 年和 2019

---

① 孔祥俊：《反不正当竞争法的适用与完善》，法律出版社 1998 年版，第 683–684 页。

年修法则紧跟市场发展的步伐，增大了处罚力度、扩展了处罚手段、丰富了法律责任相关规定。具体修改变化主要有以下几点：[①]

第一，完善民事责任规定。1993 年《反不正当竞争法》未明确规定完整的民事责任，仅局限于“民事损害赔偿”责任，虽然不正当竞争行为处罚重点在赔偿，但并不能据此忽视其他的民事责任形式。2017 年《反不正当竞争法》在第 17 条明确提出“依法承担民事责任”，进一步完善了《反不正当竞争法》的责任承担方式。同时，当一个不正当竞争行为既产生了民事责任，又带来行政责任和刑事责任时，法律规定，其财产不足以支付的，优先用于承担民事责任。民事责任中的权利主体即受到不正当竞争行为侵害的经营者，相对于行政责任与刑事责任中的罚款或罚金等收缴主体，经营者处在相对弱势地位，其经济利益也更容易受到不正当竞争行为的侵害，因此有必要优先偿付民事责任中的受害人。

第二，损害赔偿数额计算详细化，增设法定赔偿条款和惩罚性赔偿条款。1993 年《反不正当竞争法》对损害赔偿数额的规定比较模糊，而 2019 年《反不正当竞争法》规定：“因不正当竞争行为受到损害的经营者的赔偿数额，按照其因被侵权所受到的实际损失确定；实际损失难以计算的，按照侵权人因侵权所获得的利益确定。经营者恶意实施侵犯商业秘密行为，情节严重的，可以在按照上述方法确定数额的一倍以上五倍以下确定赔偿数额。赔偿数额还应当包括经营者为制止侵权行为所支付的合理开支。经营者违反本法第六条、第九条规定，权利人因被侵权所受到的实际损失、侵权人因侵权所获得的利益难以确定的，由人民法院根据侵权行为的情节判决给予权利人五百万元以下的赔偿。”这些规定将侵权损害赔偿的数额计算方法进行了细化，便于反不正当竞争司法。

第三，行政罚款金额提升。随着市场的发展与时代的进步，企业和个人

---

① 宁立志、董维：《反不正当竞争法发展研究报告（2016—2017）》，载吴汉东主编：《中国知识产权蓝皮书（2016—2017）》，知识产权出版社 2018 年版。

的收入不断提升，旧法的处罚力度已大大落后于实际的生产经营状况，起不到威慑作用。因此，提高处罚额度的上限与下限，可以增加不正当竞争行为的“违法成本”，适当而有效地制止不正当竞争行为。

第四，新增法律责任的豁免规定。面对从事不正当竞争行为的经营者，法律规定若其主动消除或减轻违法行为的危害后果，可以依法从轻或减轻行政处罚；行为轻微并及时纠正没有造成危害后果的，不予行政处罚。该规定于2017年首次出现在《反不正当竞争法》中，积极倡导不正当竞争违法者主动地消除违法后果，维护市场的公平竞争，体现了反不正当竞争法律体系严肃性和包容性的兼顾。

第五，新增社会信用条款。当前，社会个人征信的作用越来越重要，涉及个人贷款买房买车、电信、出入境等诸多事项，而企业的信用记录是他人与其开展业务的重要参考指标，因此2017年修法与时俱进，规定将经营者从事不正当竞争受到行政处罚记入信用记录，以此敦促经营者合法经营，呼应了当下社会征信的重要作用。

总体来看，法律责任条款的修改大体上符合人们对于责任条款完善的期待，但在实际修法中仍有学者就是否在民事责任中增设惩罚性赔偿的问题产生争论。如早期有学者认为：“我国《反不正当竞争法》设定的赔偿额度较轻，并不能调动起广大经营者和消费者反对不正当竞争的热情，同时也不能对相关违法经营者造成足够的威慑，因此，我国可以效仿其他国家或地区引入惩罚性赔偿制度。”① 同时，在本次修法的征求意见过程中也有部门建议参考商标法、专利法的相关规定，对是否增加惩罚性赔偿的规定进行研究。② 但从现在的修改情况来看，仅规定了恶意侵犯商业秘密的惩罚性赔偿责任，这应与惩罚性赔偿的制度功能定位和修法亦未支持消费者诉权有一定的关联性。

---

① 倪振峰：《反不正当竞争法理解适用与修改完善》，复旦大学出版社2013年版，第223-224页。

② 《法律委、财经委、法工委座谈会对不正当竞争法修订草案的意见》，载王瑞贺主编：《中华人民共和国反不正当竞争法释义》，法律出版社2018年版，第171页。

第二章

中国反不正当竞争法发展研究报告

（2015—2016）

2015 年以来，我国的反不正当竞争法律制度建设取得了显著发展，颁行 20 余年的《反不正当竞争法》开始修订，国务院于 2016 年 11 月通过《反不正当竞争法（修订草案）》并提请全国人大常委会审议。此举措标志着我国反不正当竞争法律制度的进一步完善，有助于保护经营者和消费者合法权益及市场中公平竞争环境的形成。

一、《反不正当竞争法》的修订

《反不正当竞争法》是规范市场经济关系的重要法律，自 1993 年颁行以来与 2007 年颁布的《反垄断法》一起，作为调整市场竞争关系的两把利剑，在我国社会主义市场经济发展中发挥着重要作用。经过 20 多年的发展，《反不正当竞争法》已不能完全适应我国市场竞争现状，在调整具体的竞争关系方面显得捉襟见肘。首先，不正当竞争行为的表现形式越来越多样化，范围不断扩大，新的不正当竞争行为不断涌现，如随着互联网技术的飞速发展，互联网领域涌现出诸多新型不正当竞争行为，再如商业贿赂中贿赂对象的多样化，这些都没有被现行《反不正当竞争法》[①] 所涵盖。其次，现行《反不正当竞争法》对不正当竞争行为的规定比较原则，缺乏可操作性。同时，《反不正当竞争法》与《反垄断法》《商标法》等法律之间需要重新进行调整衔接。最后，反不正当竞争执法体系不统一，行政执法分散，导致《反不正当竞争法》在执法中并未发挥其应有的作用。因此，对《反不正当竞争法》的修改已迫在眉睫。

---

① 本章中的“现行《反不正当竞争法》”和“现行法”均指 1993 年《反不正当竞争法》。

国家工商行政管理总局于 2014 年组织高校专家、实务律师与地方工商局组成 8 个课题组对《反不正当竞争法》中的关键问题展开深入研究，并在广泛征求意见的基础上于 2015 年形成《反不正当竞争法修订建议稿》送交国务院法制办，国务院法制办于 2016 年公布《反不正当竞争法（修订草案送审稿）》，修改内容涉及现行法 33 条中的 30 条，其中删除 7 条，新增 9 条，共 35 条。2016 年 11 月，国务院通过《反不正当竞争法（修订草案）》，提请全国人大常委会审议。主要修改内容如下：

（一）不正当竞争概念的完善

现行《反不正当竞争法》第 2 条是整部法律的基础性条款，规定了法律的适用范围以及“不正当竞争”“经营者”的概念，对该法的适用具有重要意义，同时也是实践中广受争议的内容。由于法律的滞后性及具体行为列举的有限性，导致现行法律并不能对一些新型不正当竞争行为加以涵盖，当具体规定无法适用时需要根据“不正当竞争”的概念对此类行为进行规制。因此对“不正当竞争”概念进行完善就显得尤为必要。修订稿将现行法第 2 条第 2 款修改为“本法所称的不正当竞争，是指经营者违反本法规定，损害其他经营者或消费者的合法权益，扰乱社会经济秩序的行为”。[①] 可见修订稿进一步增强了对消费者权益的保护，与《反不正当竞争法》的立法宗旨相一致，同时回应了不正当竞争行为损害广大消费者合法权益是不正当竞争行为的主要危害之一的疑问。

一般而言，现代竞争法具有三种目的，即保护竞争者、保护消费者以及维护一般公众利益或未受扭曲的竞争利益。[②] 其保护对象经历了由保护诚实经营者到消费者的发展过程，因为竞争行为与消费者利益息息相关，加上 19 世纪六七十年代消费者运动的发展，各国反不正当竞争法越来越重视

① 现行《反不正当竞争法》第 2 条第 2 款为：“本法所称的不正当竞争，是指经营者违反本法规定，损害其他经营者的合法权益，扰乱社会经济秩序的行为。”

② 孔祥俊：《反不正当竞争法的创新性适用》，中国法制出版社 2014 年版，第 8 页。

对消费者利益的保护。

（二）经营者概念的改变

根据现行法的规定，经营者是指“从事商品经营或者营利性服务（以下所称商品包括服务）的法人、其他经济组织和个人”。此概念屡屡遭到实务界和理论界的批评，认为其内涵不够严谨，难以涵盖《反不正当竞争法》所要规制的各类主体。修订稿则将“经营者”概念修订为“从事或者参与商品生产、经营或者提供服务（以下所称商品包括服务）的自然人、法人和其他组织”，在一定程度上扩大了调整范围。原法中的“从事”一词表明不正当竞争行为的实施主体必须是以经营为业的，同时强调“营利性”，实则将经营者概念限定在以营利为目的并以提供商品、服务为业的市场主体范围。这就将公益性机构、非营利性组织[①]在营利性活动中的不正当竞争行为排除在法律适用之外。同时，员工等仅参与商品、服务经营，却明显不具有独立的经营者资格的主体实施的不正当竞争行为也难以受到该法的规制。因此修订稿增加了“参与商品生产、经营或者提供服务”，删除了“营利性”，强调以“是否参与市场竞争的行为”为标准来判定，淡化了认定时的身份特征，扩大了经营者主体的范围，同时与另一部调整市场竞争关系的法律——《反垄断法》的相关规定保持一致[②]。

（三）执法体系的统一

现行法规定，“县级以上人民政府工商行政管理部门对不正当竞争行为进行监督检查；法律、行政法规规定由其他部门监督检查的，依照其规定”。

---

① 如属于事业单位性质的公立医院在日常业务活动中所进行的购销药品、提供医疗服务等都是有偿的，实则为商品经营行为。而在现实中公立医院作为非营利性机构往往成为商业贿赂的主体。再如作为非营利性组织的律师事务所在竞争激烈的法律服务行业极易实施商业诋毁行为以从竞争者处争取潜在客户。

② 《反垄断法》第12条第1款规定：“本法所称经营者，是指从事商品生产、经营或者提供服务的自然人、法人和其他组织。”

可见，在立法之初该法的行政执法体制不具有执法主体的统一性和单一性。但对于“法律、行政法规规定由其他部门监督检查的，依照其规定”是否完全排除工商部门的依法监管，法律并未作出明确解释。据此，不同行业随着其行业监管法律的出台，开始主张本行业的不正当竞争行为需依照本行业的监管规范进行规制，[①] 从而形成了目前的“交错复合型执法体制”[②]。

这一规定在实质上分散了反不正当竞争执法权，导致权责交叉、多头执法，使不正当竞争行为因所处行业不同而接受不同部门管辖，而不同行业对不正当竞争行为的认定标准、处罚尺度不尽相同，同时多部门执法可能带来管辖争议或互相推诿等弊端，削弱了法律的权威性，影响了法律的公平性。修订稿将该条修改为“县级以上人民政府工商行政管理部门对不正当竞争行为进行监督检查；其他法律、行政法规另有规定的，相关部门也可以依照其规定进行监督检查”。修订稿在总则部分明确工商行政管理部门对不正当竞争行为的一般管辖权，同时规定了相关部门也可以依照法律、行政法规的规定进行监督检查，可以说，往统一执法模式靠近了一步。

（四）市场混淆行为

随着市场竞争的发展，仿冒、假冒等侵权行为开始呈现出多样化的表现形态，不再局限于现行法中所列的“注册商标，商品名称、包装、装潢，企业名称，认证标志、质量标志”四大方面，现行《反不正当竞争法》在调整市场混淆行为上显得力不从心。例如近来出现的将他人注册商标登记为域名、将他人注册商标登记为字号等，当这些商业标识在相近似或相关

---

① 如《保险法》第 115 条规定：“保险公司开展业务，应当遵循公平竞争的原则，不得从事不正当竞争。”第 9 条第 1 款规定：“国务院保险监督管理机构依法对保险业实施监督管理。”明确了保监会对保险行业不正当竞争行为的监管职责。

② 反不正当竞争法执法权限的类型大体上分为如下三类：（1）行业主管部门排他性规制行业内所有不正当竞争行为：保险行业、银行业；（2）行业主管部门排他性规制行业内某些特定类型的不正当竞争行为：证券行业、电信行业、彩票行业；（3）行业主管部门与竞争执法部门共同规制行业内不正当竞争行为：建筑招投标行业、国际货运代理行业、医药行业、律师行业等。

联的商品或企业上使用时极容易引起消费者的误认，损害他人商品声誉，抢夺他人潜在消费者。这些行为违反《反不正当竞争法》的原则和精神，有攀附他人商誉的故意，并造成实际的市场混淆，但又找不到具体的适用条款，因此现行《反不正当竞争法》第 5 条需要作较大修改。

首先，现行法第 5 条第 4 项与第 9 条存在一定的重合之处，第 5 条第 4 项即“在商品上伪造或者冒用认证标志、名优标志等质量标志，伪造产地，对商品质量作引人误解的虚假表示”，第 9 条中规定“经营者不得利用广告或其他方法，对商品的质量、制作成分、性能、用途、生产者、有效期限、产地等作引人误解的虚假宣传”，以上两条中都包含“产地”“质量”的内容，而伪造“认证标志”和“名优标志”的内容可以被包含在第 9 条的“性能”中。第 5 条的存在并不影响现行法第 9 条对商品或服务的相关内容进行误导之情形作规定，因为狭义的误导行为主要指向商业标识之外的商品或服务的品质或特征。也可认为，仿冒是误导的特殊表达，是关于商品来源的误导。因此在此次修法中明确第 5 条第 4 项与第 9 条的区别也显得尤为必要。联系修订草案第 8 条关于“引人误解的商业宣传行为”的规定，可见该条摒弃了原来的内容，即未明确指出虚假宣传的具体客体，也未局限于商业标识上，而是强调一切商业宣传行为都可能带来误导，以此方法与商业混淆行为相区分。同时，修订稿第 5 条删除了有关“在商品上伪造或者冒用认证标志、名优标志等质量标志，伪造产地，对商品质量作引人误解的虚假表示”的规定，对此种行为可以适用修订稿第 8 条“引人误解的商业宣传行为”进行规制。

其次，对本条的中心词“市场混淆”下了定义，这与原法相比是进步。修订稿规定，本法所称的市场混淆，是指“使相关公众对商品生产者、经营者或者商品生产者、经营者存在特定联系产生误认”。即概括出本条的中心意旨——对商品生产者、经营者产生误认，以是否误导了公众，导致或足以导致市场混淆来认定。通过擅自使用他人的知名商业标识、使用与他人相似的商业标识等行为让消费者对生产者产生误认进而导致误购等，不仅损害了消费者的利益，而且侵害了其他经营者的竞争权益，破坏了公平、有序的竞争环境。

再次，修订稿对“商业标识”的定义作出了规定。由此，《反不正当竞争法》不仅对擅自使用他人字号、姓名、知名商品特有名称、包装、装潢等商业标识相同或近似商业标识的行为进行规制，同时通过以“商业标识”的概念进行兜底，实际上增加了对简称、字号、笔名、艺名以及发挥识别作用的新型商业标识的保护。

最后，与《商标法》进行了衔接。修订稿删除了现行法第5条第1项关于“假冒他人注册商标”的规定，因其与《商标法》第57条完全重复，而《商标法》作为保护商标权的专门立法，对注册商标的保护更为全面和完整，因此《反不正当竞争法》作为一般法无需对单纯的商标侵权行为再作规定。

（五）利用相对优势地位进行不公平交易

现行法第6条对公用企业或其他依法具有独占地位的经营者限定他人购买的行为进行了禁止，但在随后的实施过程中该条逐渐显露出局限性，尤其在《反垄断法》实施后，该条款更是与《反垄断法》相关规定相重复。同时该条款将行为主体限定在“公用企业”“其他依法具有独占地位的经营者”，也有一定的弊端。“公用企业”主要是指提供供水、供电等公共服务，具有较小可替代性的经营者；而“依法具有独占地位的经营者”的核心内涵是相关公众对其提供的公共服务具有较强的依赖性，但是在经济活动中的经营者只要具备了与公用企业、依法具有独占地位的经营者相近似的特点，其实施的不公平交易行为就会带来相同的危害后果，因此不应将该条款的主体范畴限定在“公用企业”“其他依法具有独占地位的经营者”这个形式标准，而应采取实质标准，即用属于关注市场竞争的衡量标准——交易力量重构第6条不公平交易行为的主体概念。且《反不正当竞争法》规制的是拥有交易力量的经营者实施的不正当竞争行为，而《反垄断法》规制的是拥有市场力量的经营者所实施的垄断行为，故修订稿将第6条修改为对具有相对优势地位的经营者的不公平交易行为的禁止条款。

随着我国市场的不断发展，市场交易中往往存在这样一种情形：拥有一定市场势力的企业虽然没有绝对的市场支配能力，但拥有的市场资源使其足以控制市场交易过程，从交易相对人处攫取更多利润，这就是所谓的“相对优势地位”，例如大型零售商向中小供应商滥收入场费等。相对优势地位与《反垄断法》中的市场支配地位不同，它不是相对于竞争对手的优势，而是相对于交易相对人的优势地位。经营者滥用相对优势地位是双方地位失衡的状态，具有优势地位的企业往往可以轻易地选择交易对象，决定交易内容，甚至附加不合理的交易条件，实际上是利用交易相对人难以转向其他交易对象的客观情况来进行一些不公平的交易，损害了交易相对人的合法权益，扰乱了市场公平竞争秩序。

我国法律在对利用相对优势地位进行不公平交易的行为规制上一度处于缺位状态。根据经营者之间市场力量的对比状况，可以对其进行类型化，即平等地位、相对优势地位、市场支配地位。对于平等地位的市场主体主要由《民法通则》[①]、《合同法》[②] 等进行调整；而对市场支配地位的认定及规制则由《反垄断法》来承担；相对优势地位既不属于市场支配地位也不属于平等地位，我国尚无法律对其进行规范，因此此次《反不正当竞争法》修订将其纳入规范体系不得不说是一种进步。

在制度设计上，本次修订不仅明确了“相对优势地位”的概念，即“本法所称的相对优势地位，是指在具体交易过程中，交易一方在资金、技术、市场准入、销售渠道、原材料采购等方面处于优势地位，交易相对方对该经营者具有依赖性，难以转向其他经营者”，同时列举了具体的利用相对优势地位所实施的不公平交易行为，即概括加列举的制度设计使得该条款在实际适用中得以明确。此类行为实质上是相对优势人滥用交易相对人对其依赖性的行为，因其已预料到交易相对人难以转向其他经营者，因此其可

①② 现已失效，相应内容由《民法典》进行规范。

以在具体交易中以特定条件相要挟。从上述定义可以推断出在判定“相对优势地位”时要着重考虑三方面要素：一为交易一方对另一方的经济依赖性；二为经营者是否拥有相对优势地位是针对他的交易相对人而言的，并非针对其竞争对手；三为在判断经营者是否享有并滥用相对优势地位时需要进行个案分析。

“利用相对优势地位进行不公平交易”应纳入《反不正当竞争法》抑或《反垄断法》，在理论与实践中不无争议。在《反垄断法》与《反不正当竞争法》统一立法的国家及地区，不存在将该条款纳入哪部法律的困惑，而我国是分别立法模式，则需要考虑纳入哪部法律更为合适的问题。首先，利用相对优势地位进行不公平交易行为本质上是一种限制竞争行为，在一定区域内破坏了正常的市场竞争秩序，并对消费者或交易相对人的权益造成实质性的损害。但《反垄断法》并未对此作出规定，因此在《反不正当竞争法》修订时有必要填补该法律空白。其次，从《反垄断法》与《反不正当竞争法》的不同功能定位来看，前者更侧重于从宏观层面的影响来规制垄断行为，如果要其对利用相对优势地位进行的不公平交易进行规制，会出现难以认定拥有市场支配地位的情况，同时认定过程需要较多的执法资源，反垄断执法成本高；而后者更侧重于微观层面的、区域性的不正当竞争行为。具体到利用相对优势地位进行不公平交易行为上，该行为的影响主要集中于交易相对人和区域性的竞争秩序，因此用《反不正当竞争法》来规制该行为也更为合理。

（六）商业贿赂

我国《反不正当竞争法》是规范市场竞争秩序的核心法律，但现行《反不正当竞争法》对严重扰乱竞争秩序的商业贿赂行为的规范比较笼统，在司法实践中难以操作。而商业贿赂行为是严重损害公平的竞争秩序和诚信的商业环境的不正当竞争行为，随着商业贿赂表现形式的增多，修订稿对商业贿赂条款进行了较大幅度的修改。现行《反不正当竞争法》未对商业贿赂的概念作出明确界定，概念不清直接导致在实践中难以准确判定商业贿赂行为。修订稿采取概念加列举的方式明确商业贿赂概念及典型的商业贿赂行为，有助于正确区分商业贿赂与经营者之间的利益折让，鼓励和促进公平竞争。

第一，现行《反不正当竞争法》规定商业贿赂的目的为“销售或者购买商品”，不当地限缩了商业贿赂概念的适用范围。事实上，除了销售或购买商品以外，还存在其他可能实施商业贿赂的动机，如形成特定的排他市场、获取特定的优势地位等，但追本溯源其一般目的在于谋取交易机会或竞争优势。因此修订稿将商业贿赂的目的修改为“谋取交易机会或竞争优势”更符合商业贿赂的本质特征，也响应了实践中的呼吁。

第二，修订稿将贿赂物定位为“经济利益”。现行《反不正当竞争法》规定的贿赂物是“财物或其他手段”，原意以“其他手段”补充“财物”所不能覆盖之物，然而在实践中“其他手段”作为一个模糊概念难以得到准确的理解与利用，缺乏具体的衡量标准，容易被执法人员作出扩大解释。因此修订稿将贿赂物定位为“经济利益”，即指财物之外其他可以用金钱衡量的利益如优惠购买、免费旅游、协助出国等，这就为商业贿赂的定性和处罚增加了确定性。

第三，对商业贿赂中员工的行为加以说明。“员工利用商业贿赂为经营者争取交易机会或竞争优势的，应当认定为经营者的行为。有证据证明员工违背经营者利益收受贿赂的，不视为经营者的行为。”在实践中员工与单位的隶属关系一般使得员工的行为是单位意志的表达，因此将员工利用商业贿赂为经营者争取交易机会或竞争优势的行为认定为经营者的行为具有合理性。然而员工与所属单位存在利益不一致的情况，当员工私自采取商业贿赂行为时，单位既没有参与商业贿赂的意思表示也没有指示员工实施具体的商业贿赂行为，更没有获得经济利益或竞争优势，这种情况下不宜将员工的商业贿赂行为笼统地归属于单位的行为，因此修订稿作出了适用除外的规定，即“有证据证明员工违背经营者利益收受贿赂的，不视为经营者的行为”。

第四，新增商业贿赂主体——对交易有影响的第三方。现行《反不正当竞争法》将商业贿赂主体规定为“对方单位和个人”一直广受诟病，事实上在商业交易中只要对交易的达成有一定影响力的主体都可能成为商业贿赂的对象，并不限于交易对方。现行《反不正当竞争法》中没有关于“可能影响交易第三方”的规定，对“可能影响交易的第三方”是否需要作出范围上的限定，成为一个问题。如果不对该概念予以范围上的限定，可能导致该概念的泛化，执法部门作出扩大解释，带来执法标准不统一、执法不公正等问题。如需作出限定，要限定在什么范围，这些问题都亟须加以解决。

对“可能影响交易的第三方”并不容易作出具体范围上的限定，因为在交易关系中存在多种可能影响交易达成的因素。当行贿的对象即第三方是交易对象的近亲属或其他关系密切者时可能对交易产生影响，但当第三方并不与交易对象有直接的亲属关系或其他密切关系时仍有可能发生商业贿赂，因此“可能影响交易的第三方”不应局限于“近亲属等其他关系密切者”这个范围。如金融贷款公司向汽车 4S 店行贿，以获取 4S 店向客户优先推荐其金融贷款服务，此时直接交易双方是金融贷款公司与普通消费者，而汽车 4S 店即是“可能影响交易的第三方”。又比如在家装行业中，建材经销商通过给予设计公司或设计师个人回扣从而使设计公司或设计师引导客户选购该品牌建材，此时“可能影响交易的第三方”是设计公司或设计师本人。因此对“可能影响交易的第三方”不能严格限定其具体范围，仅能作出一般解释如“对交易有重大影响、决定交易的达成”或规定若干判定标准，具体由执法部门在个案中判定。“可能影响交易的第三方”判定标准如下：（1）第三方是交易双方之外的利益体，需要具备出卖一方利益获得另一方贿赂的动因；（2）第三方往往承担着信息传递的功能，或者本身就掌握着重要的信息来源，是双方交易的桥梁纽带；（3）第三方与交易关系密切，能够以传递信息、施加影响、创造条件等方式对促成交易起到一定的影响；（4）第三方的行为会带来不正当竞争的后果，因为经营者通过向第三人行贿，以信息的不正当传递获取交易机会的概率自然增大，这就损害了其他竞争者的竞争利益。

（七）商业误导行为

首先，现行法将该条款定性为“引人误解的虚假宣传”，在多年的实践中广受诟病。第一，《保护工业产权巴黎公约》第10条第2款规定，禁止“在经营中，使用足以使公众对商品的性质、制作方法、特征、用途或者数量产生误解的表示或者陈述”。而世界知识产权组织《反不正当竞争示范条款》更是直接将该行为称为“商业误导”，其第4条第1款规定，“在工商业活动中，对某个企业或者活动，特别是对该企业提供的产品或服务，进行误导或可能误导公众的任何行为或惯例，应构成不正当竞争行为”。从以上国际条约可以看出，国际立法例大多将之称为“商业误导”或直接称为“引人误解的表示”。第二，在法条阐述中使用“表示”而非“宣传”一词，可以突出本条所规定的行为不限于一般意义上的行为，因为“表示”一词涵盖明示和默示，并且可以包括口头、书面、动作甚至手势和眼神等难以被“宣传”所涵盖的各种方式。

其次，现行法第5条第4项与第9条存在一定的重合之处，因此在此次修法中明确第5条第4项与第9条的区别也显得尤为必要。第5条第4项即“在商品上伪造或者冒用认证标志、名优标志等质量标志，伪造产地，对商品质量作引人误解的虚假表示”，第9条即“经营者不得利用广告或其他方法，对商品的质量、制作成分、性能、用途、生产者、有效期限、产地等作引人误解的虚假宣传”，二者并无实质性区别，都有在商品包装上使用虚假标志等内容，因此显得重复。对此部分可见前文关于“市场混淆行为”的论述。

最后，本次修法厘清了“引人误解”与“虚假宣传”的关系。“虚假”是与实际不符的内容，既包括子虚乌有的情况，又包括歪曲了的事实与原本不一致的情形。“引人误解”包含了真实的表示引人误解的情况和虚假的表示引人误解的情况。在现行法中"引人误解"是作为定语来修饰"虚假宣传"的，使得该条款仅能禁止虚假宣传行为，会将其他情况的引人误解的表示排除在外，不利于对误导行为的规制，如"引人误解的真实宣传""不引人误解的虚假宣传"都不在规制范围之内。笔者认为，引人误解是误导行为的核心要素，而虚假表示只是引人误解表示的情形之一。另外，从域外立法来看，其趋势是认为误导行为包含虚假宣传行为但不限于此。从反不正当竞争法的立法目的来看，不论是虚假表示还是真实表示，只要可能对消费者的正常选择进行误导式的干扰，均应当予以规制。

同时，修订稿对此条款的修改厘清了与《广告法》的区别，将现行法第9条第2款对广告经营者发布虚假广告的规定删除，即去除有关宣传方式的限制，因为第2款中的虚假广告问题可直接适用《广告法》第55条的规定。此外，由于有关商品的事项难以列举完全，因此修订稿删除了对宣传内容的限制，不再局限于现行法所列举的"商品的质量、制作成分、性能、用途、生产者、有效期限、产地等"，而是以结果作为主要的判断标准，即引人误解的虚假宣传。

但不可否认，修订稿对引人误解的商业宣传行为的修改并不完善。修订稿采取的是对引人误解的商业宣传行为进行列举的方法，"进行虚假宣传或者片面宣传；将科学上未定论的观点、现象作为定论的事实用于宣传；以歧义性的语言或者其他引人误解的方式进行宣传"。但上述三项列举并不能完全涵盖主要的引人误解的商业宣传行为，除此之外还有"无有效依据的评比活动、与社会善良风俗相违背的宣传"等损害竞争秩序的商业误导行为。而对经营者进行引人误解的商业宣传可能采取的手段进行列举不失为一种更好的选择，同时也与域外国家立法选择相似。修法课题组的研究报告和建议稿即采取了这种修法方案："［商业误导行为］经营者不得使用下列手段，对商品（或服务）的质量、数量、价格、原材料、制作成分、性能、用途、有效期限、产地或者原产地、生产者、销售者、许诺、配套服务以及其他相关信息作出虚假、夸大、片面或有歧义等足以误导他人的表示：（一）通过商品包装、装潢、报刊、广播、电视、网络等信息载体或媒介进行宣传、报道；（二）张贴、发送、散发或者邮寄商品或服务的说明或者其他相关材料；（三）进行现场演示、说明或销售诱导；（四）其他足以误导他人的手段。”[①]

（八）不正当有奖促销

近年来，不管在理论界抑或实务领域，现行法关于不正当有奖销售的规定都广受诟病，因此此次修法对之进行了较大幅度的修改与完善。有奖促销本身没有正当与不当之分，一方面，在市场经济条件下它是市场主体进行竞争的正当手段，可以激发消费者的购买欲望，活跃市场；另一方面，作为一种竞争手段，过度的或欺骗性的有奖促销会扭曲价格机制，造成经营者之间的不正当竞争，同时还可能诱发消费者的博彩心理，扰乱市场秩序。

第一，有奖销售概念转变为有奖促销。在实践中，对没有直接进行商品销售的单纯促销行为以及经营者之间的促销活动，能否适用有奖销售的规定抑或按照回扣进行规制，存在不确定性。作为一种销售手段，有奖促销能提高产品或经营者的市场知名度，最终会体现在产品的营销效果上。有奖促销活动也能使经营者获得竞争优势，因此促销活动中的不正当竞争行为也应受到规制，销售与否并不是关键。有奖促销针对的是用于生活消费的消费者，经营者之间的鼓励行为则应适用折扣的有关规定，因此此次修订稿明确：“经营者不得向消费者实施下列有奖促销行为：（一）未明示其所设奖的种类、兑奖条件、奖金金额或者奖品等有奖促销信息，影响消费者兑奖；（二）采用谎称有奖或者故意让内定人员中奖等欺骗方式进行有奖销售；（三）对兑奖设定不合理条件；（四）抽奖式有奖促销，最高奖的价值超过两万元。”

第二，修订稿对不正当有奖促销采取概括加列举式的规定。修订稿改变了现行法对不正当有奖促销具体行为进行单纯列举的模式，转而采取概括加

① 参见武汉大学宁立志教授作为修法课题负责人所撰写的《反不正当竞争法修订课题研究报告》《关于误导、商业诋毁行为的研究报告》第四章。

列举的形式，即不仅对有奖促销的概念加以明确，同时列举了典型的不正当有奖促销行为，兜底性规定使得该条款在行政执法和司法中适用的空间增大，符合国际立法模式及现实需求。另外，修订稿在概念中区分了抽奖式有奖促销和附赠式有奖促销，明确二者同为《反不正当竞争法》所规制的对象。给予确定奖励的是附赠式有奖促销，即经营者在销售商品或提供服务时，对购买者附带地提供物品、金钱或者其他经济利益作为赠与，以促进销售的行为；而以偶然性的方法确定奖励种类或是否给予奖励的是抽奖式有奖促销。

第三，有奖促销表现形式的多样化。随着市场发展，有奖促销的形式不断变化，现行法对欺骗性有奖促销、利用有奖销售的手段推销质次价高的商品的规定过于狭窄，不利于对有奖促销的规制，因此修订稿增加了对未尽明示义务的有奖促销的禁止：未明示其所设奖的种类、兑奖条件、奖金金额或者奖品等有奖促销信息，影响消费者兑奖。设奖者通过对设奖模棱两可的表述，使参与有奖促销的消费者对促销产生误解，对可能获得的奖励形成错误的期待，导致消费者获得的奖励与参与促销时预计付出所取得的收获形成明显的差异，这使经营者获取了不正当的交易机会，给消费者带来不公平。因此修订稿规定经营者需要对有奖促销的信息进行明示，保障消费者的知情权。

第四，有奖促销最高奖金升至 2 万元人民币。法律对有奖促销的金额作出限制是从维护市场正常交易秩序的角度出发的，避免消费者产生赌博心理及经营者一味依赖有奖促销来吸引消费者，从而忽略提高质量、改善服务等。1993 年颁行的《反不正当竞争法》是结合当时的国民经济发展水平、物价水平制定的 5000 元最高奖金，而经过 20 多年的发展，我国的经济水平、消费水平早已大大提升，因此有必要提高最高额的限制。同时我国消费者的消费理性不断成熟，市场在资源配置中的决定性作用不断加强，应该赋予经营者更大的经营自由。

（九）商业诋毁

商业诋毁是指经营者自己或者利用他人，通过捏造、散布虚伪事实等不正当手段，对他人的商业信誉、商品声誉进行恶意的诋毁、贬低，以削弱其市场竞争力，并为自己谋取不正当利益的行为。[①] 在激烈的市场竞争中通过贬损他人商誉来谋取竞争优势的行为开始出现，并因其成本低廉、效果显著而迅速蔓延，严重破坏了公平有序的竞争环境。修订稿第 11 条规定：“经营者不得捏造、散布虚假信息、恶意评价信息，散布不完整或者无法证实的信息，损害他人的商业信誉、商品声誉。”与原条文相比有以下变化：

第一，将“虚假事实”改为“虚假信息”。商业诋毁行为的核心在于信息的“欺骗性”，而“事实”是一个中性词，是客观存在且与价值判断无涉。在日常的语境中，事实是指事情的真实情况，因而不存在所谓的“虚伪事实”这一说法，采用虚假信息的表述更为贴切。

第二，增加“恶意评价信息”和“散布不完整或者无法证实的信息”。仅规定虚假信息不足以囊括所有的诋毁行为，现实中有一些信息是处于中间地带的，如“未定论”、片面的信息等，这些不确定、不全面的“不当说法”也可能损害他人的商誉，进而造成消费者的误判误购。随着互联网的迅速发展，恶意评价信息多表现为利用网络手段进行恶意评价或诋毁，如在评价软件、购物网站的售后评价上等，竞争对手或一般消费者故意进行差评，给经营者的生产经营带来不利的影响，造成潜在客户流失，属于利用不正当的手段争夺市场份额的行为，因此应该受到《反不正当竞争法》的规制。除此之外，还有利用其他手段进行的商业诋毁并未纳入此次修法，如不当寄发知识产权侵权警告函、比较广告和自力救济[②] 均可能导致商业诋毁。

---

① 参见王先林：《竞争法学》，中国人民大学出版社 2009 年版，第 191 页；种明钊主编：《竞争法》，法律出版社 2008 年版，第 203 页。

② 在权利受损和可能受损的场合，通过私力救济“讨说法”的做法比较普遍，如澄清声明、发律师函、公布判决文书、纳入“黑名单”、拉横幅抗议等，这些做法如果尺度把握不好同样有可能构成商业诋毁。转引自谢晓尧：《在经验与制度之间：不正当竞争司法案件类型化研究》，法律出版社 2010 年版，第 365 页。

（十）新型不正当竞争行为的增加

现行《反不正当竞争法》于1993年颁行，采取的是分别列举11种不正当竞争行为的立法模式，同时缺乏标准的一般条款[①]，属于封闭式的立法。与开放型立法相比，它带来法律的僵化，难以将随后涌现的新型不正当竞争行为纳入调整范围，使得司法实践中缺乏对新型不正当竞争行为认定的统一标准，大都采取是否违反诚实信用原则和公认的商业道德标准来进行判断，而近年来新型不正当竞争行为日益增多，由此引发的不正当竞争诉讼案件也居高不下，主要集中但不限于互联网领域的竞争，因此急需在修订稿中增加对新型不正当竞争行为的列举。

近年来，随着互联网的快速发展，互联网领域的不正当竞争行为与日俱增，如抢注域名、竞价排名、软件捆绑、钓鱼网站等，一系列案件随之产生，如"3Q大战""优酷诉金山不正当竞争案"等。在这些案件中无法套用现行的认定框架，法院灵活地运用了《反不正当竞争法》的原则性规定进行审理，但缺乏具体、统一的标准，可能导致判罚标准不统一，处罚结果不公。因此本次修订稿新增了四种类型的互联网领域的不正当竞争行为，分别是：（1）未经用户同意，通过技术手段阻止用户正常使用其他经营者的网络应用服务；（2）未经许可或者授权，在其他经营者提供的网络应用服务中插入链接，强制进行目标跳转；（3）误导、欺骗、强迫用户修改、关闭、卸载或者不能正常使用他人合法提供的网络应用服务；（4）未经许可或者授权，干扰或者破坏他人合法提供的网络应用服务的正常运行。

互联网经济与传统经济的一大区别就在于访问目标的流量就代表市场竞争状况，访问流量对被访问者来说是商业利益的一部分，通过技术手段阻止用户访问其他经营者或在其他经营者网站上强制进行目标跳转都将影

---

① 与禁止某种不正当竞争行为的具体条款不同，一般条款并不指向某种特定的不正当竞争行为，而是将法律中没有列举的其他不正当竞争行为全部纳入该条款而加以禁止。其主要功能在于补充法律具体条款的漏洞，起到兜底和补充的作用，从而增强法律的适用性和稳定性。

响访问目标的流量，从而影响正常的互联网竞争秩序。[①] 这种行为一方面造成搜索目标和转移目标的经营者之间的不正当竞争，另一方面破坏了用户对原网站的正常访问及可能获得的服务，是一种不正当争夺潜在客户群和交易机会的行为，应该受到《反不正当竞争法》的规制。此二项主要针对的是通过对消费者访问的限制来开展的不正当竞争行为。

"误导、欺骗、强迫用户修改、关闭、卸载或者不能正常使用他人合法提供的网络应用服务"，该项规定针对的是利用软件开展的不正当竞争。在涉及软件的不正当竞争案件中，利用技术手段误导、欺骗、强迫用户卸载或关闭他人合法软件或服务，损害了合法软件经营者的竞争利益。如以冲突提示、安装失败、强制卸载和系统蓝屏等方式恶意诱导用户卸载或关闭其他合法软件，一般二者之间具有竞争关系。

"未经许可或者授权，干扰或者破坏他人合法提供的网络应用服务的正常运行"，与前三项相比，这种直接干扰竞争对手的正常网络运行的手段更为恶劣，它并不利用用户来进行干扰，而是一种更为直接的妨害行为。如干扰他人软件的启动和运行。

除了互联网领域，传统领域的新型不正当竞争行为也层出不穷，但在此次的修法中并未被纳入修订稿，如引诱性广告、比较广告、反向假冒、商业骚扰行为等。引诱性广告是一种转换销售策略，它提出以极为诱人的低价或其他优惠条件销售某产品，而其真实目的是以此与对某类产品感兴趣的消费者进行接触，转而卖给他们另外的价格更高、利润更大的产品，低价产品仅是一种诱饵。如卖场以低价广告吸引消费者进入卖场进行消费，但员工声称低价产品已销售一空，随即提出另一种可替代的高价商品，诱导消费者购买。比较广告是广告主将自己生产的产品或提供的服务与同一领域其他竞争者的同类产品或服务进行比较进而宣传自己产品或服务的商业广告。超出合理限度的比较广告会对竞争者的商誉构成诋毁，甚至误导消费者。反向假冒是指

---

① 王文敏：《互联网竞争中不当干扰行为的认定》，载《电子知识产权》2016 年第 10 期。

行为人用自己的商业标识替换他人的商业标识投放市场，从而诱导消费者将其对原品牌的了解、信赖转移到行为人身上。商业骚扰行为则是指经营者对相对人所实施的不请自来、超出对方合理预期且不受欢迎的商业行为，在实践中主要表现为经营者为了争夺潜在客户群而在未取得相对人同意的情况下，通过打电话或自动语音电话方式向对方推销商品或服务、向相对人手机发送营销性质的短信、向相对人电子邮箱发送广告以及上门推销或者在公共场所强行推销等。这些行为违背诚实信用原则，损害竞争者或消费者的权益，侵害市场的正常竞争秩序，理应受到《反不正当竞争法》的规制，因此修订稿将新型不正当竞争行为局限在互联网领域，有失偏颇。

（十一）新增兜底条款

修订稿第 14 条规定："经营者不得实施其他损害他人合法权益，扰乱市场秩序的不正当竞争行为。前款规定的其他不正当竞争行为，由国务院工商行政管理部门认定。"设立该条款旨在弥补对新型不正当竞争行为列举不全面的缺憾，对于将来可能出现的新型不正当竞争行为进行规范。我国现行《反不正当竞争法》的一个突出缺陷是没有严格意义上的一般条款，这使得其在适用时没有灵活性，对经济生活中层出不穷的不正当竞争行为缺乏调控力度。[①] 而不正当竞争行为是违背相关义务的消极性行为，因而难以穷尽，为了增强《反不正当竞争法》的前瞻性，及时制止不断变化或新产生的不正当竞争行为，修订稿增加了兜底条款。

有观点认为，"通观域外立法例，大多通过一般条款来实现兜底作用，均未设立专门的兜底条款。同时，本条规定由'国务院工商行政管理部门'来认定本法第二章未规定的新型不正当竞争行为缺乏依据。本法未设相关授权条款，实践中更难以明确该行政执法机关在行政执法中认定此类不正当竞争

---

① 王先林：《对〈反不正当竞争法（修订草案送审稿）〉的两点解读》，载《中国工商报》2016 年 3 月 2 日第 5 版。

行为的法定标准，且显然无法适用于司法审判当中，对于此类行为的法律规制，应当由司法机关通过适用本法一般条款的司法具体化完成”。[①] 同时，也有观点认为，“司法在反不正当竞争法施行中发挥创造性和主导性作用，是国际上的普遍做法。在变动不居的竞争世界，即使最有洞察力的立法者也不可能预见到将来发生的不正当竞争行为形式，而必须依赖法院的法律解释。我国的修法活动没有接受司法主导的意见，而是在行政主导的路径上前行”。[②]

（十二）行政机关监督检查权限的强化

针对现行《反不正当竞争法》监督检查手段不足、违法责任偏轻、违法成本偏低等情况，修订稿完善了执法机关的监督检查权限和职责，赋予执法机关查封扣押权等行政强制措施。因为在实践中一些当事人转移、销毁证据、拒不提供证据、转移隐匿资产等现象屡有发生，使得案件难以进行或者处罚难以到位，执法效果受到影响，法律权威受到挑战，因此修订稿增加了检查、查封、扣押、查询、冻结等强制措施，扩大了取证范围，与《行政强制法》相关规定进行了衔接。

修订稿第 15 条规定：“监督检查部门在调查不正当竞争行为时，有权行使下列职权：（一）进入与被调查行为有关的营业场所或者其他场所进行检查；（二）询问被调查的经营者、利害关系人或者其他有关单位、个人，并要求提供证明材料、数据和技术支持或者与不正当竞争行为有关的其他资料；（三）查询、复制与被调查行为有关的协议、帐册、单据、文件、记录、业务函电、电子数据、视听资料和其他资料；（四）责令被调查的经营者暂停涉嫌违法的行为，说明与被调查行为有关财物的来源和数量，不得转移、隐匿、销毁该财物；（五）对涉嫌不正当竞争行为的财物实施查封、扣押；（六）查询涉嫌不正

① 郑友德、张钦坤、李薇薇、伍春燕：《对〈反不正当竞争法（修订草案送审稿）〉的修改建议》，载《知识产权》2016 年第 6 期。

② 王艳林：《论反不正当竞争法向统一竞争法修改的取向——兼评〈反不正当竞争法修订草案〉隐含的新冲突》，载《法治研究》2016 年第 6 期。

当竞争行为的经营者的银行账户及与存款有关的会计凭证、账簿、对账单等；（七）对有证据证明转移或者隐匿违法资金的，可以申请司法机关予以冻结。”

（十三）完善了法律责任

现行《反不正当竞争法》中法律责任的规定存在一定的缺陷，如民事责任表述不甚清晰、行政责任条款不够全面、处罚力度不适应市场竞争的发展等，难以发挥维护市场公平竞争秩序的需要。修订稿结合工商行政执法实践，完善了相关法律责任制度，从总体上提高了罚款上限，明确了罚款基准，加重了处罚力度，从而保障经营者和消费者的合法权益。修订稿明确以“违法经营额”为罚款基准，因为随着国民经济水平的提升，企业和个人收入不断增加，现行法对罚款限额的设定已难以威慑不正当竞争行为。一方面，整体提高了罚款额，并将最高数额提高至300万元，加大了处罚力度；另一方面，将罚款基准由“违法所得”改为“违法经营额”，没有违法经营额或无法计算时再根据情节处罚，因为违法所得的计算标准、取证及计算方法都存在很多困难，增加了执法成本，同时与已经使用“违法经营额”标准的《商标法》相统一。

（十四）增加消费者提起不正当竞争之诉的主体资格

修订稿第17条第2款规定：“经营者或者消费者受到不正当竞争行为侵害的，可以依法向人民法院提起诉讼。”与现行法相比，修订稿赋予了消费者向人民法院提起不正当竞争之诉的权利，这是我国《反不正当竞争法》第一次明确消费者的诉权。我国现行《反不正当竞争法》第20条只是赋予被侵害的经营者提起民事诉讼的权利，并未赋予消费者依照该法提起诉讼的权利，因而从这种意义来说，该法对消费者权益的保护具有间接性。在“黄金假日旅行社与携程公司不正当竞争案”中，法院认为：“由于消费者并不属于《反不正当竞争法》所规定的经营者的范畴，消费者的权益受到侵害应当由其他法律关系调整，因此，黄金假日旅行社以消费者合法权益受损为由对携程公司提起的不正当竞争诉讼，没有法律依据，在本案中亦不作审查。”[①]

而赋予消费者直接诉权是世界反不正当竞争法的发展趋势，域外先进立法大多将此纳入反不正当竞争立法。同时，反不正当竞争法的重要立法目的之一即是保护消费者的权益，但在我国现行法中却缺少相对应的消费者救济手段，而目前消费者面对不正当竞争行为侵权时，只能依照民法私法救济手段维权，且在有些情况下难以找到对应的权益保护项，因此反不正当竞争立法将消费者诉权纳入其中是一大进步。在生产经营中，当经营者的不正当竞争行为侵害了经营者的利益和消费者权益时，不仅经营者可以提起诉讼，消费者也可以依此进行司法维权。但也有观点认为应该赋予消费者团体诉讼权而非单个消费者。同一经营行为给众多消费者造成权益侵害时消费者单独起诉可能带来司法资源的浪费，而且“因为反不正当竞争法保护的是消费者在竞争行为作用下整体的自由选择权和知情权，而非针对某个消费者个人。竞争行为带来的过度外部性使得其对消费者权益的侵害具有广泛性，形成一种普遍影响所有可能使用某产品或接受服务的消费者，由具体表现上升到抽象公共利益，所以应引入消费者团体诉讼”。[②]但进行利益权衡之后，仍有必要赋予消费者单独的不正当竞争诉权，这样才可以实现对消费者保护的最大化，不能使其在权益受损时救济无门，因为团体诉讼的发起需要具备众多条件，而单独的诉讼是及时、快速的，更有利于保护消费者利益。

二、反不正当竞争行政执法情况

我国的反不正当竞争行政执法任务主要由工商行政管理部门承担，同时也是打击不正当竞争行为，保护经营者和消费者权益，维护市场竞争秩序的有力执法力量。此次《反不正当竞争法》修订稿进一步完善了反不正

① 上海市高级人民法院（2005）沪高民三（知）终字第36号民事判决书。

② 杨华权、姜林萌：《论反不正当竞争法对消费者权益的独立保护》，载《竞争政策研究》2016年第3期。

当竞争执法体系，确定了工商行政管理部门的一般管辖权，在此基础上再协调其他法律、行政法规对执法权的规定。同时，修订稿强化了行政执法机关的监督检查权限，增加了检查、查封、扣押、查询、冻结等强制措施，扩大了取证范围。除此之外，修订稿还完善了法律责任，整体提高了罚款上限，并且明确以“违法经营额”为罚款基准。这些措施都将进一步强化工商行政管理部门的反不正当竞争执法。

（一）2012—2016 年上半年全国反不正当竞争执法案件总数

2012—2016 年上半年全国反不正当竞争执法案件总数分别为 34860 件、49902 件、34081 件、25000 件、11000 件。[①]

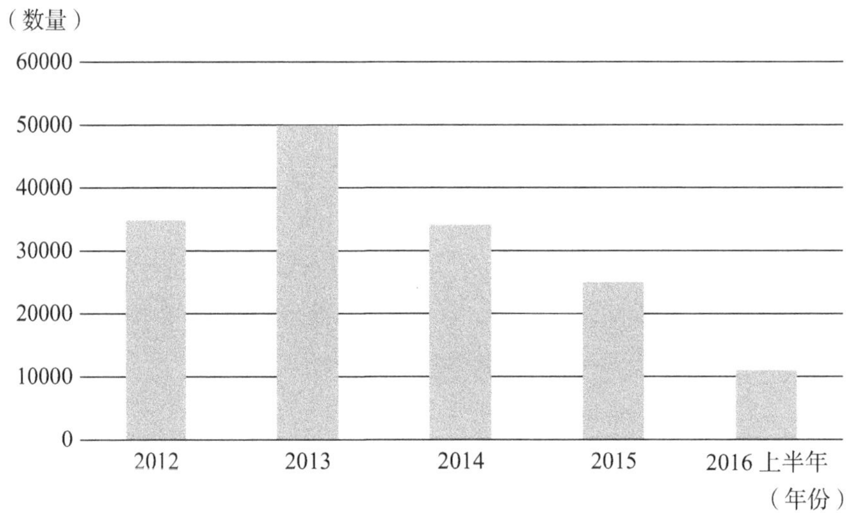

图 1　全国工商系统反不正当竞争案件执法总数（件）

（二）2012—2014 年全国反不正当竞争行政执法情况汇总

以下数据皆来自中国工商行政管理机关年鉴。

① 数据源于原中华人民共和国国家工商行政管理总局网站 www.saic.gov.cn，2016 年 12 月 13 日访问。

1. 2012 年全国反不正当竞争执法情况

2012 年全国工商系统查处的不正当竞争违法案件总计 34860 件，案件总值 387920 万元，没收金额 28727 万元，罚款金额 55466 万元。案件具体分布如下：

市场混淆案件共 11954 件，占案件总数 34.29%，案值 27376 万元，占案件总值 7.06%。其中假冒他人注册商标案件 3706 件，案值 2877 万元；仿冒知名商品特有的名称、包装、装潢案件 2897 件，案值 3991 万元；冒用他人的企业名称或姓名案件 1097 件，案值 4290 万元；在商品上伪造或冒用认证标志、名优标志、伪造产地、作虚假质量表示案件 4254 件，案值 16218 万元。

限制竞争案件共 659 件，占案件总数 1.89%，案值 47968 万元，占案件总值 12.37%。

商业贿赂案件共 6587 件，占案件总数 18.90%，案值 237669 万元，占案件总值 61.27%。

虚假宣传案件（利用广告对商品质量、制作或性能、用途等作虚假宣传）共 9741 件，占案件总数 27.94%，案值 44273 万元，占案件总值 11.41%。

侵犯商业秘密案件共 81 件，占案件总数 0.23%，案值 1451 万元，占案件总值 0.37%。

不正当有奖销售案件共 993 件，占案件总数 2.85%，案值 3174 万元，占案件总值 0.82%。

商业诋毁案件共 21 件，占案件总数 0.06%，案值 10 万元，占案件总值 0.003%。

销售、转移、隐匿、销毁与不正当竞争行为有关的违法财物案件 15 件，占案件总数 0.04%，案值 16 万元，占案件总值 0.004%。

其他案件 4809 件，占案件总数 13.80%，案值 25985 万元，占案件总值 6.70%。

上述数据具体分布见图 2、图 3：

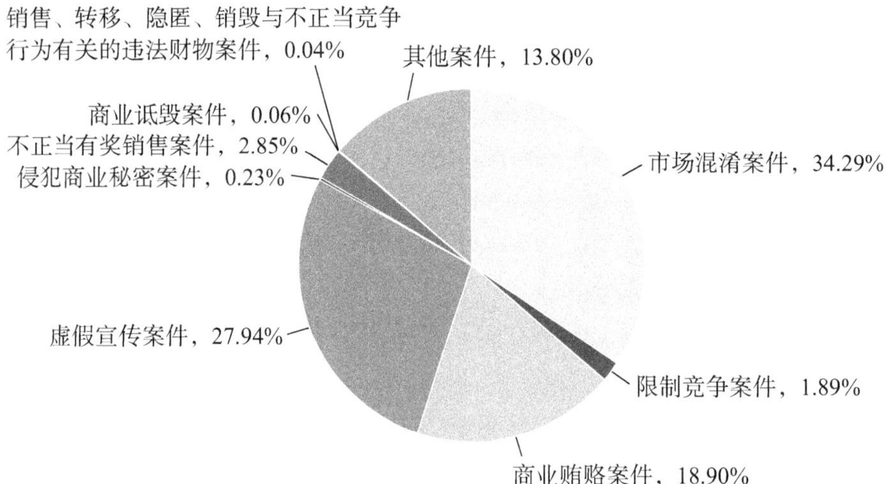

图 2　2012 年不正当竞争违法案件统计（案件占比）

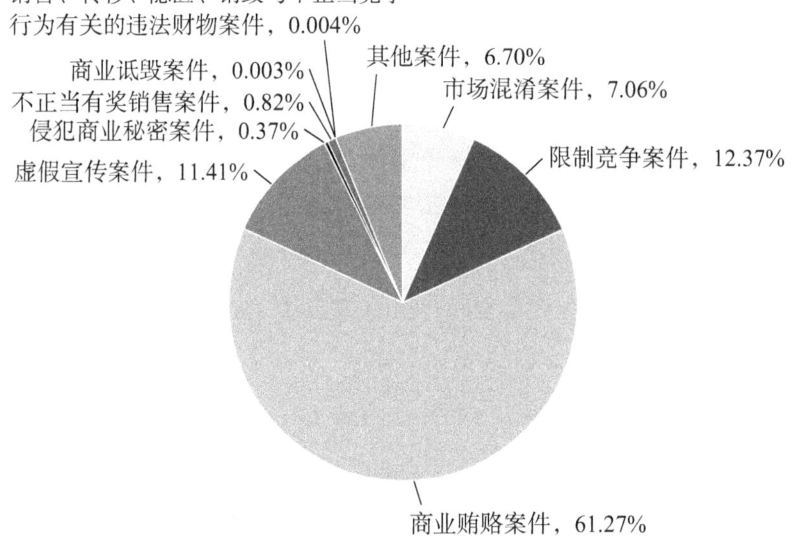

图 3　2012 年不正当竞争违法案件统计（案值占比）

2. 2013 年全国反不正当竞争执法情况

2013 年全国工商系统查处的不正当竞争违法案件总计 49902 件，案件总值 396234 万元，没收金额 37352 万元，罚款金额 72434 万元。案件具体分布如下：

市场混淆案件共 20226 件，占案件总数 40.53%，案值 55881 万元，占案件总值 14.10%。其中假冒他人注册商标案件 10586 件，案值 10742 万元；仿冒知名商品特有的名称、包装、装潢案件 4154 件，案值 5145 万元；冒用他人的企业名称或姓名案件 1140 件，案值 22408 万元；在商品上伪造或冒用认证标志、名优标志、伪造产地、作虚假质量表示案件 4346 件，案值 17586 万元。

限制竞争案件共 1056 件，占案件总数 2.12%，案值 93722 万元，占案件总值 23.65%。

商业贿赂案件共 4521 件，占案件总数 9.06%，案值 152364 万元，占案件总值 38.45%。

虚假宣传案件共 14259 件，占案件总数 28.57%，案值 38802 万元，占案件总值 9.79%。

侵犯商业秘密案件共 68 件，占案件总数 0.14%，案值 9936 万元，占案件总值 2.51%。

不正当有奖销售案件共 1241 件，占案件总数 2.49%，案值 18317 万元，占案件总值 4.62%。

商业诋毁案件共 32 件，占案件总数 0.06%，案值 30 万元，占案件总值 0.008%。

销售、转移、隐匿、销毁与不正当竞争行为有关的违法财物案件 27 件，占案件总数 0.05%，案值 24 万元，占案件总值 0.006%。

其他案件 8472 件，占案件总数 16.98%，案值 27157 万元，占案件总值 6.85%。

上述数据具体分布见图 4、图 5：

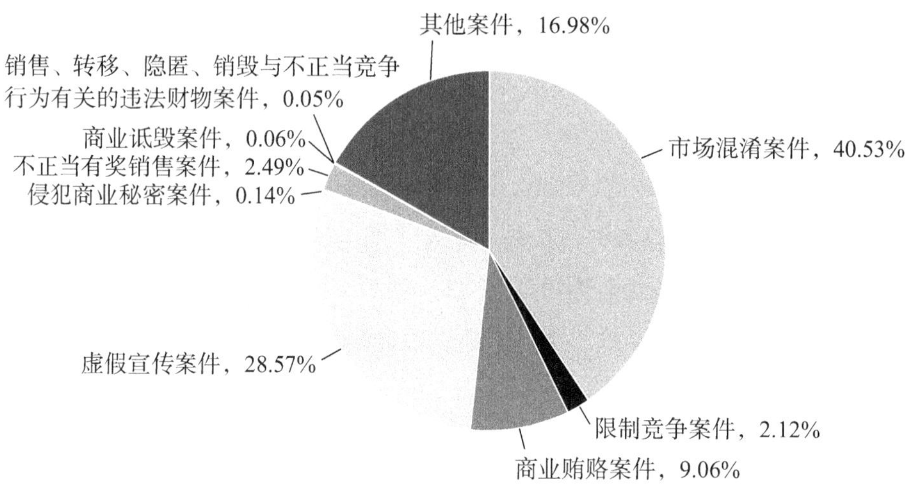

图 4　2013 年不正当竞争违法案件统计（案件占比）

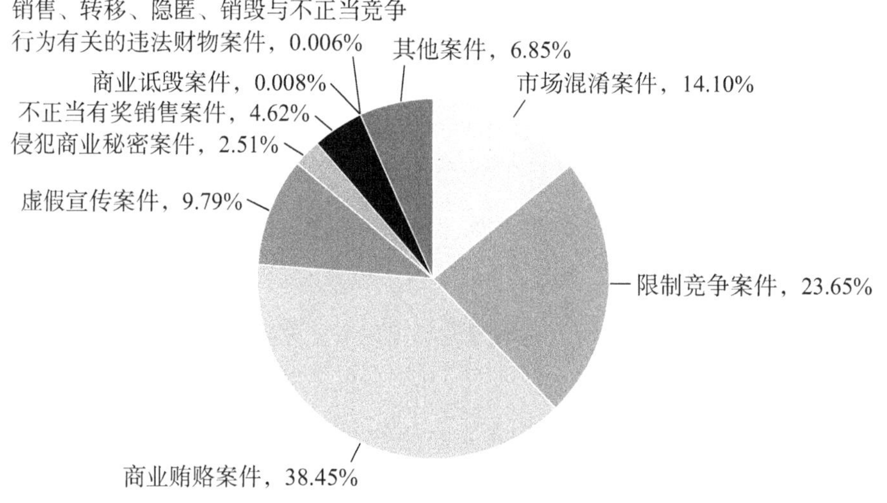

图 5　2013 年不正当竞争违法案件统计（案值占比）

3. 2014 年全国反不正当竞争执法情况

2014 年全国工商系统查处的不正当竞争违法案件总计 34081 件，案件总值 351205.54 万元，没收金额 34864.82 万元，罚款金额 57554.85 万元。

案件具体分布如下：

市场混淆案件共 11905 件，占案件总数 34.93%，案值 24745.11 万元，占案件总值 7.05%。其中假冒他人注册商标案件 6109 件，案值 7476.16 万元；仿冒知名商品特有的名称、包装、装潢案件 1820 件，案值 3304.08 万元；冒用他人的企业名称或姓名案件 683 件，案值 2134.5 万元；在商品上伪造或冒用认证标志、名优标志、伪造产地、作虚假质量表示案件 3293 件，案值 11830.37 万元。

限制竞争案件共 812 件，占案件总数 2.38%，案值 22331.33 万元，占案件总值 6.36%。

商业贿赂案件共 2986 件，占案件总数 8.76%，案值 146927.94 万元，占案件总值 41.84%。

虚假宣传案件共 12985 件，占案件总数 38.10%，案值 139337.3 万元，占案件总值 39.67%。

侵犯商业秘密案件共 58 件，占案件总数 0.17%，案值 2128.08 万元，占案件总值 0.61%。

不正当有奖销售案件共 1181 件，占案件总数 3.47%，案值 5631.26 万元，占案件总值 1.60%。

商业诋毁案件共 25 件，占案件总数 0.07%，案值 78.2 万元，占案件总值 0.02%。

销售、转移、隐匿、销毁与不正当竞争行为有关的违法财物案件 8 件，占案件总数 0.02%，案值 6.46 万元，占案件总值 0.002%。

其他案件 4121 件，占案件总数 12.09%，案值 10019.86 万元，占案件总值 2.85%。

上述数据具体分布见图 6、图 7：

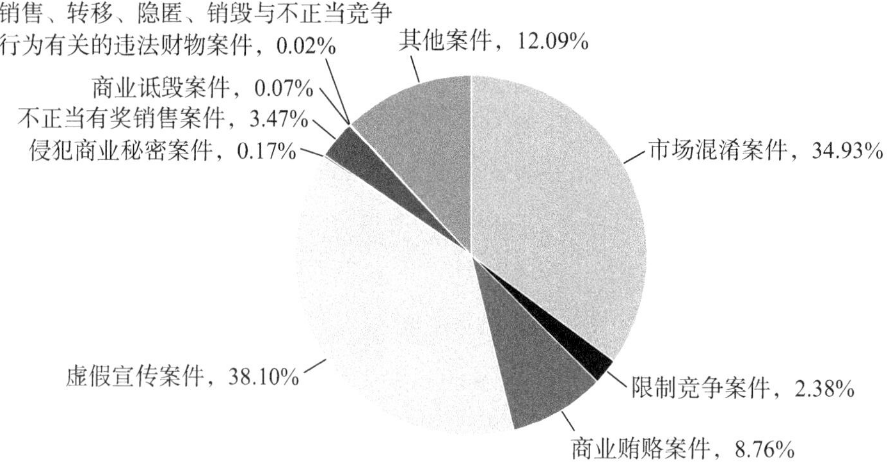

图 6　2014 年不正当竞争违法案件统计（案件占比）

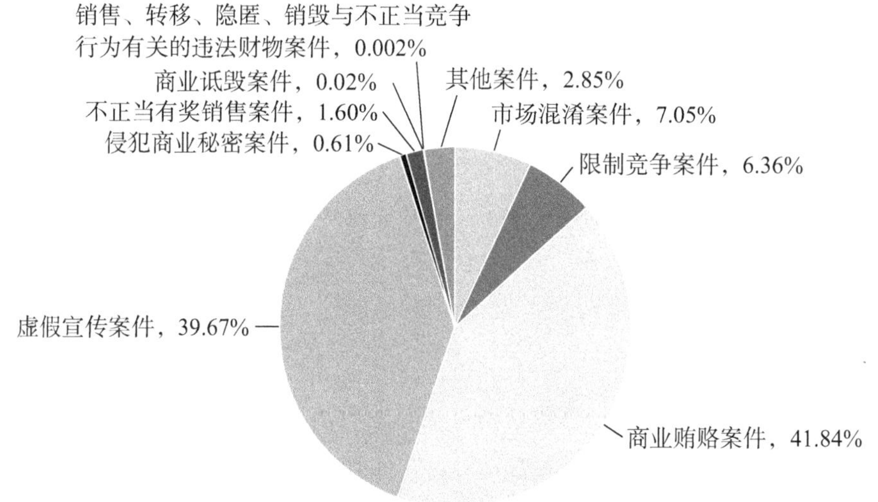

图 7　2014 年不正当竞争违法案件统计（案值占比）

（三）部分省份反不正当竞争行政执法情况

以下数据源于中国工商行政管理机关年鉴，执法机关均为工商行政管理部门。

1. 北京市

2012 年全市反垄断与反不正当竞争（以下简称“双反”）执法案件共计 659 件，罚没款总额 3593 万元，其中不正当竞争案件 410 件；2013 年全市双反执法案件共计 15455 件，罚没款总额 1636.73 万元；2014 年全市双反执法案件共计 428 件，罚没款总额 2300.12 万元，其中商业贿赂案件 32 件、虚假宣传案件 148 件、互联网竞争案件 54 件。

2. 天津市

2014 年全市共查处各类傍名牌违法案件 370 件，罚没款 790 万元，案值 1200 余万元，其中移送司法机关 4 件，以互联网领域、汽车及配件销售维修、家具建材装修装饰、公用企业等行业和领域为重点，查办案件 314 件，违法金额 2300 万元，罚没款 650 万元。加大了对教育、出版和网络服务行业商业贿赂行为的查处力度，对全市 500 余户医药、医疗器械生产销售企业、医疗服务单位进行了检查，立案 74 件，结案 69 件，罚没金额 570 余万元，涉案金额近 1800 万元，其中移送司法机关 1 件。

3. 上海市

2012 年全市集中查处侵犯知识产权和制售假冒伪劣产品、虚假宣传和虚假违法广告、商业贿赂、不正当有奖销售和商业诋毁 4 类违法行为。共查处不正当竞争案件 2366 件，罚没款 1.21 亿元，其中案值 30 万元以上的案件 64 件，利用互联网进行不正当竞争案件 386 件，向司法机关移送案件 10 件。2014 年全市查处不正当竞争案件 1.8 万件，罚没款 3.7 亿元。加大了反不正当竞争执法力度，重点治理了汽车、旅游、家具、建材等行业，立案 600 余件。

4. 江苏省

2012 年全省查处商标侵权和假冒伪劣行为案件 6524 件，查处公共服务行业限制竞争案件 41 件，商业贿赂案件 3587 件。2013 年不正当竞争执法案件 1303 件，案值 4.11 亿元。2014 年严厉打击虚假宣传、侵犯知识产权、制售假冒伪劣商品等严重影响公平竞争、损坏群众利益的违法违规行为。全省工商系统立案查处各类经济违法案件 2.9 万件，案值 24.93 亿元。

5. 浙江省

2012 年全省不正当竞争执法案件 2816 件，其中虚假宣传和虚假标志案件 1412 件。2014 年全省共查处各类案件 2.2 万件，罚没款 3.98 亿元，其中查处商业贿赂案件 240 件。

6. 安徽省

2012 年全省双反执法案件立案 12586 件，移送司法机关 24 件。2013 年傍名牌案件 2786 件，案值 2159 万元。2014 年全省共立案查处案件 1574 件，案值 1506.26 万元，罚没款总额 1275.68 万元，其中共查结商业贿赂案件 91 起，涉案金额 455.79 万元，罚没款 278.91 万元。

7. 福建省

2012 年全省不正当竞争执法案件立案 1752 件，罚没款总额 1529.1 万元。2013 年全省不正当竞争执法案件 2410 件，罚没款 4026 万元。2014 年全省查处不正当竞争案件 1037 件，罚没款 1991 万元。严厉打击了销售假冒伪劣商品、商标侵权、商业贿赂、限制竞争等违法行为，立案 2.24 万件，罚没款 1.56 亿元。

8. 山东省

2012 年全省不正当竞争执法案件 1573 件，其中商业贿赂案件 338 件。2013 年全省不正当竞争执法案件 2130 件，案值 7255.35 万元，罚没款 5606 万元。2014 年全省共查处不正当竞争案件 1271 件，同比减少 859 件，下降 40.33%，案值 5884.93 万元，同比减少 1370.42 万元，下降 18.89%；罚没金额 3558.75 万元，同比减少 2047.25 万元，下降 36.25%。其中查处公用企业或其他依法具有独占地位的经营者限制竞争、滥用行政权力限制竞争、销售商品时搭售或附加不合理条件、串通招投标等限制竞争案件 41 件，同比增加 10 件，上升 33.26%；罚没金额 559.38，同比增加 18.05 万元，上升 3.33%。

9. 湖北省

2012 年全省共查处假冒注册商标、仿冒知名商品包装装潢等“傍名牌”案件 601 件，案值 1106.53 万元，共查处商业贿赂案件 196 件，案值

2064.72 万元。2013 年全省不正当竞争执法案件 6986 件，案值 23378.28 万元，其中侵犯知识产权案件 1839 件，不正当有奖销售案件 106 件。2014 年全省查处不正当竞争案件 737 件，案值 4905.86 万元，开展以互联网领域、汽车及其配件销售维修、家居建材装修装饰、公用企业等行业和领域为重点的集中整治，主要集中在仿冒、虚假宣传、限制竞争、商业贿赂等领域。2015 年全省工商系统接受咨询的不正当竞争及限制竞争类案件 3857 件。

10. 广东省

2012 年全省加大商业贿赂违法案件的查处，共计 2920 件，案值 1.53 亿元，罚没款 5351 万元；假冒注册商标案件 113 件，仿冒知名商品包装装潢、假冒他人企业名称等“傍名牌”案件 172 件，侵犯商业秘密案件 4 件。2013 年不正当竞争执法案件 4324 件，案值 1.67 亿元，罚没 6959.34 万元，其中侵犯知识产权案件 868 件，虚假表示和宣传案件 2787 件，限制竞争案件 14 件。2014 年全省工商系统共查处不正当竞争案件 4865 件，案值 10.67 亿元，罚没金额 9926.29 万元，同比上年分别增长 12.5%、310% 和 -9.0%，涉及互联网交易、汽车维修、家具、公用企业等多种涉及公共利益的行业领域。

11. 重庆市

2012 年全省共查处不正当竞争案件 419 件，案值 84720.73 万元，其中商业贿赂案件 1839 件，公用企业限制竞争案件 26 件。2013 年双反执法案件 3355 件，案值 15.9 亿元，罚没总金额 1.46 亿元。2014 年全市工商系统共查处各类不正当竞争案件 2245 件，案值 8.28 亿元，罚没金额 1.37 亿元。

三、反不正当竞争司法保护情况

在此期间，我国反不正当竞争司法保护获得进一步的发展，不正当竞争诉讼案件数量不断增多，而设立专门的知识产权法院加强司法审判工作也是一大发展趋势。具体来说，在审判数量上，不论是案件受理数还是审结数量均具有较大幅度的增长；在案件内容上，主要集中于互联网领域的不正当竞争、商业贿赂行为、仿冒行为、侵害商业秘密行为和虚假宣传行为，而有关低价倾销、有奖销售、商业诋毁和串通招投标等不正当竞争纠纷的案件则相对较少。这与我国市场竞争的实际状况有关，也可由此窥见我国市场竞争者所倾向采取的不正当竞争手段。

（一）2015 年度反不正当竞争司法审判总体情况

1. 反不正当竞争民事司法审判

2015 年，全国地方人民法院共新收和审结知识产权民事一审案件分别为 109386 件和 101324 件，同比分别上升 14.51% 和 7.22%。[①] 其中，新收不正当竞争案件 2181 件，同比上升 53.38%；审结 1802 件，同比上升 32.99%。[②]

2. 反不正当竞争刑事司法审判

2015 年，全国地方人民法院共新收涉知识产权刑事一审案件 10975 件，同比基本持平。其中，假冒注册商标罪等侵犯注册商标犯罪案件 4358 件，同比下降 2%；涉及侵犯知识产权的生产、销售伪劣商品罪案件 3925 件，同比下降 1.03%；涉及侵犯知识产权的非法经营罪案件 1923 件，同比上升 13.32%。[③]

全国地方人民法院共审结涉知识产权刑事一审案件 10809 件，同比基本持平；生效判决人数 12741 人，同比下降 8.36%；给予刑事处罚 12580 人，同比下降 9.52%。其中，审结涉及侵犯知识产权的生产、销售伪劣商品罪案件 3965 件，生效判决人数 4127 人；审结涉及侵犯知识产权的非法经营罪案件 1844 件，生效判决人数 2095 人；审结假冒注册商标罪案件 2133 件，生效判决人数 3089 人；审结侵犯商业秘密罪案件 47 件，生效判决人数 35 人。[④]

---

① 参见《中国法院知识产权司法保护状况（2015 年）》白皮书，http://ipc.court.gov.cn/zh-cn/news/view-61.html，2021 年 9 月 15 日访问。

② 参见最高人民法院研究室《2015 年全国法院审判执行情况》，http://www.court.gov.cn/fabu-xiangqing-18362.html，2021 年 7 月 14 日访问。

③ 参见《中国法院知识产权司法保护状况（2015 年）》白皮书，http://ipc.court.gov.cn/zh-cn/news/view-61.html，2021 年 9 月 15 日访问。

④ 参见《中国法院知识产权司法保护状况（2015 年）》白皮书，http://ipc.court.gov.cn/zh-cn/news/view-61.html，2021 年 9 月 15 日访问。

2015 年人民法院审理的具有较大社会影响的知识产权刑事案件中涉及不正当竞争行为的有：被告人张盛、邹丽假冒注册商标罪，郭明升、郭明锋、孙淑标假冒注册商标罪案等。

（二）不正当竞争行为分类统计案件数

2015 年全年，全国反不正当竞争司法审判主要集中在对商业贿赂行为、仿冒行为、侵害商业秘密行为和虚假宣传行为的规制。具体来说，商业贿赂不正当竞争纠纷案件数量最多，其次是仿冒纠纷案件和侵害商业秘密纠纷案件，再次是虚假宣传纠纷案件，有关低价倾销不正当竞争纠纷、不正当有奖销售纠纷、商业诋毁纠纷和串通招投标不正当竞争纠纷的案件则相对较少。

2015 年全年，全国不正当竞争案件中有 672 篇文书在中国裁判文书网上公布，其中，商业贿赂不正当竞争纠纷案件 271 篇，占比 40.32%；仿冒纠纷案件和侵害商业秘密纠纷案件分别为 104 篇和 132 篇，分别占比 15.47% 和 19.64%；虚假宣传纠纷案件 86 篇，占比 12.80%；商业诋毁纠纷案件 33 篇，占比 4.90%；串通招投标不正当竞争纠纷案件 9 篇，占比 1.34%；不正当有奖销售纠纷案件 6 篇，占比 0.89%；低价倾销不正当竞争纠纷案件 1 篇，占比 0.15%。

2016 年全年，全国不正当竞争案件中有 1465 篇文书在中国裁判文书网上公布，其中，商业贿赂不正当竞争纠纷案件 598 篇，占比 40.82%；侵害商业秘密纠纷案件 302 篇，占比 20.61%；仿冒纠纷案件 189 篇，占比 12.90%；虚假宣传纠纷案件 170 篇，占比 11.60%；商业诋毁纠纷案件 67 篇，占比 4.57%；串通招投标不正当竞争纠纷的案件 23 篇，占比 1.57%；不正当有奖销售纠纷案件 7 篇，占比 0.48%；低价倾销不正当竞争纠纷案件 0 篇。

（三）部分省份反不正当竞争案件司法审判情况

1. 北京市

2015 年，北京市全年共新收一审知识产权民事案件 13939 件，同比增长 24.1%；审结 11858 件，同比增长 8.49%。其中，反不正当竞争案件 540 件，[①] 主要集中在商业贿赂不正当竞争纠纷，占北京 2015 年已公开文书的 60% 以上。此外，北京高院还同时公布了北京市法院知识产权司法保护“十大典型案例”及“十大创新性案例”，均是 2015 年度终审生效的案件。涉及不正当竞争行为的“中国饮料第一罐”虚假宣传纠纷案［（2015）高民（知）终字第 879 号］入选“十大典型案例”；搜狗诉奇虎阻碍浏览器安装设置不正当竞争纠纷案［（2015）高民（知）终字第 3997 号］、“极路由”屏蔽视频广告不正当竞争纠纷案［（2014）海民（知）初字第 21694 号］入选“十大创新性案例”。

2016 年 1 月 1 日至 2016 年 11 月 18 日，北京市共新收知识产权案件 17763 件，审结 12775 件。[②]

2. 上海市

2015 年，上海全市法院受理各类知识产权案件 10080 件、审结 9335 件，同比分别增加 31.11%、22.52%。其中，受理一审反不正当竞争纠纷案件 136 件，同比上升 32.04%，说明在商业模式不断创新、市场活动日益活跃的过程中，相关的争议在不断增多。[③] 案件主要集中在商业贿赂不正当竞争纠纷和仿冒纠纷，合计占上海 2015 年全年已公开文书 60% 以上。此外，上海市法院公布了“2015 年上海法院知识产权司法保护十大案例”，“维多利亚的秘密”商标侵权及不正当竞争纠纷案［（2014）沪高民三（知）终字第 104 号］，淘宝网诉“帮 5 买”网站不正当竞争诉前行为保全案［（2015）浦禁字第 1 号民事裁定书］，擅自使用“卡骆驰（CROCS）洞洞鞋”知名商品特有名称、包装装潢等系列纠纷案［（2015）沪二中执字第 662 号之一］，

---

① 参见北京法院网，http://bjgy.chinacourt.org/article/detail/2016/04/id/1839979.shtml，2021 年 7 月 14 日访问。

② 参见北京法院审判信息网，http://www.bjcourt.gov.cn/sssp/index.htm；jsessionid=5E0087BBB868F64D7A64AB4BA63D31F1?tab=2，2016 年 11 月 19 日访问。

③ 参见《2015 年上海法院知识产权司法保护状况》白皮书，http://www.xinhuanet.com/politics/2016-04/22/c_128921256.html，2021 年 7 月 14 日访问。

“洁水”商标侵权及虚假宣传纠纷案［（2015）沪知民终字第161号］，网络游戏侵害金庸作品著作权、不正当竞争纠纷案［民事判决书（2015）杨民三（知）初字第55号］等入选，并具有较大的社会影响力。其中，淘宝网诉“帮5买”网站不正当竞争诉前行为保全案为全国首例涉电子商务平台不正当竞争诉前行为保全案件。

3. 广东省

2015年，广东全省新收知识产权民事一审案件23766件，同比减少0.56%，其中，反不正当竞争案件新收234件；新收二审案件6132件，同比增长11.37%，其中，反不正当竞争案件新收99件。全年共审结知识产权民事一审案件20215件，同比减少18.03%；审结知识产权民事二审案件6272件，同比增长13.32%。案件类型主要集中在商业贿赂不正当竞争纠纷，约占2015年全省已公开文书的45%；虚假宣传纠纷和侵害商业秘密纠纷也有一定数量，二者合计约占2015年全省已公开文书的35%。全省新收知识产权刑事一审案件6780件，同比增长65.20%，占全省新收一审刑事案件总数5.25%，同比上升1.30个百分点；全省审结知识产权刑事一审案件6621件，同比增长68.56%，占全省审结一审刑事案件总数5.49%，同比上升1.67个百分点。其中，审结生产、销售伪劣商品罪3255件3982人；假冒注册商标罪1047件2215人；侵犯商业秘密罪11件20人。[①] 此外，广东高院还公布了2015年度“十大知识产权案例”，王老吉、加多宝虚假宣传纠纷、商业诋毁纠纷案［（2015）粤高法民三终字第280号］，暴雪娱乐有限公司等诉成都七游科技有限公司著作权侵权及不正当竞争纠纷案［（2015）粤知法著民初字第2-1号］，广州轻工工贸集团有限公司、广州市虎头电池集团有限公司与临沂华太电池有限公司擅自使用知名商品特有包装装潢纠纷上诉案［（2014）粤高法民三终字第100号］等入选。其中，暴雪娱乐公司“魔兽世界”网游遭侵权案还入选最高人民法院发布的2015年中国法院十大知

① 参见《广东法院知识产权司法保护状况（2015年度）》，http://www.cnipr.com/sj/zx/201707/t20170718_213886.html，2021年9月15日访问。

识产权案件（之八）、广州老字号“虎头”电池遭侵权案还入选最高人民法院发布的2015年中国法院50件典型知识产权案例（之四十二）。

4. 江苏省

2015年，江苏全省法院共受理知识产权民事案件10587件，其中新收一审案件9173件，同比增加38.71%；共审结8964件，同比增加42.11%。新收一审案件中，著作权纠纷案件4125件，占45%；商标权纠纷案件3593件，占39%；专利权纠纷案件824件，占9%；不正当竞争纠纷案件207件，占2.3%；技术合同类案件161件，占1.8%；其他类型案件263件，占2.9%。[①] 不正当竞争民事案件类型主要集中在商业贿赂纠纷和仿冒纠纷，合计约占2015年全省已公开文书的67%。此外，江苏省还公布了“2015年知识产权司法保护十大案例”，“阳澄湖”大闸蟹商标侵权及不正当竞争纠纷案［（2015）鼓知民初字第47号］、涉房地产开发项目经营信息侵害商业秘密纠纷案［（2010）苏知民初字第1号］［最高人民法院（2013）民三终字第6号］入选。

5. 浙江省

2015年，浙江省法院新收知识产权民事一审案件16999件，审结15668件，分别同比上升23.2%和14.7%。[②] 其中，不正当竞争纠纷主要集中在商业贿赂不正当竞争纠纷，约占2015年全省已公开文书的60%。浙江省发布了“2015年浙江法院知识产权十大保护案件”，宁波畅想软件股份有限公司与宁波中源信息科技有限公司、宁波中晟信息科技有限公司不正当竞争纠纷案［（2015）浙知终字第71号］，浙江省茶叶集团股份有限公司与杭州狮峰茶叶有限公司、杭州狮峰茶叶有限公司河坊分公司侵害商标权及不正当竞争纠纷案［（2014）浙杭知终字第203号］，东莞市福丰自动化设备有限公司、张某1、张某2侵犯商业秘密案［（2015）浙台知刑终字第2号］等入选。

---

① 参见《2015年度江苏法院知识产权司法保护状况》，http://www.cnipr.com/sj/zx/201707/t20170718_213882.html，2021年9月15日访问。

② 参见徐杰：《坚持创新发展理念　提升司法保护水平——在2016年全省法院知识产权审判工作会议上的讲话》，http://www.zjsfgkw.cn/art/2016/4/11/art_116_2666.html，2021年9月15日访问。

6. 湖北省

2015 年，湖北全省法院共受理知识产权民事一审案件 5859 件，同比下降 30.60%，结案 5243 件，同比下降 31.86%，结案率为 89.5%；新收知识产权民事二审案件 786 件，同比下降 21.32%，结案 761 件，同比下降 21.55%，结案率达 96.8%。其中不正当竞争类型主要集中在商业贿赂不正当竞争纠纷，占 2015 年全省已公开文书的 80% 以上。同时，全省法院积极发挥知识产权刑事审判惩治犯罪、威慑侵权的功能，积极配合打击侵犯知识产权的专项行动，共受理知识产权刑事一审案件 101 件，结案 89 件，结案率为 88.1%。[①] 全省法院还新收知识产权行政一审案件 4 件，有效发挥司法审查职能，监督和支持行政执法机关依法行政，维护行政管理相对人的合法权益。此外，滚石国际音乐股份有限公司与武汉滚石娱乐有限公司不正当竞争纠纷案［（2013）鄂民三终字第 395 号］［（2015）鄂执复字第 00043 号］入选最高人民法院发布的 2014 年中国法院 50 件典型知识产权案例（之四十三）。武汉天龙黄鹤楼酒业有限公司诉武汉市金黄鹤酒业有限公司等侵害商标权及不正当竞争纠纷案［（2015）鄂民三终字第 00331 号］、清华大学诉武汉市洪山区清华键教育培训学校侵害商标权及不正当竞争纠纷案［（2015）鄂民三终字第 00334 号］等也具有典型性，体现出湖北省对侵害知识产权和不正当竞争行为的严格规制。

7. 福建省

2014 年福建省受理和审结不正当竞争案件数分别为 220 件和 206 件。[②] 其中，不正当竞争纠纷案件主要集中在商业贿赂不正当竞争纠纷和侵害商业秘密纠纷，公开文书 9 篇，4 篇为商业贿赂纠纷，2 篇为商业秘密纠纷。此外，福建法院发布了 2015 年度“十大典型案例”，广东罗浮宫国际家具博览中心公司诉连天红家具公司等不正当竞争纠纷案入选。

---

① 参见《湖北法院知识产权司法保护状况（2015 年）》，https://www.chinacourt.org/article/detail/2016/04/id/1844798.shtml，2021 年 7 月 14 日访问。

② 参见《福建法院知识产权司法保护状况（2014 年）》，http://www.fjcourt.gov.cn/page/court/news/ArticleTradition/d68ec23b-9597-4d93-af8d-ede8deb0b9a5.html，2021 年 9 月 15 日访问。

2015年，福建省全年共受理和审结各类知识产权案件分别为4367件和3820件，其中民事一审案件受理数和审结数分别为3364件和2935件，二审案件分别为459件和402件，再审案件分别为3件和1件；行政案件分别为18件和14件；刑事一审案件分别为447件和397件，二审案件分别为79件和70件。在知识产权民事一审案件中，受理和审结不正当竞争案件分别为52和41件，同比分别下降76.36%和80.10%。[①]

8. 四川省

2015年，四川全省法院共受理各类知识产权案件3531件，审结3196件，审结率90.51%。其中受理知识产权民事案件3367件，审结3057件；受理知识产权刑事案件143件，审结119件；受理知识产权行政案件21件，审结20件。[②]其中有关不正当竞争案件类型主要集中在商业贿赂不正当竞争纠纷，占2015年全省已公开文书的60%。此外，丹佛斯有限公司与四川省丹佛斯自控科技有限公司、四川省丹佛斯阀门制造有限公司侵害商标专用权及不正当竞争纠纷案［（2015）川知民终字第30号］入选2015年四川法院知识产权司法保护十大典型案例。

9. 山东省

2015年，山东全省法院共新收各类知识产权民事一审案件6852件，同比上升35.76%。其中，著作权案件3805件，专利案件504件，技术合同案件114件，商标案件2099件，不正当竞争等其他知识产权案件330件。[③]其中，不正当竞争案件类型主要集中在商业贿赂不正当竞争纠纷、仿冒纠纷和侵害商业秘密纠纷，合计占2015年全省已公开不正当竞争案件文书的90%。此外，北京百度网讯科技有限公司诉青岛奥商网络技术有限公司等不正当竞争纠纷案［（2010）鲁民三终字第5-2号］入选最高人民法院发布的第

① 参见《福建法院知识产权司法保护状况（2015年）》，http://www.fjcourt.gov.cn/Page/Court/News/ArticleTradition/e5403c0f-7767-45b6-b63f-4447f1c205a7.html，2021年9月15日访问。

② 参见《2015年四川省知识产权保护状况》，http://www.sc.gov.cn/10462/10464/10797/2016/4/20/10377046.shtml，2021年7月14日访问。

③ 参见《2015年山东法院知识产权司法保护状况》，http://www.sdcourt.gov.cn/eportal/fileDir/nwglpt/resource/cms/2019/04/201904251643063782l.doc，2021年7月14日访问。

45号指导性案例，“沃夫特”商标侵权及不正当竞争案［（2015）鲁民三终字第145号］入选2015年度山东法院知识产权审判十大案件。

10. 安徽省

2015年，全省法院共新收知识产权民事一审案件2860件，同比上升101%；审结2679件，同比上升97.7%。其中，新收著作权案件1416件，同比上升478%；商标案件1102件，同比上升27.3%；专利案件179件，同比下降17%；技术合同案件63件，同比上升152%；植物新品种案件12件，同比下降20%；其他知识产权案件87件，同比上升61%。其中，不正当竞争纠纷案件主要集中在仿冒纠纷，约占2015年全省已公开文书的60%。2015年，安徽全省法院共受理一审侵犯知识产权犯罪案件118件，审结115件，涉案人数232人。在审结案件中，假冒注册商标罪55件，涉案人数128人。[①] 此外，中粮集团有限公司与桐城市中粮福润肉业有限公司、安徽海一郎食品有限公司不正当竞争纠纷案［（2015）皖民三终字第00065号］入选最高人民法院发布的2015年中国法院50件典型知识产权案例（之四十一）和安徽2015年知识产权司法保护典型案例。

11. 江西省

2015年，江西法院积极运用司法手段促进市场公平竞争。全省各地法院充分发挥刑事和民事审判职能，以诚信竞争和公平竞争为导向，制止侵犯商业秘密、企业名称权及仿冒知名商品特有名称、包装、装潢等扰乱市场秩序的不正当竞争行为。如省高院妥善处理了格力公司与美的公司在江西市场的商业诋毁纠纷以及江中药业与湖南恒伟公司不正当竞争纠纷等案件。同时，江西法院建立纠纷多元化解决机制，推动社会矛盾化解。省高院审理的江西星火有机硅厂诉江苏宏达公司不正当竞争纠纷案，通过辩法析理，引导双方当事人寻找利益平衡点，最终得以调解结案，取得了良好的法律效果和社会效果。[②]

① 参见《2015年安徽法院知识产权司法保护状况》白皮书，http://ah.anhuinews.com/system/2016/04/22/007316435.shtml?prolongation=1，2021年7月14日访问。

② 参见《江西省高级人民法院关于知识产权司法保护工作情况的报告》，http://www.jxrd.gov.cn/system/2013/08/08/012563166.shtml，2021年7月14日访问。

江西省 2015 年全年公开的不正当竞争案件文书共 4 篇，其中，侵犯商业秘密纠纷 2 篇，商业贿赂纠纷和虚假宣传纠纷各 1 篇。

（四）典型不正当竞争案例

1. 北京奇虎科技有限公司、奇智软件（北京）有限公司与腾讯科技（深圳）有限公司、深圳市腾讯计算机系统有限公司不正当竞争纠纷上诉案[①]

腾讯是中国最大的互联网综合服务提供商之一，核心是以 QQ、微信等为载体开展的即时通信服务，而奇虎 360（以下简称 360）则是中国领先的互联网和手机安全产品及服务供应商。2010 年 10 月 29 日，360 发布了一款名为“360 扣扣保镖”的安全工具，并通过各种途径进行推广宣传，称该工具有给 QQ 体检、加速、清垃圾、去广告、阻止 QQ 查看用户隐私文件等功能，短短几天内下载用户达千万，引发了全国性的关注。2011 年 6 月 10 日，腾讯于广东省高级人民法院对 360 提起不正当竞争之诉，称“360 扣扣保镖”污蔑、破坏和篡改 QQ 软件的功能，鼓励和诱导用户删除 QQ 软件插件、屏蔽广告，将自己的产品和服务嵌入 QQ 软件界面，构成不正当竞争。

法院经审理认为，首先，360 专门为 QQ 软件开发“扣扣保镖”并对其进行深度干预，破坏了腾讯合法运行的 QQ 软件及服务的安全性、完整性，使其丧失部分合法收入，主观上偏离了安全软件的技术和经营目的，具有恶意；其次，360 故意捏造、散布虚伪事实，损害腾讯的商誉，构成商业诋毁；最后，360 在给腾讯造成了严重经济损失的同时推销自己的产品，增加自己的交易机会，违反了诚实信用和公平竞争原则，构成不正当竞争。据此，判决 360 连带赔偿腾讯经济损失及合理支出共计 500 万元、赔礼道歉、消除影响。360 不服提起上诉后被驳回。

本案中，法院通过适用一般条款对不正当竞争行为进行了认定，同时为了减少适用一般条款的不确定性，参照了工业和信息化部颁布的《规范

---

① 最高人民法院（2013）民三终字第 5 号民事判决书。参见中国司法案例网：https://anli.court.gov.cn/static/web/index.html#/alk/detail/68662C46F922C0252108522AC7C8A07F，2021 年 12 月 8 日访问。

互联网信息服务市场秩序若干规定》及《互联网终端软件服务行业自律公约》确定一般条款的内涵，对一般条款如何适用的问题的解答具有积极意义，同时体现了竞争和创新自由须以不侵犯他人合法权益为边界的原则。

2. 加多宝（中国）饮料有限公司、广东加多宝饮料食品有限公司与广州医药集团有限公司、广州王老吉大健康产业有限公司虚假宣传纠纷上诉案[①]

广药集团系“王老吉”系列注册商标的商标权人。2000 年，广药许可鸿道集团在中国独占使用“王老吉”商标生产及销售红色罐装及红色瓶装王老吉凉茶，许可期限 10 年，之后双方又签订了补充协议，将原许可期限变更为 20 年。在商标许可使用期间，鸿道集团经过长期的营销宣传和推广，使“王老吉”凉茶成为知名商品，其装潢也被认定为知名商品的包装装潢。2012 年 5 月，广药集团与鸿道集团签订的补充协议被中国国际经济贸易仲裁委裁决认定无效。此后，由王老吉大健康公司享有“王老吉”系列注册商标使用权，鸿道集团停止对“王老吉”商标的使用，开始生产销售红色罐装“加多宝”凉茶，市场上开始出现“全国销量领先的红罐凉茶改名加多宝”“全国销量领先的红罐凉茶加多宝”“中国每卖 10 罐凉茶 7 罐加多宝”的广告语。2013 年 4 月 22 日，广药集团和王老吉大健康公司提起本案诉讼。

一审法院经审理认定，涉案广告语内容并无充分的事实根据，属于虚假广告，而加多宝公司主观上具有恶意，客观上造成了相关公众的误解，构成虚假宣传。一审判决加多宝公司停止使用虚假广告语，消除影响以及赔偿广药集团经济损失 500 万元。而后加多宝公司不服上诉，广东省高院作出终审判决，驳回上诉，维持原判。

本案中，广东省高院肯定了加多宝公司对王老吉商标的声誉积累作出过积极贡献，但其间并未刻意区分红罐凉茶与王老吉商标，而特定商品上承载的商标声誉与商品声誉是紧密联系、不可分离的，因此，商标法意义

---

① 广东省高级人民法院（2015）粤高法民三终字第 280 号民事判决书。参见中国裁判文书网：https://wenshu.court.gov.cn/website/wenshu/181107ANFZ0BXSK4/index.html?docId=623e4c62694a4014b9b6e944673e6fcd，2021 年 12 月 8 日访问。

上的红罐凉茶所拥有的商品声誉并非归属于加多宝公司。广东省高院处理此类问题的方法和态度对于此后发生的同类包装装潢权争议案件的处理客观上产生了影响。当然，对该案中的学术问题，学界有多种不同观点。

3. 北京爱奇艺科技有限公司与北京极科极客科技有限公司不正当竞争纠纷上诉案[①]

爱奇艺公司是爱奇艺网站的经营者，为用户提供在线视频播放服务，在播放视频之前播放广告，收取广告费用以获取商业利益。极科极客公司是"极路由"路由器的生产者和销售者。极科极客公司在其经营的极路由网站推广"极路由"路由器时宣称可以加速广告，"极路由"路由器用户下载安装"屏蔽视频广告"插件后，通过"极路由"路由器上网，可以屏蔽爱奇艺网站视频的片前广告。爱奇艺公司遂向法院提起诉讼，请求判令极科极客公司停止不正当竞争行为、消除影响、赔偿损失 210 万余元。

一审法院认为，极科极客公司作为"屏蔽视频广告"插件的开发者、上传者，为获取商业利益，利用"屏蔽视频广告插件"屏蔽爱奇艺网站视频的片前广告、直接干预爱奇艺公司的经营行为，使本不存在竞争关系的爱奇艺公司与极科极客公司因此形成了竞争关系，超出正当竞争的合理限度，损害了爱奇艺公司的合法利益，违反诚实信用原则和公认商业道德，构成不正当竞争。一审判决被告赔偿原告经济损失及合理开支 40 万元。极科极客公司不服一审判决，提起上诉，北京知识产权法院二审驳回上诉，维持原判。

近年来，互联网行业竞争日趋激烈，新型不正当竞争行为层出不穷，法律定性较为困难。本案中，法院通过分析网络经营者的主观恶意、被诉行为对他人合法经营模式的侵害、消费者最终利益的影响等方面，认定被诉行为构成不正当竞争。当下，互联网成为人们生活中极其重要的一部分，在"免

---

① 北京市海淀区人民法院（2014）海民（知）初字第 21694 号民事判决书；北京知识产权法院（2014）京知民终字第 79 号民事判决书。参见中国裁判文书网：https://wenshu.court.gov.cn/website/wenshu/181107ANFZ0BXSK4/index.html?docId=e1a8c351679e47a792bd29b1712bee39，2021 年 12 月 8 日访问。

费 + 广告”的商业模式被许多互联网公司所采用的同时，伴随着更多提供过滤广告的软件诞生。该案核心即过滤广告这一行为属于在我国《反不正当竞争法》中尚未类型化的行为，同时还涉及消费者利益、不正当竞争和技术创新的界限等值得探讨的问题。有观点认为技术创新以及通常所引用的技术中立原则均应当以不妨碍其他经营者的正常经营为限，并引用百度诉奇虎案中所提出的“非公益必要不干扰”原则，过滤视频广告不符合公共利益。①

4. 北京奇虎科技有限公司与北京百度网讯科技有限公司等不正当竞争纠纷案②

2012 年 2 月和 3 月，奇虎公司的 360 安全卫士在百度网（www.baidu.com）搜索结果页面上有选择地插入了红底白色感叹号图标作为警告标识，以警示用户该网站存在风险，还通过百度搜索引擎服务对其浏览器产品进行推广，但对其他搜索引擎网站的结果页面却没有进行插标。2012 年 3 月和 4 月，奇虎公司在其网址导航网站（hao.360.cn）网页上嵌入百度搜索框，改变了百度网在其搜索框上向用户提供的下拉提示词，引导用户访问本不在相关关键字搜索结果中靠前位置的，甚至与用户搜索目的完全不同的奇虎公司经营的影视、游戏等页面，并且在网络用户仅设置搜索方向、并未输入相关关键词的时候也进入奇虎公司的相关网页。百度公司遂以不正当竞争为由诉至北京市第一中级人民法院。

法院经审理认为，奇虎公司在百度搜索结果页面上的插标行为和在网址导航网站修改下拉提示词、劫持流量的相关行为不仅干扰了用户正常使用百度搜索，还减少了使用百度搜索框的用户对百度搜索结果网页的访问。且上述行为并非出于保护公共利益的目的，也不产生保护公共利益的效果，

---

① 参见张瀛舟：《过滤互联网视频广告是否构成不正当竞争——猎豹浏览器案浅析》，载《竞争法律与政策评论》2016 年第 1 期。

② 北京市第一中级人民法院（2013）一中民初字第 2668 号民事判决书；北京市高级人民法院（2017）京民终 487 号民事判决书。参见中国裁判文书网：https://wenshu.court.gov.cn/website/wenshu/181107ANFZ0BXSK4/index.html?docId=68905c28a9ab4c95a5beac01000df3e8，2021 年 12 月 8 日访问。

而是在损害百度合法权益的同时扰乱了互联网的正常经营秩序，构成不正当竞争。法院最终判决奇虎公司立即停止涉案不正当竞争行为，消除影响，赔偿百度经济损失 50 万元、合理支出 20 万元。二审法院驳回了上诉，维持了原审判决。

本案所涉互联网纠纷类型新，审理难度大，然而法院通过裁判确立了互联网经营者在经营互联网产品或服务的过程中应当遵守的公平竞争原则、和平共处原则、自愿选择原则、工艺优先原则和诚实信用原则五大原则。同时本案还确立了互联网产品或服务在竞争过程中应当遵守非公益必要不干扰原则，有利于规范互联网经营者的行为，维护互联网产品或服务的正常竞争秩序。本案对于审理《反不正当竞争法》第二章没有具体规定但违反了诚实信用等公认的商业道德的行为有参考价值。

5. 北京我爱聊网络科技有限公司与央视国际网络有限公司侵害著作权及不正当竞争纠纷上诉案[①]

经中央电视台授权，央视国际公司独占享有通过信息网络向公众转播中央电视台的全部频道及提供各频道播出的全部电视节目的权利。2009 年 3 月 25 日，国际奥委会将伦敦奥运会的独家移动网和互联网的广播权和展览权授予中国中央电视台。央视国际公司发现，我爱聊公司未经许可，擅自通过其提供的名为“电视粉”的安卓系统手机客户端软件和信息网络，向用户实时转播中央电视台的“CCTV-1”等共计 16 个电视频道，并在前述软件中设置了“2012 伦敦奥运专区”专题页面，向用户实时转播中央电视台播出的大量伦敦奥运会比赛的电视节目。央视国际公司遂将我爱聊公司诉至法院。最终法院判令我爱聊公司赔偿央视国际公司经济损失及合理开支 40 万元。

本案中，法院经审理认为，央视国际公司基于授权享有在著作权法上

① 北京市海淀区人民法院（2013）海民初字第 21470 号民事判决书；北京市第一中级人民法院（2014）一中民终字第 3199 号民事判决书。参见中国裁判文书网：https://wenshu.court.gov.cn/website/wenshu/181107ANFZ0BXSK4/index.html?docId=923a39e2868e411a9416834cfd16c3c2，2021 年 12 月 8 日访问。

应受保护的权利和不正当竞争法上应受保护的竞争利益，他人未经许可不得擅自传播涉案的电视节目。在“著作权”方面，鉴于我国 2010 年《著作权法》尚未明确规制互联网环境下的转播行为，我爱聊公司的涉案行为并不构成 2010 年《著作权法》第 45 条所规定的“转播”行为。但我爱聊公司一方面通过向公众提供整合央视网节目获取广告收益，另一方面通过向公众提供在线直播电视节目的行为获得了大量流量，获取经济利益，应当承担侵权责任。在“不正当竞争”方面，其行为损害了央视国际公司的利益，属于反不正当竞争法理论中的“搭便车”行为，违反公认的商业道德和诚实信用原则，构成不正当竞争行为。

6. 合一信息技术（北京）有限公司与北京金山安全软件有限公司等不正当竞争纠纷上诉案[①]

合一信息技术（北京）有限公司（以下简称“合一公司”）是优酷网（www.youku.com）的合法经营者，北京金山安全软件有限公司（以下简称“金山安全”）为猎豹浏览器的开发者、版权人，北京金山网络科技有限公司（以下简称“金山网络”）是猎豹浏览器和猎豹网站的版权人，贝壳网际（北京）安全技术有限公司（以下简称“贝壳网际”）是猎豹网站（www.liebao.cn）的经营人。合一公司经营的优酷网主要向用户提供两种模式的视频点播服务：广告加免费视频节目以及注册用户付费点播无广告的视频节目。而猎豹安全浏览器通过一系列技术措施向用户提供“页面广告过滤”服务，可以过滤优酷网视频广告。合一公司以书面方式要求猎豹浏览器停止其行为未果，遂将金山安全、金山网络、贝壳网际诉至北京市海淀区人民法院。

① 北京市海淀区人民法院（2013）海民初字第 13155 号民事判决书；北京市第一中级人民法院（2014）一中民终字第 3283 号民事判决书。参见 https://www.pkulaw.com/pfnl/a6bdb3332ec0adc4f953907c133b00f095f7d6ae29b8121abdfb.html?keyword=%E5%90%88%E4%B8%80%E4%BF%A1%E6%81%AF%E6%8A%80%E6%9C%AF%EF%BC%88%E5%8C%97%E4%BA%AC%EF%BC%89%E6%9C%89%E9%99%90%E5%85%AC%E5%8F%B8%E4%B8%8E%E5%8C%97%E4%BA%AC%E9%87%91%E5%B1%B1%E5%AE%89%E5%85%A8%E8%BD%AF%E4%BB%B6%E6%9C%89%E9%99%90%E5%85%AC%E5%8F%B8，2021 年 12 月 8 日访问。

法院经审理认为，金山网络、金山安全与合一公司之间存在竞争关系。合一公司采用的提供广告加免费视频的商业模式因被市场普遍接受而成为当前行业较多采用的经营模式，具有可受法律保护之利益。金山网络与金山安全向用户提供具有视频广告过滤功能的猎豹浏览器的行为既构成对合一公司正常经营活动的破坏，亦属于不当竞争行为，该行为已违反诚实信用原则，违反了《反不正当竞争法》第2条的规定。但现有证据无法证明在贝壳网际经营期间猎豹浏览器具有过滤优酷网视频广告的功能，因此，贝壳网际不应承担责任。最终法院在综合考虑被诉行为的存续时间及市场份额的情况下，判令金山网络及金山安全共同承担合一公司经济损失及合理开支30万元。

本案是我国首例浏览器过滤视频广告不正当竞争纠纷，对于互联网商业模式的规范具有积极意义，也关系到广大网民的切身利益，虽然法院认定本案中合一公司的商业模式具有正当性，但不意味着确认该商业模式充分保护了消费者权益，消费者权益保护的程度也是反映商业模式不足及改进之处的重要依据。

7. 北京开心麻花娱乐文化传媒股份有限公司与北京艺海星河文化传媒有限公司不正当竞争纠纷案[①]

开心麻花公司创作并演出了多部舞台剧，于全国数十个城市开展巡回演出，目前已经成为全国话剧市场最具知名度的戏剧品牌之一。2009年11月9日，开心麻花通过阿里巴巴通信技术（北京）有限公司（原万网）注册取得了域名kaixinmahua.com.cn，并沿用至今。艺海星河公司成立丁2011年6月23日，域名kaixinmahua.cn的注册时间为2011年11月8日，均晚于开心麻花。因收到客户咨询与投诉电话，开心麻花发现艺海星河恶意注册了域名kaixinmahua.cn，并利用该域名建立网站，经营内容为向消费者提

① 北京市东城区人民法院（2015）东民（知）初字第16273号民事判决书；北京知识产权法院（2016）京73民终275号民事判决书。参见中国裁判文书网：https://wenshu.court.gov.cn/website/wenshu/181107ANFZ0BXSK4/index.html?docId=dea9d61866ad437d9663a72f000e4413，2021年12月8日访问。

供开心麻花的演出信息并进行票务销售。开心麻花遂将艺海星河诉至法院，请求判令被告停止使用其在中国互联网络信息中心注册的域名 kaixinmahua.cn，并将该域名转由原告注册使用。

法院经审查认为，虽然域名本来是一种字符标识，但可能随着域名拥有者对域名的使用和宣传而具备经济价值。原告开心麻花公司注册使用域名 kaixinmahua.com.cn 具有合理理由，对该域名享有的合法权益受法律保护。本案中，被告域名的主要部分与原告的主要部分相同，足以造成相关公众混淆误认，被告对该域名主要部分不享有权益，也无注册、使用该域名的正当理由。因此被告注册使用涉案域名，故意造成与原告提供的产品、服务及原告网站相混淆，误导网络用户访问其网站的行为具有主观恶意，属于扰乱正常市场竞争秩序的行为，构成不正当竞争。最终法院判决被告注销涉案域名 kaixinmahua.cn，由原告注册使用该域名。

本案是涉及域名抢注的典型不正当竞争案例，随着互联网产业的发展，域名的重要性已经越发明显，域名抢注的案件也频有发生，因此本案对于今后类似案件中如何认定域名抢注行为是否构成不正当竞争具有十分重要的参考价值。

8. 北京百度网讯科技有限公司与北京搜狗信息服务有限公司不正当竞争纠纷案[①]

百度公司是百度网（www.baidu.com）的经营者，搜狗公司是搜狗输入法的开发者和搜狗搜索引擎网站（www.sougou.com）的经营者。百度公司发现，用户安装搜狗输入法后，在百度搜索引擎的搜索框中使用搜狗输入法输入关键词，搜索栏下方会自动弹出与关键词相关词汇的下拉菜单，下拉菜单覆盖和隐藏了百度搜索引擎的下拉菜单，点击下拉菜单中的任何词会

① 北京市海淀区人民法院（2015）海民（知）初字第 4135 号民事判决书；北京知识产权法院（2015）京知民终字第 2200 号民事判决书。参见中国裁判文书网：https://wenshu.court.gov.cn/website/wenshu/181107ANFZ0BXSK4/index.html?docId=d3aace292f924585b535a907001094e0，2021 年 12 月 8 日访问。

自动跳转到搜狗公司经营的搜狗搜索结果页面。百度公司遂诉至法院，称搜狗公司的上述行为违背公平、诚实信用的商业道德，构成不正当竞争。

法院经审理认为，首先，搜狗公司与百度公司在服务内容、用户群体、盈利模式等方面均有重合，存在竞争关系。其次，搜狗公司将输入法的功能扩张至搜索领域的做法本身，具有技术创新性，但由于目前输入法是使用搜索引擎时必要的工具性软件，搜狗应以更醒目、显著区别于百度搜索的方式，提醒和告知用户注意相关搜索服务的来源，以充分尊重用户的知情权和选择权。搜狗公司明知百度搜索引擎下拉提示词的显示方式，在用户事先选定百度搜索的情况下，先于百度公司以类似搜索下拉列表的方式提供搜索候选，主观上具有过错，客观上造成用户对搜索服务来源混淆的可能，实则是利用其工具获取不当竞争商业机会。此外，就搜索环境中是否展现搜索候选，搜狗输入法对百度搜索采取了有针对性的区别歧视对待，以达到争夺、分流市场占有率较高的百度搜索市场的目的，构成不正当竞争。

本案中，法院在明确“技术创新不得作为进行不正当竞争的理由”的同时，强调搜狗“必须考虑用户在先使用百度搜索的意愿，避免与百度服务混淆”，从司法层面确立了“避让原则”，即经营者对他人已使用在先、并为消费者所熟悉或习惯的服务提供方式应有一定避让义务，以免造成消费者混淆、误认的后果，不正当夺取他人产品或服务的商业机会。

四、反不正当竞争法学术研究情况

本部分主要关注了2013—2016年我国的反不正当竞争法学术研究情况。2013—2016年我国法学类核心学术期刊中研究“反不正当竞争法”的文章共有24篇。

（一）本领域2013—2016年学术研究情况汇总

企业名称和传统名号的保护：2篇；知名商品特有的名称、包装、装潢：

2 篇；互联网领域的竞争：3 篇；竞争中立：3 篇；未注册商标的保护：3 篇；一般条款：4 篇；其他：7 篇。

表 1　各期刊论文数量统计

序　号	期　刊	数　量
1	比较法研究	0
2	中国社会科学	0
3	中外法学	0
4	法学评论	0
5	法制与社会发展	0
6	清华法学	0
7	法学研究	1
8	环球法律评论	1
9	中国法学	1
10	政法论坛	2
11	政治与法律	1
12	法学家	2
13	法律科学	4
14	法商研究	4
15	现代法学	4
16	法　学	4
共　计		24

表 2　各主题论文数量统计

序　号	主　题	数　量
1	企业名称和传统名号的保护	2
2	知名商品特有的名称、包装、装潢	2
3	互联网	3
4	竞争中立	3
5	未注册商标的保护	3
6	一般条款	4
7	其　他	7
共　计		24

表 3 2013—2016 年反不正当竞争法学术研究情况汇总

序号	期刊	刊号	作者	单位[①]	标题	主题
1	法商研究	2015 年第 2 期	严永和	中南民族大学法学院	我国反假冒制度的创新与传统名号的知识产权保护	企业名称和传统名号的保护
2	中国法学	2015 年第 4 期	李友根	南京大学法学院	论企业名称的竞争法保护——最高人民法院第 29 号指导案例研究	企业名称和传统名号的保护
3	法商研究	2015 年第 6 期	王太平	广东外语外贸大学法学院	我国知名商品特有名称法律保护制度之完善——基于我国《反不正当竞争法》第 5 条第 2 项的分析	知名商品特有的名称、包装、装潢
4	法律科学	2016 年第 3 期	姚鹤徽	湖南师范大学法学院	知名商品特有名称反不正当竞争保护制度辩证与完善——兼评《反不正当竞争法（修订草案送审稿）》	知名商品特有的名称、包装、装潢
5	法学家	2013 年第 4 期	宋亚辉	东南大学法学院	竞价排名服务中的网络关键词审查义务研究	互联网
6	法学	2013 年第 11 期	王永强	中南财经政法大学法学院	网络商业环境中竞争关系的司法界定——基于网络不正当竞争案件的考察	互联网
7	法学	2015 年第 5 期	周樨平	南京农业大学人文社会科学学院	竞争法视野中互联网不当干扰行为的判断标准——兼评“非公益必要不干扰原则”	互联网
8	法律科学	2014 年第 6 期	胡改蓉	华东政法大学	竞争中立对我国国有企业的影响及法制应对	竞争中立
9	法学	2015 年第 9 期	丁茂中	上海政法学院	我国竞争中立政策的引入及实施	竞争中立
10	环球法律评论	2016 年第 2 期	冯辉	对外经济贸易大学法学院	竞争中立：国企改革、贸易投资新规则与国家间制度竞争	竞争中立

① 为论文发表时作者所在单位，下同。

续表

序号	期刊	刊号	作者	单位	标题	主题
11	法学	2013 年第 7 期	冯术杰	清华大学法学院	未注册商标的权利产生机制与保护模式	未注册商标的保护
12	政治与法律	2015 年第 4 期	王好	浙江大学光华法学院	未注册商标“抢用”问题的规范分析——以指导案例 30 号为例	未注册商标的保护
13	法律科学	2016 年第 5 期	张鹏	中国社会科学院	我国未注册商标效力的体系化解读	未注册商标的保护
14	现代法学	2013 年第 6 期	蒋舸	清华大学法学院	关于竞争行为正当性评判泛道德化之反思	一般条款
15	法商研究	2014 年第 6 期	蒋舸	清华大学法学院	反不正当竞争法一般条款的形式功能与实质功能	一般条款
16	现代法学	2015 年第 1 期	周樨平	南京农业大学人文社会科学学院	反不正当竞争法一般条款行政实施研究——以裁量权的建构为中心	一般条款
17	法学研究	2016 年第 2 期	吴峻	中国社会科学院法学研究所	反不正当竞争法一般条款的司法适用模式	一般条款
18	现代法学	2013 年第 1 期	吴汉东	中南财经政法大学	论反不正当竞争中的知识产权问题	其他
19	政法论坛	2014 年第 6 期	卢海君	对外经济贸易大学法学院	著作权法中不受保护的“时事新闻”	其他
20	法律科学	2014 年第 6 期	马一德	中南财经政法大学法学院	虚假宣传构成欺诈之认定	其他
21	法商研究	2015 年第 3 期	高富平	华东政法大学	竞争法视野下创新和竞争行为调整的体系化思考	其他
22	现代法学	2016 年第 5 期	王晓晔	湖南大学法学院	论滥用“相对优势地位”的法律规制	其他
23	政法论坛	2016 年第 2 期	朱国华 樊新红	同济大学	行业协会社团罚：兼论反不正当竞争法的修改完善	其他
24	法学家	2015 年第 5 期	范长军	华中科技大学法学院	行业惯例与不正当竞争	其他

（二）研究成果代表性观点

1. 企业名称和传统名号的保护

期刊	《法商研究》2015 年第 2 期
作者	严永和（中南民族大学法学院，民族法制研究中心教授）①
标题	我国反假冒制度的创新与传统名号的知识产权保护
主要内容概括	传统名号凝聚和集载了权利人对其有关传统产品或者服务所享有的商誉或者声誉，具有较大的商业价值，应受到反假冒制度的保护。 但是，我国现有的反假冒制度对传统名号的保护存在诸多局限，即：（1）客体要件包括商誉的地域性与真实性要求及描述性标志的第二含义要求等对传统名号的保护存在限制；（2）混淆要件包括混淆类型过于狭窄、混淆主体范围过宽、司法认定混淆具有很强的主观性和不确定性等也对保护传统名号存在限制；（3）损害可能性没有明确纳入反假冒制度作为结果要件之一也限制了对传统名号的保护；（4）主体要件要求市场主体资格对传统名号的保护存在限制；（5）民事救济机制方面，没有把停止侵权作为假冒行为的一般民事责任，也没有把禁令确认为一般民事救济手段。 因此，需要进行一定的改革和创新，才能为传统名号提供充分的保护，即把传统名号纳入反假冒制度保护的范畴，取消假冒行为受害人的竞争对手资格要求，把混淆主体确定为一般消费者，把损害可能性纳入假冒行为结果要件的范畴，列举各种具体的假冒传统名号的方式和行为，把禁令救济规定为假冒行为的一种民事救济方式。

期刊	《中国法学》2015 年第 4 期
作者	李友根（南京大学法学院教授）
标题	论企业名称的竞争法保护——最高人民法院第 29 号指导案例研究
主要内容概括	1993 年《反不正当竞争法》第 5 条第 3 项关于擅自使用他人企业名称构成不正当竞争的规定，在司法实践中逐渐扩大解释为企业字号，最高法院第 29 号指导案例将其进一步扩大为适用于企业名称的简称。由于企业字号具有法定性、固定性、唯一性与确定性，将企业字号纳入到企业名称范围进行保护并无太大障碍；但企业名称的简称只是习惯用语，存在任意性，将其纳入企业名称进行保护存在理论与法律的障碍。

① 为论文发表时作者所在单位及职称，下同。

续表

主要内容概括	民法、商法对企业名称的保护各有其构成要件与限制，因此就需要引入反不正当竞争法，从行为规制的角度对简称进行保护，这是由竞争法的宗旨和利益的保护方式所决定的。但是，从立法论而言，此种扩张解释毕竟存在一定的合法性困惑，在《反不正当竞争法》修改之时，应当借鉴境外立法的有益经验，突破权利保护的思路，以行为规制方式保护民商法难以有效保护的商业标识领域的利益，扩大反不正当竞争法的调整领域。 另外，第 29 号指导案例无论是在扩张解释的正当性论证上，还是增加“实际具有商号作用”的适用条件上，均存在一定的缺陷。我国的案例指导制度在指导思想、操作技术等方面尚需进一步地完善与提高。

2. 知名商品特有的名称、包装、装潢

期刊	《法商研究》2015 年第 6 期
作者	王太平（广东外语外贸大学法学院教授）
标题	我国知名商品特有名称法律保护制度之完善 ——基于我国《反不正当竞争法》第 5 条第 2 项的分析
主要内容概括	1993 年《反不正当竞争法》第 5 条第 2 项规定的目的是保护具有识别性的名称、包装、装潢，是该法中适用较多的条款。它本质上是对未注册商标的保护，这种保护具有非设权特征，即它仅仅是制止不正当竞争行为或对其苛以某种责任，并不直接赋予权利人或权益人以权利或者权益，对权益或者权利的保护是间接的。同时，这种保护在商标保护上居于补充地位，一般情况下不能与商标法保护相抵触，否则会破坏商标保护制度的内在统一。 从法律规定和相关实践来看，第 5 条第 2 项规定的保护对象是“名称、包装、装潢”，其构成要件包括“知名商品”和“名称、包装、装潢”的“特有”。从反不正当竞争法原理来看，第 5 条第 2 项存在“以出身论英雄”的保护对象错置问题和保护对象的构成要件扭曲问题。 要完善第 5 条第 2 项之规定，就应该首先取消“知名商品”概念。其次，采用列举加概括式的立法模式，既明确列举最常见的需要保护的对象的范围，同时也用概括式的表述加以抽象概括，以提高《反不正当竞争法》第 5 条第 2 项的适用性。另外，建议删除“特有”的要件，重建“知名”要件，并以“知名”为《反不正当竞争法》第 5 条第 2 项所规定的不正当竞争行为对象的唯一要件。

续表

期刊	《法律科学》2016 年第 3 期
作者	姚鹤徽（湖南师范大学法学院副教授）
标题	知名商品特有名称反不正当竞争保护制度辩证与完善 ——兼评《反不正当竞争法（修订草案送审稿）》
主要内容概括	知名商品特有名称的反不正当竞争保护是非设权性的、对知名商品特有名称产生的利益的保护，是商标法注册商标保护制度的补充。我国立法将商品特有名称的保护对象分为知名商品和特有名称，并分别设立知名商品和特有名称证明条件的做法，未能理解商品特有名称保护的本质，与商标法保护具有一定影响力的未注册商标的原理相背离。 作者建议立法将特有名称的保护对象确定为具有一定市场知名度的名称、包装、装潢等识别性标识，而非商品本身。在证明条件上，只要权利人能够证明其商品上的名称、包装、装潢具备一定的市场知名度，即可受到反不正当竞争法的保护，无须证明商品的销售、宣传和为公众所知悉的程度。

3. 互联网领域的竞争

期刊	《法学家》2013 年第 4 期
作者	宋亚辉（东南大学法学院讲师）
标题	竞价排名服务中的网络关键词审查义务研究
主要内容概括	竞价排名服务作为新兴的商业推广模式，它的出现给现行法带来了不少挑战。 当网络客户申请参与竞价排名的网络关键词侵犯第三人的知识产权时，搜索引擎服务商为其提供技术支持的行为是否构成间接侵权？该问题又可转化为：搜索引擎服务商对参与竞价排名的网络关键词是否负有审查义务？这是司法过程中争议的一个焦点。 竞价排名的法律性质是解决该争点的先决性问题。对此，现行法虽无明文规定，但法官的实践智慧促成了相对统一的裁判规则，即竞价排名服务应当属于商业广告，由此服务商对网络关键词负主动审查义务，因不履行该义务而导致第三人权利受侵害时，搜索引擎服务商的行为应当构成间接侵权。该裁判规则隐含着经济理性，它能够充分利用搜索引擎服务商的信息优势和“私人监控”优势来制约“搭便车”行为，并能够以事半功倍的效果来保护知识产权，还能对竞价排名市场产生规范效应。另外，由于服务商在为客户提供竞价排名服务时，必须首先知道客户的身份及其使用的关键词，而后才能对该关键词的搜索结果进行人工排序，在此过程中，服务商完全有能力对关键词的权属状况进行附带审查，并不会增加太大的运行成本，对此审查义务可称为“中等程度”的审查义务。

续表

期刊	《法学》2013 年第 11 期
作者	王永强（中南财经政法大学法学院教授）
标题	网络商业环境中竞争关系的司法界定 ——基于网络不正当竞争案件的考察
主要内容概括	在我国网络商业环境不正当竞争案件的审理中，法院对竞争关系的界定主要采用三种模式：一是界定为直接（同业）竞争关系，二是界定为间接竞争关系，三是回避竞争关系的界定问题。这反映出网络商业环境中竞争关系司法界定的新趋势，包括坚守竞争关系为审理该类案件的逻辑基点、直接（同业）竞争关系的延伸解释即“泛同业竞争”以及间接竞争关系的创造性认定。而回避竞争关系的处理方式并不具备理论上的有力支持。 网络商业环境中竞争关系体现出新的特征，竞争范围扩张为全网络竞争，竞争界限淡化为跨界竞争，竞争手段转变为以技术竞争与标准竞争为主，竞争的主要参与者转变为各细分市场的“领头羊”企业。 网络商业环境中竞争关系的新趋势与新特征，以及由此带来的竞争关系司法界定方面新的变化是法学中竞争关系向经济学中竞争关系内涵与外延的回归，是在司法界定中还原了竞争关系的本来面目。

期刊	《法学》2015 年第 5 期
作者	周樨平（南京农业大学人文社会科学学院教授）
标题	竞争法视野中互联网不当干扰行为的判断标准 ——兼评“非公益必要不干扰原则”
主要内容概括	我国互联网领域发生的多起影响重大的不正当竞争案件均与经营者通过技术手段阻碍、干扰、修改其他经营者的互联网产品或服务有关，此类行为可类型化为互联网不当干扰行为，具体可包括阻碍软件安装运行、修改他人互联网产品或服务、屏蔽互联网广告等。对该类行为，法院依据《反不正当竞争法》第 2 条原则性条款判决，逐步形成以下的司法规则：保护正当商业模式规则、以“竞争利益”认定竞争关系规则和非公益必要不干扰原则。 其中，非公益必要不干扰原则强调经营者之间互不干扰，除非是为了公益目的，而公益在司法实践中经常被严格解释，屏蔽广告不被视为属于消费者的公共利益。该原则强调经营者的经营权不可干扰，对营业利益的保护遵循了正向思维的权利保护模式；但作者认为，在不当干扰案件中，仍应坚持法益保护观，营业利益是否应当受到保护不能一概而论，干扰行为是否正当要结合行为人的主观意图、行为的客观表现以及行为所造成的损害结果综合衡量。若经营者主观上

续表

主要内容概括	具有阻碍竞争者的意图，可直接认定构成不正当竞争；缺乏阻碍意图时，要结合经营者、竞争者、消费者的利益进行综合衡量，只有已经或可能造成显著损害后果的干扰行为才能被认定为不正当。另外，要完善司法规则，除强调因公益的干扰行为正当性之外，还应赋予用户选择权，允许在一定程度上基于用户选择的干扰行为正当化。

4. 竞争中立

期刊	《法律科学》2014 年第 6 期
作者	胡改蓉（华东政法大学副教授）
标题	竞争中立对我国国有企业的影响及法制应对
主要内容概括	竞争中立政策的实质是要求国有企业以纯市场的方式经营，抑制国有企业享有的不当竞争优势。它的实施能够有效促进国有企业与民营企业之间的公平竞争，在优化社会资源配置的同时，提升国有企业自身的经营效益。 目前我国国有企业在经营中仍享受着诸多的不当竞争优势，一旦实施竞争中立政策，将对当前我国国有经济及国企的发展带来严峻挑战，即限缩当前国有经济的“控制力”作用、抑制国有企业“准政治人”身份的利用、动摇地方政府扶持地方国企发展的“合理性”和制约国有企业“国际化”战略的实施步骤。 但基于发展的眼光，竞争中立政策应获得理性化认同：从理论认识深化的角度看，竞争中立政策符合我国《宪法》自身的制度演进和党的重要文件中思想发展的要求；从实践发展需求的角度看，竞争中立政策能够推动公平的竞争机制的建立，促进民营经济发展，提升国有企业自身的经营效益，提高社会福祉。 对此，应在结合域外制度经验的基础上，以竞争中立政策的适用主体与范围为切入点，依据竞争中立政策的基本要求，以政府职能分离规则、防止交叉补贴规则、透明度规则以及合理豁免规则为基本导向，对我国当前的相关法律制度进行检讨和完善。另外，竞争中立政策要求我们必须立足于当前经济发展的实际，积极参与国际谈判，争取话语权，为今后我国国有企业乃至整个社会经济的健康、持续发展创造良好的市场环境和法制保障。

期刊	《法学》2015 年第 9 期
作者	丁茂中（上海政法学院教授）
标题	我国竞争中立政策的引入及实施

续表

主要内容概括	发挥市场在资源配置中的决定性作用和融入多边区域性自由贸易市场的现实需求决定了我国应当引入竞争中立政策，但这也会因此面临政策定位失误而落入国际贸易保护主义陷阱和经济阶段性波动的潜在风险。 对此，我国引入并实施竞争中立政策必须首先定位准确，即其应当围绕政府促进市场公平竞争主旨展开。除了非市场化领域的政府管理、外商投资的国家安全审查与引入竞争的非对称性扶持之外，竞争中立政策要求政府在干预市场过程中必须遵守交易机会中立、经营负担中立、投资回报中立三大行为准则。我国应当通过行政执法、体制改革、竞争倡导等路径贯彻竞争中立政策，按照“先行试点、逐步推广、对外输送”模式推进竞争中立政策的实施。 因此，我国未来实施的竞争中立政策，即“中国版”竞争中立政策的定义应当作如下表述：在市场化领域处于有效竞争的环境下，除出于解决市场失灵的最低需要而依法采取合理的非中立性措施进行干预外，政府应当公平地对待参与市场资源配置的所有经营者。

期刊	《环球法律评论》2016 年第 2 期
作者	冯辉（对外经济贸易大学法学院副教授）
标题	竞争中立：国企改革、贸易投资新规则与国家间制度竞争
主要内容概括	从聚焦于国企改革的国内法，到转向规范政府及国企行为的双边、多边贸易投资新规则，竞争中立制度的演进及其实践背后本质上是国际竞争新情势下各国对制度竞争的强化与博弈。竞争中立制度已产生重大影响，势将成为主导性的新国际规则。但澳大利亚模式、欧盟模式和美国模式的并存及其差异展现出复杂动因和差异化影响，规则的多极化也为各国综合考量及合理因应提供了时间和空间。 面对竞争中立制度的扩张，我国应通过内外并重提升制度竞争力，特别是以竞争为基准、以规范政府角色和行为为核心，完善国企改革政策、产业政策、竞争政策及相应法制，构建由竞争评估、竞争倡导、竞争执法与司法构成的完整实施机制，通过自贸试验区引入并创新竞争中立规则，引领和参与双边、多边竞争中立规则的制定与实施以及规则平台的构建与推广。

5. 未注册商标的保护

期刊	《法学》2013 年第 7 期
作者	冯术杰（清华大学法学院副教授）

续表

标题	未注册商标的权利产生机制与保护模式
主要内容概括	从法律事实的角度看，未注册商标权产生于商标使用这一事实行为，而该事实行为包括商标使用和所使用标识的识别性两个构成要件。作为商标使用行为结果性要件的识别性，其量化门槛在商标注册取得制度下要大大高于商标使用取得制度。在商标注册取得制度下，仅驰名商标得以不经注册而产生商标权，普通未注册商标不受商标法保护，这是商标注册取得制度的价值选择。但具有较高知名度的未注册商标可以得到反不正当竞争法的保护，而诚实信用原则适用于各种未注册商标的恶意抢注规制。我国商标法应放宽诚实信用原则在商标抢注案件中的适用，并将具有一定影响的未注册商标列为反不正当竞争法的保护对象。
期刊	《政治与法律》2015 年第 4 期
作者	王好（浙江大学光华法学院博士研究生）
标题	未注册商标“抢用”问题的规范分析——以指导案例 30 号为例
主要内容概括	除指导案例 30 号的两个裁判要点以外，该案还可能关涉未注册商标“抢用”问题。我国《商标法》（2013 年）鲜有禁止抢用的特别规定，原则上“明知他人已使用未注册商标而抢用”亦属合法。符合条件的未注册商标先使用人可以主张其商标构成《反不正当竞争法》（1993 年）第 5 条所称的知名商品特有名称、包装、装潢，从而起到阻却抢用的效果。 知识产权法定主义下，民法是否可以介入抢用纠纷，应依双方当事人间是否存在特别信赖关系确定。若当事人存在特别信赖关系，抢用行为可能引起包括后合同义务在内的合同责任及不当得利返还义务。在特许经营合同下，特许人可以将未注册商标作为许可使用的标的，且特许人与使用人约定禁止抢用条款的，法院应当承认其效力。未注册商标上的权益损害属纯粹经济损失，在我国侵权法中纯粹经济损失赔偿问题尚未完全明确条件下，侵权行为与抢用行为的关系尚不够清晰，抢用的侵权法救济不妨缓行。
期刊	《法律科学》2016 年第 5 期
作者	张鹏（中国社会科学院法学研究所助理研究员，中国社会科学院知识产权中心研究员）
标题	我国未注册商标效力的体系化解读
主要内容概括	《商标法》（2013 年，下同）第 13 条第 2 款、第 32 条后段以及《反不正当竞争法》（1993 年）第 5 条第 2 款三个条文间应存在体系化理解，共同构成未注册商标效力的规范基础。 在未注册商标达到“驰名”状态下，赋予其在全国范围内的排他性效力，因此，

续表

主要内容概括	未注册驰名商标使用人可以在相同或类似商品范围内针对近似商标在混淆范围内行使排他权，同时也可以阻却他人就未注册驰名商标的注册，且不受5年除斥期间的限制。 在未达到“驰名”状态，而是在某个较大的经济圈或相邻数省内具有一定影响的情况下，仅赋予其阻却他人注册该商标，并保留自身就该商标进行注册的权利。阻却他人注册的权利在他人商标注册后5年内不行使的话将导致注册商标永续存在，未注册知名商标使用人仅能行使在先使用抗辩权。未注册商标使用人在尚未注册前不享有针对超出该一定影响区域范围排除他人使用商标的权利。而《反不正当竞争法》上对于知名商品特有名称等的保护，其知名范围仅限于某一特定区域范围，在该范围内的未注册商标使用人不享有阻却他人就该商标注册的权利，仅可以在该地域范围内对他人商标使用行为行使排他权。 《反不正当竞争法》上的保护范围应当与《商标法》第59条第3款上的“一定影响”进行相同理解，因此，对于《商标法》上不同规范（第32条后段与第59条第3款）间相同的用语（“有一定影响”）应该作不同理解。此外，对《反不正当竞争法》下未注册商标使用人的排他权行使，尽管《商标法》中没有规定注册商标权人的注册商标使用抗辩，但是应该承认在双方加注区别标记的基础上，在该一定区域范围内两者的共存现象。

6. 一般条款

期刊	《现代法学》2013年第6期
作者	蒋舸（清华大学法学院讲师）
标题	关于竞争行为正当性评判泛道德化之反思
主要内容概括	就主流理论和法院实践而言，道德解读在反不正当竞争法尤其是其一般条款方面占有重要地位。但就一般条款的文本而言，法条用语并没有将道德作为评判竞争行为正当性的考虑因素。无论是伦理意义上的道德，还是习俗意义上的道德，都以多元化、不可预见性、滞后性和价值预设性为特点，与指引性、进化性和价值中立的竞争规则多有不合。 竞争有其不同于道德评价的内在规律，在运用一般条款时，应当尊重反不正当竞争法的文本，关注行为对竞争秩序的客观影响，即对行为正当性的分析应当立足于是否扭曲了竞争这一标准本身，而不应将道德感作为判断竞争行为正当性的终极标准。

续表

期刊	《法商研究》2014 年第 6 期
作者	蒋舸（清华大学法学院讲师）
标题	反不正当竞争法一般条款的形式功能与实质功能
主要内容概括	反不正当竞争法具有确保不正当概念的周延性的形式功能和为法官补充判断竞争行为正当性的实质功能，形式功能决定了一般条款的有无，实质功能则补充着一般条款的内容。 一般条款的形式功能确保了对非类型化竞争行为作出否定评价的可能性，彰显了法内因素对法益衡量的决定性价值，属于一般条款的应有之义。而实质功能的重要性，则与类型化条款的发达、判例经验的积累和司法权威社会认同度的提高成反比，折射出特定法治发展阶段反不正当竞争法体系对法外因素的开放程度。 对一般条款而言，形式功能的正当性会随着竞争模式日益复杂的现实越来越巩固，实质功能则应该并且可能会逐渐自我限缩，其限缩的原因包括类型化规范的完善、经济模式的转变逐渐压缩道德话语施展影响的空间以及经济发展减少对道德评判的依赖。因此，有必要随时依法律和社会发展状况调整一般条款中实质功能的权重。 从我国现阶段来看，需要谨慎把握形式功能和实质功能的关系，一方面不宜完全排斥反不正当竞争法一般条款的实质功能，另一方面则需要时刻反省形式功能和实质功能的不同地位，自觉在实践中区分两类功能的不同作用。随着立法的发展、司法经验的累积和公众对法官信任度的提升，有必要主动思考一般条款实质功能的适用范围，逐渐以具体化知识代替指引性知识，以要件式规范代替写意性规范，以强预见性规范代替弱预见性规范，以规则为重心代替以审判者为重心，凸显法内因素的重要性，从而肯定具有民主品格的类型化条款在反不正当竞争法体系内的绝对中心地位。

期刊	《现代法学》2015 年第 1 期
作者	周樨平（南京农业大学人文社会科学学院教授）
标题	反不正当竞争法一般条款行政实施研究——以裁量权的建构为中心
主要内容概括	我国正在修订的《反不正当竞争法》拟赋予行政机关实施一般条款的权力。一般条款以高度不确定的法律概念为其核心构成要件，如果授权执法者在适用过程中进行价值补充，执法者就因此获得一种立法性的裁量权。就我国现行执法体系而言，竞争执法机关行使该项权力存在法治层面的正当性隐忧，控制裁量权滥用的制度保障措施也有欠缺。

续表

主要内容概括	提升执法人员的专业性，明确行政规则制定权，加强行政程序的公众参与，是满足裁量权正当性的基本要求；限定裁量权行使的最佳范围，进行自我控制的功能建构，实现司法审查的良性制约，是防止裁量权滥用的必要保障。以一般条款的实施为契机，我国竞争执法机关将完成从传统执法机关向现代管制机构的演进。

期刊	《法学研究》2016 年第 2 期
作者	吴峻（中国社会科学院法学研究所助理研究员）
标题	反不正当竞争法一般条款的司法适用模式
主要内容概括	《反不正当竞争法》的一般条款为司法机关发展和充实反不正当竞争法体系提供了重要的法律依据。 在我国司法机关适用《反不正当竞争法》第 2 条的实践中，可以总结出三种案例类型，即一般条款辅助适用、以商标法等知识产权法为基础适用第 2 条以及独立适用第 2 条。在独立适用第 2 条的情形下，对于立足于权益保护还是直接适用一般条款所表述的原则来确立相关权益或原则，以最高人民法院为代表的司法机关在实践中显示出某种摇摆不定，这直接导致了一般条款适用模式的缺乏，影响着整个反不正当竞争法体系的确定性。 总结我国司法实践，回归"海带配额案"确立的第 2 条独立适用的三条件，借助一般条款，将"诚实信用"原则与"公认的商业道德"引入整个法律体系当中，基于相关权益是否遭到侵害的事实判定行为正当与否，确定反不正当竞争法一般条款的三步走适用模式，明确一般条款适用的二元化结构，确保当事人的合理预期，这将为反不正当竞争法的修订及其进一步发展，提供坚实的司法实践基础。

7. 其他

期刊	《现代法学》2013 年第 1 期
作者	吴汉东（中南财经政法大学教授）
标题	论反不正当竞争中的知识产权问题
主要内容概括	知识产权法与反不正当竞争法中的权利具有本原权利与救济权利之分，但两部法律在功能目标与保护对象方面有相通之处。 我国的竞争立法，应采取规制不正当竞争行为与规制限制竞争及垄断行为的分别模式，扩大反不正当竞争法的适用主体范围，增加列举规定典型的不正当竞争行为类型和关于不正当竞争行为认定的一般性条款，注意反不正当竞争法与相关民事立法的衔接和协调。

续表

主要内容概括	在制裁不正当竞争行为方面，可考虑增加侵权行为认定的概括式条款，同时着力解决网络环境下反不正当竞争法面临的知识产权保护新问题，如侵害网络域名的行为、网络虚假宣传行为、网络商业诋毁行为、侵害数据库的行为以及关于软件的不正当竞争行为等。
期刊	《政法论坛》2014 年第 6 期
作者	卢海君（对外经济贸易大学法学院副教授）
标题	著作权法中不受保护的“时事新闻”
主要内容概括	“时事”是客观事实，“新闻”是一种文体，“时事新闻”是用“新闻”这种文体对某种客观事实的表达。著作权法上所谓不受保护的“时事新闻”应指受合并原则限制的对特定客观事实的表达或不具有原创性的表达。相对于文字性表达来说，用可视的方式表达特定客观事实受合并原则限制的可能性较小。因此，在通常情况下，照片报道、图片报道和音像报道等可视的表达方式不属于著作权法中不受保护的“时事新闻”。 “时事新闻”是一种表达方式，只有“时事”本身才具有时效性，“表达”并不具有“时效性”，因此，“时事新闻”的时效性是个伪命题，据此所作的司法判决当然也缺乏合理性。 “时事”的提供者可能付出了艰辛劳动和大量投资，尽管“时事新闻”可能受合并原则限制或不满足原创性要件而不受著作权法保护，但恶意窃取他人劳动成果的行为应属不正当竞争行为，因该行为显然损害了其他经营者的合法权益，扰乱了社会经济秩序，符合不正当竞争行为的特质。因此，应在《反不正当竞争法》中明确规定恶意盗取他人“时事新闻”的行为属于不正当竞争行为。除此之外，还应该结合合理使用原则，有效地平衡在以数字网络为特征的新的传播环境下新闻内容提供者、新闻作品创作者、新闻作品传播者和社会公众之间的利益关系，在有效保证新闻内容提供和新闻作品创作的前提之下，保证新闻内容和新闻作品的有效传播，保障社会公众获得知识和信息之权利的实现。
期刊	《法律科学》2014 年第 6 期
作者	马一德（中南财经政法大学法学院教授）
标题	虚假宣传构成欺诈之认定
主要内容概括	将虚假宣传行为认定为欺诈并施以惩罚性赔偿已成为打击虚假宣传行为的重要手段。我国法律并未定义虚假宣传，实务上认为虚假宣传意味着宣传呈现的内容不实，意图使信息接受者产生错误认识。行政处罚是否认定欺诈、争议商品数额的大小、商品品牌知名与否等因素都会影响法院对虚假宣传构成欺诈的认定。

续表

主要内容概括	综合判例和学说可知，在将虚假宣传认定为欺诈时，应以《最高人民法院关于贯彻执行〈中华人民共和国民法通则〉若干问题的意见》第68条[①]为标准；行政处罚认定欺诈是民事裁判认定欺诈的充分不必要条件，仅具有一定的证据效力；评价引人误解因素时应以“常识标准”和“谨慎义务”为“客观标准”，按照不同的商品或地域范围认定消费者错误意思表示，同时应考虑大额商品购买中消费者的谨慎义务；因果关系的判断中应以商品主要功能的虚假宣传与消费者错误意思表示的关联为评价标准；将知名商品的品牌效应纳入经营者欺诈故意和因果关系要件的判断，以综合考虑虚假宣传认定欺诈的各种因素。
期刊	《法商研究》2015年第3期
作者	高富平（华东政法大学教授）
标题	竞争法视野下创新和竞争行为调整的体系化思考
主要内容概括	市场竞争行为内含了模仿和创新两个冲突的要素，竞争法与知识产权法均具有界定模仿边界、保护创新成果的作用，因而都是调整竞争行为的法律规范。知识产权法通过对创新成果赋权来保护创新行为，进而保护正当的竞争行为；竞争法通过保护正当竞争和鼓励自由竞争以促进和保护创新。知识产权法和竞争法虽然属于不同类型、不同性质的法律，但有着共同的目标——保护创新、促进竞争。因此，知识产权法应被纳入竞争法体系中加以理解和应用。 因此，我国在重视知识产权制度应用的同时，还应当重视竞争对创新的作用，制定竞争政策，通过维护正当的自由竞争秩序来激励自主创新，同时还应当以竞争政策统领和协调知识产权法与竞争法，构建知识产权法与竞争法协同激励和保护创新的机制。既要促进知识产权法和竞争法的兼容性，又要实现其相互制约性，平衡创新与模仿、自由竞争与垄断、个体私益与社会公益之间的关系，形成我国促进和规范创新的制度文化。
期刊	《现代法学》2016年第5期
作者	王晓晔（湖南大学法学院教授）
标题	论滥用“相对优势地位”的法律规制
主要内容概况	原国家工商总局向原国务院法制办提交的《反不正当竞争法（修订草案）》中增加了有关“相对优势地位”的规定，而在市场交易中，一方较另一方在经济上占优势地位是普遍存在的现象，如果法律禁止滥用相对优势地位，至少需要对“相对优势地位”和“滥用相对优势地位”作出法律解释。

① 现已失效。

续表

主要内容概况	从理论上看，滥用相对优势地位的行为主要是在竞争不充分的市场条件下出现的，即是竞争受到了限制，而不是一方经营者不公平地攫取另一方竞争优势的问题，因此，滥用相对优势地位不是不正当竞争的问题，而是接近反垄断法的问题。 国际上有些国家如德国、日本和韩国把禁止滥用相对优势地位规定在反垄断法中，但是这些规定在理论上或实践中存在一些问题。根据世界各国的立法，滥用相对优势地位至少可以有三种规制方法：一是针对与市场竞争关系密切的问题，通过反垄断法中禁止滥用市场支配地位的规定予以解决。二是针对明显不影响市场竞争的不公平交易行为，可以通过合同法或者侵权法来解决。三是如果确有必要在某个领域保护某些经营者的特殊利益，那就有必要制定特别法来解决某些不公平交易问题。 然而，由于“相对优势地位”在市场交易中普遍存在，且“滥用优势地位”概念本身还存在很多不确定的因素，期待一部法律包括反不正当竞争法进行全面规制的难度比较大。
期刊	《政法论坛》2016 年第 2 期
作者	朱国华（同济大学法学院教授） 樊新红（同济大学发展研究院助理研究员）
标题	行业协会社团罚：兼论反不正当竞争法的修改完善
主要内容概况	我国反不正当竞争法法律责任的设置不足以遏制不正当竞争，可以尝试以行业协会社团罚的软法机制来弥补硬法的不足。行业协会有反不正当竞争的内在动力、能力和优势，而且其社团罚的约束在本质上是一种信用约束，可以对会员形成一种长期的心理强制，有很强的约束力。理论上，行业协会社团罚是社会自治的一种方式；实践中，我国有在反不正当竞争法中规定行业协会社团罚的需要。软法与硬法可以形成耦合，作为软法的社团罚也可以与反不正当竞争法的法律责任机制相耦合。 国际上，欧盟行业协会在维护竞争秩序方面已经有了先例，德国也很早就在理论和司法判决中承认了社团的处罚权；国内，我国食品安全法已经意识到食品行业协会在食品安全方面的积极功效，规定食品行业协会应在加强食品安全上发挥积极作用。我国在修订反不正当竞争法时，也可以考虑对行业协会社团罚予以承认、规制和救济。
期刊	《法学家》2015 年第 5 期
作者	范长军（华中科技大学法学院讲师）

续表

标题	行业惯例与不正当竞争
主要内容概括	百度与奇虎360之间因爬虫协议产生的纠纷，引发了学术界关于行业惯例与不正当竞争的讨论。作者基于德国法比较研究的视角，认为良好的行业惯例才能作为判断竞争行为正当与否的依据。 围绕该观点，本文先介绍了爬虫协议系列案与主流学术意见；再讨论行业惯例与反不正当竞争法一般条款的关系，指出一般条款具体化的决定标准是利益平衡。行业惯例可以与宪法、相关法律一起，作为利益平衡的评价依据。但只有良好的、符合反不正当竞争法立法目标的行业惯例才具有作为评价依据的正当性。 最后，本文在爬虫协议系列案中进行观点实证，论述爬虫协议目前虽然是行业公认惯例，但不能平衡搜索引擎服务中的利益冲突，因而并不是良好的行业惯例，不能作为评价行为正当性的依据。为了保护作者、搜索引擎服务产业及公众利益，作品传播者不能依爬虫协议阻止他人抓取。但抓取必须遵循一定的限度，以免损害作品传播者利益。

第三章

中国反不正当竞争法发展研究报告

（2016—2017）[①]

① 在本报告撰写过程中，武汉大学法学院 / 知识产权与竞争法研究所硕士研究生赵丰、钟思颖、李玉珍做了大量资料收集与整理工作，特此鸣谢。

2016—2017年是中国反不正当竞争法变动、进步的一年。这一年，《反不正当竞争法》得以修订并最终颁布；反不正当竞争司法案件数量持续上升；反不正当竞争相关学术研究成果丰硕，这都表明了我国反不正当竞争法律制度的良好发展走向。尤其是，自2014年2月28日国家工商总局启动《反不正当竞争法》修订程序开始，经过三年多的反复研究与修改，新《反不正当竞争法》终于得以颁布，并于2018年1月1日起施行。

一、《反不正当竞争法》的修订

自《反不正当竞争法》修订进入快车道以来，历经《反不正当竞争法修订建议稿》《反不正当竞争法（修订草案送审稿）》《反不正当竞争法（修订草案）》及随后全国人大常委会研究讨论的多版本草案后，伴随着广泛征求社会意见和热烈的学界研讨，新法终于在2017年11月4日下午，在十二届全国人大常委会第三十次会议上以148票赞成、1票弃权的结果得以表决通过，国家主席习近平签署主席令予以公布。笔者作为修法课题组成员之一①，全程参与《反不正当竞争法》的修订工作，并受托就多个版本的法条提出意见，直至人大最后审议阶段，还受托对一读稿、二读稿、三读稿提

① 原国家工商总局就《反不正当竞争法》的修订组织高校学术力量和工商系统执法专家及部分律师成立了八个课题组对其中的问题展开研究，这八个课题组负责人分别是华东政法大学徐士英教授（总则）、上海交通大学王先林教授（市场混淆）、中国人民大学吴宏伟教授（行政垄断）、武汉大学宁立志教授（商业误导和商业诋毁）、北京大学肖江平教授（商业贿赂和不正当有奖销售）、华东政法大学黄武双教授（商业秘密）、中国人民大学杨东教授（新类型不正当竞争）、中国律师协会庞正中律师。

供最后的完善意见，并被部分采纳。[①]

（一）修法的必要性

《反不正当竞争法》在我国深化改革开放和完善市场经济体制的进程中承担了规范市场秩序的使命和重任，时至今日，其已成为我国市场经济体制中的基础性法律制度。然而，《反不正当竞争法》自1993年颁布实施至今已20余载，与20世纪90年代初相比，我国在经济规模、发展模式、竞争状态、竞争方式等方面都发生了广泛而深刻的变化。尤其在以计算机、信息网络等为代表的现代信息技术深刻改变社会面貌的现实背景下，现行法律的滞后性已越来越明显，而社会对该法的修订要求也越来越迫切。[②]其必要性亦能从本次修法的诸多理论争执和条款变动中凸显出来。

第一，新时代经济与技术的发展需要本次修法对实践中出现的新型不正当竞争行为作出适时回应。正如原国家工商总局局长张茅在第十二届全国人民代表大会常务委员会第二十六次会议上对《反不正当竞争法（修订草案）》作说明时所言，随着我国市场经济的发展，新业态、新商业模式不断涌现，老态的现行法存在一些不适应的地方，当初立法时也难以预见，尤其是对实践中新出现的扰乱竞争秩序、具有明显不正当竞争性质的行为，如互联网领域涌现出的刷单、恶意评价等，现行法未作列举；现行法列举的一些不正当竞争行为，其特征也发生了较大的变化，如商业贿赂中贿赂对象的多样化等。

---

① 笔者曾数次提出将原《反不正当竞争法》第1条中的“保障”社会主义市场经济健康发展改为“促进”社会主义市场经济健康发展；在第2条增加“消费者的合法利益”；在第5条擅自使用他人姓名中增加“译名、艺名”；在第8条第1款增加行为目的“为谋取交易机会或竞争优势”；第9条的“引人误解”不能用来修饰“虚假宣传”；在第10条第1款增加“欺诈”作为获取商标秘密的手段；将第14条的“虚假事实”改为“虚假信息”；将第13条的不正当有奖销售金额从修订草案中的2万元提高到5万元。以上意见已被采纳。当然，也有其他学者通过各种渠道对以上条款提出过相同或类似的修改意见和建议。

② 宁立志：《互联网不正当竞争条款浅析》，载《竞争法律与政策评论》2017年第3卷，法律出版社，第7页。

第二，反不正当竞争法与其他部门法之间的竞合问题需要通过修法进行厘清。事实上，《反不正当竞争法》于1993年施行以后，我国又相继制定了《反垄断法》《招标投标法》等法律，导致这些法律出现交叉重叠甚至不一致的内容，需要进行修订，以保持法律之间的协调一致性。

第三，由于法律规定的模糊性，导致法律管辖边界不清晰，进而出现反不正当竞争执法体系不统一，行政执法分散的现象，而这种交错复合型执法体系已远不能满足现实执法需要，亟待通过修法为执法指明方向。

第四，此次修法也是反不正当竞争法律制度的基本理念进一步实现现代化蜕变的必然要求。我国反不正当竞争法在立法之初，吸收了传统反不正当竞争法的基本内核，具备现代反不正当竞争法的一些核心元素，并结合我国国情形成了自己的特色，但其在基本理念上仍残留着一些需要扬弃的旧传统的痕迹。① 如反不正当竞争法在法律体系中的定位、保护目标的多元化问题等。这都需要顺应时代潮流，积极推动法律的全面现代化，而其旧传统理念的变革及现代化基本理念的确立也只能通过修法的途径得以实现。

第五，随着“科学立法、严格执法、公正司法、全民守法”这一新时代治国大政方针的推进和社会信用体系的建设②，我国对于不正当竞争行为的规制和治理机制的要求也进一步提高。其具体表现在民事损害赔偿制度在治理不正当竞争行为中的作用有待进一步加强，行政查处措施有待进一步创新，需要根据加强事中事后监管的要求，完善民事责任和行政处罚有机联系，并以刑事责任为最后惩戒手段的法律责任体系。因此，进一步完善不正当竞争行为的规制规则也成为修法的重要推动力。

（二）新法主要特点

从法律条文的变动情况来看，原《反不正当竞争法》共33条，修订后

---

① 孔祥俊：《论反不正当竞争法的现代化》，载《比较法研究》2017年第3期。

② 2014年国务院就社会信用体系建设印发重要文件：《社会信用体系建设规划纲要（2014—2020年）》。

的《反不正当竞争法》共32条，删除11条，新增11条，原第31条、第32条合并修改为第30条，修改20条，足见变动不小。从法律条文的修订内容来看，新法主要存在以下特点：

第一，表述科学，界定周严。本次修法充分考量了立法宗旨、法律衔接、司法认定、执法依据等问题。譬如第1条由“保障”改为“促进”，反映出立法宗旨由“保守被动”向“积极主动”的转变；第2条第1款的“市场交易”改为“生产经营活动”，通过这一严谨科学的表述，明确了反不正当竞争法所属的规制范畴，也便于司法机关作出清晰的判断；第5条由“国家机关工作人员”改为“国家机关及其工作人员”，“及其”二字的修改进一步明确了法律的规制对象。而新法在定义界定上的严谨性，则主要体现在其对定义内容的修改更为科学与系统，如对于不正当竞争行为、经营者及商业秘密的准确界定，增强了法律的适应性。

第二，增加列举，除旧迎新。本次修法对新的或当时立法时未充分考虑到的典型不正当竞争行为或对象适当增加了列举，如在第6条的混淆行为中增加了字号、社会组织名称、域名主体部分、网站名称、网页等内容。而所谓“除旧”主要指删除了旧法中关于规制排除、限制竞争行为的条款，将包括公用事业单位排除竞争、行政垄断、企业以排挤竞争者为目的的低价倾销、捆绑销售以及串通招投标等行为交由反垄断法或招标投标法等法律规制，同时为了与新的广告法、新的商标法等法律衔接，对虚假宣传、混淆行为等规定也进行了处理。所谓“迎新”主要指新增了若干有亮点的条款，如修订后《反不正当竞争法》第12条的互联网条款，以概括加列举的形式对互联网相关的不正当竞争行为进行了规制，考虑到互联网技术及商业模式发展迅速，还增加了兜底条款以适应实践发展之需。①

第三，汲取经验，回应热点。本次修法充分吸收和采纳了旧法实施以来，

---

① 曾雄：《〈反不正当竞争法〉修订，十大重点条款的历史与现在》，https://www.sohu.com/a/202889277_455313，2021年7月19日访问。

出台的配套规章、司法解释以及地方性法规的经验，同时还吸收了大量司法、执法案例所总结出来的对制度修正的经验及学术界的研究成果。如一般条款的设计问题、商业秘密的界定问题以及不正当宣传的表述问题等均有所体现。另外，对于现实中出现的热点不正当竞争问题，如商业贿赂中向影响交易第三人进行行贿的情形，互联网领域中的插入链接、强制进行目标跳转、网购刷单等新型不正当竞争行为等，本次修法均作出了积极正面的回应。

第四，完善执法权能，增加违法成本。本次修法进一步完善了行政执法权，增加了检查、查封、扣押、查询等强制措施。此外，本次修法在民事赔偿和行政处罚上突出了“违法行为成本恒定大于违法收益”的原则。对于不正当竞争行为的法律责任，一方面细化了民事赔偿责任，如第 17 条对赔偿数额的详细规定；另一方面提高了行政罚款的上限额度，如由“违法所得三倍以下罚款”提升为“违法经营额五倍以下罚款”等。同时加大了行政处罚的力度，新法的第 19 条、第 20 条均规定了“情节严重的，吊销营业执照”的处罚措施等。

（三）总则部分的修改

《反不正当竞争法》总则部分涵盖了该法的立法目的、不正当竞争的概念、经营者的概念、反不正当竞争执法体系等内容，在整部法律中起到了提纲挈领的作用。而在七种具体的不正当竞争行为之外出现新的不正当竞争行为时就需要根据本法第 2 条来进行判定。同时，不管在反不正当竞争执法还是司法中，都要尊重立法目的所包含的各种法益。因此，在 20 多年一次的反不正当竞争法修订中，对总则部分的修改显得尤为重要。

第一，本法第 1 条的“保障”改为“促进”。在原《反不正当竞争法》中第 1 条表述为“为保障社会主义市场经济健康发展”，“保障”二字显得较为被动，在市场获得较大发展的前提下，宜改为较为主动的“促进”，以彰显法律与政府对市场公平竞争秩序的追求。对市场公平竞争的维护、对经营者和消费者利益的保护之最终目标是促进我国社会主义市场经济的健康发展，这是局部利益与整体利益的关系。

第二，本法第 2 条“在市场交易中”改为“在生产经营中”。原法将不正当竞争行为发生的领域局限在“市场交易”这一狭隘的概念中，而在实践中，不仅仅是“交易”此一环节会出现不正当竞争，在未进入实际交易之前的环节如“生产”中也会发生不正当竞争，如企业员工将该企业的商业秘密泄露给他人，又如对企业采购环节相关人员实行的商业贿赂，都会损害经营者利益，扰乱市场竞争秩序。因此，将“在市场交易中”改为“在生产经营中”扩大了不正当竞争概念适用的范围，更符合实际情况。

第三，对不正当竞争行为概念进行了完善。① 原法对不正当竞争进行界定时，将核心概念限定为“损害其他经营者的合法权益”，而对可能遭受不正当竞争行为侵害的消费者利益置于罔顾。此概念一直饱受争议，因判断标准为损害经营者利益，导致在实际中判定不正当竞争行为时需要考虑受害者是否具有经营者身份甚至经营者之间是否具有竞争关系，因此该概念不当地限缩了不正当竞争行为的范围，导致不具有损害经营者身份和不具有竞争关系的不正当竞争行为不能据此得以判定。此外，反不正当竞争法的立法目的之一即保护消费者利益，而且商业误导、市场混淆、不正当有奖销售等条款更是直接保护消费者利益的条款，因此新法将不正当竞争行为损害对象扩大到消费者法益。这与现代反不正当竞争法保护消费者利益的发展相一致。

第四，对经营者概念作了修正。反不正当竞争法全文以“经营者”为中心展开，对相关不正当竞争行为的判定尤其需要关注经营者，因此经营者概念在整部法律中显得极为重要。原法以“营利性”三字对经营者作出了限制，实则将经营者限定在以生产经营为业、以营利为目的的市场主体范

---

① 原法第 2 条第 2 款规定：“本法所称的不正当竞争，是指经营者违反本法规定，损害其他经营者的合法权益，扰乱社会经济秩序的行为。”新法第 2 条第 2 款规定：“本法所称的不正当竞争行为，是指经营者在生产经营活动中，违反本法规定，扰乱市场竞争秩序，损害其他经营者或消费者的合法权益的行为。”

畴。然而在实践中，一些非营利性的经济组织也可能实施不正当竞争行为并对市场秩序造成不良影响，如公立医院、公立大学等，当前国际发展趋势也是对教育、体育等领域同样适用反不正当竞争法进行规范。[①]因此此次对经营者概念的修正直面了这一矛盾，增强了法律的适用性。此外，经营者的概念与《反垄断法》中经营者的概念保持了一致，两部法律规范的市场主体是一致的，因此有必要进行修改以实现一致性，即“本法所称经营者，是指从事商品生产、经营或者提供服务的自然人、法人和其他组织”，而《民法典》规定的民事主体有“自然人、法人和非法人组织”，因此《反不正当竞争法》将经营者范围最终修改为“自然人、法人和非法人组织”，与《民法典》和《反垄断法》保持一致。

第五，调整了执法体系。新法参考国务院反垄断委员会的设立，首次规定了国务院设立反不正当竞争工作协调机制，研究决定反不正当竞争重大政策，协调处理维护市场竞争秩序的重大问题。因竞争政策的重要性愈加凸显，当出现产业政策与法律法规不一致甚至相冲突的问题时，可报请反不正当竞争协调机构加以研究并提出解决意见。当然，对于协调机制的权限、能否协调执法冲突等问题还有待进一步的细化。

然而，纵观总则部分的修改，仍存在不尽如人意之处。

第一，该法自实施以来尚未进行过修改，导致总则部分已大为落后于实践需要，在立法整体目标、直接目标和间接目标等方面已出现不同程度不合时宜的情况。从立法技术上宜秉承精益立法原则，对上述目标进行微调，塑造以保护竞争者、消费者和其他市场主体利益为直接目标，以保护市场有效竞争和社会公共利益为间接目标，以促进社会主义市场经济健康发展为整体目标的多元利益保护体系。[②]当前立法对于立法目的的层次性并未加以重视。

---

① 孟雁北：《〈反不正当竞争法（修订草案）〉研讨会综述》，载《竞争政策研究》2017年第2期。

② 袁嘉：《以多元利益保护观重塑反不正当竞争法立法目的条款》，载《经济法论丛》2017年第1期（总第29期），武汉大学出版社，第220页。

第二，多头执法现状未得以改变。在当前的反不正当竞争执法中，存在工商部门执法与行业主管机关执法的多头执法现状，缺乏执法主体的统一性，其他行业部门执法是否可排除工商部门执法，法律亦未作明确回答。而新法对此未作修改，仍奉行“县级以上人民政府履行工商行政管理职责的部门对不正当竞争行为进行查处；法律、行政法规规定由其他部门查处的，依照其规定”，这一规定实际上分解了反不正当竞争执法，导致某些不正当竞争行为出现争相执法的情况，也会出现都不执法的盲点，因此问题的关键是统一执法权，而非继续分解执法权。诚然，行业主管部门对其行业内的不正当竞争问题较为熟悉，便于其合理和正确执法，但作为专门的行业主管机关，其专业性主要体现在本领域的专业问题，对反不正当竞争的机理并不必然熟悉，因此将执法权交由专门的执法机关——工商部门更为合适，行业主管机关可在专业问题上加以协助。工商部门有丰富的执法经验，执法队伍庞大，更能满足当前的反不正当竞争执法需要。统一执法权也可改变执法标准不统一、互相推诿、部门保护主义等弊端。

（四）市场混淆条款

该条款具有对商标法的补充功能，因此其既面临着与商标法如何恰当衔接的问题，同时遭遇着市场竞争日益复杂化和多样化而引致的补充功能不足的问题。所以，本次市场混淆条款修改之处甚多。

首先，明确混淆行为的特征和标准，即“引人误认为是他人商品或者与他人存在特定联系”。可以说，从“仿冒”到“混淆”的转变，是法律对市场行为变化所做出的反应。从表述上说，其与修订草案仅在具体情形后加入“引人误认为是他人商品”的规定相比更为合理，也比修订草案送审稿中对市场混淆的界定[①]更为简洁准确，同时为司法和执法机关提供了更为

① 《反不正当竞争法（修订草案送审稿）》中对市场混淆的界定为：“本法所称的市场混淆，是指使相关公众对商品生产者、经营者或者商品生产者、经营者存在特定联系产生误认。”

明确的认定标准。

其次，新法将“知名”改为“有一定影响”，并加注到每一项列举情形。从“知名”到“有一定影响”将会在一定程度上扩大对商业标识的保护范围，但新《反不正当竞争法》第 6 条予以保护的商业标识“有一定影响”的范围和程度是否与《商标法》第 32 条以及第 59 条第 3 款规定的“有一定影响”相同，有待进一步解释。但应不超过未注册驰名商标的保护范围，即应以混淆为要件，以该商业标识为相关公众所知悉的范围与程度为界，一般不超过其所有人自己作商业使用的相同或类似商品与服务范围，不超过该商业标识为相关公众所知悉领域的相同或类似商品与服务范围。[①] 当然，“有一定影响”本身也是一个表示范围和程度的语词，因此对于其拿捏将考验执法和司法机关的经验和水平。

再次，删除“假冒他人的注册商标”“质量标志”“伪造产地”以及“对商品质量作引人误解的虚假表示”的规定，合理协调了法律与法律、法条与法条之间的关系。因旧法关于“假冒他人的注册商标”的规定与《商标法》第 57 条完全重复，而《商标法》作为保护商标权的专门立法，对注册商标的保护更为全面和完整，因此《反不正当竞争法》作为一般法无需对单纯的商标侵权行为再作规定。而“质量标志”“伪造产地”以及“对商品质量作引人误解的虚假表示”的内容则在我国的《产品质量法》和《广告法》中具有相应的规制依据。因此可以说，本次修法充分考量了法律之间关系的协调，从而为执法机关寻找执法依据指明了方向。

复次，新法也扩大了受保护商业标识的范围，如字号、艺名、译名、社会组织名称、域名主体部分、网站名称、网页等。此修改之处，反映出随着具有指向意义的标志的多样化及其商业化，商业标识保护范围的扩大是一个必然趋势，因此该法律条文对混淆的对象规定得较为细致，并且以括号

---

① 黄璞琳:《新〈反不正当竞争法〉与〈商标法〉在仿冒混淆方面的衔接问题浅析》，载《中国工商报》2017 年 11 月 7 日。

内注释的方式解释了企业名称、姓名的具体含义。域名主体部分、网站名称、网页等的列举也适应了互联网经济发展的新形势，有利于规制网络环境下的不正当竞争行为。但其有争议的一点在于是否要延续修订草案送审稿中对商业标识进行的概念界定。对此，有学者认为“商业标识”概念的法定化，有助于商业标识权益法律保护制度与实践的发展，修订草案送审稿所采用的概述加列举的方式也是一个较为明智的做法。[①]

最后，本条中也增设兜底条款，即第 4 项“其他足以引人误认为是他人商品或者与他人存在特定联系的混淆行为”。通过增设此兜底条款，将使得禁止混淆行为的规定在实践中涵盖的范围更为广泛，而且无须再借助于一般条款的复杂适用来取得规制依据。

（五）商业贿赂条款

随着商业贿赂表现形式的日益增多，商业贿赂条款的较大幅度修改也成为必然选择。从具体条文来看，其修订之处主要集中于以下几点：

第一，新法明确列举了商业贿赂受贿对象。旧法将商业贿赂的受贿方笼统界定为“对方单位或者个人”，而新法第 7 条第 1 款则通过列举的方式明确了商业贿赂受贿方的范围为：（1）交易相对方的工作人员；（2）交易相对方委托办理相关事务的单位或者个人；（3）利用职权或者影响力影响交易的单位或者个人。其中最显著的一点是增加“利用影响力影响交易的单位和个人”这一规定，既回应了实践中的此类情况，也与《刑法修正案（七）》保持一致。实际上在商业贿赂中，向交易相对方身边可能影响其决定的第三人行贿是极为常见的情况，如向交易对方的近亲属行贿。因此，此次修法对商业贿赂条款进行了较大的修改以适应现实情况。

第二，新法扩大了认定商业贿赂的目的范围。旧法对于商业贿赂的目

---

① 徐升权：《〈反不正当竞争法〉修订草案稿中的商业标识条款评析》，载《法学杂志》2017 年第 5 期。

的判断归为“以销售或者购买商品”这一有形的市场交易，事实上，市场交易中商业贿赂并不仅存于销售或购买商品的过程中，无形的交易机会和竞争优势有时才是商业贿赂的真正目的。因此，本次修法将“以销售或购买商品”改为“谋取交易机会或竞争优势”，反映了立法机关对商业贿赂本质的理解更为深刻，突出了商业贿赂对商业活动的不良影响，即强调谋取“不正当利益”，其修改也更契合商业贿赂在现实市场交易中的真实情景。

第三，新法删除了账外暗中给予、收受回扣视同行贿、受贿的规定，保留了明示入账的要求。根据旧法的规定，“在帐外暗中给予对方单位或者个人回扣的，以行贿论处；对方单位或者个人在帐外暗中收受回扣的，以受贿论处”，但这一规定并未对财务造假和财务过失进行区分，而是一视同仁，难免会矫枉过正。而新法则直接删除了账外暗中给予回扣的条款，从而弱化了因入账不当而可能产生的商业贿赂问题。另外，值得注意的是，《关于禁止商业贿赂行为的暂行规定》中对此还未作出相应修改，因此，其是否仍会继续参照之前的标准确有疑虑。

第四，新法明确界分了在商业贿赂中的工作人员行为和经营者行为。根据新法规定，“经营者的工作人员进行贿赂的，应当认定为经营者的行为；但是，经营者有证据证明该工作人员的行为与为经营者谋取交易机会或者竞争优势无关的除外”。也就是说，这一条款设置了商业贿赂属于经营者行为的责任推定，但也为那些属于员工个人行为的情况保留了经营者的抗辩空间。

第五，新法加大了针对商业贿赂的行政处罚力度。根据新法的规定，商业贿赂的罚款额度调涨为最高可达 300 万元，违法所得依旧没收。同时，对于情节严重的将直接剥夺其参与市场竞争的资格，即严重可吊销营业执照，而且相关处罚还要进入信用记录并公示，这对于企业的信誉和形象来说也会产生较大影响。但较为遗憾的是，新法对于商业贿赂的法律责任设计，只规定了“经营者违反本法第七条规定贿赂他人的”法律责任，却对商业贿赂中的受贿方没有直接规定相关罚则，这可能有待进一步的法律解释。

（六）商业误导条款

在此条款上，新法相较于旧法及修订草案均作了较大改动，主要体现在以下四个方面：

首先，本次修法厘清了“引人误解的商业宣传”与“虚假商业宣传”的关系。在修订草案和新法中都坚持了这一正确的区分。事实上，“虚假”是指与实际不符的内容，既包括子虚乌有的情况，又包括歪曲了的事实与原本不一致的情形。“引人误解”包含了真实的表示引人误解的情况和虚假的表示引人误解的情况。在旧法中“引人误解”是作为定语来修饰“虚假宣传”的，使得该条款仅能禁止虚假宣传行为，会将其他情况的引人误解的表示排除在外，不利于对误导行为的规制，如“引人误解的真实宣传”“不引人误解的虚假宣传”都不在规制范围之内。我们认为引人误解是误导行为的核心要素，而虚假表示只是引人误解表示的情形之一。从反不正当竞争法的立法目的来看，不论是虚假表示还是真实表示，只要可能对消费者的正常选择进行误导式的干扰，均应当予以规制。新法还在“虚假或引人误解的商业宣传”后，加注“欺骗、误导消费者”，这是前者行为与后者效果之间的对应，也再次凸显了虚假和引人误解的本质区别。当然，效果的判定标准仍应当以相关消费者为判定主体，且在程度标准上要求足以引人误解。

其次，新法结合电子商务领域的交易特点对典型的商业宣传方式进行了梳理。旧法中曾列举了“商品的质量、制作成分、性能、用途、生产者、有效期限、产地”这些基本的商品介绍性要素，而在修订草案中却直接省略了这些列举，但最后新法不仅再次进行了列举，而且注重与广告法相区别，并结合执法与司法实践经验，重新对现实交易中商业宣传的典型方式作了梳理，即删除了“制作成分、生产者、有效期限、产地”的列举，概括为“商品的性能、功能、质量、销售状况、用户评价、曾获荣誉”。这不仅借鉴了《保护工业产权巴黎公约》第 10 条第 2 款规定禁止“在经营中，使用足以使公众对商品的性质、制作方法、特征、用途或者数量产生误解的表示或者陈述”的内容表述，而且结合电子商务领域的交易特点，特别加注“销售状况、用户评价、曾获荣誉”的内容，以明确上述方式为虚假或引人误解的商业宣传的重点关注对象。

再次，新法对此条款的修改阐明了与《广告法》之间的关系。事实上，旧法第9条第2款中的虚假广告问题可直接适用我国《广告法》第55条的规定。因此，新法删除了“广告的经营者不得在明知或者应知的情况下，代理、设计、制作、发布虚假广告”的规定。另外，新法第20条第2款明确规定“经营者违反本法第八条规定，属于发布虚假广告的，依照《中华人民共和国广告法》的规定处罚”，明确了广告法优先适用的法律原则。但值得注意的是，虽然广告法优先适用的法律原则，说起来很清楚，但在实践中有时却并不是很明确。因商业宣传是商业广告的上位概念，商业宣传的范围大于商业广告。那么在具体案件中，要明确如何适用《反不正当竞争法》与《广告法》，就需要先辩明商业宣传是不是商业广告。因此，商业宣传和商业广告的界分还有待统一标准的明晰及具体个案中的判定。

最后，新法明确经营者不得通过组织虚假交易等方式，帮助其他经营者进行虚假或者引人误解的商业宣传。因现实生活中，电商平台上所显示的用户“评价”往往成为影响用户作出购买决策的关键性因素。然而，某些商户弄虚作假，通过“刷单”“删差评”“炒信”“虚构交易”“开展虚假荣誉评比”等不法手段欺骗消费者。因此，新法禁止经营者对其商品的销售状况、用户评价等作虚假或者引人误解的商业宣传，亦不得通过组织虚假交易等方式，帮助其他经营者进行虚假宣传。也就是说，今后除了对经营者自己产品的虚假宣传，帮助他人进行刷单、炒信、删除差评、虚构交易、虚假荣誉评比等行为，也将受到严厉查处。如新法第20条规定了最高达200万元罚款的处罚，并可以吊销营业执照。

（七）商业秘密条款

《民法典》第123条通过“概括+列举”知识产权客体的方式，确立了知识产权类型的“7+N”模式，且商业秘密被明确为七项“专有”权利之一。虽然对于商业秘密究竟是按照一种“法益”，还是一种“私权利”客体进行保护，在理论界争议不休，但不容否认的是，商业秘密作为知识产权的一种形式，已成为企业的核心竞争力，越来越受到世界各国的关注与重视。特别是在我国打造大众创业、万众创新社会营商环境的今天，加强商业秘密保护具有重要现实意义。[①]本次修法对侵犯商业秘密条款主要作了如下调整：

第一，新法在不正当获取商业秘密的手段的规定中，删除了“利诱”，增加了“贿赂”“欺诈”的内容。对于这一修改，从文义解释的角度来看，更为具体化，也更便于执法。但其不足之处在于，未对“擅自复制”这一常见的获取商业秘密的方式进行单独列举。虽然该款规定了“其他不正当手段”这一兜底项，但一方面新法并未对“不正当获取”进行界定，另一方面“复制”形式相较于其他手段属于较为特殊和常见的获取方式，因此，应予特别指出。如2016年修订的《欧盟商业秘密保护指令》就规定“非法获取”是指未经商业秘密持有人的同意故意或因重大过失取得商业秘密的下列行为：（1）未经授权获取或复制受商业秘密持有人合法控制的、含有商业秘密或从中可演绎出商业秘密的任何文件、资料；（2）窃取；（3）贿赂；（4）欺诈；（5）违反或诱使他人违反商业诚信原则的行为。[②]另外，随着互联网的迅猛发展，侵犯商业秘密的手段也更为多样化，如通过密码病毒植入、黑客高手侵入对手主机硬盘等方式获取商业秘密的情形也将更为常见，这均应被解读为实施不正当获取商业秘密的手段。

第二，新法完善了“视为侵犯商业秘密的情形”，通过将某些主体的行为视为侵犯商业秘密的行为来概括非经营者主体的情形，而此处尤其强调“商业秘密权利人的员工、前员工或者其他单位、个人实施前款所列违法行

① 杨红灿：《砥砺前行，贯彻落实新〈反不正当竞争法〉》，载《中国工商报》2017年11月9日。

② 李薇薇、郑友德：《欧美商业秘密保护立法新进展及对我国的启示》，载《法学》2017年第7期。

为”，即明确了企业员工可以适用本法予以规制。事实上，劳动雇佣关系是引发侵犯商业秘密的重要根源，也是构成商业秘密侵权判定原则之“接触”的主要方式，将员工、前员工特别列举规定确有其必要性。

第三，新法完善了商业秘密的概念。一方面，删除了“营利性”（能为权利人带来经济利益）、“实用性”要求，增加了“具有商业价值”的规定，周延了商业秘密的认定范围，这也将使得失败的实验数据成为商业秘密保护的客体，扩大了对知识产权的保护范围。事实上，在旧法施行时，实践中就直接将“经济利益＋实用性”视为商业秘密的商业价值性的具体表述，同时结合相关规定[①]将实用性解释为现实实用和潜在实用。因此可以说，学界利用解释学的方式意图规避实用性所带来的认定局限性，而本次修法则通过删除这一要件，明确强调了商业价值性是商业秘密认定中的关键和核心要素。另一方面，在保密性的条件中，权利人采取“保密措施”前增加了定语“相应”，此处“相应”可以理解为“合理的保护措施”。从国内外的立法和实务案例来看，均不要求保密措施的“万无一失”，只要权利人采取了合理的保密措施就足够了。[②]因此，对于企业来说，其也应通过劳动合同等方式来划定自身对企业商业秘密的认定范围，并积极采取与商业秘密的市场价值相匹配的保护措施等，进一步完善商业秘密的保护体系。

第四，新增第15条，要求监督检查部门及其工作人员对调查过程中知悉的商业秘密予以保密，同时加大了对侵犯商业秘密行为的行政处罚力度。目前，市场监管部门在工作中应更须注重对商业秘密的事先保护以预防泄密的发生，指导帮助企业增强商业秘密保密意识，建立完善商业秘密保护

---

① 《关于禁止侵犯商业秘密的若干规定》第2条第3款将“能为权利人带来经济利益、具有实用性”解释为“该信息具有确定的可应用性，能为权利人带来现实的或者潜在的经济利益或者竞争优势”；《关于审理不正当竞争民事案件应用法律若干问题的解释》第10条则将其解释为“有关信息具有现实的或者潜在的商业价值，能为权利人带来竞争优势”。

② 邓恒：《反不正当竞争立法中商业秘密保护的理解》，载《人民法院报》2017年5月17日第7版。

制度，促进创新发展，巩固创新成果。[①] 但从司法救济的视角来看，目前商业秘密持有人只能依据民事诉讼法的相关规定，新法缺乏必要的程序性规定，如《欧盟商业秘密保护指令》中所作的避免商业秘密免受侵害的特殊性规定。应该设置更多关于举证责任、分配责任以及裁判规则的程序性条款，同时完善申请禁令、行为保全以及证据公示制度来保护当事人的商业秘密。因此，加强自身管理与自我保护，以及寻求高额侵权赔偿可能是商业秘密持有人应特别注意的现实路径。

（八）不正当有奖销售条款

新法主要对“兑奖”及“抽奖式销售最高奖金额”等问题进行了相应的调整，但与修订草案相比修幅不大，仅是进一步结合现今的经济发展情况及一般消费水平将抽奖式有奖销售的最高奖金额从 2 万元调整到 5 万元。因此，此处的具体分析可以参见本书第二章关于“不正当有奖促销”的阐述。

（九）商业诋毁条款

商业诋毁行为是一种损害竞争对手合法权益的行为，并因其成本低廉、效果显著而迅速蔓延，不仅给竞争对手的商业信誉和声誉造成损害，也会给竞争对手带来经济上的损失，同时会误导其他经营者与消费者，最终破坏市场公平竞争的正常秩序。在本次修法中，新法对于商业诋毁的修改主要有以下几点：

第一，新法规范了相关用语，如“捏造”改为“编造”，“散布”改为“传播”。“捏造”一般指代假造事实，而编造则包括三种意思：把资料组织排列起来、凭想象创造以及捏造。也就是说，后者指代的意思更为广泛，也能涵盖现实生活中诋毁的各种方式。同理，“散布”一般用于负面信息，而“传播”则既包括正面信息（如部分但不全面的真实信息），也包括负面信息。

---

① 杨红灿：《砥砺前行，贯彻落实新〈反不正当竞争法〉》，载《中国工商报》2017 年 11 月 9 日。

另外，从法律体系的解释角度和法律术语的规范性来讲，如《刑法》第 291 条之一第 2 款规定的就是编造、故意传播虚假恐怖信息罪，足见后者用词更为规范。更重要的是，在过往的案例中，曾争论过商业诋毁的构成是否需要在主观上具有贬损、排挤竞争对手的故意，本次修改成较为中性的词，也意味着，未来在执法与司法实践中，在评价商业诋毁行为时不宜以侵权行为人或者受害人的主观评价为依据，而应依社会的客观标准来评价，在认定方法上也应采取客观推定的方法。

第二，新法将“虚假事实”改为“虚假信息”，并新增“误导性信息”。商业诋毁行为的核心在于信息的“欺骗性”，而“事实”是一个中性词，是客观存在且与价值判断无关。在日常的语境中，事实是指事情的真实情况，因而不存在所谓的“虚假事实”这一说法，所以采用虚假信息的表述更为科学。新增的“误导性信息”主要针对的是现实生活中一些处于中间地带的信息，如“未定论”、片面的信息、无法证实的信息等，而这些信息又无法定性为虚假信息，但确实可能会对消费者产生一定的误导效果，因此也需要进行相应的规制。而社会讨论较热的在互联网领域中较为常见的“恶意评价信息”，应根据其评价内容的真实性进行判定，如果评价内容是虚假的，则可归类为虚假信息；如果评价的内容是未定论的、片面的或无法证实的，则应归类为误导性信息。

第三，新增商业诋毁行为的罚则。在旧法中没有专门就商业诋毁行为设计罚则，而本次修法则新增专门罚则，即第 23 条规定：“经营者违反本法第十一条规定损害竞争对手商业信誉、商品声誉的，由监督检查部门责令停止违法行为、消除影响，处十万元以上五十万元以下的罚款；情节严重的，处五十万元以上三百万元以下的罚款。”

（十）互联网领域的不正当竞争条款

新增互联网专条是本次修法的亮点之一，新法对互联网领域不正当竞争行为的规定主要有以下亮点：

第一，新法明确规定“经营者利用网络从事生产经营活动，应当遵守本法的各项规定”。这就意味着，立法者在第 12 条中对互联网不正当竞争进行了区分，即既包括互联网领域的新型（或者说特有的）不正当竞争行为（第 2 款），也涵盖了互联网领域所涉及的传统不正当竞争行为（第 1 款）。也就是说，对于传统不正当竞争行为在互联网领域的延伸也要按照本法相关各项规定进行执法、裁判，同时，对于这一部分的监管执法也并不因其领域的特殊性而实行差别待遇。

第二，新法对典型的互联网领域的不正当竞争行为进行了适当列举。新法规定的三项新型不正当竞争行为基本来自近期的司法实践总结，属于“回应型”立法。一方面可以适应技术更迭给市场竞争行为带来的新变化，另一方面也避免了执法和司法机关在实践中一味使用原则性条款进行裁判的尴尬。但第三项中“实施不兼容”从语法结构而言，本身的确存在语病，“实施”为动词，而“不兼容”为形容词，二者不能进行以上搭配，可修改为“不予兼容”或“实施不兼容措施”。另外从客观上讲，互联网相关领域经营者可能无法获取足够的信息以保证自己所提供的产品或服务能与其他竞品实现完整的兼容。在相关领域中，“不兼容”是常态，“兼容”才是例外。一味地强调不同经营者产品或服务间的兼容性，不符合相关技术发展和社会需求的客观规律，不应当将其视作判断相关行为正当与否的价值尺度。在自由竞争的市场经济中，参与市场竞争的经营者有充分的自主经营权，在未扰乱市场竞争秩序及损害社会公共利益的前提下，市场竞争者并无“兼容”其他竞争者产品或者服务的义务。而且，恶意不兼容在反垄断法中可理解为拒绝交易，因此其也可能与反垄断法中有关具有市场支配地位的“拒绝交易”行为相互重复。综上，此项内容不宜在新法中进行规定，其会加重经营者所谓的兼容义务，在一定程度上侵犯了经营者的经营自主权，也给执法机关造成困扰。因此，其宜通过反垄断法对这类拒绝交易行为进行合理规制。

第三，新法增加兜底条款“其他妨碍、破坏其他经营者合法提供的网络产品或者服务正常运行的行为”。和线下领域相比，互联网技术发展迅猛，且更新换代速度快，所以再周密细致的列举可能都难以适应技术的进步。新法于第 12 条第 2 款第 4 项规定了其他互联网的不正当竞争行为，这种兜底的规定使《反不正当竞争法》的适应性和开放性更强，更有利于制止基于网络技术的不正当竞争。但是同样值得注意的是，网络技术的特殊性也会导致互联网领域的技术竞争更容易产生权利边界不清的问题。因此如何厘清合法与非法、正当竞争与不正当竞争，还需要在执法过程中进一步探索和分析。所以，市场监管部门在未来执法中，对互联网领域的竞争应采取审慎包容的态度，综合考量技术进步、对公平竞争市场秩序以及对消费者权益的影响作出判断，既要鼓励创业创新，也要维护好市场竞争秩序。同时互联网领域的竞争判断需要较高的技术支持，一方面要不断提高自身监管能力，另一方面要积极协调有关部门，广泛运用各方面资源，从而促成全社会共治的监管局面。[①] 当然，具体的监管成效还有待实践的进一步检验。

（十一）对涉嫌不正当竞争行为的调查

旧《反不正当竞争法》第三章“监督检查”的规定只有四条，且监督检查手段较为单一与滞后，导致实践中执法机关在实际执法时出现障碍，难以有效规范市场竞争行为。随着法治建设的推进，行政监管的法律规定对执法的要求越来越严格，对执法人员的要求也越来越高，但旧《反不正当竞争法》对执法手段的规定很不完善，既没有明确的检查权，也未赋予检查机关查封、扣押、冻结等执法权限。因此，新法对此作了较大的修改。

第一，充实了执法手段。旧法只规定了“询问、查询、复制”等几种监督检查权，单一的执法手段已难以满足复杂的反不正当竞争执法现状，一些违法当事人转移、销毁证据，或拒不提供证据、转移隐匿资金等现象屡屡发生，使得案件查处难以开展，执法效能受到影响。因此新法充实了执

---

① 《国家工商总局有关负责人谈新〈反不正当竞争法〉》，http://www.gov.cn/wenzheng/talking02/2017117ft2/，2021 年 7 月 19 日访问。

法手段，新增了查封、扣押等行政强制措施，与《行政强制法》的相关规定进行了衔接。对于调查涉嫌不正当竞争的行为，现场取证意义重大，新法规定执法机关可进入涉嫌不正当竞争行为的经营场所进行检查，并可查封、扣押与涉嫌不正当竞争行为有关的财物，这在很大程度上可以防止经营者利用时间差转移、销毁证据，改善被动执法的局面。因此，可以预期，我国的反不正当竞争执法将出现新局面。

第二，涉嫌不正当竞争行为的社会监督。除了监督检查部门的主动执法以外，民众的力量不可忽视，作为一般的消费者，普通民众的利益直接受到不正当竞争的影响与损害，因此其具有监督、举报的动机与积极性。市场中的经营行为变化万千，鉴于执法力量有限，其中诸多不正当竞争行为难以被执法部门主动发现，此时举报就显得十分重要，民众的举报可以使执法部门及时发现问题并解决问题，更好地维护市场公平的竞争秩序。对于不正当竞争执法，不仅对社会公开很重要，受理民众的举报也极为关键，对于其举报，监督检查部门要及时受理与反馈，并对举报人信息进行保密，这样才可以调动人民群众的积极性。因此，新法与时俱进，增加了不正当竞争行为的社会监督，并作出了较详细的规定，可以相信将有利于打击不正当竞争行为。

（十二）法律责任的完善

在一部法律中，不仅对具体行为的描述与规定很重要，对法律责任的明确也十分必要，完善的法律责任可以起到威慑作用，更能增加法律的适用性。限于制定时的仓促及当时法律研究的落后，旧《反不正当竞争法》对法律责任的规定存在缺陷，如民事责任的表述不够清晰，行政责任条款不全面，处罚力度落后于市场发展等。新法紧跟市场发展的步伐，增大了处罚力度，扩展了处罚手段，丰富了法律责任相关规定。

第一，完善民事责任规定。旧法未明确规定完整的民事责任，仅局限于“民事损害赔偿”责任，虽然不正当竞争行为处罚重点在赔偿，但并不能据此忽视其他的民事责任。新法在第17条明确提出“依法承担民事责任”，进一步完善了《反不正当竞争法》的责任承担方式。同时，当一不正当竞争行为既产生了民事责任，又带来行政责任和刑事责任时，法律规定，其财产不足以支付的，优先用于承担民事责任。民事责任中的权利主体即受到不正当竞争行为侵害的经营者，相对于行政责任与刑事责任中的罚款或罚金等收缴主体，处在相对弱的地位，其经济利益也更容易受到不正当竞争行为的侵害，因此有必要优先偿付民事责任中的受害人。

第二，损害赔偿数额计算详细化。旧法对损害赔偿数额的规定比较模糊，而新法规定："因不正当竞争行为受到损害的经营者的赔偿数额，按照其因被侵权所受到的实际损失确定；实际损失难以计算的，按照侵权人因侵权所获得的利益确定。赔偿数额还应当包括经营者为制止侵权行为所支付的合理开支。经营者违反本法第六条、第九条规定，权利人因被侵权所受到的实际损失、侵权人因侵权所获得的利益难以确定的，由人民法院根据侵权行为的情节判决给予权利人五百万元以下的赔偿。"这些规定将侵权损害赔偿的数额计算方法进行了细化，便于反不正当竞争司法。

第三，行政罚款金额提升。随着市场的发展与时代的进步，企业和个人的收入不断提升，旧法的处罚力度已大大落后于实际的生产经营状况，起不到威慑作用。因此，提高处罚额度的上限与下限，可以增加不正当竞争行为的"违法成本"，适当而有效地制止不正当竞争行为。

第四，新增法律责任的豁免规定。面对从事不正当竞争行为的经营者，法律规定若其主动消除或减轻违法行为的危害后果，可以依法从轻或减轻行政处罚；行为轻微并及时纠正，没有造成危害后果的，不予行政处罚。该规定也是首次出现在《反不正当竞争法》中，积极倡导不正当竞争违法者主动地消除违法后果，维护市场的公平竞争，体现了反不正当竞争法律体系严肃性和包容性的兼顾。

第五，新增社会信用条款。当前，社会个人征信的作用越来越重要，涉及个人贷款买房买车、电信、出入境等诸多事项，而企业的信用记录是他人与其开展业务的重要参考指标，因此本次修法与时俱进，将经营者从事不正当竞争受到行政处罚记入信用记录，以此敦促经营者合法经营。

二、反不正当竞争司法保护情况

（一）反不正当竞争司法保护总体情况[①]

2016年司法保护总体数据：2016年，人民法院共新收一审、二审、申请再审等各类知识产权案件177705件，审结171708件（含旧存，下同），比2015年分别上升19.07%和20.86%。[②]

1. 不正当竞争民事司法审判

2016年，全国地方各级人民法院共新收和审结知识产权民事一审案件136534件和131813件，分别比2015年上升24.82%和30.09%。其中，新收竞争类案件2286件（含垄断民事案件156件），同比上升4.81%。[③]该年度人民法院审结的具有较大社会影响的知识产权民事案件中，北京庆丰包子铺与山东庆丰餐饮管理有限公司侵害商标权与不正当竞争纠纷再审案涉及不正当竞争行为。

2. 不正当竞争刑事司法审判

2016年，全国地方各级人民法院共新收涉知识产权刑事一审案件8352件，同比下降23.9%。全国地方各级人民法院共新收涉知识产权的刑事二审案件787件，同比基本持平；审结812件，同比上升3.83%。[④]

全国地方各级人民法院共审结涉知识产权刑事一审案件8601件，同

---

① 新收及审结案件数据统计截至2016年12月31日。

② 参见最高人民法院《中国法院知识产权司法保护状况（2016年）》白皮书，http://www.court.gov.cn/zixun-xiangqing-42362.html，2018年1月10日访问。

③ 参见最高人民法院《中国法院知识产权司法保护状况（2016年）》白皮书，http://www.court.gov.cn/zixun-xiangqing-42362.html，2018年1月10日访问。

④ 参见最高人民法院《中国法院知识产权司法保护状况（2016年）》白皮书，http://www.court.gov.cn/zixun-xiangqing-42362.html，2018年1月10日访问。

比下降 20.43%；生效判决人数 10431 人，同比下降 18.13%；给予刑事处罚 10334 人，同比下降 17.85%。其中，审结假冒注册商标罪案件 1793 件，生效判决人数 2604 人；销售假冒注册商标的商品罪案件 1543 件，生效判决人数 1823 人；非法制造、销售非法制造的注册商标标识罪案件 311 件，生效判决人数 420 人；侵犯商业秘密罪案件 40 件，生效判决人数 43 人。①

2016 年人民法院审结的具有较大社会影响的知识产权刑事案件中涉及不正当竞争行为的有：汪紫平侵犯商业秘密犯罪案；沈靓等假冒注册商标等犯罪案；邓丰成、程先荣等假冒注册商标和销售假冒注册商标的商品犯罪案；彭梵侵犯商业秘密犯罪案。

（二）不正当竞争行为分类统计案件数

2017 年全年，全国反不正当竞争司法审判主要集中在对商业贿赂行为、侵害商业秘密行为、仿冒行为和虚假宣传行为的规制。具体而言，商业贿赂不正当竞争纠纷案件数量最多，其次是侵害商业秘密纠纷案件，再次是仿冒纠纷案件和虚假宣传纠纷案件，有关串通招投标不正当竞争纠纷、商业诋毁纠纷和不正当有奖销售纠纷的案件则相对较少。

2017 年全年，全国不正当竞争案件中有 1131 篇文书在中国裁判文书网上公布。在公开的文书中，商业贿赂不正当竞争纠纷案件 417 篇，占比约 36.87%，该类案由中，包含擅自使用知名商品特有名称、包装、装潢纠纷案件 74 篇，擅自使用他人企业名称、姓名纠纷案件 52 篇，伪造、冒用产品质量标志纠纷案件 6 篇以及伪造产地纠纷案件 1 篇；侵害商业秘密纠纷案件 237 篇，占比约 20.95%，该类案由中，包含侵害技术秘密纠纷案件 29 篇和侵害经营秘密纠纷案件 22 篇；仿冒纠纷和虚假宣传纠纷案件分别为 159 篇和 140 篇，分别占比约 14.06% 和 12.38%；商业诋毁纠纷案件 34 篇，占比

---

① 参见最高人民法院《中国法院知识产权司法保护状况（2016 年）》白皮书，http://www.court.gov.cn/zixun-xiangqing-42362.html，2018 年 1 月 10 日访问。

约 3.01%；串通招投标不正当竞争纠纷案件 17 篇，占比约 1.50%；不正当有奖销售纠纷案件 5 篇，占比约 0.44%。此外，有 122 篇未明确划入上述几类案由类别。[①]

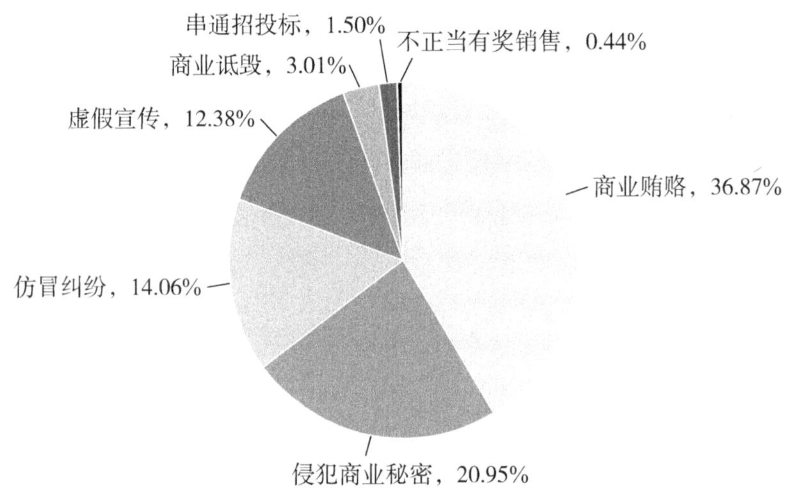

图 1　2017 年不正当竞争案件统计

（三）典型不正当竞争案例

1. 北京百度网讯科技有限公司与上海汉涛信息咨询有限公司不正当竞争纠纷上诉案[②]

上海汉涛信息咨询有限公司（以下简称“汉涛公司”）是大众点评网的经营者，自 2012 年起，汉涛公司发现北京百度网讯科技有限公司（以下简称“百度公司”）未经许可使用了来自大众点评的信息，汉涛公司认为百度公司的行为替代了大众点评网向用户提供内容，百度公司由此迅速获得用户和流量，攫取汉涛公司的市场份额，削减汉涛公司的竞争优势及交易机会，

① 参见中国裁判文书网，http://wenshu.court.gov.cn/，2018 年 1 月 10 日访问。

② 上海知识产权法院（2016）沪 73 民终 242 号民事判决书。参见中国裁判文书网：https://wenshu.court.gov.cn/website/wenshu/181107ANFZ0BXSK4/index.html?docId=41dbc2267514473886a6a7f90124a13c，2021 年 12 月 8 日访问。

给汉涛公司造成了巨额损失。其行为违背公认的商业道德和诚实信用原则，构成不正当竞争，遂诉至法院请求判令百度公司停止不正当竞争行为，消除影响并赔偿损失人民币9000万元。百度公司则认为双方不存在竞争关系，且百度公司对信息的使用方式合理，不构成不正当竞争。

一审法院审理后认为，百度公司未经许可在百度地图和百度知道中大量使用了来自大众点评网的信息，实质性替代了原告网站，具有不正当性。于2016年5月26日判决百度公司停止侵害，赔偿经济损失人民币300万元及为制止不正当竞争行为所支付的合理费用23万元。[①] 百度公司不服一审判决，认为百度作为搜索引擎，引用大众点评的信息给对方带来了新的访问路径和流量，不存在损害对方利益，故提起上诉。

上海知识产权法院认定本案主要争议点为百度公司实施的被控行为是否构成不正当竞争。双方提供的证据显示，由百度地图公证抽取的商户点评信息资料中涉及餐饮行业的1055个商户使用了来自大众点评网的评论信息86286条，平均每家商户使用81条。有784家商户使用的评论信息中超过75%的比例来自大众点评网，且所有评论信息均全文显示并主要位于页面前列。汉涛公司对涉案信息的获取付出了巨大的劳动，具有可获得法律保护的权益。百度虽然是一项搜索引擎，适当引用其他网站信息可以丰富消费者选择，但是将大众点评网的信息全文展示在页面醒目位置已经超出必要限度，其行为已经实质替代了大众点评网的相关服务，必然对汉涛公司的权益造成损害，构成了不正当竞争。2017年8月30日，上海知识产权法院作出二审判决，驳回上诉，维持原判。

该案涉及在互联网环境下擅自使用他人收集信息的行为是否正当的认定。市场主体在使用他人所获取的信息时，要遵循公认的商业道德，综合

---

① 上海市浦东新区人民法院（2015）浦民三（知）初字第528号民事判决书。参见中国裁判文书网：https://wenshu.court.gov.cn/website/wenshu/181107ANFZ0BXSK4/index.html?docId=d563eeaad95949c9bb3fa7f90122dbae，2021年12月8日访问。

考虑该行为是否具有积极的效果，在相对合理的范围内使用。经营者使用他人信息的相关行为，一旦超出了必要的限度，不仅损害被使用方的利益，也可能使其他市场主体不愿再就信息的收集进行投入，这样势必会破坏正常的产业生态，并对竞争秩序产生负面影响。[①]

2. 广东加多宝饮料食品有限公司与广州王老吉大健康产业有限公司、广州医药集团有限公司擅自使用知名商品特有包装装潢纠纷上诉案[②]

广州王老吉大健康产业有限公司（以下简称“大健康公司”）、广州医药集团有限公司（以下简称“广药集团”）与广东加多宝饮料食品有限公司（以下简称“加多宝公司”）间的纠纷由来已久，双方所涉纠纷包括侵犯商标权、擅自使用知名商品特有包装装潢、虚假宣传等诉由的多起案件，争议标的额高达人民币数十亿元，其中的“红罐包装之争”，是王老吉与加多宝系列案件中的核心诉讼。

2012 年 7 月 6 日，广药集团与加多宝公司分别向法院提起诉讼，均主张享有“红罐王老吉凉茶”知名商品特有包装装潢的权益，并据此诉指对方生产销售的红罐凉茶商品的包装装潢构成侵权。广东省高级人民法院一审认为，“红罐王老吉凉茶”包装装潢的权益享有者应为广药集团，大健康公司经广药集团授权生产销售的红罐凉茶不构成侵权。加多宝公司因不享有涉案包装装潢权益，其生产销售的红罐凉茶构成侵权。判令加多宝公司停止侵权行为，刊登声明消除影响，并赔偿广药集团经济损失 1.5 亿元及合理维权费用 26 万余元。

加多宝公司不服一审判决，向最高人民法院提起上诉。最高人民法院

---

① 参见人民法院报：《大量使用他人点评信息　百度不正当竞争被判 323 万元》，http://rmfyb.chinacourt.org/paper/html/2017-09/05/content_129820.html，2021 年 7 月 15 日访问。

② 最高人民法院（2015）民三终字第 2、3 号民事判决书。参见中国裁判文书网：https://wenshu.court.gov.cn/website/wenshu/181107ANFZ0BXSK4/index.html?docId=5cf80fe6e20549e7b796a7d2010ac5ad，2021 年 12 月 8 日访问。另参见中国法院网：《最高法院公开宣判王老吉与加多宝红罐凉茶包装装潢纠纷案》，http://www.chinacourt.org/article/detail/2017/08/id/2960876.shtml，2021 年 7 月 15 日访问。

终审判决认为，结合红罐王老吉凉茶的历史发展过程、双方的合作背景、消费者的认知及公平原则的考量，因广药集团及其前身、加多宝公司及其关联企业，均对涉案包装装潢权益的形成、发展和商誉建树，各自发挥了积极的作用，将涉案包装装潢权益完全判归一方所有，均会导致显失公平的结果，并可能损及社会公众利益。因此，涉案知名商品特有包装装潢权益，在遵循诚实信用原则和尊重消费者认知并不损害他人合法权益的前提下，可由广药集团与加多宝公司共同享有。在此基础上，广药集团所称加多宝公司生产销售的红罐凉茶商品，以及加多宝公司所称大健康公司根据广药集团授权生产销售的红罐凉茶商品构成擅自使用他人知名商品特有包装装潢权益的主张，均不能成立，对广药集团及加多宝公司的诉讼请求均予以驳回。

商品的特有名称、包装、装潢是一类重要的商业标识，其除了具备基本功能，还能够促使消费者和用户将特定商品与特定的经营者、特定的商品质量以及商业信誉联系在一起。[①] 我国《商标法》对商品包装、装潢的保护不足，因此禁止仿冒知名商品特有的名称、包装、装潢是反不正当竞争制度的一项重要任务，是区分商品来源、避免公众误认和混淆的重要途径。本案中，广药集团与加多宝公司均曾为“王老吉”品牌商誉的积累作出了积极的贡献，在有效提升企业知名度的同时，也获得了巨大的市场利益。最高人民法院的判决是综合考量并尊重纠纷形成的历史成因、使用现状、消费者的认知等多种因素的结果。最高人民法院同时指出，维护诚实信用、尊重客观现实，是公平解决纠纷的重要原则，双方应本着相互谅解、合理避让的精神，善意履行判决，秉持企业应有的社会责任，珍视经营成果，尊重消费者信赖，以诚实、守信、规范的市场行为，为民族品牌做大做强，为消费者提供更加优质的产品而努力。

---

① 参见王先林:《竞争法学》，中国人民大学出版社 2015 年版，第 102 页。

3. 北京微梦创科网络技术有限公司与北京淘友天下技术有限公司、北京淘友天下科技发展有限公司不正当竞争纠纷案[①]

北京淘友天下技术有限公司和北京淘友天下科技发展有限公司（以下合并简称“淘友公司”）为脉脉社交软件的共同运营商，2013 年 9 月 11 日至 2014 年 8 月 15 日，脉脉曾经获得新浪微博的授权，用户可通过微博账户注册脉脉，同时脉脉可获得微博用户的部分信息。在合作期间，脉脉在未取得微博授权，也未经未注册用户许可的情况下，将脉脉用户手机通讯录里的联系人与新浪微博用户对应，并展示在脉脉用户“一度人脉”中。而且，在合作终止后，仍继续使用这些信息。原告北京微梦创科网络技术有限公司（以下简称“微梦公司”）认为，其运营的新浪微博与脉脉软件同属于社交类软件，二者存在竞争关系。脉脉软件非法抓取、使用新浪微博的用户信息，非法获取并使用脉脉用户手机通讯录联系人与新浪微博用户的对应关系等行为构成不正当竞争，遂诉至法院，请求判令被告立即停止不正当竞争行为，并在其网站和 App 应用显著位置刊登声明，消除影响，同时赔偿经济损失。被告淘友公司在否认与微梦公司存在竞争关系的基础上，否认其行为对微梦公司构成不正当竞争。

法院认为，脉脉软件与新浪微博在用户群体、业务模式、经营范围都存在交叉重叠，双方在经营活动中也都涉及尽可能吸引用户注册、登录、留存用户信息，并高效安全地使用用户信息等行为，因此双方在对相关用户社交类信息的使用等方面存在竞争利益，具有竞争关系。根据优势证据原则，法院认定涉案非脉脉用户信息来自新浪微博；根据合同相对性原则，脉脉与用户之间的协议仅能约束脉脉用户与淘友公司，对非脉脉用户不发生法律效力，淘友公司不能据此收集与脉脉用户有联系的非脉脉用户信息。同时，

① 北京市海淀区人民法院（2015）海民（知）初字第 12602 号民事判决书；北京知识产权法院（2016）京 73 民终 588 号民事判决书。参见中国裁判文书网：https://wenshu.court.gov.cn/website/wenshu/181107ANFZ0BXSK4/index.html?docId=49854fde619a47d7b772a71d000fcf00，2021 年 12 月 8 日访问。

脉脉软件“一度人脉”中体现用户手机通讯录联系人与新浪微博用户对应关系的获取及使用行为没有合同依据，缺乏正当理由，且使大量非脉脉用户的新浪微博信息及好友关系展现在脉脉软件中，便于脉脉软件拓展自身用户群，其行为主观故意明显。被告淘友公司的行为违反了诚实信用的原则，违背了公认的商业道德，危害到新浪微博平台用户信息安全，损害了微梦公司的合法竞争利益，对微梦公司构成不正当竞争。判决被告停止侵权、消除影响并赔偿经济损失人民币 220 万余元。

该案为我国大数据引发不正当竞争第一案，本案中，原被告双方以是否存在竞争关系以及淘友公司是否对微梦公司构成不正当竞争为两个争议焦点。该案与个人信息的保护问题联系紧密，有学者指出，任何平台使用用户个人信息都应该经过用户本人同意，虽然大数据可以买卖，但是用户个人的隐私数据不属于大数据，擅自使用就是侵犯用户隐私权，甚至是安宁权。①

4. 内蒙古伊利实业集团股份有限公司与内蒙古蒙牛乳业（集团）股份有限公司不正当竞争纠纷案②

内蒙古伊利实业集团股份有限公司（以下简称“伊利公司”）和内蒙古蒙牛乳业（集团）股份有限公司（以下简称“蒙牛公司”）同在中国乳业占有重要的市场份额。2012 年，伊利公司推出“QQ 星营养果汁酸奶饮品”，包括香蕉和草莓口味，采用迪士尼卡通形象 3D 立体包装，并通过在《爸爸去哪儿》中进行广告冠名，获得了很高的知名度。而蒙牛公司在 2015 年推出了一款名为“未来星营养果汁酸奶饮品”的产品，口味也包括香蕉、草

---

① 参见中国政府网，http://www.gov.cn/xinwen/2017-02/06/content_5165661.htm，2021 年 7 月 15 日访问。

② 北京市海淀区人民法院（2016）京 0108 民初 8861 号民事判决书；北京知识产权法院（2017）京 73 民终 203 号民事判决书。参见 https://www.pkulaw.com/pfnl/a6bdb3332ec0adc4fdfde514478d4d96c05d0c6637a94c18bdfb.html?keyword=%E4%BA%AC0108%E6%B0%91%E5%88%9D8861%E5%8F%B7%20，2021 年 12 月 8 日访问。

莓两种，同样以卡通形象为蓝本，采用 3D 立体包装。伊利公司认为，蒙牛公司的产品包装、装潢在组成要素、设计风格、产品名称方面与原告产品相同或近似，作为同类产品，极易产生公众对产品来源的混淆和误认。遂诉至人民法院，要求其停止使用涉案产品的装潢、产品名称等不正当竞争行为并赔偿经济损失 300 万元，还要刊登声明，消除影响。

法院经审理后认为，伊利公司“QQ 星”、蒙牛公司“未来星”是两个各自旗下独立的、专门针对儿童群体研发的牛奶品牌，双方在产品类别、用户群体、盈利模式、市场细分领域等方面均有重合，存在直接竞争关系。蒙牛公司推出同类产品的时间晚于伊利公司，且伊利公司的涉案产品知名度高、包装装潢显著独特，蒙牛公司与伊利公司之间长期存在激烈竞争关系，蒙牛公司不可能对伊利公司涉案产品的包装、装潢不知晓，存在攀附恶意。一审北京海淀区人民法院认定蒙牛公司构成不正当竞争，判令其立即停止使用涉案产品包装、装潢的不正当竞争行为，同时蒙牛公司应当消除影响，并赔偿伊利公司经济损失及合理开支共计 215 万元。2017 年 2 月，北京知识产权法院作出二审判决，驳回蒙牛公司上诉，维持原判。

本案对于存在竞争关系的大企业也有一定的警示作用，即大企业应正当利用自己已有商标、竞争优势和市场资源，不断创新经营模式，推广新产品，避免出现攀附他人商誉、不正当争夺消费市场的行为，以维护行业健康有序的市场秩序。

5. 浙江淘宝网络有限公司、浙江天猫网络有限公司与杭州简世网络科技有限公司不正当竞争纠纷案[①]

“傻推网”由杭州简世网络科技有限公司（以下简称“简世公司”）于 2014 年 9 月设立，截至 2016 年 3 月，有 3001 个淘宝网、天猫网商家

① 浙江省杭州市西湖区人民法院（2016）浙 0106 民初 11140 号民事判决书。参见中国裁判文书网：https://wenshu.court.gov.cn/website/wenshu/181107ANFZ0BXSK4/index.html?docId=c3994b485832426d9414a8460130fb33，2021 年 12 月 8 日访问。

在该平台发布刷单任务，网站涉及刷单流水高达2600余万元，“傻推网”从中非法获利36万元。浙江淘宝网络有限公司（以下简称“淘宝公司”）、浙江天猫网络有限公司（以下简称“天猫公司”）认为，淘宝网、天猫网所建立的评价体系是网站的核心竞争力之一，而“傻推网”组织的刷单行为，误导了消费者，使淘宝公司和天猫公司的声誉、竞争力受损，构成不正当竞争行为，遂诉至人民法院，要求被告赔偿损失216万元及其他合理支出。简世公司认为“傻推网”只发布刷单任务，原被告经营不同的商品和服务，不存在直接的竞争关系，刷单虽可能影响消费者决策，但最后都在淘宝、天猫等平台上交易，未给淘宝公司、天猫公司造成直接损失。

法院审理认为，简世公司组织刷手进行刷单，实施虚假交易、评价，造成淘宝网、天猫网两大平台上的相关数据不真实，势必影响两原告的信用评价体系，并会导致消费者对两大平台上所售商品的质量产生怀疑、不信任，从而破坏两原告努力营造的公平、透明、诚信的网络购物环境，根本性损害了两原告的合法权益，扰乱了社会经济秩序。被告简世公司组织刷手刷单的目的即谋取经济利益，且事实上非法获利。因此，可以认定两原告与被告简世公司之间存在竞争关系。“傻推网”的炒信、刷单行为违背了公平、诚实信用原则和商业道德，严重侵害消费者利益并扰乱了电商平台的经营秩序，构成不正当竞争，最终判决简世公司赔偿淘宝公司、天猫公司经济损失人民币20.2万元。

本案为阿里巴巴诉刷单平台“第一案”。淘宝网、天猫网两大平台系中国最大的网络零售交易平台，该平台上的消费者在网络购物决策过程中已养成对信用评价数据的依赖和习惯，而专门组织刷手实施虚假刷单的网站，客观造成平台上相关数据的不真实，直接影响、破坏了淘宝、天猫网构建的信用评价体系，导致消费者对两平台产生不信任，以致对经由两平台所售的商品的质量产生合理怀疑，最终亦是对淘宝网、天猫网的市场声誉与竞争力的损害。

6.车好多旧机动车经纪（北京）有限公司与北京善义善美科技有限公司、北京人人车旧机动车经纪有限公司不正当竞争纠纷案

北京善义善美科技有限公司、北京人人车旧机动车经纪有限公司是“人人车”的经营主体，车好多旧机动车经纪（北京）有限公司是“瓜子二手车直卖网”（以下简称“瓜子网”）的经营主体，二者均是二手车交易平台，双方具有直接的竞争关系。

2017 年 11 月，人人车认为瓜子网在官网、微信、手机 App 及各大网络平台广告中使用的“遥遥领先”“全国领先”等宣传用语存在不实，以不正当竞争为由诉至法院，要求瓜子网立即停止不正当竞争行为、赔礼道歉并赔偿其经济损失 1 亿元人民币。

2017 年 12 月，瓜子网认为“人人车”使用“买车 0 首付，三天包卖”等不实的宣传语，以片面性、歧义性语言进行宣传，又将“人人车”诉至人民法院，请求判令被告立即停止不正当竞争行为；在人人车官网、人人车 App、瓜子二手车直卖网、新浪、搜狐网、网易、腾讯网以及人民法院报、法制日报、中国知识产权报首页显著位置连续 30 天刊登致歉声明，公开赔礼道歉、消除影响；赔偿原告经济损失 1000 万元。[①]

瓜子网宣传所称“遥遥领先”“全国领先”，人人车宣传所称“买车 0 首付，三天包卖”在对方当事人看来均属于不实的宣传语。瓜子网的宣传语是否属于《广告法》禁用的极限词汇表达，人人车宣传的“买车 0 首付，三天包卖”是否属于片面性、歧义性语言仍待考量。不论如何，一旦成立容易造成相关公众误解的虚假宣传行为，都会损害相关市场中的其他经营者的合法权益，使得当事方在二手车市场中获得不正当竞争优势，扰乱正常的市场竞争秩序。

---

① 北京海淀法院网：《广告宣传语引纠纷，“瓜子二手车直卖网”诉“人人车”索赔》，http://bjhdfy.chinacourt.org/public/detail.php?id=5113，2018 年 1 月 10 日访问。

7. 某教育科技股份公司与某教育科技有限公司不正当竞争纠纷案[①]

某教育科技股份公司与某教育科技有限公司同为国家法律职业资格考试培训机构，具有直接竞争关系。原告某教育科技股份公司认为被告某教育科技有限公司劝诱、挖角其多个学科的独家授课讲师，构成了不正当竞争行为，遂诉至法院，要求被告赔偿人民币 1 亿元。2017 年 11 月，北京市海淀区法院受理了此案。

原告某教育科技股份公司诉称，原告与被告均是以从事国家法律职业资格考试培训为主的教育培训机构，对培训机构而言，授课讲师是重要组成部分。然而被告劝诱、挖角原告多个学科的独家授课讲师，严重损害了原告的利益，直接导致其生源大量流失，造成了巨大经济损失和恶劣影响，影响了其发展。此外，原告认为，被告培训班次的报名、图书的命名等均是直接抄袭自原告。面授班和网络课程班的划分、各地分校的设立以及各个学习阶段的进阶，均是原告根据市场调研结合学生反馈长期总结经验得来的，被告直接抄袭使用，属于“搭便车”的行为，构成不正当竞争行为，严重损害了原告的合法权益。

国家法律职业资格考试属于我国最具含金量和难度的考试之一，近年来通过率仅为 10% 左右，法考培训机构在其中起着举足轻重的作用。在本案中，我们发现法律培训行业也难逃商业竞争，教育培训机构的授课老师是培训机构能否盈利的核心，恶意挖角则涉嫌不正当竞争。我们需要判定某教育科技股份公司独家授课讲师的地位和声誉的形成与该公司所称的独特商业模式、大量宣传和推广具有多大程度的关联性，而最终使得这些独家授课讲师在法律职业资格考试培训市场名声显著。

---

① 本案双方调解结案，调解书未公开。参见北京市海淀区人民法院 (2017) 京 0108 民初 54606 号民事裁定书、（2018）京 0108 民初 12053 号民事裁定书、（2018）京 0108 民初 68078 号民事裁定书。另参见北京法院网：https://bjgy.chinacourt.gov.cn/article/detail/2017/12/id/3091542.shtml，2021 年 12 月 8 日访问。

三、反不正当竞争法学术研究情况

2017年，反不正当竞争法领域内的大事件层出不穷，其中，立法领域备受瞩目的是《反不正当竞争法》迎来颁布施行24年后的首次修订，并于2017年11月4日通过修订稿，2018年1月1日正式施行；而司法领域也是重大案件纠纷频现，最引人关注的是2017年8月16日最高人民法院公开宣判的广东加多宝饮料食品有限公司与广州王老吉大健康产业有限公司、广州医药集团有限公司擅自使用知名商品特有包装装潢纠纷上诉案（简称“红罐凉茶案”）。学术界对这些社会热点事件亦关注有加，表现形式之一即为多篇学术论文对这些热点的探讨与思考。

为了更好地体现学术理论对社会现实的思考与回应，从而反映2017年反不正当竞争法领域的学术研究成果，本报告拟检索并统计相关核心法学期刊2017年收录的反不正当竞争法领域的相关论文，概括整体情况，总结其中的代表性观点，以飨读者。

（一）2017年反不正当竞争法领域研究成果汇总

本报告采纳的期刊包括《中文社会科学引文索引》（CSSCI）来源期刊（2017—2018）中的23本法学类CSSCI期刊，外加《中国社会科学》（鉴于其权威性）和《知识产权》（鉴于其专业相关性）共25本期刊。需要特别说明的是，由于《知识产权》主要收录的论文为知识产权与市场竞争类文章，具有极强的代表性，为了更好地反映反不正当竞争法领域的学术研究情况，故将此刊作为统计来源之一。

通过在中国知网文献库、北大法宝法学期刊库以及各期刊官方网站的检索（以下检索结果为截至2018年1月9日各网站收录论文的情况），共收集到2017年发表的反不正当竞争法领域的论文24篇，如表1所示。从表1可以看出，《知识产权》为本年度收录反不正当竞争法领域论文最多的期刊，多达12篇，占该主题已发论文总数的一半，由此亦可体现《知识产权》期刊对该领域的关注。其余期刊收录的论文一般为1—2篇，甚至多数期刊并没有收录反不正当竞争领域的论文。

表1 2017年“反法”领域各期刊刊文数量统计

序号	期刊	数量	序号	期刊	数量
1	知识产权	12	14	政治与法律	0
2	法　学	2	15	政法论坛	0
3	法商研究	2	16	法学研究	0
4	中外法学	2	17	法学家	0
5	法学评论	1	18	清华法学	0
6	比较法研究	1	19	当代法学	0
7	法学杂志	1	20	华东政法大学学报	0
8	法律科学	1	21	环球法律评论	0
9	东方法学	1	22	行政法学研究	0
10	中国法学	1	23	政法论丛	0
11	现代法学	0	24	中国社会科学	0
12	法学论坛	0	25	中国刑事法杂志	0
13	法制与社会发展	0	共　计		24

2017年反不正当竞争法领域学术研究成果丰硕，并充分反映了学术界对于社会热点的关注，体现了反不正当竞争法学科的社会责任意识和担当。

根据论文的内容和主旨，可以将这24篇论文划分为六个主题，分别是“反不正当竞争法的定位与发展”“知名商品特有名称包装装潢”“网络不正当竞争”“商业标识”“商业秘密”以及其他主题（包括“不正当比较广告”“新闻报道不正当竞争”以及“滥用相对优势地位”），具体参见表2。

表2　2017年"反法"领域各主题论文数量统计

<table>
<tr><th>序　号</th><th>主　题</th><th></th><th>数　量</th></tr>
<tr><td>1</td><td>反不正当竞争法的定位与发展</td><td></td><td>7</td></tr>
<tr><td>2</td><td>知名商品特有名称包装装潢</td><td></td><td>5</td></tr>
<tr><td>3</td><td>网络不正当竞争</td><td></td><td>4</td></tr>
<tr><td>4</td><td>商业标识</td><td></td><td>3</td></tr>
<tr><td>5</td><td>商业秘密</td><td></td><td>2</td></tr>
<tr><td rowspan="3">6</td><td rowspan="3">其　他</td><td>不正当比较广告</td><td rowspan="3">3</td></tr>
<tr><td>新闻报道不正当竞争</td></tr>
<tr><td>滥用相对优势地位</td></tr>
<tr><td colspan="3">共　计</td><td>24</td></tr>
</table>

如表3所示，其中以"反不正当竞争法的定位与发展"为主题的论文多达7篇，呈现了学术界对于反不正当竞争法在新时代的定位、现代化、竞争法取向以及修订过程若干问题的思考。

同时，有5篇论文关注的是"红罐凉茶案"引发的对"知名商品特有名称包装装潢"条款规定的思考，或是结合"红罐凉茶案"分析该条款存在的问题，或是结合《反不正当竞争法》修订草案对该条款的修改情况进行反思并提出完善建议，或是直接以其中"知名商品"认定这一具体问题特别是其中的影响因素进行实证研究。

另外有4篇论文关注了网络不正当竞争行为的相关问题，或是分析了互联网领域新型不正当竞争行为类型化的困境，或是检讨了网络干扰行为典型案件确立的"非公益必要不干扰原则"存在的问题，或是探讨了网络游戏直播中不正当竞争行为以及隐性使用竞争者商标作为付费搜索广告关键词行为等具体行为的竞争法规制问题。

有3篇论文关注的是《反不正当竞争法》中的商业标识条款，既有对修订草案商业标识条款的评析，也有结合“搭便车”理论反思商业标识的保护问题，还有对山寨“老字号”商标及不正当纠纷司法裁判的研究。

在2篇研究商业秘密的论文中，有借鉴欧美商业秘密保护立法新进展的域外经验探讨对我国的启示，也有直接论述我国商业秘密保护中竞业禁止的适用范围问题。

还有3篇论文各有各的关注点，或是借鉴域外尤其是美国的实务经验探究不正当比较广告和新闻报道的竞争法规制与保护问题，或是分析修订草案中曾经出现的滥用相对优势地位条款的反不正当竞争法规制原理。

表3　2017年“反法”领域学术研究成果汇总

序号	期刊	刊号	作者	作者单位[①]	标题	主题
1	中外法学	第3期	孔祥俊	上海交通大学	论反不正当竞争法的新定位	反不正当竞争法的定位与发展
2	比较法研究	第3期	孔祥俊	上海交通大学	论反不正当竞争法的现代化	反不正当竞争法的定位与发展
3	法学评论	第5期	孔祥俊	上海交通大学	论反不正当竞争法的竞争法取向	反不正当竞争法的定位与发展
4	东方法学	第3期	孔祥俊	上海交通大学	论反不正当竞争法修订的若干问题——评《中华人民共和国反不正当竞争法（修订草案）》	反不正当竞争法的定位与发展
5	知识产权	第6期	李明德	中国社会科学院知识产权中心	关于《反不正当竞争法》修订的几个问题	反不正当竞争法的定位与发展

① 为论文发表时作者所在单位，下同。

续表

序号	期刊	刊号	作者	作者单位	标题	主题
6	知识产权	第 1 期	卢纯昕	广东外语外贸大学法学院	反不正当竞争法一般条款在知识产权保护中的适用定位	反不正当竞争法的定位与发展
7	中国法学	第 1 期	焦海涛	安徽大学法学院	不正当竞争行为认定中的实用主义批判	反不正当竞争法的定位与发展
8	知识产权	第 12 期	孔祥俊	上海交通大学	论商品名称包装装潢法益的属性与归属——兼评“红罐凉茶”特有包装装潢案	知名商品特有名称包装装潢
9	知识产权	第 10 期	姚洪军	上海政法学院	论包装装潢权保护对象的界定方式——兼评“红罐”案两审判决	知名商品特有名称包装装潢
10	知识产权	第 6 期	张伟君	同济大学法学院	论“知名商品特有名称包装装潢”条款的修改和完善	知名商品特有名称包装装潢
11	知识产权	第 10 期	黄军	中国政法大学	侵犯知名商品特有包装装潢行为构成的问题与改进	知名商品特有名称包装装潢
12	知识产权	第 11 期	喻玲 麻婷	湖南大学	反不正当竞争保护中知名商品认定影响因素实证研究	知名商品特有名称包装装潢
13	知识产权	第 9 期	李扬	中山大学法学院	互联网领域新型不正当竞争行为类型化之困境及其法律适用	网络不正当竞争
14	法商研究	第 4 期	宋亚辉	南京大学法学院	网络干扰行为的竞争法规制——“非公益必要不干扰原则”的检讨与修正	网络不正当竞争
15	法商研究	第 5 期	肖顺武	西南政法大学经济法学院	网络游戏直播中不正当竞争行为的竞争法规制	网络不正当竞争

续表

序号	期刊	刊号	作者	作者单位	标题	主题
16	知识产权	第 1 期	陶乾	中国政法大学法律硕士学院	隐性使用竞争者商标作为付费搜索广告关键词的正当性分析	网络不正当竞争
17	法学	第 5 期	周樨平	南京农业大学人文社会发展学院	商业标识保护中“搭便车”理论的运用——从关键词不正当竞争案件切入	商业标识
18	法学杂志	第 5 期	徐升权	南京理工大学知识产权学院	《反不正当竞争法》修订草案稿中的商业标识条款评析	商业标识
19	知识产权	第 6 期	邓玲	西南政法大学民商法学院	“山寨”老字号商标及不正当竞争纠纷的司法裁判研究	商业标识
20	法学	第 7 期	李薇薇 郑友德	华中科技大学法学院	欧美商业秘密保护立法新进展及对我国的启示	商业秘密
21	知识产权	第 3 期	邓恒 周园	最高人民法院中国应用法学研究所、重庆理工大学知识产权学院	论商业秘密保护中竞业禁止的适用范围	商业秘密
22	中外法学	第 6 期	黄武双	华东政法大学	不正当比较广告的法律规制	其他（不正当比较广告）
23	知识产权	第 6 期	李国庆	中原工学院知识产权学院	美国新闻报道的反不正当竞争法保护及启示	其他（新闻报道不正当竞争）
24	法律科学	第 5 期	龙俊	中国人民大学法学院	滥用相对优势地位的反不正当竞争法规制原理	其他（滥用相对优势地位）

（二）2017年反不正当竞争法领域研究成果代表性观点

根据上述统计划分的主题，本报告结合论文的具体内容及主旨将每一主题下的代表性观点归纳如下。

1. 反不正当竞争法的定位与发展

“反不正当竞争法的定位与发展”主题下，又可细分为两大部分：第一部分主要是孔祥俊教授的3篇论文，从宏观视野分别论述了反不正当竞争法的新定位、现代化和竞争法取向；第二部分则从微观角度关注了《反不正当竞争法》的修订，有孔祥俊教授和李明德教授整体探讨“反法”修订中的几个问题，也有卢纯昕和焦海涛具体研究了“反法”的一般条款和不正当竞争行为的界定问题。

孔祥俊教授在《论反不正当竞争法的新定位》[①]一文中，结合当今国际新趋势以及我国市场竞争的新实际，将反不正当竞争法界定为广义的市场竞争法，在《反不正当竞争法》修订中主张从放弃“竞争关系”的要件地位、采用广义的竞争行为、重塑竞争行为正当性判断标准以及把握好竞争行为类型的“小杂烩式”聚合特性等多个角度和层面，对反不正当竞争法进行新的定位。在《论反不正当竞争法的现代化》[②]一文中，孔祥俊教授继续指出，我国《反不正当竞争法》在吸收现代化元素后，仍需要适应现代经济社会发展的需求，在法律的准确定位、保护对象的多元化和具体制度设计上，进行进一步的现代化改造和制度创新。《论反不正当竞争法的竞争法取向》[③]一文中，孔祥俊教授强调，尽管反不正当竞争法属于竞争法和知识产权法交叉的法律领域，但其始终是以竞争法方式实现知识产权保护功能，其在基本属性和取向上仍是竞争法，反不正当竞争法的竞争法取向可以通过不正当竞争行为的判断模式、判断标准等实现。

---

① 孔祥俊：《论反不正当竞争法的新定位》，载《中外法学》2017年第3期。

② 孔祥俊：《论反不正当竞争法的现代化》，载《比较法研究》2017年第3期。

③ 孔祥俊：《论反不正当竞争法的竞争法取向》，载《法学评论》2017年第5期。

而对《反不正当竞争法》的修订，孔祥俊教授[1]强调要准确把握其基本定位和基本观念，注重实现反不正当竞争法的现代化，并分别就不正当竞争行为的界定、一般条款、不正当竞争行为的类型化、行政强制与民事救济等问题提出建议。李明德教授[2]亦强调首先应明确《反不正当竞争法》的性质，但与前述孔祥俊教授强调的《反不正当竞争法》的竞争法取向[3]不同的是，其认为《反不正当竞争法》应属于知识产权法，因此，在修订过程中应当删除与反垄断、消费者权益保护、商业贿赂等有关的条文。卢纯昕[4]就一般条款展开论述，认为一般条款虽具有灵活性，但由于其伴生的抽象性以及可能产生损害利益平衡的危险，因此，应明确一般条款在知识产权保护中的适用定位，强调其有限补充地位。焦海涛教授[5]认为我国在认定不正当竞争行为上已表现出明显的“实用主义”倾向，忽视不同法律制度的立法目标差异和具体分工协调，盲目扩大反不正当竞争法的适用范围，因此，其主张应以“竞争关系”作为不正当竞争行为认定的前置标准，《反不正当竞争法》的修订应该删除无关公平竞争秩序的违法行为的规定。

2. 知名商品特有名称包装装潢

如前所述，2017 年宣判的“红罐凉茶案”以及《反不正当竞争法》修订草案对“知名商品特有名称包装装潢”条款的修改使得原本充满争议的该条款在 2017 年学术研究过程中再次备受关注。

结合“红罐凉茶案”，孔祥俊教授[6]详细剖析了商品名称包装装潢法益

---

① 参见孔祥俊：《论反不正当竞争法修订的若干问题——评〈中华人民共和国反不正当竞争法（修订草案）〉》，载《东方法学》2017 年第 3 期。

② 李明德：《关于〈反不正当竞争法〉修订的几个问题》，载《知识产权》2017 年第 6 期。

③ 参见孔祥俊：《论反不正当竞争法的竞争法取向》，载《法学评论》2017 年第 5 期。

④ 卢纯昕：《反不正当竞争法一般条款在知识产权保护中的适用定位》，载《知识产权》2017 年第 1 期。

⑤ 焦海涛：《不正当竞争行为认定中的实用主义批判》，载《中国法学》2017 年第 1 期。

⑥ 孔祥俊：《论商品名称包装装潢法益的属性与归属——兼评“红罐凉茶”特有包装装潢案》，载《知识产权》2017 年第 12 期。

属性和归属问题；姚洪军博士[①]则以“红罐凉茶案”为例就包装装潢权的保护目的、保护客体、保护对象等问题进行界定。值得指出的是，姚洪军博士将包装装潢界定为一种专有权，而前述孔祥俊教授则认为商品名称包装装潢属于一种法益。

张伟君教授[②]结合《反不正当竞争法》从修订草案送审稿到修订草案中“知名商品特有名称包装装潢”条款的变化对该问题进行论述，指出此番改变仍存在一些问题，应改变长期以来将“知名商品”和“商品特有的名称、包装、装潢”并列为两个不同要件的错误做法，并将制止导致损害或利用未注册知名商业标识的商业声誉或减弱其显著特征行为作为该条款的目的之一。黄军[③]基于问题导向主义之思维，指出侵犯知名商品特有包装装潢行为构成存在的问题，并提出删去“知名商品”限定、完善包装装潢特有性之认定等改进建议。

与前述学者就整个条文提出修改建议不同，喻玲、麻婷[④]采用实证研究方法，对该条中知名商品认定的影响因素进行研究，得出各影响因素按影响程度从大到小的排序情况，并认为商品的知名度影响其名称、包装、装潢的知名度，知名商品的认定是侵权认定的必要条件，此结论与多数学者认为应删除“知名商品”认定的主张截然相反。

3. 网络不正当竞争

随着互联网领域各种新型不正当竞争行为不断出现，为顺应互联网领域反不正当竞争的客观需要，《反不正当竞争法》修订时新增了网络不正当

---

① 姚洪军：《论包装装潢权保护对象的界定方式——兼评“红罐”案两审判决》，载《知识产权》2017年第10期。

② 张伟君：《论“知名商品特有名称包装装潢”条款的修改和完善》，载《知识产权》2017年第6期。

③ 黄军：《侵犯知名商品特有包装装潢行为构成的问题与改进》，载《知识产权》2017年第10期。

④ 喻玲、麻婷：《反不正当竞争保护中知名商品认定影响因素实证研究》，载《知识产权》2017年第11期。

竞争行为这一不正当竞争行为类型，学术界对此问题亦有颇多研究。

尽管学术界和实务界对互联网领域新型不正当竞争行为进行了各种类型化的尝试，但李扬教授[①]认为由于互联网领域新型不正当竞争行为大多不具有普遍性、稳定性和长期性，缺少足够案例群，因而现阶段进行类型化存在困难，或者欠缺必要性，或者基础不足，因此，其主张互联网领域新型不正当竞争行为的认定应当适用侵权责任法，进行严格的利益考量。

针对我国法官“造法”创设的“非公益必要不干扰原则”，宋亚辉教授[②]认为，该原则将相对性的竞争利益提升到绝对权的保护水平，并以绝对权的排他性来划定竞争行为的边界，既缺乏规范依据，又严重偏离我国鼓励竞争并保护创新的互联网竞争政策，故其主张必须废弃该原则，重新回归《反不正当竞争法》一般条款的弹性评价标准。

目前学术界对网络游戏直播行为的研究主要集中在著作权法领域，肖顺武教授[③]则从竞争法视野论述了《反不正当竞争法》规制网络游戏直播中的不正当竞争行为的必要性与合理性，但此种规制亦存在不确定性增强和保护效度减弱的“一增一减”双重困境，为破解困境，要将《反不正当竞争法》中的一般条款限定与具体条款配合有机结合起来，并要对《反不正当竞争法》的内部规则及司法适用进行适度优化和调整，以补强竞争法规制的保护力度。

陶乾副教授[④]则关注了隐性使用竞争者商标作为付费搜索广告关键词这一行为，其分析了该行为所关乎的消费者利益、竞争者利益以及商标权人利益，并从经济学的角度进行分析得出该行为取得了经济学意义上的帕累

---

① 李扬：《互联网领域新型不正当竞争行为类型化之困境及其法律适用》，载《知识产权》2017 年第 9 期。

② 宋亚辉：《网络干扰行为的竞争法规制——“非公益必要不干扰原则”的检讨与修正》，载《法商研究》2017 年第 4 期。

③ 肖顺武：《网络游戏直播中不正当竞争行为的竞争法规制》，载《法商研究》2017 年第 5 期。

④ 陶乾：《隐性使用竞争者商标作为付费搜索广告关键词的正当性分析》，载《知识产权》2017 年第 1 期。

托效率的结论，为隐性使用他人商标作为竞价排名关键词寻找正当性依据。

4. 商业标识

商业标识是能承载信誉并产生市场竞争力的无形财产，凝聚着经营者的辛勤劳动和智慧，不正当利用他人商业标识不仅损害商业标识权利人和消费者利益，还会破坏公平竞争的市场秩序。故，《反不正当竞争法》亦规定了商业标识防止混淆的内容，甚至一度在修订草案中出现直接对商业标识概念的界定。

徐升权副教授[①]即对《反不正当竞争法》修订草案中的商业标识条款进行了评析，肯定了采用概述加列举的界定方式，但仍需进一步优化，提出了三种可选择的建议：或直接使用“商业标识”来界定市场混淆行为，或将“商业标识”用于兜底性规定以尊重原《反不正当竞争法》已经成熟的内容，或将《反不正当竞争法》对商业标识的保护区分为知名的商业标识和普通的商业标识以进行不同程度的保护。

周樨平教授[②]认为法院在实务中利用《反不正当竞争法》第 2 条发展出来的“搭便车”理论具有相当程度的模糊性，应从整体视角对“搭便车”行为进行衡量，考察该行为对竞争者和消费者以及竞争自由与竞争公平造成的影响，只有其实质性地影响到消费者利益和竞争秩序时，才需要法律予以规范。

“老字号”是一种重要的商业标识，邓玲[③]以司法实践中的典型案件为研究对象，引入跨学科的真实性概念，以此为视角探讨“山寨”老字号商标、不正当竞争案件中法院对于老字号渊源真实性的判断，进行分类比较后认为，司法中对“山寨”老字号应当以客观真实而非建构真实作为评判标准，

① 徐升权：《〈反不正当竞争法〉修订草案稿中的商业标识条款评析》，载《法学杂志》2017 年第 5 期。

② 周樨平：《商业标识保护中“搭便车”理论的运用——从关键词不正当竞争案件切入》，载《法学》2017 年第 5 期。

③ 邓玲：《“山寨”老字号商标及不正当竞争纠纷的司法裁判研究》，载《知识产权》2017 年第 6 期。

并建议从源头上对老字号商标抢注行为予以限制。

5. 商业秘密

商业秘密是现代商业活动中竞争制胜之利器，我国通过《反不正当竞争法》对其进行保护。李薇薇、郑友德[①]认为原《反不正当竞争法》第10条对于商业秘密的保护严重滞后于现代社会发展，通过对欧盟和美国新近的商业秘密保护专门立法的系统分析，其指出应及时推动我国商业秘密保护的专门立法，其中，关于商业秘密内涵、侵权行为及其认定、法律责任、司法救济程序与域外适用等立法重点与难点问题亟待解决。邓恒、周园[②]就商业秘密保护中竞业禁止的适用范围展开论述，其中，主体范围可区分为特定对象与一般雇员及经营主体之间的竞业禁止；客体范围为正当商业利益，且只有出于保护商业秘密的目的，竞业禁止才具有正当性；时空范围上，文章梳理了理论和实务界对于竞业禁止的期限、区域及职业活动范围之合法或者合理性判断标准的理解与观点，并且在此基础上作出了一些分析与探讨。

6. 其他

除此之外，还有3篇论文分别探讨了不正当比较广告、新闻报道不正当竞争以及滥用相对优势地位行为的反不正当竞争法规制问题。

黄武双教授[③]指出，比较广告是公众了解商品或商家的重要渠道，但其本质属性使其更容易被认定为不正当竞争。随着经济贸易的发展，竞争政策的目标从以保护商标权人利益为重心逐渐转向追求自由竞争和提高消费者福利，美国和欧盟相继放松了对比较广告的规制。借鉴美国与欧盟的立法、判例经验，结合我国实际情况，建议在《反不正当竞争法》框架下规制比较广告，确立比较广告概念和应满足的条件，并修改有关单行法。

---

① 李薇薇、郑友德：《欧美商业秘密保护立法新进展及对我国的启示》，载《法学》2017年第7期。

② 邓恒、周园：《论商业秘密保护中竞业禁止的适用范围》，载《知识产权》2017年第3期。

③ 黄武双：《不正当比较广告的法律规制》，载《中外法学》2017年第6期。

李国庆副教授[①]则关注了新闻报道中的转载挪用纠纷，其指出，新闻报道的核心价值源于事实而非独创性表达，借鉴美国版权法和热点新闻挪用规则等新闻报道保护的相关法律制度，并结合我国现有立法和司法实务，其建议我国《反不正当竞争法》采用列举方式对新闻报道挪用行为进行规制，并应当仅仅适用于对原告新闻报道进行持续性和竞争性发布的竞争者而非偶尔性挪用原告新闻报道的自媒体。

滥用相对优势地位是《反不正当竞争法》修订草案中一度出现但最终删除的条款，龙俊[②]认为，相对优势地位理论独立于传统市场支配地位理论的理论体系，不宜纳入反垄断法的调整范畴，反不正当竞争法在静态机理中展示出的独立价值品格以及在动态运行上呈现出的利益保护路径，更契合规制滥用相对优势地位的内在逻辑。

① 李国庆：《美国新闻报道的反不正当竞争法保护及启示》，载《知识产权》2017年第6期。

② 龙俊：《滥用相对优势地位的反不正当竞争法规制原理》，载《法律科学》2017年第5期。

第四章

中国反不正当竞争法发展研究报告

（2017—2018）[①]

① 在本报告撰写过程中，武汉大学法学院/知识产权与竞争法研究所硕士研究生贺敬林、文静、关梦颖、吴晓珊、邱越、陈春燕、刘梦佳做了大量资料收集与整理工作，特此鸣谢。

2018年是我国新《反不正当竞争法》实施的第一年，在这一年里，我国的反不正当竞争法律制度呈现出新的发展特点，尤其是恰逢改革开放40周年这个特殊时机，反不正当竞争法的发展契合了改革开放向纵深推进对法律制度的需求，在调整市场竞争关系、维护市场竞争秩序上发挥了重要作用。而随着新法的实施，不正当竞争纠纷案件尤其是网络不正当竞争纠纷案件显著增多；学术研究亦关注新法的实施效果，发表了诸多关涉反不正当竞争主题的学术论文。

一、反不正当竞争法律制度的新发展

（一）改革开放40年背景下我国反不正当竞争法发展的新特点

经过改革开放40年来的大胆实践与理论探索，我国实现了从计划经济体制向市场经济体制的转轨，中国特色社会主义市场经济体制建设逐步走向更高阶段。作为竞争基本法，《反不正当竞争法》在中国经济体制改革过程中发挥了举足轻重的作用。该法制定于1993年，当时经济发展过程中的许多问题仍未充分显现，加之立法本身存在诸多不足，因此立法机关于2017年对该法进行了修订。对“反法”进行修订既是对法律本身的完善，亦是对新时代经济发展新要求的回应，更是改革开放事业深入推进的催化剂。可以说，《反不正当竞争法》的发展与时代的推进是同步的，而在新时代下“反法”也具有新的特点。

1. 反不正当竞争法的调整范围被拓宽

竞争关系的存在是判断不正当竞争行为的前提，竞争关系界定范围的宽与窄，影响着不正当竞争行为的边界。[①] 在传统的商业模式下，竞争关系的认定通常采用狭义竞争关系说，要求经营者之间具有同业竞争关系。但是，随着互联网经济的不断发展，业务交叉重合的情况日益普遍，不具有同业竞争关系的经营者之间也会形成对竞争资源的争夺。因此，为应对不断出现的新型不正当竞争行为，我国司法实践逐渐接受了广义竞争关系说，即对竞争关系的判断不局限于经营者之间是否具有同业竞争关系，而着眼于经营者具体的竞争行为，分析其行为是否具有损害其他经营者经营利益的可能性，以及该经营者是否会基于这一行为而获得现实或潜在的经营利益。例如，在“腾讯公司诉世界星辉公司不正当竞争纠纷案”中，虽然腾讯公司从事视频网站的经营行为，世界星辉公司从事浏览器的开发及提供等经营行为，但两者拥有共同的网络用户。对于浏览器的屏蔽行为，其不仅减少了消费者对视频广告的观看，而且帮助世界星辉公司获得了更多的关注，因此可以认定两经营者之间存在竞争关系。[②] 随着竞争关系的认定由狭义竞争关系说向广义竞争关系说转变，反不正当竞争法的调整范围被大大拓宽。

2. 反不正当竞争法对消费者利益保护的重视

在我国 1993 年颁布的《反不正当竞争法》中，第 1 条将“保护消费者的合法权益”作为其立法目的，而第 2 条第 2 款却并未将“损害消费者的合法权益”纳入不正当竞争行为的认定标准，由此产生了反不正当竞争法是否保护以及如何保护消费者利益的问题。对此，有学者认为，保护目标的多元性体现了《反不正当竞争法》的现代性和合潮流性，但该法的现代性又不彻底。[③] 反不正当竞争法不仅保护经营者的利益，也保护消费者的利益。在商品的生产经营活动中，经营者通过竞争获取交易机会，而消费者则是竞争结果的最终承受者，实现消费者福利最大化是反不正当竞争法的

① 吕方：《加大知识产权司法保护的法律适用问题——最高人民法院民事审判第三庭庭长蒋志培访谈》，载《法律适用》2005 年第 2 期。

② 参见北京市朝阳区人民法院（2017）京 0105 民初 70786 号民事判决书。

③ 孔祥俊：《论反不正当竞争法的新定位》，载《中外法学》2017 年第 3 期。

最终目标。对于传统竞争行为而言，其在侵害其他经营者利益的同时也会损害消费者利益，消费者利益通常不需要单独进行考量；而对于互联网领域新型的竞争行为，虽然其侵害了其他经营者利益，但却可能有利于消费者利益。[①]不过，从"腾讯公司诉世界星辉公司不正当竞争纠纷案"来看，一审法院认定过滤软件的出现降低了消费者的时间成本，有利于消费者利益的保护，而二审法院则认为虽然视频广告过滤功能看似有利于消费者利益，但其至多仅限于现阶段利益，对于长远利益则可能存在不利影响。可以说，某一竞争行为对消费者利益的影响是一个十分复杂和难以确定的问题，但无论怎样，均反映出消费者利益保护成为了不正当竞争司法判定中的重要因素。因此，我国新修订的《反不正当竞争法》对此作出回应，其第 2 条将消费者的合法权益作为判定不正当竞争行为的重要标准之一。

3. 反不正当竞争法的行为法属性日渐凸显

首先，新修订的《反不正当竞争法》第 2 条将原法条中"扰乱社会经济秩序"修改为"扰乱市场竞争秩序"，明确了不正当竞争行为的实质是对市场竞争秩序的破坏，突出了反不正当竞争法对公平竞争秩序的保护。其次，受《巴黎公约》等国际条约的影响，有学者认为"反不正当竞争法属于知识产权法"。[②]的确，反不正当竞争法对知识产权法具有兜底和补充作用，例如"反法"第 6 条的市场混淆条款和第 9 条的商业秘密条款。但"反法"中仅部分条款与知识产权法相关联，且反不正当竞争法也是以竞争法的方式实现对知识产权的保护。[③]究其根本，反不正当竞争法属于行为法，通过制止不正当竞争行为的方式来保护经营者和消费者的合法权益；而知识产权法属于权利保护法，通过赋予排他性、独占性权利的方式对权利人进行保护。当然，也有学者提出"公平竞争权"的概念，认为竞争利益具有极端重要

---

① 周樨平：《竞争法视野中互联网不当干扰行为的判断标准——兼评"非公益必要不干扰原则"》，载《法学》2015 年第 5 期。

② 李明德：《关于〈反不正当竞争法〉修订的几个问题》，载《知识产权》2017 年第 6 期。

③ 孔祥俊：《论反不正当竞争法的竞争法取向》，载《法学评论》2017 年第 5 期。

性和易受侵害性，因此有必要将其法定化。[①] 但是，相较于权利而言，反不正当竞争法所调整的利益在内涵和外延方面相对不确定，而且不正当竞争行为本身具有多样性，因此很难对这些利益进行权利化设计。此外，我国法院近年来依据《反不正当竞争法》第 2 条裁判了大量互联网领域的新型不正当竞争纠纷案件，这也从侧面反映了该法的行为法属性逐渐得到强化。[②]

（二）《反垄断法》修订背景下《反不正当竞争法》与《反垄断法》的关系

《反垄断法》自 2008 年实施以来，与《反不正当竞争法》一同成为调整市场竞争关系的两大支柱。《反垄断法》作为“经济宪法”，其出台意味着我国建立了以市场机制进行资源配置的经济秩序，完善了社会主义市场经济法律体系，奠定了经济体制保障竞争自由的价值基础。与此同时，我国整体经济环境一直处于高速的发展变化中，《反垄断法》在调整新型经济关系上常常力有不逮，需要不断进行完善。《反不正当竞争法》在 2017 年完成了首次修订，修订后的《反不正当竞争法》更加顺应我国当前的经济发展形势，因此，对《反垄断法》进行修订的呼声也越发响亮。厘清《反垄断法》与《反不正当竞争法》之间的关系，是修订《反垄断法》首先需要考虑的问题。

就宏观层面而言，反垄断法和反不正当竞争法同属竞争法范畴，都以竞争关系和竞争行为为调整对象，旨在维护公平、自由的市场经济秩序，二者在功能上相互交叉，互为补充。首先，经济发展需要公平竞争环境，这是反不正当竞争法存在的必要性依据，而健康的市场环境的形成亦需要反垄断法对自由竞争的维护，以实现市场竞争的公平与自由。其次，反垄断法的实施也需要反不正当竞争法的配合与补充。在自由竞争的条件下，经营者的趋利性可能导致权利滥用，造成其他经营者正当权益或消费者利益

---

① 李友根:《经营者公平竞争权初论——基于判例的整理与研究》，载《南京大学学报（哲学·人文科学·社会科学版）》2009 年第 4 期。

② 孔祥俊:《论反不正当竞争法的新定位》，载《中外法学》2017 年第 3 期。

受损，此时反垄断法需要反不正当竞争法配合，避免自由竞争演化为恶性竞争，进而损害竞争环境的公平。故而，反不正当竞争和反垄断对经济秩序的维护是同样重要的，二者相伴相生，相辅相成。

当然，反垄断法与反不正当竞争法也存在显著差异，二者分工不同，任务迥异。反垄断法关注的是竞争不足，主要解决市场中竞争有无的问题，其目标是维护自由竞争；而反不正当竞争法主要关注竞争过度，着力解决不公平竞争问题，其目标是维护市场的公平竞争秩序。反垄断法面对市场中的垄断问题，侧重进行宏观调控，由执法机关主动出击，适时干预，是典型的公法；而反不正当竞争法侧重进行微观调整，以私力救济为主，以国家机关介入为补充。[①]

除了竞争不足与竞争过度之外，还存在竞争的中间状态，既不能被反垄断法所涵盖，也不宜纳入反不正当竞争法。这就需要包容性更强的统一立法，并在统一的竞争法律制度之下进行产业别化，即从顶层设计到产业别化，从一般的竞争制度、竞争政策到分行业分领域有针对性地推行竞争政策，进而实现良性化的市场竞争、市场结构的平衡以及社会结构的平衡，最终实现全社会范围内竞争不足与竞争过度的彼此校正——适度竞争。在实践中，垄断与不正当竞争也常常没有截然界限，因此在分别立法模式下，就出现了滥用相对优势地位的行为无处安放的窘境。笔者认为，二者的分立应是阶段性的，统一立法是最终走向。我国刚进行的机构改革为将来的统一立法做了一定的体制准备。

2018 年 3 月，《深化党和国家机构改革方案》公布，决定组建国家市场监督管理总局，将国家工商行政管理总局、国家质量监督检验检疫总局、国家食品药品监督管理总局的职责以及国家发展和改革委员会的价格监督检查与反垄断执法职责、商务部的经营者集中反垄断执法职责、国务院反垄断委员会办公室的职责全部整合，作为国务院直属机构，同时管理统筹

---

① 参见宁立志：《〈反不正当竞争法〉修订的得与失》，载《法商研究》2018 年第 4 期。

了原国家知识产权局的职责、原国家工商行政管理总局的商标管理职责、原国家质检总局的原产地地理标志管理职责的新国家知识产权局。新的国家市场监督管理总局负责市场综合监督管理，反不正当竞争执法体制已经由原来的“工商主导、多头执法”模式转变为市场监管总局统一执法模式，反垄断执法体制也结束了此前由工商局、商务部和发改委三驾马车并行执法的局面，知识产权执法权也从原来的分散状态改为相对集中的管理模式，整体的竞争法执法体制就此被完全颠覆。原来的竞争法执法体制伴随着国务院机构改革的不断深入，最终呈现出执法权渐趋集中的状态。

总体而言，反不正当竞争法与反垄断法同处现行竞争法框架，二者分工明确，各司其职，分别对维护公平竞争与自由竞争起到根本性的作用。与此同时，二者也需要相互配合，互为补充。二者在立法宗旨和保护客体上并无截然界限，结合新修订《反不正当竞争法》的变化，可借由《反垄断法》的修法时机，解决二者竞合、交叉的灰色地带存在的矛盾，回应现存空白领域的立法需求，使得二者能相互衔接、协调，最大限度发挥竞争法体系的整体效用，实现维护公平自由竞争环境，保护经营者利益、消费者权益、社会整体福利，促进改革创新的终极价值目标。

（三）竞争执法体制改革

竞争执法，是在竞争法的实施过程中，针对市场主体最直接、有效的公权力行使方式。在尽量减少政府对市场不必要干预这一基本前提下，政府也需要通过执法来实现维护竞争秩序、克服市场自身缺陷这一职能。市场中不正当竞争和排除、限制竞争的问题有时靠私力救济不能得到妥善解决，因而需要竞争执法机构的介入。

我国反不正当竞争执法在“反法”修订前，一直表现为工商主导、多头执法。我国原《反不正当竞争法》第3条第2款规定：“县级以上人民政府工商行政管理部门对不正当竞争行为进行监督检查；法律、行政法规规定由其他部门监督检查的，依照其规定。”即原工商行政管理部门是反不正当竞争执法的主要执法主体，此外，还根据行业特殊性，有各行业的监督机关对该领域的不正当竞争问题进行监督，如根据《药品管理法》的规定，药品监督管理部门负责药品生产、经营等领域的不正当竞争行为的监督检查；根据《证券法》的规定，国务院证券监督管理机构（证监会）依法对证券市场上的不正当竞争行为进行监督检查。《反不正当竞争法》修订之后，新第3条增加了国务院建立反不正当竞争工作协调机制的相关规定；增加了第4条即县级以上人民政府履行工商行政管理职责的部门负责对不正当竞争行为进行查处的规定；第5条保留原来的社会监督权的规定，并增加了行业组织的义务性规定。通过以上条文，对不正当竞争行为的执法、监督方式作出全面规定，并充分发挥行业组织在预防和制止不正当竞争行为方面的作用，以形成相互协作、补充和促进的竞争执法工作格局。

反垄断法确立了国务院反垄断委员会与国务院反垄断执法机构共存的"二元模式"，国家发改委、商务部和原国家工商总局"三家分立"，即所谓"双层次多机构"的执法体制。其中，原国家工商总局负责垄断协议、滥用市场支配地位、滥用行政权力排除、限制竞争的反垄断执法（价格垄断行为除外）等方面的工作；国家发改委依法查处价格垄断行为；商务部依法对经营者集中的行为进行反垄断审查。此外，与反垄断有一定关系的知识产权执法，则拆分得较为零散，国家知识产权局负责专利执法、原工商总局负责商标和商业秘密执法、原农业部和原林业局负责植物新品种执法以及地理标志执法（原商标局、原质检总局、原农业部各负责部分职能），这部分执法权均具有从中央到省再到地方的完整三级体系。但集成电路布图设计执法权仅在中央，版权行政执法主要由前国家新闻出版广电总局下设之国家版权局进行，各地方由设于相应新闻出版广电管理机关的版权管理机构管理。

2018年3月国务院机构改革后，新组建的国家市场监督管理总局负责市场综合监督管理，统一登记市场主体并建立信息公示和共享机制，组织市场监管综合执法工作，承担反垄断统一执法，规范和维护市场秩序，组织实施质量强国战略，负责工业产品质量安全、食品安全、特种设备安全监管，统一管理计量标准、检验检测、认证认可工作等。而其下属的国家知识产权局则统筹了知识产权管理工作，商标、专利执法职责交由市场监管综合执法队伍承担，指导商标、专利执法工作，负责保护知识产权工作，推动知识产权保护体系建设，负责商标、专利、原产地地理标志的注册登记和行政裁决。

总体而言，原来的竞争法执法体制伴随着国务院机构改革的不断深入，最终呈现出执法权相对集中的状态，执法权被统一至国家市场监督管理总局，有利于减少职权交叉所导致的内耗和协调成本，对于行政效率的提升作用毋庸置疑。各单位的职权划分相对更为明晰、合理。相对而言，统一市场监督格局下，原来争权或推诿的现象会有所改善，即便仍然存在冲突，机构内部协调也远比跨机构商议更为高效便捷。但不可忽视的是，国家市场监督管理总局之下竞争法的各执法具体机构设置还有待进一步细化，机构的“三合一”只是执法体制改革的第一步，执法机构、执法人员真正融合，提升反垄断执法能力才是体制改革的根本目的。[①]

（四）互联网领域反不正当竞争的新发展

2017 年我国新《反不正当竞争法》增设互联网专项条款，对与互联网领域相关的不正当竞争行为进行专条规范。《反不正当竞争法》这一修订顺应了我国互联网经济发展的新形势，回应了规范互联网领域不正当竞争的呼声。但值得指出的是，囿于立法技术和定位的局限性，这一条款的设计在理论规范与实践适用上仍存在较大争议。

2016 年 8 月和 2018 年 4 月，北京市海淀区人民法院课题组针对网络不正当竞争纠纷案件发布调研报告，分别汇总分析了该院 2012 年至 2016 年 5 月[②]

① 时建中：《〈反垄断法〉实施十周年的回顾与展望》，载《中国价格监管与反垄断》2018 年第 3 期。

② 北京市海淀区人民法院课题组：《北京市海淀区人民法院关于网络不正当竞争纠纷案件的调研报告》，http://news.zhichanli.cn/article/2715.html，2018 年 12 月 10 日访问。

及2015年至2018年[①]涉网络不正当竞争纠纷案的审理情况。课题组在两份报告中均指出，北京市海淀区人民法院审理了全国十分之一以上的不正当竞争纠纷案件，其中网络不正当竞争纠纷案件则占三分之二左右，足见互联网不正当竞争纠纷案件之多，并且这一案件数量近年来仍呈现出不断上涨的趋势。具体来看，网络不正当竞争纠纷案件可分为三种类型，如2016年报告将其分为传统不正当竞争行为在网络环境下引发的不正当竞争纠纷、线下业务扩展到线上引发的不正当竞争纠纷和经营互联网产品或服务过程中引发的不正当竞争纠纷；而2018年报告则将其划分为线下业务扩展到线上引发的不正当竞争纠纷、新商业模式引发的不正当竞争纠纷和利用新技术手段实施侵权引发的不正当竞争纠纷。上述类型划分的差异也反映出司法人员关于互联网领域不正当竞争行为类型化的思考，当然，理论界和执法部门对互联网领域不正当竞争行为的类型也持有不同意见。在过去数年间，关于互联网不正当竞争行为类型的观点不断出现，如有文章直接将互联网领域不正当竞争行为分为在互联网环境下延伸的传统不正当竞争行为和新型不正当竞争行为。[②]有学者则将网络上新型不正当竞争行为分为不当滋扰行为和不当妨碍营业行为两大类。[③]也有学者将其分为人工干涉关键词服务、将他人的商业标志注册为域名、通过软件滋扰他人、网页抄袭行为和干扰他人浏览器行为。[④]亦有论文通过对相关“案例群”的分析，将互联网不正当竞争行为分为无正当理由的侵犯行为、欺诈误导用户行为和不当模仿及“搭便车”行为等。[⑤]

---

① 北京市海淀区人民法院课题组：《网络不正当竞争纠纷审判情况分析——暨十大典型案例》，“知产力”公众号，2018年12月10日访问。

② 参见张钦坤：《中国互联网不正当竞争案件发展实证分析》，载《电子知识产权》2014年第10期。

③ 参见张今：《互联网新型不正当竞争行为的类型及认定》，载《北京政法职业学院学报》2014年第2期。

④ 参见李雨峰：《互联网领域不正当竞争行为的判定》，载《重庆邮电大学学报（社会科学版）》2016年第1期。

⑤ 参见田辰、吴白丁：《“案例群”归纳法与互联网不正当竞争行为规制》，载《竞争政策研究》2016年第4期。

虽然新《反不正当竞争法》第 12 条针对互联网领域专门作出“列举 + 兜底”的规定，但类型划分缺乏共识的问题也未能通过此次修法得以解决，其列举式的分类与互联网领域不正当竞争的类型并不完全适配。故有学者指出，由于互联网领域中的不正当竞争行为大多具有阶段性并且缺少成熟、稳定的司法案例群，现阶段难以很好地作出类型化处理，[①]这也与互联网行业发展的特点密不可分。

从现阶段审理的互联网不正当竞争案件来看，该类案件总体上呈现出数量多、类型新、案情较复杂、审理难度大、技术含量高、危害后果严重[②]等特点。这在某种程度上也影响了学界与实务界对互联网领域不正当竞争行为的研究，加剧了其类型化的困境和难度。更重要的是，互联网领域不正当竞争行为的特点因时间的变化也有一定发展。如互联网企业的兴起与近年我国移动通信工具的普及联系紧密，这也加剧了互联网领域不正当竞争行为频发的现象，经营者和消费者利益都受到了较大的威胁，并且由于互联网的广泛传播功能，不正当竞争行为难以得到彻底规制。在互联网时代，流量与信息为王，互联网领域的竞争与流量、信息的竞争息息相关，2018 年全国首例视频网站刷量案宣判，各类视频网站广告屏蔽发案数量较前些年也有上升。可以预见的是，随着流量、信息互联网时代竞争资源秉性的强化，互联网企业之间关于流量、信息的竞争压力将不断增大，互联网领域不正当竞争行为也将呈现出更多的新特点。另外，传统领域不正当竞争行为类型较为固定，竞争形式变化不大，但是互联网领域对创新的要求较高，产品更新换代速度较快，其竞争手段的非常化也往往是其创新的动力和源泉，因此，相较于传统不正当竞争行为在法益损害上的显著性，互联网领域的不正当竞争行为则在利益平衡上表现得更加复杂和微妙。

---

① 参见李扬:《互联网领域新型不正当竞争行为类型化之困境及其法律适用》，载《知识产权》2017 年第 9 期。

② 参见赵洋、黄菲、段文婷、杨栋、于白:《浅谈对互联网行业不正当竞争法律规制的考量》，载《中国发明与专利》2016 年第 6 期。

由于互联网领域不正当竞争行为呈现出与传统领域不正当竞争行为不同的新特点，许多互联网企业、消费者、学者都呼吁将互联网领域不正当竞争行为列入《反不正当竞争法》中加以规范。2017 年修订的《反不正当竞争法》将互联网领域不正当竞争行为单独作为不正当竞争行为的一种类型写入法条。但是有学者指出此次修法将互联网领域的竞争规则纳入《反不正当竞争法》冲淡了《反不正当竞争法》作为竞争基本法的色彩。互联网领域不正当竞争行为虽然数量逐年攀升，但是互联网领域仍是社会部门或细分市场中的一类，并无在《反不正当竞争法》中单独规制的必要性。[①]笔者认为互联网领域不正当竞争行为虽然在发展中呈现新特点，但是这些特点也散见于其他领域，如专利类不正当竞争案件也呈现出较强的技术性和复杂性，商标类不正当竞争案件也呈现数量攀升的势头，不同领域和部门不正当竞争行为都有自己的特点。互联网领域不正当竞争行为并未达到需要用竞争基本法加以专门规制的程度。此外，我国 2017 年修订的《反不正当竞争法》对互联网领域不正当竞争行为的列举并不全面且无逻辑关联[②]，增设的互联网领域兜底条款与第 2 条的“一般条款”之间也存在不协调之处。因此这次对《反不正当竞争法》的修订虽然肯定了互联网领域不正当竞争行为规制的重要性，但是立法条款并不完善。互联网领域不正当竞争行为的新特点并不能支撑《反不正当竞争法》增设互联网不正当竞争行为专项条款。总之，互联网领域不正当竞争行为发展迅速，危害性较强，但是其近年来发展的新特点使其发展前景变得更加难以预测和超越想象，类型化也越发困难，而且从 2018 年互联网专条的现实适用来看，其效果并未达到立法者的预期，反倒是呼吁完善或删除该条的声音不绝于耳，其立法稳定性反而成了新的问题。

---

① 参见宁立志：《〈反不正当竞争法〉修订的得与失》，载《法商研究》2018 年第 4 期。

② 参见宁立志：《〈反不正当竞争法〉修订的得与失》，载《法商研究》2018 年第 4 期。

（五）新《反不正当竞争法》下商业秘密保护制度的构建

商业秘密是法学界一直较为关注的议题，其涉及合同法、公司法、社会法、知识产权法、竞争法等法律。但商业秘密的法律属性一直未有定论，不过从主流意见来看，多数学者认为商业秘密是知识产权保护的重要对象，是一种特殊的知识产权客体。而商业秘密的保护方式在各国也有所差异，如日本于2015年修订的《不正当竞争防止法》细化了对商业秘密侵权行为的处罚，欧盟于2016年颁布了《欧盟商业秘密指令》，美国也于2016年颁布了《美国保护商业秘密法》。[①] 目前，我国主要是将商业秘密纳入到《反不正当竞争法》中进行规制，但也有部分学者认为我国应当建立统一的商业秘密法。[②] 同时也有学者指出，在我国《商业秘密法》没有出台的情形下，《反不正当竞争法》应当承担起禁止侵犯商业秘密行为的职责。[③] 商业秘密法典化是未来发展的趋势，但在我国通过新《反不正当竞争法》延续对商业秘密进行保护的背景下，可能从《反不正当竞争法》的视角来研究商业秘密保护制度的构建更为现实。

2017年《反不正当竞争法》对商业秘密条款进行了修改，具体表现在：在第1款增加了以"贿赂、欺诈"方式获取商业秘密，删去旧法"利诱"的表述；明确了侵犯商业秘密的行为实施主体，具体包括商业秘密权利人的员工、前员工或者其他单位、个人；将商业秘密概念中的"能为权利人带来经济利益、具有实用性"改为"具有商业价值"。然而，商业秘密本身理论争议较大，此次修法对商业秘密条款的修改主要是字句的完善，尚缺乏进一步的实质性突破。对于商业秘密保护制度的构建，仍可从以下几个方面对

---

① 参见郑友德、王活涛：《新修订反不正当竞争法的顶层设计与实施中的疑难问题探讨》，载《知识产权》2018年第1期。

② 参见郑友德、钱向阳：《论我国商业秘密保护专门法的制定》，载《电子知识产权》2018年第10期。

③ 参见孟雁北：《论反不正当竞争立法对经营自主权行使的限制——以〈反不正当竞争法（修订草案送审稿）〉为研究样本》，载《中国政法大学学报》2017年第2期。

该法条进行必要的完善：

1. 在商业秘密的法益性质上与《民法总则》[①] 的规范不协调

《民法总则》第 123 条将商业秘密列为知识产权客体，并明确了其“专有权”的法律性质[②]。当然，商业秘密是利益抑或权利的问题在法学界一直争论不休，不过，既然《民法总则》在制定中已经认可商业秘密是一种专有性权利，那么，依据立法逻辑，下位法《反不正当竞争法》应当与上位法《民法总则》的规范相协调。但是，由于商业秘密确实缺乏权利的固有特征，因此即使为了和上位法保持一致，将商业秘密作为权利的一种写入《反不正当竞争法》，也应当作出适当限制，即商业秘密这一权利不能由权利人主张积极保护，只能在其被侵犯时才可以主张消极保护，以防止商业秘密权利的滥用。

2. 缺乏本条款的除外规定

需要指出的是，本条未作必要的除外规定，这样有可能带来商业秘密诉讼的泛滥。近年来国际社会对商业秘密恶意诉讼现象关注较多[③]，与“专利流氓”对应的滥用商业秘密的人也越来越多。因此，“可以在法律中结合原则性规定，明确排除不构成商业秘密侵权的行为，以体现商业秘密条款对社会公共利益的关照”。[④]

3. 商业秘密的概念有待进一步完善

目前我国《反不正当竞争法》将商业秘密的范围限定为技术信息和经营信息，但是在技术信息和经营信息之外仍存在可以作为竞争优势的商业秘密，如采取保密措施的训练方法[⑤]、特殊教育方法等。目前，许多国家将采

---

① 已失效，现为《民法典》总则编，下同。

② 宁立志：《〈反不正当竞争法〉修订的得与失》，载《法商研究》2018 年第 4 期。

③ 参见闫宇晨、徐棣枫：《创新保护与危机：美国商业秘密蟑螂问题研究》，载《科学管理研究》2018 年第 4 期。

④ 宁立志：《〈反不正当竞争法〉修订的得与失》，载《法商研究》2018 年第 4 期。

⑤ 参见崔汪卫：《论体育训练方法的商业秘密法保护》，载《武汉体育学院学报》2014 年第 10 期。

取保密措施的体育训练方法和加密的考试试卷等纳入商业秘密的范围，商业秘密的客体有不断扩张的趋势。因此，为了更好地保护商业秘密，应当在《反不正当竞争法》中完善商业秘密的概念以周延其保护范围。

除了应对《反不正当竞争法》商业秘密保护条款加以完善外，对商业秘密的保护还要处理好产业保护政策和劳工保护政策的关系、知识产权政策和竞争政策的关系以及商业秘密保护与社会公共利益的关系。[①] 如商业秘密常常与竞业禁止、保密协议联系紧密，对商业秘密的保护有利于用人单位的经营发展，但是用人单位为了保护商业秘密与劳动者签订竞业禁止条款和保密协议，也限制了劳动者的自由。知识产权保护与劳工关怀有时存在一定冲突，需要执法者进行利益平衡。我国正处于产业的高速发展期，商业秘密对产业的重要性显而易见，因此对企业的商业秘密进行保护是我国现行《反不正当竞争法》的任务，但是出于产业保护的目的限制劳动者的择业，对劳工而言是不利的。因此，《反不正当竞争法》在保护商业秘密时需要处理好产业保护政策与劳工保护政策的关系，在促进产业发展的同时，也要注重对劳动者的补偿问题，与劳动法、公司法一同对签订竞业禁止与保密协议的行为作出一定限制。同时，商业秘密作为一种特殊的知识产权受到法律的保护，但是滥用商业秘密保护制度对市场竞争也会产生不良影响。对商业秘密的保护应当有度，应在未公开信息保护、公平竞争和自由竞争之间寻求平衡。知识产权政策和竞争政策的关系是知识产权学界和竞争法学界讨论的焦点问题，对知识产权的保护可以鼓励创造者、保护市场投资，但是对知识产权的过度保护极容易导致垄断问题，也在客观上造成经营者之间自由竞争受阻甚至不公平竞争。商业秘密作为知识产权的类型之一，对其进行制度设计应当协调知识产权政策和竞争政策的关系，在保护中既尊重商业秘密权利人，也保护其他市场参与主体，确保商业秘密不

---

① 参见宁立志：《商业秘密——好似法学中的〈红楼梦〉》，载《知识产权与市场竞争（第四辑）》，湖北人民出版社 2018 年版，第 35 页。

被滥用，特别应当注意“商业秘密蟑螂”[1]问题，避免商业秘密的滥诉和恶意诉讼现象。

对商业秘密的保护力度还应与国家发展水平相称，因为商业秘密保护越严密越不利于需要技术的国家，商业秘密保护越宽松则越有利于需要技术的国家。商业秘密保护与社会公共利益的关系体现了“技术强国强调保护、技术弱国强调共享”的现实。我国在《反不正当竞争法》背景下构建商业秘密保护制度需要考虑我国现实经济发展水平，一味追求高标准的商业秘密保护制度可能不利于社会公共利益的关照，过低的商业秘密保护制度也不利于提高企业的投资积极性、对经济发展产生不利影响。从我国目前经济发展水平和创新水平而言，商业秘密保护制度仍有不足之处，需要进一步完善，适当加大对商业秘密的保护力度。在我国尚未出台统一的商业秘密立法的背景下，我们应当通过 2017 年修订的《反不正当竞争法》对商业秘密进行保护，合理解释相关法律条款的规定，处理好商业秘密保护与各类政策、利益之间的关系，实现协调保护、和谐发展。

（六）滥用相对优势地位条款何去何从

在现行的反垄断法律制度中，滥用市场支配地位行为是反垄断法重点规制对象，但是规制滥用市场支配地位的前提是依法对企业的市场支配地位进行认定，而实践证明，尽管有时候，企业在市场份额方面并不占优势，但在与交易对方进行交易时却表现出一定的市场优势，并且也可能实施妨碍市场竞争秩序的行为，故而称为滥用相对优势地位。目前在我国竞争法律体系中尚未对滥用相对优势地位进行相应的立法规范，因而，在《反不正当竞争法》业已完成修订且《反垄断法》正在修订的大背景下，竞争法制如何对滥用相对优势地位的行为进行回应的问题，成为理论界与实务界

---

① 参见闫宇晨、徐棣枫：《创新保护与危机：美国商业秘密蟑螂问题研究》，载《科学管理研究》2018 年第 4 期。

的热点与难点。

1. 滥用相对优势地位行为规制的立法缺位与现实需求

2016年《反不正当竞争法（修订草案）送审稿》，首次提出对“相对优势地位”的规定，该送审稿第6条明确规定经营者不得利用相对优势地位实施不公平交易行为。草案中的该条规定引起了社会的广泛关注，然而令人遗憾的是，正式通过的《反不正当竞争法》最终还是将草案中的条款删除，未将其纳入到反不正当竞争法中。而目前《反垄断法》的修改业已提上了日程，关于滥用相对优势地位的法律规制，应该如何放置，也成了学界关注的重点。与其相对应的是，目前在实践中频繁发生“二选一”的行为，如天猫平台要求入驻的电子商务经营者在“双十一”的时候只能进行“二选一”，这是电子商务平台利用其自身优势对平台内经营者实施的滥用相对优势地位的行为。另外，早些年在“3Q大战”中，腾讯也要求用户只能在其本家产品与竞争对手提供的产品之间进行“二选一”。实践中如此频繁发生的滥用相对优势地位的情形越来越促使立法者思考，如何在竞争法框架下规制滥用相对优势地位。正如在菜鸟和顺丰数据大战之中所显示的那样，目前在滥用相对优势地位的法律规制中，单纯依靠民法，特别是合同法上的意思自治，已经无法得到很好的规制[①]，因传统民法调整的是平等主体之间的关系，当事人在民事关系中的地位以平等性和互换性为基础，而在滥用相对优势地位的情形中，双方主体事实上已然不是处在平等的地位，一方主体依仗其享有的优势地位损害另一方的利益，故而，如果妨碍了市场竞争，甚至损害消费者整体福利，难以依赖民商法进行有效的调整，就有必要将其纳入到竞争法领域内进行规制。

2. 滥用相对优势地位行为的规制理论与构成要件

学界通说认为滥用相对优势地位的相关理论源于德国，我国在反垄断法颁布实施之前，已有不少学者通过比较法的研究对相关理论作了一定探

---

① 何佳君：《相对优势地位规则的现实需求和立法期待——基于顺丰菜鸟之争的思考》，载《安徽行政学院学报》2018年第3期。

讨。[①] 有学者指出，滥用相对优势地位是指在特殊情况下，如果交易相对人拒绝供给或提高交易条件，经营者就无法在市场中找到合理的出路，这时该交易相对人对于依赖其生存的经营者来讲就具有“相对”的优势地位[②]。与滥用市场支配地位一样，法律并不直接规制这种相对的优势地位，而是规制相关交易中由于经营者滥用相对优势地位带来的不公平竞争行为。由于在交易中具有优势，使得相关市场主体有能力选择交易对象，甚至决定交易的内容，其往往会依仗自己的优势地位，迫使另一方接受对该方不利、对己方有利的交易条件，转嫁自身的交易成本，甚至迫使另一方接受明显不公平的合同条款，而其交易相对人则没有交易对象的选择权和交易内容的决定权[③]，故而可能会妨害市场竞争。尤其是随着社会主义市场经济体制的建立健全，强调充分发挥“市场在资源配置中的决定性作用”，而市场竞争的结果必然导致企业经营的胜出或者淘汰，必然造就市场地位的优势或者劣势。目前我国滥用相对优势地位的行为主要有以下几种：滥收费、索取不合理的高价、限制竞争、强制交易和拒绝交易等。其与滥用市场支配地位有一定程度的相似性，但在基本面上是不同的。如虽然有学者认为滥用相对优势地位是滥用市场支配地位的扩张，但是相对优势地位与市场支配地位有实质性的区别，主要体现在认定考量因素、市场份额要求、相对性以及行为影响范围上的差异。滥用相对优势地位指市场中不具备独占市场地位的企业，在特殊情况下对于依赖其进行交易的相对人具有类似于垄

---

① 在我国《反垄断法》颁布实施前已有学者对相对优势地位理论作过研究，相关研究成果参见徐士英、唐茂军：《滥用相对支配地位行为的法律规制研究》，载《东方法学》2008 年第 3 期，第 35–45 页；孟雁北：《滥用相对经济优势地位行为的反垄断法研究》，载《法学家》2004 年第 6 期；李剑：《论结构性要素在我国反垄断法中的基础地位——相对优势地位滥用理论之否定》，载《政治与法律》2009 年第 10 期；文学国：《我国法律对公用企业滥用相对优势地位之规制》，载《上海交通大学学报（社会科学版）》2003 年第 2 期。

② 徐士英、唐茂军：《滥用相对支配地位行为的法律规制研究》，载《东方法学》2008 年第 3 期，第 35–45 页。

③ 苑晟：《关于经营者利用优势地位实施不正当价格行为的监管机制研究》，载《中国价格监管与反垄断》2018 年第 4 期。

断企业的一种支配性影响力，即该企业对于依赖其生存的企业具有“相对”的强势地位。[①] 一个市场主体是否拥有市场支配地位是相对于他的竞争对手而言，是竞争者之间市场力量的对比，是市场经济中竞争者与竞争者之间横向的关系；而一个市场主体是否拥有相对经济优势地位是针对他的交易相对人而言，是市场主体与其交易对象之间市场力量的对比，是市场交易中生产商、销售商、购买者之间纵向的关系。[②] 同时，在如何判定相对优势地位方面，目前我国学者依据德国的“依赖性理论”，将产生优势地位的原因区分为三种“依赖”关系，即基于供求关系形成的依赖、基于专属性投资形成的依赖和基于必需设备形成的依赖。[③] 此外，判断企业是否享有相对优势地位则需要进行更多的个案分析，不像市场支配地位的认定有大量普遍适用的判断方法。

3. 滥用相对优势地位规制的立法选择

目前我国在竞争法立法模式上采用的是分别立法模式，但是，在实践中，除了竞争不足与竞争过度之外，还存在竞争的中间状态，其既不能被反垄断法所涵盖，也不宜纳入反不正当竞争法中，或者说滥用相对优势地位行为很难说仅仅是限制竞争行为或不正当竞争行为[④]。而且垄断与不正当竞争也常常没有截然界限，因此在分别立法模式下，就出现了滥用相对优势地位的行为无处安放的窘境。[⑤] 与此不同的是，我国台湾地区采用统一的竞争法立法模式，其“公平交易法”涵盖了限制竞争和不正当竞争行为，相对优势地位滥用行为规制适用则可以分别适用“公平交易法”第 20 条和第

① 袁嘉、刘维俊:《互联网行业滥用相对优势地位规制研究——以“二选一”行为为视角》，载《价格理论与实践》2016 年第 5 期。

② 孟雁北:《滥用相对经济优势地位行为的反垄断法研究》，载《法学家》2004 年第 6 期。

③ 戴龙:《滥用相对优势地位的法律规制研究——兼议〈反不正当竞争法（修订草案送审稿）〉第 6 条的修改》，载《中国政法大学学报》2017 年第 2 期。

④ 袁嘉、刘维俊:《互联网行业滥用相对优势地位规制研究——以“二选一”行为为视角》，载《价格理论与实践》2016 年第 5 期。

⑤ 宁立志:《〈反不正当竞争法〉修订的得与失》，载《法商研究》2018 年第 4 期。

25 条，其中第 20 条属于限制竞争行为规则，第 25 条属于不公平竞争行为规则，这样的统一规范就较好地解决了对相对优势地位滥用行为进行规制的问题。故，笔者认为，统一竞争立法进行规制是最好的法律选择，但是基于我国分别立法模式的现状考量，以及综合滥用相对优势地位的行为属性、法益彰显及规制效果等，将其放在反不正当竞争法中进行规范可能更为合适，具体理由如下：反垄断法和反不正当竞争法分工不同，任务迥异，并且两部法律的属性也有所不同。反垄断法公法的属性更强，尽管受到芝加哥学派的影响，反垄断法中结构主义规制理念受到行为主义规制理念的挑战，但这一理论的核心思想仍然被实行市场经济的大多数国家所认可，并在反垄断法的实践中得到运用。因此，目前来看，反垄断法更侧重从整体对市场竞争进行规制，更侧重宏观的法益保护，而规制单个的竞争行为并不是其侧重点。而反不正当竞争法兼具公法和私法属性，更注重微观法益的保护，反不正当竞争法是通过制止不正当竞争行为来保护具体的商业机会。因此可以发现，尽管将滥用相对优势地位放入反垄断法中规制也有其一定的合理性，但是将其放入反不正当竞争法更能保护相关的法益。而且如果要将滥用相对优势地位纳入反垄断法律制度进行规制，需要有严苛的适用条件，才能够在执法时达到法益的平衡，而这过高的适用要求可能会使得该条款形同虚设，无法进行实际适用。当然，目前我国《反垄断法》的修改已经提上了日程，对于滥用相对优势地位规制进行何种立法抉择和制度构建仍然有待进一步讨论，但可以预见的是，该问题仍将是理论界和实务界持续关注的重点。

（七）公平竞争审查法制化

自 20 世纪 70 年代末以来，我国经历了由计划经济向市场经济的转变，不过囿于市场经济本身的缺陷，政府仍需对市场经济进行必要的调节。但现实困境是，具有浓厚传统行政色彩的政府部门行使着“管控”经济的手段，如有些行政机关以及法律法规授权的具有管理公共事务职能的组织为了当地经济的发展，常常利用公权力排除、限制竞争。而从立法规范来看，我国《反垄断法》和原《反不正当竞争法》都对这类行政性垄断行为进行了规制，但这一规制方式主要是事后规制，在事前防范方面作用较小并且对限制竞争的行政规范、政策类文件的处理难以发挥作用。从域外情况来看，公平竞争审查制度已在多个国家得以实施，这些国家通过事前预防的方式对行政性垄断进行限制，以降低行政性垄断出现的风险。我国国务院也于2016年6月印发了《关于在市场体系建设中建立公平竞争审查制度的意见》，标志着我国公平竞争审查制度的初步确立。2017年10月23日，国家发改委、财政部、商务部、国家工商行政管理总局、国务院法制办会同有关部门共同研究制定了《公平竞争审查制度实施细则（暂行）》。这些文件对公平竞争审查的审查机制、程序、审查标准、例外规定以及社会监督和责任追究等作了相应规定。2018年，国家发展改革委在价监局设立公平竞争审查处，以进一步加强公平竞争审查工作。公平竞争审查制度出台后，各地加强对新出台规范文件政策的审查，做好对存量文件的清理工作，并及时统计数据确保公平竞争审查落到实处，如2018年我国首例公平竞争审查案件在江西立案。值得肯定的是，公平竞争审查在两年多的时间里已初见成效，并与《反垄断法》配合，从事前和事后两个角度对行政性垄断进行规制，也是我国树立竞争政策基础性地位的重要举措。但目前我国公平竞争审查制度并未上升至法律层面，公平竞争审查法制化的问题也将会继续得到关注。

2017年我国《反不正当竞争法》修订，将有关行政性垄断的内容予以删除，实现了《反不正当竞争法》与《反垄断法》之间的厘清与切割。不过，虽然我国在竞争法领域采用分别立法的模式，公平竞争审查侧重对政策制定机关颁布政策措施的审查，与《反垄断法》中的行政性垄断行为联系更加紧密，但是《反不正当竞争法》与《反垄断法》之间并不能完全分开，竞争法的合并立法也将是未来发展的趋势。[①] 行政性机关出台的排除、限制

① 参见宁立志：《〈反不正当竞争法〉修订的得与失》，载《法商研究》2018年第4期。

竞争的政策措施，既对市场竞争的自由产生了影响，也在客观上破坏了市场上的公平竞争，扭曲了市场竞争机制。因此公平竞争审查既与自由竞争有关，也与公平竞争有关。包容性更强的竞争统一立法可以将公平竞争审查制度纳入立法中，使公平竞争审查制度得以法制化。但是在目前我国竞争法分别立法的背景下，公平竞争审查制度在《反垄断法》中进行法制化建设更符合立法逻辑，因为其与我国《反垄断法》事前预防且事后规制的立法目的相适应，也可以提升公平竞争审查的立法等级，增强对各地政策制定机关的威慑力。

在学界，有许多学者提出《反垄断法》应增添公平竞争审查制度的相关原则和要求，使公平竞争审查制度上升到国家基本法律制度的层面。① 可以说，公平竞争审查制度主要源于竞争法，这也使得公平竞争审查制度的构建具备了法律基础。② 当然，也有学者提出《反垄断法》可作为纳入公平竞争审查的一部可选法律，但从未来完善公平竞争审查制度的角度，还应提升立法层级，进行单独立法，或在修改我国《反垄断法》时作出专门规定。③ 足见，学者的意见大致分为两类：一类是单独立法，另一类是在《反垄断法》中专门规定公平竞争审查制度，但其共识是“公平竞争审查制度应当入法”。而公平竞争审查通过对抽象政策规范的限制实现对行政性垄断的规制，与《反垄断法》一脉相承。此外，《反垄断法》对于行政性垄断已经有较为详细的规定，单独为公平竞争审查制度立法不利于规制的统一性，且《公平

① 参见时建中：《强化公平竞争审查制度的若干问题》，载《行政管理改革》2017 年第 1 期；戴龙、黄琪、时武涛：《“庆祝〈反垄断法〉实施十周年学术研讨会”综述》，载《竞争政策研究》2018 年第 4 期；丁茂中：《论我国行政性垄断行为规范的立法完善》，载《政治与法律》2018 年第 7 期；于良春：《中国的竞争政策与产业政策：作用、关系与协调机制》，载《经济与管理研究》2018 年第 10 期。

② 参见黄勇、吴白丁、张占江等：《竞争政策视野下公平竞争审查制度的实施》，载《价格理论与实践》2016 年第 4 期；张守文：《公平竞争审查制度的经济法解析》，载《政治与法律》2017 年第 11 期；张占江、戚剑英：《反垄断法体系之内的公平竞争审查制度》，载《竞争政策研究》2018 年第 2 期。

③ 参见张守文：《公平竞争审查制度的经济法解析》，载《政治与法律》2017 年第 11 期。

竞争审查法》与我国现行《反不正当竞争法》和《反垄断法》之间关系难以作出界定，而公平竞争审查纳入《反垄断法》可以利用反垄断法执法体制。因此，笔者认为将公平竞争审查制度纳入《反垄断法》应是较为现实的选择。

将公平竞争审查制度直接纳入我国《反垄断法》，还有条文如何安排的问题。有学者认为应当在该法的总则部分以涵盖的方式设置法条，明确负有公平竞争审查义务的主体。[①]也有学者认为应将公平竞争审查制度写入《反垄断法》的总则和第五章中[②]，从一般和具体两个角度对公平竞争审查制度进行规范。还有学者认为根据《反垄断法》第51条，反垄断执法机构在发现行政垄断行为之后只能对行为机关的上级机关提出依法处理的建议，而现在的公平竞争审查制度是直接禁止该文件的出台，两者的责任范围存在一些矛盾，[③]在法制化进程中应对此加以处理，使公平竞争审查制度与《反垄断法》执法体制相协调。笔者认为，公平竞争审查制度可以在行政性垄断的事前预防方面发挥重要作用，仅在总则中规定不利于发挥公平竞争审查制度的作用，也并不能在实质上实现公平竞争审查的法制化，应当在总则中以概括式规定将公平竞争审查写入《反垄断法》中，同时在第五章中具体规定公平竞争审查制度，将审查机制、程序、审查标准、例外规定、社会监督和责任追究等具体内容写入法律，并且还需要统一现行《反垄断法》关于行政性垄断的执法体制与公平竞争审查对于排除、限制竞争的政策措施的处理方式，明确反垄断执法机构规制行政性垄断的权力内容，协调事前预防与事后规制两个角度的执法体制，修改“反垄断执法机构的建议权”，实现反垄断执法机构执法的统一。其中，行政性垄断的法律责任较弱、不清晰也一直是《反垄断法》为人诟病的内容，公平竞争审查相关文件中也

① 参见丁茂中：《论我国行政性垄断行为规范的立法完善》，载《政治与法律》2018年第7期。

② 参见时建中：《〈反垄断法〉实施十周年的回顾与展望》，载《中国价格监管与反垄断》2018年第8期。

③ 参见戴龙、黄琪、时武涛：《“庆祝〈反垄断法〉实施十周年学术研讨会”综述》，载《竞争政策研究》2018年第4期。

存在这一问题。“由上级机关责令改正”“给予处分”这类无具体说明的规定使得行政性垄断和公平竞争审查制度大打折扣，因此应当在公平竞争审查法制化的过程中明确上级机关的范围，在《反垄断法》中细化处分的类型并且要求将案件处理结果向社会大众公示以加强社会监督的力度。

综上，公平竞争审查的法制化应当成为我国《反垄断法》修法的重点内容之一。毕竟政策措施面对的群体广泛，排除、限制竞争效果危害性较强，应当受到法律的特别关注，也只有通过立法才能使政策制定机关树立公平、自由竞争的理念，对存量文件和增量文件进行审查，评估对市场竞争的影响，以防止排除、限制竞争。当然，在公平竞争审查法制化的过程中，立法还需要注重公平竞争审查制度自身的完善，并及时总结公平竞争审查制度实施至今的成果与不足，以期在形式和实质上确保公平竞争审查制度的应然作用在实然环境中得到充分发挥。

二、反不正当竞争司法保护情况

（一）反不正当竞争司法保护总体情况[①]

2017 年司法保护总体数据：人民法院共新收一审、二审、申请再审等各类知识产权案件 237242 件，审结 225678 件（含旧存，下同），比 2016 年分别上升 33.50% 和 31.43%。[②]

1. 不正当竞争民事司法审判

2017 年，全国法院新收知识产权民事案件 223437 件，占该年全国法院新收知识产权案件的 94%。全国地方各级人民法院共新收知识产权民事案件 201039 件，审结知识产权民事一审案件 192938 件，较 2016 年有大幅上升。其中，新收竞争类案件 2343 件，占该年度全国地方各级人民法院新收知识

① 新收及审结案件数据统计截至 2017 年 12 月 31 日。

② 参见央广网：《最高法：2017 年知识产权案件数量持续增长　新类型不断涌现》，http://news.cnr.cn/dj/20180419/t20180419_524204512.shtml，2021 年 7 月 15 日访问。

产权民事一审案件的 1.27%。[①] 如 2017 年人民法院公布的中国十大知识产权民事案件中，有一件案件涉及不正当竞争行为纠纷，即商务印书馆有限公司与华语教学出版社有限责任公司侵害商标权及不正当竞争纠纷案。[②]

2. 不正当竞争刑事司法审判

2017 年，全国法院新收知识产权刑事案件 4154 件，占该年全国法院新收知识产权案件的 1.75%。全国地方各级人民法院新收知识产权刑事一审案件 3621 件。其中，侵犯注册商标犯罪案件 3425 件，占该年新收知识产权刑事一审案件的 94.59%；侵犯著作权犯罪案件 169 件，占该年新收知识产权刑事一审案件的 4.67%；其他案件 27 件，占该年新收知识产权刑事一审案件的 0.74%。[③]

（二）不正当竞争行为分类统计案件数

2018 年全国反不正当竞争司法审判主要集中在对商业贿赂行为、侵害商业秘密行为、仿冒行为和虚假宣传行为的规制上。具体而言，商业贿赂不正当竞争纠纷案件数量最多，其次是侵害商业秘密不正当竞争纠纷案件，再次是仿冒不正当竞争纠纷案件和虚假宣传不正当竞争纠纷案件，而有关商业诋毁不正当竞争纠纷案件则相对较少。

2018 年我国不正当竞争案件中有 3513 篇文书在中国裁判文书网上公布。在公开的文书中，商业贿赂不正当竞争纠纷案件 1534 篇；侵害商业秘密不正当竞争纠纷案件 479 篇，该类案由中，包含侵害技术秘密不正当竞争纠纷案件 79 篇和侵害经营秘密不正当竞争纠纷案件 44 篇；仿冒不正当竞争纠纷

---

① 参见经济日报—中国经济网：《最高法发布 2017 年知识产权司法保护状况白皮书　新收著作权案增长近六成》，http://www.ce.cn/xwzx/gnsz/gdxw/201804/19/t20180419_28886103.shtml，2021 年 7 月 15 日访问。

② 参见最高人民法院办公厅《关于印发 2017 年中国法院 10 大知识产权案件和 50 件典型知识产权案例的通知》，http://www.law-lib.com/law/law_view1.asp?id=618748，2021 年 7 月 15 日访问。

③ 参见经济日报—中国经济网：《最高法发布 2017 年知识产权司法保护状况白皮书　新收著作权案增长近六成》，http://www.ce.cn/xwzx/gnsz/gdxw/201804/19/t20180419_28886103.shtml，2021 年 7 月 15 日访问。

案件 374 篇，该类案由中，包含擅自使用知名商品特有名称、包装、装潢不正当竞争纠纷案件 177 篇，擅自使用他人企业名称、姓名不正当竞争纠纷案件 145 篇，冒用产品质量标志不正当竞争纠纷案件 8 篇；虚假宣传不正当竞争纠纷案件 181 篇；商业诋毁不正当竞争纠纷案件 116 篇。[①] 网络不正当竞争行为作为一种新型的不正当竞争行为，已由新修订的《反不正当竞争法》作了专门的相关规定，但由于现行民事案由分类中尚不存在“网络不正当竞争纠纷”，故在中国裁判文书网中未能准确统计出网络不正当竞争纠纷案件的数量。此类案件的重要性在下文的典型不正当竞争案例中亦有所体现。

（三）典型不正当竞争案例

1. 南北“稻香村”商标侵权及不正当竞争纠纷案

苏州稻香村（以下简称“苏稻”）始创于 1773 年，持续使用该字号至今，北京稻香村（以下简称“北稻”）始创于 1895 年，后于 1926 年歇业，1984 年由刘振英牵头恢复“稻香村”字号和营业。1982 年，河北保定稻香村新亚食品有限公司（以下简称“保定稻”）成为糕点“稻香村”注册商标所有人。北稻于 1996 年 1 月提出“稻香村”商标（简称引证商标）的注册申请，并于 1997 年 5 月获准注册，核定使用商品为第 30 类的馅饼、饺子、年糕、粽子、元宵等。2004 年 11 月 14 日，苏稻从保定稻受让圆形“稻香村”注册商标。2006 年 7 月，苏稻在圆形注册商标核定使用范围内申请注册扇形商标，该商标指定使用商品为第 30 类的饼干、面包、糕点等。该商标初步审定公告后，北稻对苏稻扇形商标（以下简称被异议商标）提出异议申请。该商标异议案经国家工商行政管理总局裁定[②]、商标评审委员会复审、北京市第一中级人民法院一审和北京市高级人民法院二审[③]后，最终未予核准注

① 参见中国裁判文书网，http://wenshu.court.gov.cn/，2021 年 4 月 20 日访问。

② 商评字（2013）第 9277 号《关于第 5485873 号“稻香村及图”商标异议复审裁定书》。

③ 北京市第一中级人民法院（2013）一中知行初字第 3701 号行政判决书；北京市高级人民法院（2014）高行终字第 1103 号行政判决书。参见北京法院审判信息网：https://www.bjcourt.gov.cn/cpws/paperView.htm?id=000000000000000000000100010924039，2021 年 12 月 8 日访问。

册。自北稻阻止苏稻扇形“稻香村”商标注册起，苏稻与北稻的商标战持续处于胶着状态。

2015 年 9 月，北稻以苏稻使用在“糕点”类商品上的“稻香村”“稻香村集团”及扇形“稻香村”标识侵犯其商标权为由，向北京知识产权法院提起商标侵权及不正当竞争诉讼，要求苏稻停止在月饼、糕点、粽子等商品上使用“稻香村”商标，并停止涉案商品在各电商平台的销售。2018 年 9 月 10 日，北京知识产权法院对该案作出一审判决①。法院认为苏稻在糕点商品上使用的主要识别部分扇形手写体“稻香村”字样与北稻的第 1011610 号“稻香村”注册商标的文字、读音、含义相同，仅字体上存在细微差别，属于近似标识，且涉案商标核定使用的商品范围虽属于不同群组，但在生产部门、销售渠道、消费对象等方面密切关联，构成类似商品，苏稻的行为容易导致消费者混淆。故判决苏稻在月饼、糕点等商品上使用北稻的第 1011610 号“稻香村”商标的行为构成商标侵权及不正当竞争，应立即停止线上销售，并赔偿北稻经济损失和合理费用 3000 万元。

2018 年 2 月，苏稻也向当地法院递交了起诉状，要求北稻立刻停止在糕点类商品上使用“稻香村”标识。2018 年 10 月 12 日，苏州工业园区人民法院对苏稻诉北稻侵害商标专用权纠纷案作出一审判决②。法院认为，北稻持有的“稻香村”商标使用范围不包括糕点商品，故判决要求北稻立即停止侵害商标权的行为，并要求北稻立即停止在其生产销售的糕点商品包装上使用“稻香村”文字标识，同时赔偿苏稻经济损失及合理开支

---

① 北京市知识产权法院（2015）京知民初字第 1606 号民事判决书。参见 https://www.pkulaw.com/pfnl/a25051f3312b07f394b08e948edb39e2b9124c35bb1cab6cbdfb.html?keyword=%E4%BA%AC%E7%9F%A5%E6%B0%91%E5%88%9D%E5%AD%97%E7%AC%AC1606%E5%8F%B7%20，2021 年 12 月 8 日访问。

② 苏州工业园区人民法院（2018）苏 0591 民初 1277 号民事判决书。参见 https://www.pkulaw.com/pfnl/a25051f3312b07f30e38bf59f2c1d166c1f855fda6e4ce47bdfb.html?keyword=%E8%8B%8F%200591%20%E6%B0%91%E5%88%9D%201277%20%E5%8F%B7%E6%B0%91%E4%BA%8B%E5%88%A4%E5%86%B3%E4%B9%A6%20，2021 年 12 月 8 日访问。

115万元。

两地法院前后作出结论截然相反的判决使公众产生了“同案不同判”的质疑，但仔细比对后可以发现，北稻起诉的是苏稻未使用其自有注册商标，而使用与北稻注册商标近似的图案进行宣传和销售的行为；苏稻起诉的为北稻超范围使用其注册商标的行为，两案基于不同的法律事实，产生不同的判决结果也具有其合理性。

两案对处理“老字号”商标因历史遗留问题引起的知识产权及不正当竞争纠纷有借鉴意义。在保护由于历史原因造成的相同或近似商标时，应首先考虑双方是否拥有较为稳定的市场区分；在已形成较为稳定的市场区分的情况下，考虑后进入市场的一方是否有恶意混淆、滥用权利的故意。根据具体案件情况，以是否容易导致相关公众混淆为判断是否构成不正当竞争行为的主要标准，确定双方就争议标识的合理权利边界，严厉惩治“搭便车”行为，维护市场秩序。目前，南北“稻香村”的十年商标之战尚未平息，“老字号”保护这一重要议题的讨论仍在持续。

2. 深圳市腾讯计算机系统有限公司与北京世界星辉科技有限责任公司不正当竞争纠纷案①

深圳市腾讯计算机系统有限公司（以下简称“腾讯公司”）系我国知名互联网经营企业，其开发经营的腾讯视频网站为用户提供视频在线观看服务。腾讯公司通过购买影视作品版权，提供“免费+广告”及会员制的影视播放服务，获得一定的市场竞争力。北京世界星辉科技有限责任公司（以下简称“世界星辉公司”）亦系一家从事互联网经营的企业，其开发运营了网址为www.theworld.cn、版本为7.0.0.108的“世界之窗浏览器”。该浏览器设置有广告过滤功能，用户使用该功能后可以有效屏蔽腾讯视频网站在播

---

① 北京市朝阳区人民法院（2017）京0105民初70786号民事判决书；北京知识产权法院（2018）京73民终558号民事判决书。参见中国裁判文书网：https://wenshu.court.gov.cn/website/wenshu/181107ANFZ0BXSK4/index.html?docId=eb248558d27740909387a9cc001144b2，2021年12月8日访问。

放影片时的片头广告和插播广告。腾讯公司认为世界星辉公司屏蔽广告的行为，不正当地提升了后者的用户使用体验度及商业价值，违反了诚实信用原则及公认的商业道德，构成不正当竞争行为，遂诉至法院，要求被告赔偿损失 480 万元、律师费 19.6 万元以及公证费 4000 元。世界星辉公司则认为，其与腾讯公司不存在直接竞争关系，腾讯公司所主张“免费 + 广告”的经营模式不属于法律所保护的利益，并且其通过浏览器过滤广告的行为未侵害网站经营者的利益，用户没有观看广告的义务，广告拦截也不必然导致视频网站商业利益的减损，即使利益受损也属于正常商业竞争的结果。视频过滤广告的行为不违反诚实信用原则及公认的商业道德，其研发的屏蔽广告技术，并非针对腾讯公司，而是将是否屏蔽广告的选择权交给了用户。

法院审理认为：首先，涉案的具有过滤、屏蔽广告功能的浏览器，不具有对腾讯公司经营造成直接针对性的、无任何可躲避条件或选择方式的特定性损害，不应认定其具有不正当性。其次，竞争行为的正当性应按照公认的商业道德标准、行业惯例和公认的行为标准予以把握。浏览器具有广告过滤功能是行业的惯例、共同的经营模式，达到了行业通行的程度，其不违反商业道德。再次，“商业模式”本身作为市场经济条件下自由竞争的产物，应让优胜劣汰的市场机制决定其命运。“免费 + 广告”的商业模式要顺应技术、社会、网络用户的需要进行调整，其并非互联网视频网站唯一或主要的生存模式；任何经营者均不负有尊重他人的商业模式、维护其他经营者利益的义务，屏蔽广告软件的制作、使用是经营者出于市场利益最大化而进行的经营行为，同时也是为网络用户自愿选择提供的合理机会。最后，互联网产业下，广大网络用户的利益即为社会公共利益。除非另有约定，网络用户不负有必须观看网络广告的义务，客观而言网络用户对具有广告屏蔽功能的浏览器具有现实需求。最终，一审法院判决驳回原告腾讯公司的全部诉讼请求。此后原告上诉，二审法院以视频广告过滤功能从长远利益上来说对消费者利益将产生不利影响为由，撤销了一审判决，从而认定被告世界星辉公司的被诉行为构成不正当竞争。

本案为法院分析视频网站广告屏蔽软件性质，认定其不违反反不正当竞争法的首例案件。法院在竞争关系的认定上遵循新《反不正当竞争法》第 2 条的规定，放宽对损害法益的限制，并在是否依照行业惯例、商业模式、公共利益形成有效抗辩等焦点问题上作出了不同于以往的裁判思路。基于法律的安定性和司法的权威性，法院在认定视频网站广告屏蔽软件的性质上仍有待进一步考量与讨论，以避免方向性差异，形成统一的裁判思路。

3. 广东美的制冷设备有限公司与珠海格力电器股份有限公司不正当竞争纠纷案①

广东美的制冷设备有限公司（以下简称“美的公司”）与珠海格力电器股份有限公司（以下简称“格力公司”）均为我国著名家电制造企业，双方具有直接的竞争关系。2017 年下半年，京东官网上一款由格力公司生产的型号为“KFR-50LW/NhIbB2W”的立柜式空调，在产品的介绍里使用了“送风有凉感无风感”广告语。美的公司认为，“有凉感无风感”作为美的空调舒适星系列产品所独有的功能特点为人熟知。格力公司利用自己极具知名度的广告语对其商品作出与实际内容不相符的虚假宣传，造成了消费者混淆，遂于 2017 年 11 月 10 日向佛山市禅城区人民法院提起诉讼，对格力公司索赔经济损失及合理开支 490 万元，并要求其公开道歉以消除不良影响。格力公司则认为，涉案空调产品只在线上销售，就京东商城的购物流程而言，消费者在购物过程中不会出现混淆品牌的情况，且凭借格力公司各方面综合实力，其无须实施任何混淆行为来提高商品本已具有的强大竞争力。空调“无风感”功效并非美的公司首创，是一种通用感受与人体感觉，并无显著性与行业统一标准可言，格力空调产品不存在“无风感”的虚假宣传。

2018 年 6 月 25 日，佛山市禅城区人民法院公开开庭审理此案。合议庭归纳的争议焦点为：一是格力公司使用涉案广告语是否构成虚假宣传的不正

---

① 佛山市禅城区人民法院（2017）粤 0604 民初 15810 号民事判决书。参见中国裁判文书网：https://wenshu.court.gov.cn/website/wenshu/181107ANFZ0BXSK4/index.html?docId=bba364c6197648f5b7a1ac8b00a698f2，2021 年 12 月 8 日访问。

当竞争行为；二是在认定格力公司发布的相关广告语“有凉感无风感”是否属于违反诚实信用原则、“搭便车”的不正当竞争行为时，应当考虑广告语“有凉感无风感”是否具有显著性，是否与原告美的公司形成固有联系，以及格力公司是否有“搭便车”的故意；三是若构成不正当竞争，格力公司应如何承担相关民事责任。[①]

涉案“有凉感无风感”的广告语是否包含美的公司空调产品包技术参数的客观标准，格力公司行为是否属于不符合行业标准的虚假宣传行为，或是美的公司是否独享该广告语的使用权，格力公司的行为是否属于“搭便车”的市场混淆行为尚有待考量。一旦构成不正当竞争，当事方获得不正当竞争优势，将损害相关市场中其他经营者的合法权益，干扰正常的市场竞争秩序。

4. 商务印书馆有限公司与华语教学出版社有限责任公司商标侵权及不正当竞争纠纷案[②]

原告商务印书馆有限公司（以下简称“商务印书馆”）与被告华语教学出版社有限责任公司（以下简称“华语出版社”）同为出版机构。自 1957 年至本案被诉行为发生时，商务印书馆连续出版《新华字典》通行版本至第 11 版。2010—2015 年，商务印书馆出版的《新华字典》在字典类图书市场的平均占有率超过 50%。截至 2016 年，商务印书馆出版的《新华字典》全球发行量超过 5.67 亿册，获“最受欢迎的字典”吉尼斯世界纪录及“最畅销的书（定期修订）”吉尼斯世界纪录等荣誉。2016 年 5 月 3 日，原告商务印书馆诉至北京知识产权法院，称被告华语出版社生产、销售“新华字典”辞书的行为侵害了其“新华字典”未注册驰名商标，且被告使用其《新华字典》（第 11 版）知名商品的特有包装装潢的行为已构成不正当竞争。因此，请求法院判令被告立即停止侵害商标权及不正当竞争行为，赔偿原告经济

---

① 参见中国庭审公开网，http://tingshen.court.gov.cn/live/2452526，2018 年 12 月 22 日访问。

② 北京知识产权法院（2016）京 73 民初 277 号民事判决书。参见最高人民法院网站：http://www.court.gov.cn/zixun-xiangqing-91312.html，2021 年 12 月 8 日访问。

损失 300 万元及合理支出 40 万元，并在相关媒体上刊登声明，消除影响。

法院经审理后认为，涉案“新华字典”具有特定的历史起源、发展过程和长期唯一的提供主体以及客观的市场格局，保持着产品和品牌混合属性的商品名称，在相关消费者中形成了稳定的认知联系，具有指示商品来源的意义和作用，具备商标的显著特征。其已在全国范围内广为知晓，获得了较大的影响力和较高的知名度，构成未注册驰名商标，经过商务印书馆的发行，已经达到驰名商标的程度，应该得到《商标法》的保护。华语出版社复制、摹仿商务印书馆的未注册驰名商标“新华字典”的行为，容易导致混淆，构成商标侵权。再者，《新华字典》（第 11 版）自出版发行至被诉行为发生时，已在全国范围内大量出版发行，取得了较高的知名度，商务印书馆出版的《新华字典》（第 11 版）已经形成了知名商品的特有包装装潢，华语出版社擅自使用该知名商品的特有包装装潢行为构成不正当竞争。最终，北京知识产权法院一审判令华语出版社立即停止侵害涉案商标权及不正当竞争行为，在相关媒体上刊登声明，消除影响并赔偿商务印书馆经济损失 300 万元及合理支出 27 万余元。

本案是涉及未注册驰名商标保护的典型案例，确立了以“新华字典”为代表的一类兼具产品和品牌混合属性的商品名称是否具备商标显著特征的裁判标准。在给予未注册驰名商标保护的同时，法院明确指出，《商标法》对商标独占使用权利的保护仅仅针对的是权利人拥有的商标本身，而非商标附着的商品，原告商务印书馆独占使用“新华字典”商标的权利并不等同于其享有出版字典类辞书的专有权，最终并不会造成其对辞书行业的垄断。本案对于侵害未注册驰名商标行为判定承担损害赔偿的责任方式，突破了《商标法》对于注册商标给予赔偿的规定，有助于促进新时代下的知识产权保护。[①]

① 参见中国审判网：《“新华字典”侵害商标权及不正当竞争纠纷案纪实》，http://www.chinatrial.net.cn/news/10271.html，2018 年 12 月 22 日访问。

5. 查良镛与杨治、北京联合出版有限责任公司、北京精典博维文化传媒有限公司、广州购书中心有限公司著作权侵权及不正当竞争纠纷案[①]

原告查良镛（CHA，Louis）（笔名：金庸）所著的《射雕英雄传》《笑傲江湖》《天龙八部》《神雕侠侣》（以下简称“金庸作品”）由生活·读书·新知三联书店于1994年5月在内地出版，均具有极高的知名度及影响力。被告杨治（笔名：江南）于2000年创作《此间的少年》发表于网络，从2002年起多次出版。书中杨治以北京大学为原型创造了“汴京大学”，同时大量借用金庸作品中的著名小说人物姓名为书中角色姓名，如乔峰、郭靖、段誉等。

2016年10月，查良镛起诉杨治等被告，诉称杨治创作的《此间的少年》未经其许可，照搬其作品中的经典人物，在不同环境下量身定做相似情节，改编后不标明改编来源，擅自篡改作品人物形象，严重侵害其改编权、署名权、保护作品完整权及应当由著作权人享有的其他权利。同时，被告通过盗用上述独创性元素吸引读者、谋取竞争优势，获利巨大，违背了诚实信用原则，严重妨害了查良镛对原创作品的利用，构成不正当竞争。因此，请求法院判令杨治停止侵权、赔礼道歉、消除影响并赔偿经济损失500万元及合理开支20万元。北京联合出版有限责任公司（以下简称“联合出版公司”）、北京精典博维文化传媒有限公司（以下简称“精典博维公司”）对小说《此间的少年》存在的侵权情形未尽审查职责，应就其策划出版书籍所造成的经济损失承担连带责任。被告广州购书中心有限公司（以下简称“广州购书中心”）销售侵权图书，应停止侵权。

法院审理认为，《此间的少年》不构成著作权侵权。虽然该作品借用了金庸作品中的大部分人物名称等内容，但并没有将情节建立在金庸作品的基础上，而是在不同的时代与空间背景下，围绕人物角色展开撰写全新的

---

① 广州市天河区人民法院（2016）粤0106民初12068号民事判决书。参见广州市天河区人民法院网站：https://www.gzthfy.gov.cn/pa2/wel_4.seam?xxbh=20181201144755&cid=9629，2021年12月8日访问。

故事情节，创作出不同于金庸作品的校园青春文学小说，不会导致读者产生相同或相似的欣赏体验，二者并不构成实质性相似。但杨治利用读者对金庸作品中武侠人物的喜爱提升自身作品的关注度后，以营利为目的多次出版且发行量巨大，其行为已超出必要限度。尤其是其2002年首次出版时把书名副标题定为“射雕英雄的大学生涯”，借助金庸作品的影响力吸引读者获取利益的意图尤为明显。因此，法院认定杨治行为具有不正当性，与文化产业公认的商业道德相背离，应为反不正当竞争法所禁止。此外，联合出版公司、精典博维公司对于策划出版《此间的少年》纪念版这一行为主观上存在过错，构成帮助侵权。广州购书中心作为侵权书籍销售者，销售行为具有合法来源，且应诉后停止销售，主观上并无任何过错，不应承担停止侵权、赔偿合理支出的民事责任。①

本案被称为中国“同人小说第一案”。尽管使用知名作品中的人物名称等进行再次创作的“同人作品”，是否都构成侵犯著作权或不正当竞争行为仍需根据个案情形综合考量，但在目前市场上不乏同人作品的背景下，该案法院通过反不正当竞争法对原著作者的合法权益给予保护，制止同人作品“搭便车”行为，为同人作品作者敲一记响亮的警钟。

6. 上海映脉文化传播有限公司诉体娱（北京）文化传媒股份有限公司等不正当竞争纠纷案②

上海映脉文化传播有限公司（以下简称“映脉公司”）是东方IC网站的运营商。2016年底，映脉公司成为2017—2019年度中超联赛官方图片合作机构，是国内商业图片机构首次以付费方式取得中超联赛的官方图片机构商业称号和独家官方拍摄权。体娱（北京）文化传媒股份有限公司（以下

① 参见广州市天河区人民法院：《金庸诉江南著作权侵权及不正当竞争纠纷案一审宣判》，http://www.gzthfy.gov.cn/pa2/wel_4.seam?xxbh=20181201144755&cid=115127，2018年12月22日访问。

② 北京市海淀区人民法院（2017）京0108民初14964号民事判决书；北京知识产权法院（2018）京73民终1122号民事判决书。参见中国裁判文书网：https://wenshu.court.gov.cn/website/wenshu/181107ANFZ0BXSK4/index.html?docId=4ab26c9aca074cfa840faca30010e282，2021年12月8日访问。

简称“体娱公司”）是全体育网的运营商，亦是国内专注于体育赛事图片生产、制作、销售和代理的商业图片机构。映脉公司认为，体娱公司与其存在直接竞争关系，却在中超联赛 2017 年度赛季派遣摄影师进入赛场拍摄图片，并在其官网全体育网上假借“中超联赛官方图片社”等称号进行虚假宣传，对中超图片进行展示、提供下载并对外销售，使公众误认为体娱公司是中超联赛官方图片社，严重侵害了映脉公司合法享有的商业权益，构成不正当竞争，因此起诉请求体娱公司与两名摄影师共同赔偿经济损失及合理费用共计 1000 万元，并要求刊登声明，消除影响。体娱公司辩称，其在全体育网上使用的官方称号是其 2012 年与中超联赛有限责任公司签订合作协议后使用的称号，与映脉公司所谓的官方称号并不一致，映脉公司仅享有中超赛事最佳位置拍摄权并使用官方图片社称号，但无权禁止其他媒体使用中超图片。[①]

法院审理后认为，2017—2019 年中超联赛期间，映脉公司系此期间唯一有权在赛场位置进行图片拍摄的图片机构，独家享有“中国足球协会超级联赛官方图片合作机构”称号，并可在商业活动中独家使用该称号。除映脉公司之外的其他图片机构均不享有使用上述称号或与其同义称号的权利。体娱公司在全体育网页面上使用“中超联赛官方图片社”等标识并自称其系中超独家官方图片合作机构等相关表述，以及其商务人员在 2017 年中超赛事期间的对外商务活动中宣称体娱公司是中超联赛官方图片社之行为，足以使普通消费者或商业合作伙伴产生误解，误认为其才是经中超公司授权、可合法独家使用上述称号的官方图片机构，故构成虚假宣传。且体娱公司在明知中超图片的商业价值、入场拍摄的商业图片机构具有唯一性、映脉公司取得独家拍摄权需支付较高对价的事实等情况下，仍派遣员工假借其他媒体记者的名义入场拍摄，具有明显的主观过错，严重损害了

---

① 参见新京报网：《中国体育 IP 第一案：东方 IC 诉“全体育”不正当竞争　获赔 300 万》，http://www.bjnews.com.cn/news/2018/05/23/488031.html，2018 年 12 月 16 日访问。

映脉公司的合法权益，构成不正当竞争。最终法院判令体娱公司立即停止不正当竞争行为、消除影响，并向映脉公司赔偿经济损失 300 万元及合理费用 110602 元。

该案被媒体称为"中国体育 IP 第一案"，对体育行业的反不正当竞争保护具有一定的借鉴意义。随着体育赛事商业价值的不断提高，体育赛事图片拍摄的授权体系正在逐步构建，商业图片机构通过向赛事主办方付费从而获得独家拍摄权利，用户通过向图片机构付费以获得高品质的赛事图片的市场秩序也在逐渐形成。不正当竞争行为势必将破坏上述授权体系和市场秩序，干扰用户形成相对成熟的消费习惯，也将阻碍商业图片机构的健康发展以及体育赛事图片市场有序竞争环境的最终形成。

7. 新会江裕信息产业有限公司与爱普生（中国）有限公司、北京百度网讯科技有限公司不正当竞争纠纷案[①]

新会江裕信息产业有限公司（以下简称"新会江裕公司"）是一家生产和销售针式打印机、发票打印机等产品的企业，其分别在第 7、9、10、16、17、21、37、41、42 类商品及服务上注册了"Jolimark""映美""Jolimark 映美"等商标。北京百度网讯科技有限公司（以下简称"百度公司"）运营百度推广业务及百度网站。爱普生（中国）有限公司（以下简称"爱普生公司"）在其百度推广服务管理账户中，添加了"映美""Jolimark"作为关键词，使得"爱普生打印机"的相应链接出现在"映美""Jolimark"打印机的搜索结果页面，其中部分链接还列为搜索结果的第一项。新会江裕公司起诉称上述行为极易导致相关公众混淆，构成不正当竞争，同时百度公司未尽到相应的审查和合理注意的义务，主观上存在过错，且客观上为爱普生公司实施侵权行为提供了便利条件，应与爱普生公司承担连带责任。北京市海淀

① 北京市海淀区人民法院（2014）海民（知）初字第 28242 号民事判决书；北京知识产权法院（2015）京知民终字第 1753 号民事判决书；北京市高级人民法院（2018）京民再 177 号民事判决书。参见中国裁判文书网：https://wenshu.court.gov.cn/website/wenshu/181107ANFZ0BXSK4/index.html?docId=c1fc81b5871a44f89979aa6b00117e86，2021 年 12 月 8 日访问。

区人民法院一审认为，爱普生公司的行为将导致本欲关注“映美”“Jolimark”打印机的网络用户却由此关注了“爱普生打印机”，并进入该公司的相关页面，攫取了新会江裕公司的交易机会，继而损害了其应获得的经济利益，该行为有违诚实信用原则，构成不正当竞争，应承担相应民事责任。但百度公司并未直接实施上述不正当竞争行为，亦不构成教唆、帮助行为，且在该案中其对于爱普生公司所选择使用的关键词并不负有全面、主动、事先审查的义务，故百度公司在本案中不存在过错，不应为爱普生公司的上述不正当竞争行为承担民事责任。遂判令爱普生公司赔偿新会江裕公司经济损失及合理支出共计 10 万元。

新会江裕公司和爱普生公司皆对一审判决不服，向北京知识产权法院提出上诉。二审法院认为爱普生公司将新会江裕公司商标购买为竞价排名后台关键词的行为，实质在于使用新会江裕公司的商标以增加自己的商业机会，不符合公认的商业道德，违反了《反不正当竞争法》第 2 条的规定。而对百度公司的责任认定需要适用帮助侵权行为的相关规则。从竞价排名行为给百度公司带来的经济利益和对公众的影响以及满足注意义务的客观可能性等因素分析，百度公司并未证明其要求爱普生公司提交了与关键词相关的证据，说明其未尽到合理的注意义务，主观存在过错。基于此，在爱普生公司购买关键词行为构成不正当竞争并需承担赔偿责任的情况下，百度公司应对此承担连带责任。故判令爱普生公司和百度公司共同赔偿新会江裕公司经济损失及合理支出共计 10 万元。百度公司不服二审判决，遂向北京市高级人民法院申请再审。经审理，再审法院撤销了二审判决，并维持了一审判决。

无论是在传统商业领域，还是在互联网商业领域，竞争行为在相当程度上可被认为是对商业机会的竞争，而经营者不得使用他人商标为自己增加商业机会属于公认的商业道德。爱普生公司将他人商标购买为竞价排名后台关键词的行为，无疑会掠夺对方的商业机会，不符合公认的商业道德，构成不正当竞争。同时，本案也对判断提供竞价排名服务的搜索引擎运营商是否构成帮助侵权具有较强的参考价值。

8. 淘宝（中国）软件有限公司与安徽美景信息科技有限公司不正当竞争纠纷案①

淘宝（中国）软件有限公司（以下简称“淘宝公司”）系阿里巴巴卖家端“生意参谋”零售电商数据产品的开发者和运营者。淘宝公司通过“生意参谋”面向淘宝网、天猫网商家提供可定制、个性化、一站式的商务决策体验平台，为商家的店铺运营提供数据化参考。安徽美景信息科技有限公司（以下简称“美景公司”）系“咕咕互助平台”软件、“咕咕生意参谋众筹”网站的开发商与运营商，其以提供远程登录已订购“生意参谋”数据产品用户电脑的技术服务为招揽业务，通过组织、帮助他人利用已订购“生意参谋”数据产品服务的淘宝用户所提供的子账户获取“生意参谋”数据产品中的数据内容，从中牟取商业利益。淘宝公司认为，该行为极大损害了自己的经济利益，已构成不正当竞争，遂将其起诉至杭州互联网法院，要求美景公司立即停止侵权行为，并赔偿损失及合理费用500万元。美景公司辩称，淘宝公司收集并使用网络用户信息的行为具有违法性，迫使原始数据拥有者高价购买由自己数据衍生出来的数据产品具有不正当性，且其与淘宝公司不存在竞争关系，美景公司仅对用户提供技术支持，并实际上促进了对淘商经营及公共利益的保护，不构成不正当竞争。

法院审理后认为，淘宝公司已向其用户公开了涉及相关信息收集规定的《法律声明及隐私权政策》，并取得了用户的授权许可，且经授权后收集使用的原始数据均来自用户的主动提供或平台的自动获取，不存在非法渠道获取信息的行为，其使用数据信息的目的、方式和范围也均符合法律规定，具有正当性。淘宝公司开发运营的“生意参谋”数据产品，是在巨量原始数据基础上，以特定的算法深度分析过滤、提炼整合并经匿名化脱敏处理

① 杭州铁路运输法院（2017）浙8601民初4034号民事判决书；杭州市中级人民法院（2018）浙01民终7312号民事判决书。参见中国裁判文书网：https://wenshu.court.gov.cn/website/wenshu/181107ANFZ0BXSK4/index.html?docId=42144396b7e84876aa3bac0500aca27c，2021年12月8日访问。

后形成的预测型、指数型、统计型等衍生数据。其中的数据内容系淘宝公司付出了人力、物力、财力，经过长期经营积累形成，旨在为商户店铺运营提供系统的大数据分析服务，帮助商户提高经营水平，同时也为淘宝公司带来可观的商业利益与市场竞争优势。所以“生意参谋”数据产品系淘宝公司的劳动成果，其所带来的竞争性财产权益，应当归淘宝公司所享有。

而美景公司经营的“咕咕互助平台”，其主要经营手段与经营模式是利用已订购“生意参谋”数据产品服务的淘宝用户所提供的子账户，为他人获取“生意参谋”数据产品中的数据内容并提供远程登录技术帮助，从中牟利。这与淘宝公司经营的“生意参谋”数据产品，在经营的网络服务内容及网络用户群体上完全相同，两者具有直接竞争关系。且美景公司的此种据他人市场成果直接为已所用，从而获取商业利益与竞争优势的行为，攫取了原本属于淘宝公司的客户，严重损害了淘宝公司的商业利益，扰乱了大数据行业的竞争秩序，明显有悖公认的商业道德，属于不劳而获“搭便车”的不正当竞争行为。故法院判令其停止侵权行为，并向淘宝公司赔偿经济损失和合理开支 200 万元。

该案是我国宣判的首例大数据产品不正当竞争纠纷案，杭州互联网法院通过司法实践的方式，在目前相关法律法规仍处于探索创立阶段的情况下，为大数据产品的确权问题提供了一盏指路明灯。同时，这也为网络运营商如何合法收集使用用户数据、开发运营大数据产品指明了方向。大数据产业作为新型市场形态，亟须法律规范大数据产品的开发与市场应用活动，明晰相关主体的权利边界，促进大数据产业的健康、有序发展。①

9. 深圳市腾讯计算机系统有限公司与北京字节跳动科技有限公司等不正当竞争案（以下简称“头腾大战”）②

2018 年 6 月 1 日，深圳市腾讯计算机系统有限公司（以下简称“腾讯”）

---

① 参见中国知识产权律师网：《杭州互联网法院宣判全国首例大数据产品不正当竞争纠纷案》，http://www.ciplawyer.cn/spfbzdjz/139880.jhtml?prid=185，2018 年 12 月 19 日访问。

② 截至 2021 年 12 月 10 日，本案尚在审理中，后续仍需关注。

发布公告显示，由于“今日头条”及“抖音”系列产品的实际运营者北京字节跳动科技有限公司（以下简称“字节跳动”）、北京微播视界科技有限公司（以下简称“微播视界”）涉嫌不正当竞争行为，对腾讯声誉造成严重影响，已将其起诉至北京市海淀区人民法院，要求两公司赔偿人民币 1 元，并在自有新闻媒体平台全量推送公开道歉。同时，腾讯还宣布暂停与上述两公司的合作。腾讯在其起诉书中表示，2018 年 5 月以来，字节跳动、微播视界通过其运营的“今日头条”及“抖音”等自有新闻媒体平台大量发布、传播贬损诋毁腾讯的言论、文章或视频。5 月 30 日，今日头条甚至通过故意修改标题、篡改文章来源的方式在自己控制运营的数亿级自有新闻媒体平台上大范围主动推送文章《要多少文件腾讯才肯收手》，严重侵害了腾讯的公司声誉。腾讯认为，两家公司利用自身控制的媒体平台恶意攻击诋毁腾讯，意图削弱竞争企业的市场竞争力，已经构成商业诋毁及不正当竞争，故向法院提起诉讼。[①]

面对腾讯发起的诉讼，字节跳动给出了强硬回应，立即以腾讯进行不正当竞争为由向北京市海淀区人民法院提起了反诉。其诉称，当用户通过腾讯 QQ 空间分享、发布头条网网页链接时，腾讯利用技术手段，对用户访问头条网内容进行拦截、屏蔽，妨碍用户正常访问今日头条。除此之外，字节跳动和运城市阳光文化传媒有限公司还发现，用户在打开 www.365yg.com 网站（今日头条通过收购这家持有相关视听牌照的公司向用户提供视频内容）链接时，“腾讯安全管家”“腾讯 QQ”通过弹窗等方式提示“您要访问的网站包含虚假腾讯彩票信息”等内容，拦截、屏蔽原告网站，妨碍用户正常访问，故对此也提起诉讼。两案件一共要求腾讯赔偿经济损失 9000 万元，并公开赔礼道歉。[②]

---

① 参见新华网：《腾讯诉字节跳动“头腾大战”开启？》，http://www.xinhuanet.com/2018-06/02/c_129885220.html，2018 年 12 月 19 日访问。

② 参见中华网：《腾讯与今日头条互诉：一个索赔 1 元，一个索赔 9000 万元》，https://finance.china.com/news/11173316/20180603/32478269.html，2018 年 12 月 19 日访问。

可以说，这场“头腾大战”几乎包括了平台竞争、跨界竞争、注意力竞争等一系列互联网时代的竞争难题，同时也对平台治理、算法监管等问题提出了挑战。[①] 不少媒体分析，在“流量为王”的时代，这场大战即为两者的流量之争。具体而言，腾讯诉今日头条主要是“诋毁商誉”行为，如果今日头条等发布传播的信息不符合事实，则很有可能构成不正当竞争；而今日头条诉腾讯则是构成“妨碍、破坏网络产品或者服务正常运行”的行为，主要是其中恶意实施不兼容的行为，如腾讯确实对今日头条经营的内容服务有针对性地屏蔽相关链接，而不是普遍性地屏蔽不符合要求的链接，则很有可能构成恶意不兼容。[②] 但案件的具体走向，还有待双方举证质证、法院具体审理后才能判断。同时，该案对完善互联网行业的法律监管亦提出了很多思考。

10. 北京爱奇艺科技有限公司与杭州飞益信息科技有限公司等不正当竞争纠纷案[③]

北京爱奇艺科技有限公司（以下简称“爱奇艺公司”）系爱奇艺网站的经营者，爱奇艺网站是中国最知名的网络视频平台之一，享有良好声誉。杭州飞益信息科技有限公司（以下简称“飞益公司”）专门提供针对爱奇艺网站、优酷土豆网站、腾讯视频网站等视频网站的刷量服务；吕某峰系飞益公司股东及法定代表人，胡某敏系飞益公司股东及监事。爱奇艺公司诉称：爱奇艺公司实时统计网站的视频访问数据，通过对数据的分析，然后据此制定视频采购及推荐、广告合作、服务器布局等重要经营决策，而且视频供应商、广告合作商，也需要根据上述数据确定与爱奇艺公司的合作策略。三被告分工合作，通过多个域名，不断更换访问 IP 地址

① 参见陈永伟:《“头腾大战”中那些让人头疼的问题》，载《中国中小企业》2018 年第 7 期。

② 参见赵一洋:《“头腾大战”的背后》，载《互联网经济》2018 年第 7 期。

③ 上海市徐汇区人民法院（2017）沪 0104 民初 18960 号民事判决书；上海知识产权法院（2019）沪 73 民终 4 号民事判决书。参见中国裁判文书网：https://wenshu.court.gov.cn/website/wenshu/181107ANFZ0BXSK4/index.html?docId=8d8a992491d94ca59395aa92008f8f25，2021 年 12 月 8 日访问。

等方式，连续访问爱奇艺网站视频，在短时间内迅速提高视频访问量，构成共同侵权，严重损害了爱奇艺公司的合法权益，破坏了视频行业的公平竞争秩序。三被告则认为，《反不正当竞争法》明确列举了各类不正当竞争行为，通过技术手段增加视频访问量的行为未在禁止之列，故不受该法规制。

一审法院经审理认为：首先，三被告使用技术手段增加爱奇艺网站的多个视频访问量，干扰了爱奇艺网站的真实视频访问数据，据此获得了经济利益，也增加了相关方从爱奇艺公司获得的合作分成，影响到了爱奇艺公司的经营决策，涉案行为属于市场竞争行为。其次，访问数据蕴含着巨大的商业价值，爱奇艺公司依托视频访问数据获取的商业利益应受法律保护，三被告的行为显然与公认的商业道德相悖，具有不正当性。最后，三被告的行为影响了消费者的用户体验，进一步损害了爱奇艺公司的商业信誉。综上，法院依法判决三被告赔偿损失并赔礼道歉。

爱奇艺公司不服一审法院判罚数额并提起上诉，二审法院经审理认为：首先，就视频播放商业领域中相关的市场交易者而言，爱奇艺公司作为视频播放平台经营者，仅是市场交易者中的一个类别。其次，被上诉人的行为不但损害了上诉人的合法权益，还可能造成对市场其他参与者的损害，被上诉人的获利不能均视为上诉人的损失。最后，本案无充分证据证明上诉人具体损失的情况下，可以从侵权期间、侵权规模、刷量行为收费标准、刷量行为干扰访问数据的实际情况、主观恶意程度来酌情确定赔偿数额。综上，法院判决驳回上诉，维持原判。

该案被业内誉为我国首例视频网站“刷量”不正当竞争案件，其将一直隐秘运行的视频行业“刷量”产业链曝光在公众面前，对于规范网络视频行业的竞争具有标志性意义。与此同时，视频网站经营者也应当注意到唯流量论产生的问题，以净化网络视频行业的整体环境。

三、反不正当竞争法学术研究情况

2018年，反不正当竞争法领域大事件频发。其中，立法领域备受瞩目的是《反不正当竞争法》首次修订后于2018年1月1日正式施行。司法领域也是重大案件纠纷频现，其中较为典型的是腾讯公司诉世界星辉公司不正当竞争纠纷案和查良镛诉杨治等著作权侵权和不正当竞争纠纷案。学术界对这些社会热点事件亦关注有加，通过多篇学术论文展开分析和探讨。

为了更好地呈现学术理论对社会现实的思考与回应，反映2018年反不正当竞争法领域的学术研究成果，本报告检索并统计法学核心期刊2018年收录的反不正当竞争法领域的相关学术论文，概括整体情况，总结其中的代表性观点，以飨读者。

（一）2018年反不正当竞争法领域研究成果汇总

本报告统计的期刊包括《中文社会科学引文索引》（CSSCI）来源期刊（2017—2018年）中的23本法学类CSSCI期刊，外加《中国社会科学》（鉴于其权威性）和《知识产权》（鉴于其专业相关性）共25本期刊。需要特别说明的是，由于《知识产权》主要收录的论文为知识产权与市场竞争类文章，具有极强的代表性，为了更好地反映反不正当竞争法领域的学术研究情况，故将此刊作为统计来源之一。

通过在中国知网文献库、北大法宝法学期刊库以及各期刊官方网站的检索，共收集到2018年发表的反不正当竞争法领域的论文28篇，如表1所示。从表1可以看出，《知识产权》为本年度发表反不正当竞争法领域论文最多的期刊，其数量多达12篇，由此亦可体现《知识产权》期刊对该领域的关注。其余期刊发表的论文一般为1—2篇，甚至部分期刊并未发表“反法”领域的论文。

表 1　2018 年“反法”领域各期刊刊文数量统计

序　号	期　刊	数　量	序　号	期　刊	数　量
1	知识产权	12	14	中外法学	0
2	法　学	4	15	政法论坛	0
3	法商研究	2	16	比较法研究	0
4	法学评论	2	17	法学杂志	0
5	法学研究	1	18	清华法学	0
6	政治与法律	1	19	当代法学	0
7	法学家	1	20	华东政法大学学报	0
8	法律科学	1	21	环球法律评论	0
9	东方法学	1	22	行政法学研究	0
10	法制与社会发展	1	23	政法论丛	0
11	现代法学	1	24	中国社会科学	0
12	法学论坛	1	25	中国刑事法杂志	0
13	中国法学	0	共　计		28

2018 年反不正当竞争法领域学术研究成果丰硕，学者们不仅扎根于基础理论的研究，且与社会热点紧密结合，充分体现了反不正当竞争法学者的社会责任担当。

根据论文的内容和主旨，可以将这 28 篇论文划分为五个主题，分别是“市场混淆制度”“反不正当竞争法的定位与发展”“互联网不正当竞争行为”“同人作品的反不正当竞争法适用”以及“其他”主题（包括“新型不当信息行为”“网络音乐版权独家交易模式”“商业秘密”以及“引诱违约行为”），具体参见表 2。

表2 2018年“反法”领域各主题论文数量统计

<table>
<tr><th>序 号</th><th>主 题</th><th></th><th>数 量</th></tr>
<tr><td>1</td><td>市场混淆制度</td><td></td><td>10</td></tr>
<tr><td>2</td><td>反不正当竞争法的定位与发展</td><td></td><td>6</td></tr>
<tr><td>3</td><td>互联网不正当竞争行为</td><td></td><td>6</td></tr>
<tr><td>4</td><td>同人作品的反不正当竞争法适用</td><td></td><td>2</td></tr>
<tr><td rowspan="4">5</td><td rowspan="4">其 他</td><td>新型不当信息行为</td><td rowspan="4">4</td></tr>
<tr><td>网络音乐版权独家交易模式</td></tr>
<tr><td>引诱违约行为</td></tr>
<tr><td>商业秘密</td></tr>
<tr><td colspan="3">共 计</td><td>28</td></tr>
</table>

如表3所示，其中以“市场混淆制度”为主题的论文多达10篇，呈现了学界对于未注册商标、商品化权益、特有包装装潢权益等若干问题的思考。

同时，有6篇论文关注“反不正当竞争法的定位与发展”，其中涉及新修订《反不正当竞争法》的得与失、反不正当竞争法规制范式的转变等问题。

另外，有6篇论文关注“互联网不正当竞争行为”，其中涉及互联网领域不正当竞争行为的认定理念、适用条文、裁判模式等问题。

有2篇论文关注“同人作品的反不止当竞争法适用”，从“金庸诉江南案”出发，分析知识产权法和反不正当竞争法的关系。

还有4篇论文各有各的关注点，或是对网络音乐版权独家交易模式进行竞争法思考，或是在反不正当竞争法视野下对引诱违约行为作出评价，或是分析经营者新型不当信息行为及其规制问题，或是探讨美国商业秘密诉讼中合理保密措施的司法判断。

表3　2018年“反法”领域学术研究成果汇总

序号	期刊	刊号	作者	作者单位[①]	标题	主题
1	知识产权	第5期	王太平 袁振宗	广东外语外贸大学法学院	反不正当竞争法的商业标识保护制度之评析	市场混淆制度
2	法学	第8期	王太平	广东外语外贸大学法学院	我国未注册商标保护制度的体系化解释	市场混淆制度
3	法学评论	第5期	肖顺武	西南政法大学经济法学院	混淆行为法律规制中“一定影响”的认定	市场混淆制度
4	知识产权	第2期	刘丽娟	北京外国语大学法学院	确立反假冒为商标保护的第二支柱——《反不正当竞争法》第6条之目的解析	市场混淆制度
5	法学	第2期	杜颖	中央财经大学法学院	广告语的商业标识功能及其法律保护	市场混淆制度
6	法学研究	第5期	彭学龙	中南财经政法大学知识产权研究中心	作品名称的多重功能与多元保护——兼评反不正当竞争法第6条第3项	市场混淆制度
7	现代法学	第2期	孔祥俊	上海交通大学凯原法学院	作品名称与角色名称商品化权益的反思与重构——关于保护正当性和保护路径的实证分析	市场混淆制度
8	法学	第3期	孔祥俊	上海交通大学凯原法学院	姓名权与姓名的商品化权益及其保护——兼评“乔丹商标案”和相关司法解释	市场混淆制度
9	法律科学	第6期	曹新明	中南财经政法大学知识产权研究中心	知名商品特有包装装潢权益归属理论探析	市场混淆制度
10	法制与社会发展	第3期	张广良 张吉豫	中国人民大学法学院	论商业外观法律保护要件之重构——基于“红罐王老吉凉茶案”的法理分析	市场混淆制度

① 为论文发表时作者所在单位，下同。

续表

序号	期刊	刊号	作者	作者单位	标题	主题
11	东方法学	第 1 期	孔祥俊	上海交通大学凯原法学院	论新修订《反不正当竞争法》的时代精神	反不正当竞争法的定位与发展
12	知识产权	第 1 期	郑友德 王活涛	华中科技大学法学院	新修订反不正当竞争法的顶层设计与实施中的疑难问题探讨	反不正当竞争法的定位与发展
13	法商研究	第 4 期	宁立志	武汉大学法学院	《反不正当竞争法》修订的得与失	反不正当竞争法的定位与发展
14	知识产权	第 6 期	安斯加尔·奥利著 范长军译	德国慕尼黑大学、华中科技大学法学院	比较法视角下德国与中国反不正当竞争法的新近发展	反不正当竞争法的定位与发展
15	法学家	第 1 期	孔祥俊	上海交通大学凯原法学院	论反不正当竞争的基本范式	反不正当竞争法的定位与发展
16	法学论坛	第 5 期	王磊	北京大学法学院	法律未列举的竞争行为的正当性如何评定——一种利益衡量的新进路	反不正当竞争法的定位与发展
17	知识产权	第 4 期	谢晓尧	中山大学法学院	一般条款的裁判思维与方法——以广告过滤行为的正当性判断为例	互联网不正当竞争行为
18	知识产权	第 12 期	冯术杰	清华大学法学院	知识产权条约视角下新型竞争行为的规制	互联网不正当竞争行为
19	知识产权	第 2 期	李阁霞	烟台大学知识产权研究中心	互联网不正当竞争行为分析——兼评《反不正当竞争法》中“互联网不正当竞争行为”条款	互联网不正当竞争行为

续表

序号	期刊	刊号	作者	作者单位	标题	主题
20	知识产权	第 5 期	谢兰芳 黄细江	西南政法大学民商法学院、暨南大学知识产权研究院	互联网不正当竞争行为的认定理念	互联网不正当竞争行为
21	法商研究	第 4 期	刘维	上海交通大学凯原法学院	论软件干扰行为的竞争法规制——基于裁判模式的观察	互联网不正当竞争行为
22	政治与法律	第 10 期	张玉洁 胡振吉	广州大学公法研究中心、上海财经大学法学院	我国大数据法律定位的学说纷争、司法立场与立法规范	互联网不正当竞争行为
23	知识产权	第 10 期	王太平	广东外语外贸大学法学院	知识产权的基本理念与反不正当竞争扩展保护之限度——兼评“金庸诉江南”案	同人作品的反不正当竞争法适用
24	知识产权	第 10 期	张伟君	同济大学法学院	从“金庸诉江南”案看反不正当竞争法与知识产权法的关系	同人作品的反不正当竞争法适用
25	法学	第 8 期	宁立志 王宇	武汉大学法学院	叫停网络音乐市场版权独家交易的竞争法思考	其他
26	知识产权	第 7 期	李扬 蓝小燕	中山大学法学院	引诱违约行为的反不正当竞争法评价	其他
27	法学评论	第 4 期	王红霞	中南大学法学院	从引人误认到引人困惑：经营者新型不当信息行为及其规制	其他
28	知识产权	第 5 期	宋建宝	最高人民法院中国应用法学研究所科研处	美国商业秘密诉讼中合理保密措施的司法判断	其他

（二）2018年反不正当竞争法领域研究成果代表性观点

根据上述统计划分的主题，本报告结合论文的具体内容及主旨将每一主题下的代表性观点归纳如下。

1. 市场混淆制度

作为反不正当竞争法的核心制度之一，在《反不正当竞争法》修订之后，学者们纷纷对市场混淆制度展开深入探讨，具体内容主要涉及未注册商标、商品化权益和特有包装装潢权益等方面。

对于未注册商标的法律保护，王太平教授和袁振宗[①]认为2017年《反不正当竞争法》第6条是我国最主要的未注册商标保护制度，其与主要保护注册商标的《商标法》共同构成了我国的商标保护制度。但相较于商标法，反不正当竞争法对商业标识的保护具有非设权性、补充性和有限性。对于第6条的适用，商业标识需满足“有一定影响”的要求，“有一定影响”的范围应介于“第二含义”和“为相关公众所熟知”之间，且对商业标识的使用应限于相同或类似的商品或服务上，而混淆行为应以具有混淆可能性为标准。针对此问题，王太平教授[②]从体系化角度进一步指出，我国的未注册商标保护制度包括未注册驰名商标制度、普通未注册商标保护制度和被代理人、被代表人商标保护制度三种，而《反不正当竞争法》第6条和《商标法》第32条后半段、第59条第3款共同构成普通未注册商标保护制度，对具有一定实际影响但影响尚未达到驰名程度的普通未注册商标提供保护。对于“一定影响”的认定，两部法律应采用相同的标准，即获得“显著性”或“第二含义”。肖顺武教授[③]则强调准确认定“一定影响”需要从限度范围、主观要件、举证责任等三个核心维度进行解析，并需在逻辑上进一步补足

---

① 王太平、袁振宗：《反不正当竞争法的商业标识保护制度之评析》，载《知识产权》2018年第5期。

② 王太平：《我国未注册商标保护制度的体系化解释》，载《法学》2018年第8期。

③ 肖顺武：《混淆行为法律规制中“一定影响”的认定》，载《法学评论》2018年第5期。

“一定影响”的“在先性”要求。刘丽娟副教授[①]也认为《反不正当竞争法》第6条与《商标法》共同对商标进行保护，但对于两者之间的关系，其认为反假冒是一种独立的制度，并非对注册制度的补充，且当两法发生冲突时，反假冒制度应得到优先适用。对于第6条的理解，其认为只要标记具有商业价值，且他人的使用可能导致相关公众的误认，就可以获得救济，而主观恶意并非必要条件。杜颖教授[②]则提出广告语也属于广义的商业标识范围，针对侵害未注册广告语商业标识功能的情形，权益人既可依据《商标法》关于未注册驰名商标保护的规范请求保护，也可依据《反不正当竞争法》关于商品名称、包装、装潢保护的规范请求保护，在特定条件下也可援用《反不正当竞争法》一般条款予以保护。此外，对于广告语商业标识功能的保护应受到合理使用及弱混淆可能性等诸项限制。

对于作品名称的商品化权益，彭学龙教授[③]认为知名作品名称商品化权的适用条件包括：（1）作品尚在著作权保护期内，且作品名称具有较高知名度；（2）将知名作品名称作为商标使用在相关商品上容易导致相关公众误认为其经过权利人的许可或者与权利人存在特定联系。对此，孔祥俊教授[④]持不同的观点，其强调此类商品化权益应当源于原作品以外的商品化行为，且最终定位于商业标志性权益，按照商业标志性权益进行法律保护。不受著作权保护，又未经实际商品化的作品名称和角色名称，通常属于不受保护的利益，应当归入公有领域。对于姓名的商品化权益，孔祥俊教授[⑤]认为姓名的商品化权益和姓名权虽均以姓名为客体，但两者在法律性质、保护

---

① 刘丽娟：《确立反假冒为商标保护的第二支柱——〈反不正当竞争法〉第6条之目的解析》，载《知识产权》2018年第2期。

② 杜颖：《广告语的商业标识功能及其法律保护》，载《法学》2018年第2期。

③ 彭学龙：《作品名称的多重功能与多元保护——兼评反不正当竞争法第6条第3项》，载《法学研究》2018年第5期。

④ 孔祥俊：《作品名称与角色名称商品化权益的反思与重构——关于保护正当性和保护路径的实证分析》，载《现代法学》2018年第2期。

⑤ 孔祥俊：《姓名权与姓名的商品化权益及其保护——兼评“乔丹商标案”和相关司法解释》，载《法学》2018年第3期。

路径和保护条件等方面均存在区别。姓名的商品化权益属于一种独立的民事利益，主要通过反不正当竞争法对其进行保护。对姓名商品化权益的保护应适度，既要遵循财产权保护的法律逻辑，又要注重政策考量。

对于特有包装装潢权益，最高人民法院依据“诚实贡献论”就“红罐王老吉凉茶案”作出两公司共同享有的终审判决。对于此项判决，曹新明教授[①]认为其赋予了加多宝公司重新生产销售红罐凉茶的权利，可能导致消费者对两品牌进一步产生混淆。与此相对的还有“商标依附论”，但此理论也同样存在明显不足，因为商标和包装装潢是两种完全不同的商业标识。这两种学说只能在具体纠纷中慎重适用，并不能作为适用于一切纠纷的通说。张广良教授和张吉豫副教授[②]也认为最高人民法院的该项判决存在一定缺陷，并提出应当对我国商业外观法律保护的要件进行重构，一应明确商业外观的商业标识属性，二应以商业外观的知名而非商品的知名作为保护要件，三应突出显著性之判断规则及其在侵权判定中的核心作用。

2. 反不正当竞争法的定位与发展

“反不正当竞争法的定位与发展”主题下，又可细分为两大部分：第一部分从整体上对新修订《反不正当竞争法》进行评析；第二部分则以《反不正当竞争法》修订为背景，对反不正当竞争法规制范式的转变进行研究。

对于新修订的《反不正当竞争法》，孔祥俊教授[③]认为新法对1993年“反法”进行了较大幅度的增删修改和优化，并从新法的时代特色、对竞争自由的维护、对竞争行为法属性的强化等方面对新法作出整体评价。除此之外，新法肯定了一般条款开放性适用的定位，完善了其构成要素，并增设

① 曹新明：《知名商品特有包装装潢权益归属理论探析》，载《法律科学（西北政法大学学报）》2018年第6期。

② 张广良、张吉豫：《论商业外观法律保护要件之重构——基于“红罐王老吉凉茶案”的法理分析》，载《法制与社会发展》2018年第3期。

③ 孔祥俊：《论新修订〈反不正当竞争法〉的时代精神》，载《东方法学》2018年第1期。

和细化了具体的不正当竞争行为，体现了新法的时代性和现代性。郑友德教授和王活涛[①]一方面从宏观角度强调“反法”修订的顶层设计应注重决定性、前瞻性、协同性、现实性、创新性和谦抑性的指导作用，另一方面从微观角度对一般条款、混淆行为条款、侵犯商业秘密条款和网络不正当竞争条款等在实施中的疑难问题进行分析。宁立志教授[②]认为本次修法有得亦有失，“得”主要体现在基本实现体例上的独立性、细化不正当竞争行为和完善法律原则等方面；而“失”主要体现在修法幅度较小、竞争基本法地位未得到充分彰显、条文之间的关系未妥善处理等方面。安斯加尔·奥利教授[③]从比较法角度对德国与中国的反不正当竞争法进行分析，两国法律在立法目标、立法结构、消费者保护等方面存在较多共性，但也存在不同，比如德国法为消费者组织规定了诉权、更强调混淆危险必须“可避免”、对于网络妨碍行为采一般条款的规制模式等。

对于反不正当竞争法的基本范式，孔祥俊教授[④]认为不正当竞争行为的认定应当奉行动态的竞争观、损害中性和法益中性，并采取行为正当主义而非法益保护主义，且对于竞争行为的正当性判断应当采取多因素利益衡量和利益比较。反不正当竞争法必须奉行竞争自由的原则，例外的情况下才可能构成不正当竞争。针对法律未列举竞争行为的不正当性认定，王磊[⑤]也主张适用利益衡量方法，其认为主流的“商业道德”标准具有一定的模糊性，而利益衡量方法直接指向“竞争行为”，考察行为对竞争利益的深层影响，符合反不正当竞争法的特性、思维范式和立法目的，更具有妥当性。

---

① 郑友德、王活涛：《新修订反不正当竞争法的顶层设计与实施中的疑难问题探讨》，载《知识产权》2018 年第 1 期。

② 宁立志：《〈反不正当竞争法〉修订的得与失》，载《法商研究》2018 年第 4 期。

③ ［德］安斯加尔·奥利：《比较法视角下德国与中国反不正当竞争法的新近发展》，范长军译，载《知识产权》2018 年第 6 期。

④ 孔祥俊：《论反不正当竞争的基本范式》，载《法学家》2018 年第 1 期。

⑤ 王磊：《法律未列举的竞争行为的正当性如何评定——一种利益衡量的新进路》，载《法学论坛》2018 年第 5 期。

在具体适用利益衡量的方法时，应全面揭示个案中与竞争相关的利益，综合权衡竞争行为对各类利益的影响，并在此基础上确定竞争行为正当与否。

3. 互联网不正当竞争行为

随着互联网领域新型不正当竞争行为的不断出现，为顺应时代和技术的发展，《反不正当竞争法》修订时新增了互联网不正当竞争行为条款，学界对此问题亦有颇多关注。

一般条款是法律原则的特殊形态，谢晓尧教授[①]根据原则性思维将一般条款裁判的“技术路线”概括为：（1）确定各个独立的利益相关者；（2）根据不同主体的利益诉求，分别提取支持其主张的规范命题；（3）将不同的规范命题表达出来；（4）对规范命题进行证成与检验；（5）对规范命题背后的利益关系进行评估、考量和权衡；（6）在多种可供选择的方案中，作出裁决。对于广告过滤行为的正当性判断，要摒弃“全有全无”的规则性思维，在个案事实中去寻求答案。

冯术杰副教授[②]考虑到以网络相关行为为代表的新型竞争行为给我国法制带来的诸多挑战，提出在有关规则的制定和适用中应以《巴黎公约》为指导，充分重视反不正当竞争法国际协调的新进展。一方面，应当将消费者权益保护作为反不正当竞争法的价值目标，并将侵害消费者权益作为不正当竞争行为的认定标准之一；另一方面，应当在立法和司法上将混淆、商业诋毁和误导等传统不正当竞争行为的适用范围予以扩展，以充分发挥其作为类型化竞争行为规则所应有的调整作用。

李阁霞副教授[③]强调反不正当竞争法规定互联网不正当竞争行为可以减少司法实践对“诚实信用”一般条款的适用，但是规范的立足点应在于对

① 谢晓尧：《一般条款的裁判思维与方法——以广告过滤行为的正当性判断为例》，载《知识产权》2018 年第 4 期。

② 冯术杰：《知识产权条约视角下新型竞争行为的规制》，载《知识产权》2018 年第 12 期。

③ 李阁霞：《互联网不正当竞争行为分析——兼评〈反不正当竞争法〉中“互联网不正当竞争行为”条款》，载《知识产权》2018 年第 2 期。

行为性质的认定，而不是互联网技术。修订后的《反不正当竞争法》中规定的互联网不正当竞争行为，有的构成不正当竞争，有的则属于正常的市场竞争手段，不应当为互联网不正当竞争行为设置“兜底”条款。

谢兰芳和黄细江[①]认为认定互联网不正当竞争行为的法律标准与核心是竞争行为的非正当性。该非正当性认定具体以公认的商业道德和诚实信用原则为价值判断，以损害为依据，从经营者利益、消费者利益和公众利益三个维度进行利益权衡，同时在具体个案中考虑技术本身、商业模式、竞争秩序、自律规范以及消费者利益等综合因素。

我国法院针对软件干扰纠纷发展出四种裁判模式：“传统侵权法益模式”“非公益必要不干扰模式”“禁止消费者混淆误认模式”和“禁止不当利用竞争者劳动成果模式”。刘维[②]强调鉴于现代竞争和创新理念、反不正当竞争法的现代发展以及一般条款正当性评判标准的转变，应当建立“综合评估”裁判模式，综合判定软件干扰行为的促进或阻碍竞争效果。

大数据的法律定位成为世界各国普遍面临的法治难题，张玉洁副教授和胡振吉[③]提出我国《网络安全法》与《刑法》对公民个人信息的保障机制，难以适用于大数据的法律保障与救济，很多大数据纠纷只能依赖《反不正当竞争法》来处理。网络平台往往将对大数据的合法控制归结为一种“竞争优势”，当其他网络平台侵犯企业大数据时，该侵权行为可能构成不正当竞争。

4. 同人作品的反不正当竞争法适用

2018 年 8 月 16 日，广州市天河区人民法院对查良镛诉杨治著作权侵权及不正当竞争纠纷一案（以下简称“金庸诉江南案”）作出一审公开判决，

---

① 谢兰芳、黄细江：《互联网不正当竞争行为的认定理念》，载《知识产权》2018 年第 5 期。

② 刘维：《论软件干扰行为的竞争法规制——基于裁判模式的观察》，载《法商研究》2018 年第 4 期。

③ 张玉洁、胡振吉：《我国大数据法律定位的学说论争、司法立场与立法规范》，载《政治与法律》2018 年第 10 期。

认定杨治使用金庸作品人物名称、人物关系等作品元素并予以出版发行的行为构成不正当竞争。该案被称为“同人作品第一案”，受到学者们的广泛关注。

王太平教授[①]认为自由竞争和知识的公共性决定了应该采取“公共领域为原则、知识产权为例外”的知识产权基本理念，而这种知识产权基本理念也决定了反不正当竞争法对知识保护的次要性、补充性和有限性。对于“金庸诉江南案”，第一，因作品元素不构成著作权客体，难以认定被告具有恶意；第二，原被告作品的类型不同，难以认定具有直接竞争关系；第三，难以证明被告的作品对原告造成实际损害；第四，不能忽视被告收益与其自身创作活动的关系。因此，“金庸诉江南案”的反不正当竞争扩展保护有失当之嫌。

对于反不正当竞争法与知识产权法之间的关系，张伟君教授②持不同态度，其认为依据反不正当竞争法和依据知识产权专门法对侵权行为提起诉讼是各自独立和平行的两个请求，对于知识产权专门法不能保护的对象，不排除依然可以按反不正当竞争法获得保护，但只能按照不正当竞争的侵权构成要件进行审查。在“金庸诉江南案”中，被告所借用的仅仅是金庸文学作品中的人物名称、性格特征和人物关系等抽象元素，《此间的少年》中的人物形象与金庸作品中的人物形象并不相同。被告的这种创作行为并不会挤占原作者的创作空间，一味加以禁止，反而不利于文学创作的自由和繁荣。

5. 其他

除此之外，还有 4 篇论文分别探讨了网络音乐市场版权独家交易模式的竞争法思考、引诱违约行为的反不正当竞争法规制、经营者新型不

---

① 王太平：《知识产权的基本理念与反不正当竞争扩展保护之限度——兼评“金庸诉江南”案》，载《知识产权》2018 年第 10 期。

② 张伟君：《从“金庸诉江南”案看反不正当竞争法与知识产权法的关系》，载《知识产权》2018 年第 10 期。

当信息行为及其规制和美国商业秘密诉讼中合理保密措施的司法判断等问题。

宁立志教授和王宇[①]认为对于音乐版权方与网络音乐服务商在版权独家交易过程中实施的虚假或引人误解的商业宣传行为，应当适用反不正当竞争法进行规制，具体表现为以下两种情形：第一，网络音乐服务商故意将独家代理音乐等同于享有专有使用权的音乐进行宣传；第二，利用质量不济的翻唱作品填充独家音乐库并进行宣传。

李扬教授和蓝小燕[②]认为由于行业规范缺失、合同的相对性、侵权责任法司法适用中的难题，对竞争者之间的引诱违约行为进行反不正当竞争法评价具有必要性。在引诱违约行为人与受害人之间存在竞争关系、合同已经成立且不存在任意解除权、行为人实施了引诱违约行为、引诱违约行为具有不正当性等要件下，引诱违约行为构成不正当竞争行为。将符合特定要件的引诱违约行为评价为不正当竞争行为，不会限制契约自由，且效率违约不能成为引诱违约行为正当性的理论依据。

王红霞副教授[③]认为制造信息混乱、表述信息模糊、潜藏关键信息三类不当信息行为是引致消费者困惑的直接原因，而既有欺诈禁止和虚假宣传禁止制度难以对其进行规制。因此，建议在日后的实施条例或细则制定中，扩张对《反不正当竞争法》第 8 条的解释，将引致困惑的行为纳入调整范围，与引人误认行为并列，并将无正当理由频繁变动信息、故意模糊信息和潜藏关键信息三类具体行为予以明确示例，且设定兜底条款。

宋建宝[④]在分析美国相关立法以及司法判例的基础上，建议我国借鉴侵权法中的合理第三人注意义务制度，形成保密措施合理性判断的一般原则。

---

① 宁立志、王宇：《叫停网络音乐市场版权独家交易的竞争法思考》，载《法学》2018 年第 8 期。

② 李扬、蓝小燕：《引诱违约行为的反不正当竞争法评价》，载《知识产权》2018 年第 7 期。

③ 王红霞：《引人误认到引人困惑：经营者新型不当信息行为及其规制》，载《法学评论》2018 年第 4 期。

④ 宋建宝：《美国商业秘密诉讼中合理保密措施的司法判断》，载《知识产权》2018 年第 5 期。

第一，对于合理第三人能够预见、能够采取的保密措施，信息持有人应当已经采取；第二，根据信息持有人已经采取的保密措施，判断合理第三人从该信息持有人处获取有关信息的难易程度；第三，对于所采取的保密措施需要考虑“度”的要求，既不能“不及”，也不能“过”。

第五章

中国反不正当竞争法发展研究报告

（2018—2019）[①]

① 在本报告撰写过程中，武汉大学法学院/知识产权与竞争法研究所硕士研究生龚涛、杨舒雅、喻张鹏、李慧妍做了大量资料收集与整理工作，特此鸣谢。

2019 年我国反不正当竞争法律制度发展的显著特点是稳中有变：自 2017 年《反不正当竞争法》修订以来，我国反不正当竞争法律实践在该法引导下获得稳定发展；在该法实施一年多之后，我国再次对《反不正当竞争法》中的商业秘密条款进行了修正，这与中美贸易摩擦和谈判等背景密不可分；此外，随着产业互联网的发展，各种新型不正当竞争案件层出不穷，“反法”在实施过程中遇到了不同以往的挑战。本报告从《反不正当竞争法》的再次修改入手，结合其具体实施情况、代表性案例及学术前沿观点，对 2019 年反不正当竞争法律制度的发展情况进行梳理和总结。

一、反不正当竞争法律制度的新发展

（一）2019 年《反不正当竞争法》的修正

1. 修正背景

2019 年 4 月 23 日，第十三届全国人民代表大会常务委员会第十次会议审议通过了《反不正当竞争法》的修正。本次修正距上次修订（2017 年 11 月 4 日）仅一年有余，修改内容也仅限于商业秘密条款，其修法间隔时间之短、决定之急迫、范围之有限，需要将其置于特定的背景下加以解读——中美贸易谈判。2018 年，美国以知识产权保护为由对中国发起贸易战，知识产权保护随之成为中美贸易谈判的焦点之一。

2019 年 3 月 15 日，第十三届全国人民代表大会第二次会议通过了《外商投资法》，取代施行多年的《中外合资经营企业法》《中外合作经营企业法》《外资企业法》，成为中国外商投资领域的基本法。《外商投资法》第 23 条规定行政机关及其工作人员对于履行职责过程中知悉的商业秘密应当予以保密，同时第 39 条规定了相应的法律责任。为配合《外商投资法》的实施，加强对商业秘密的保护，并回应美国所谓知识产权保护问题，缓和中美贸易摩擦，本次《反不正当竞争法》的修订便应景而生。

2. 修订内容

从条文修改的具体情况来看，本次修法仅涉及《反不正当竞争法》中的商业秘密内容，主要包括以下四个条文：

一是对第 9 条关于商业秘密认定的修改。新法在第 9 条第 1 款第 1 项中增加了“电子侵入”的手段；在第 3 项中将“约定”改为“保密义务”；增加一项作为第 4 项，即“教唆、引诱、帮助他人违反保密义务或者违反权利人有关保守商业秘密的要求，获取、披露、使用或者允许他人使用权利人的商业秘密”。增加一款作为第 2 款，即“经营者以外的其他自然人、法人和非法人组织实施前款所列违法行为的，视为侵犯商业秘密”。在第 4 款对商业秘密的定义中，在“技术信息、经营信息”后增加“等商业信息”。

二是关于第 17 条侵犯商业秘密行为民事法律责任的修改。新法在第 17 条中增加了惩罚性赔偿制度，对经营者恶意实施侵犯商业秘密的行为，情节严重的，可以在根据实际损失或侵权所得利益所确定数额的 1 倍以上 5 倍以下确定赔偿数额；并且将法定赔偿的最高限额由 300 万元提高到了 500 万元。

三是关于第 21 条侵犯商业秘密行为行政法律责任的修改。新法在第 21 条中增设了没收违法所得的处罚形式，并将罚款的上限由 50 万元、300 万元分别提高到了 100 万元、500 万元。

四是新增第 32 条对侵犯商业秘密的民事审判程序中举证责任的转移作出规定，即“在侵犯商业秘密的民事审判程序中，商业秘密权利人提供初步证据，证明其已经对所主张的商业秘密采取保密措施，且合理表明商业秘密被侵犯，涉嫌侵权人应当证明权利人所主张的商业秘密不属于本法规定的商业秘密。商业秘密权利人提供初步证据合理表明商业秘密被侵犯，且提供以下证据之一的，涉嫌侵权人应当证明其不存在侵犯商业秘密的行为：

（一）有证据表明涉嫌侵权人有渠道或者机会获取商业秘密，且其使用的信息与该商业秘密实质上相同；（二）有证据表明商业秘密已经被涉嫌侵权人披露、使用或者有被披露、使用的风险；（三）有其他证据表明商业秘密被涉嫌侵权人侵犯。”

3. 修法评价

此次修法扩大了商业秘密的保护范围、提高了对侵犯商业秘密行为的惩罚力度、降低了诉讼中商业秘密权利人的举证责任，从而全方位、多层次地加强了对商业秘密的法律保护，也对优化营商环境、促进经济发展具有重要意义。但囿于修法急迫和论证不足，部分条款仍存在考虑不周的情形，需要通过后续修订或解释予以完善。

（1）增列商业秘密的侵权方式

随着互联网产业的发展，在计算机中存储商业秘密成为多数经营者的选择。然而，一些不法分子通过侵入他人计算机，盗取商业秘密，来谋取不正当利益，严重扰乱了市场竞争秩序。原《反不正当竞争法》第 9 条第 1 款第 1 项规定了“盗窃、贿赂、欺诈、胁迫或者其他不正当手段”，“电子侵入”可以纳入“其他不正当手段”进行规制，但由于实践中以“电子侵入”手段获取商业秘密的案件频频发生，有必要单独列出予以明确。然而，此条未明确定义何为“电子侵入”。《刑法》第 285 条第 2 款规定的非法获取计算机信息系统数据罪也将“侵入”作为犯罪构成要件，在配套司法解释对“电子侵入”进行细化解释之前不妨参照该罪名，解释此处“侵入”的含义。①

（2）周延了保密义务的来源

修正前第 9 条第 1 款第 3 项规定，“违反约定或者违反权利人有关保守商业秘密的要求，披露、使用或者允许他人使用其所掌握的商业秘密”属于侵犯商业秘密的行为，其中“约定”是基于双方合意而产生的保密义务，“权利人有关保守商业秘密的要求”是基于权利人单方意思表示而产生的保

① 李占科、张艳冰：《不可不知的“商业秘密”》，载《中国市场监管报》2019 年 5 月 21 日第 7 版。

密义务，但是旧法忽略了保密义务的来源除了当事人的意思表示之外，还包括法律的强制性规定。导致旧法对商业秘密权利人的保护不够周延，将“约定”改为“保密义务”则有效地弥补了这一漏洞。

需要注意的是，《刑法》第219条有关侵犯商业秘密罪的最新修改也弥补了上述漏洞，即《刑法修正案（十一）》结合《反不正当竞争法》的变化及时进行了修订，将“约定”改为“保密义务”，因此，违反法律规定的保密义务而侵犯商业秘密的行为，也将构成刑事违法，这也使我国的商业秘密法律规制体系臻于和谐、完善。

（3）增加教唆、引诱、帮助侵权的规定

修正后的《反不正当竞争法》第9条第1款第4项规定了教唆、引诱、帮助侵权的行为。所谓教唆，是指利用言语对他人进行开导、说服，或通过刺激、利诱、怂恿等办法使被教唆者接受教唆意图，进而从事某种侵权行为。所谓引诱，是指使用利诱手段，使人认识模糊而做出符合诱导者意图的行为。所谓帮助，是指通过提供工具、指示目标或以言语激励等方式，从物质上和精神上帮助实施加害行为的人。[①]

《民法典》第1169条第1款规定：“教唆、帮助他人实施侵权行为的，应当与行为人承担连带责任。”在《民法典》已经规定了教唆、帮助侵权的情况下，《反不正当竞争法》对此再次进行规定，是否属于重复立法呢？答案是否定的。一方面，依据《民法典》，教唆、帮助者仅需承担民事责任，在《反不正当竞争法》进行规定后，教唆、引诱、帮助者不仅需要承担民事责任，还需要承担行政责任。另一方面，教唆、引诱、帮助的行为具有较强的隐秘性，原告往往难以举证证明其间接侵权，在《反不正当竞争法》中单独规定教唆、引诱、帮助行为，并配合第32条举证责任转移的规定，可降低原告举证负担。

然而，本项规定也存在一定的不合理之处。一方面，列举“教唆、引

① 王利明：《侵权责任法研究·上卷（第二版）》，中国人民大学出版社2018年版，第550页。

诱、帮助”三类行为产生了逻辑上的混乱。“教唆”强调对犯意的强化；“引诱”强调通过利诱方式强化犯意，是“教唆”的一种特殊方式；“帮助”强调在行为上予以支持。前两者强调主观方面，后者强调客观方面。若想区分主客观方面的行为，仅列举“教唆、帮助”两类行为即可，其他强化犯意的行为均可解释进“教唆”中。[①]若想对主观方面的行为进行细致区分，则应列举“教唆、引诱、欺骗、胁迫、帮助”等行为方式，欺骗、胁迫与引诱作为产生和强化犯意的不同途径，应当“同生共死”。[②]另一方面，本项对教唆、引诱、帮助之对象的规定存在立法漏洞。本项规定的教唆、引诱、帮助的对象仅针对第3项中规定的合法持有商业秘密的主体，而不针对第1项、第2项中规定的违法获取商业秘密的主体，对于教唆、引诱、帮助违法获取商业秘密的主体，则只能适用《民法典》第1169条之规定，以教唆、帮助侵权为由追究其民事责任，以及《刑法》第25条之规定，以共同犯罪为由追究其刑事责任，而不能依据《反不正当竞争法》追究其行政责任。

综上所述，本项应修改为：“（四）教唆、帮助他人实施本款第（一）至（三）项的行为，获取、披露、使用或者允许他人使用权利人的商业秘密”或“（四）教唆、引诱、欺骗、胁迫、帮助他人实施本款第（一）至（三）项的行为，获取、披露、使用或者允许他人使用权利人的商业秘密”。

（4）扩大侵权主体的范围

旧《反不正当竞争法》将侵犯商业秘密的主体限定为“经营者”，即从事商品生产、经营或者提供服务的自然人、法人和非法人组织。但是在实践中，商业秘密权利人的员工、前员工或者某些不从事商品生产、经营或提供服务的单位、个人，也可能会实施侵犯商业秘密的行为，而这些主体的行为很难依据旧《反不正当竞争法》得到规制。为了弥补这一漏洞，本次修法将侵犯商业秘密的主体从单独的经营者扩大到包括“经营者以外的

① 如《民法典》第1169条。

② 如《刑法》第353条、《治安管理处罚法》第73条、《反恐怖主义法》第29条。

其他自然人、法人和非法人组织”，从而实现了主体范围的全覆盖。

值得注意的是，“经营者以外的其他自然人、法人和非法人组织”实施第 9 条第 1 款所列违法行为的，“视为”侵犯商业秘密。“视为”一词表明这是一种法律拟制，这是因为《反不正当竞争法》所规制的不正当竞争行为是发生在具有竞争关系的主体之间的。与《反垄断法》相比，《反不正当竞争法》对竞争要素的要求有所淡化，并不要求主体之间具有直接的竞争关系，只需具有间接竞争关系即可。[①] 而“经营者以外的其他自然人、法人和非法人组织”与“经营者”之间，往往连最低限度的间接竞争关系都不存在，为了符合《反不正当竞争法》的基本逻辑，不能直接将“经营者以外的其他自然人、法人和非法人组织”的行为作为不正当竞争行为，所以只能通过法律上的拟制，将其“视为”不正当竞争行为，在《反不正当竞争法》中加以规定。

（5）完善商业秘密的定义

旧《反不正当竞争法》对商业秘密的定义为“不为公众所知悉、具有商业价值并经权利人采取相应保密措施的技术信息、经营信息”，该定义中，“不为公众所知悉、具有商业价值并经权利人采取相应保密措施”是商业秘密与其他概念的差异，“技术信息、经营信息”是临近的属概念，虽然“技术信息、经营信息”本身的内涵也十分丰富，可解释空间很大，但仍然有一些属于商业秘密的信息无法纳入这一概念中。因此，本次修法在“技术信息、经营信息”后增加“等商业信息”，在临近属概念的基础上又增加了一层属概念，即“商业秘密”是符合保密性、价值性和秘密性的“技术信息、经营信息”的属概念，而“商业信息”亦是“技术信息、经营信息”的属概念，这就形成了双重属概念加种差的定义方式，通过这种兜底性表述，使得商业秘密的表现形式不再局限于“技术”或“经营”信息，也涵盖了他类商业信息。[②]

---

① 参见王先林：《竞争法学（第三版）》，中国人民大学出版社 2018 年版，第 87 页。

② 詹昊、宋迎等：《本次〈反不正当竞争法〉修改意义重大》，载《中国市场监管报》2019 年 5 月 21 日第 7 版。

（6）强化侵犯商业秘密行为的法律责任

本次修法在第 17 条中增设了惩罚性赔偿制度，即“经营者恶意实施侵犯商业秘密行为，情节严重的，可以在按照上述方法确定数额的一倍以上五倍以下确定赔偿数额”。竞争秩序具有广延性，一旦被打破，覆水难收，很难用赔偿填补市场损失。预防比填补更适合竞争秩序的维护，惩罚性赔偿具有预防性功能。[①] 在本次修法中，我国就《反不正当竞争法》中建立惩罚性赔偿制度进行了有益探索，虽然从无到有已经实现了历史性的突破，但是探索的步伐仍然较为缓慢。一方面，适用惩罚性赔偿的行为仅限于侵犯商业秘密；另一方面，赔偿的主体限于实施侵权行为的经营者。在以后的修法中，可以适当拓宽适用的行为和主体范围。本次修法将第 17 条第 4 款规定的法定赔偿最高限额由 300 万元提高到了 500 万元。《商标法》的修订对法定赔偿最高限额作了同样的修改。在 2020 年 10 月修正的《专利法》中，同样将法定赔偿最高限额提高到了 500 万元。可见我国在加大对知识产权的保护力度，统一对不同类型知识产权的保护标准。

此外，本次修法还在第 21 条中增加了没收违法所得的处罚形式，增加了侵犯商业秘密的违法成本，可以起到有效的威慑和预防作用，从源头上抑制经营者侵犯商业秘密的意图。但是增加“没收违法所得”的合理性是有待商榷的。

一方面，没收违法所得的认定往往成为执法难点，而有关违法所得的认定也经常引发行政争议。[②] 越来越多的国家与地区将“没收违法所得”的补偿性功能一并放进“罚款”这种制裁方式之中，并且逐步提高罚款数额与力度。[③] 与单独增加“没收违法所得”这一处罚类型相比，将违法所得作为罚款数额的考量因素更为合适。

---

① 刘继峰：《竞争法学（第三版）》，北京大学出版社 2018 年版，第 397 页。

② 王青斌：《行政法中的没收违法所得》，载《法学评论》2019 年第 6 期。

③ 冯博：《反垄断法中罚款数额的影响因素与实证检验——基于我国反垄断法实施十年的数据》，载《山东大学学报（哲学社会科学版）》2019 年第 3 期。

另一方面，“没收违法所得”与“侵权所得利益”在适用上存在逻辑冲突。根据《反不正当竞争法》第17条第3款，不正当竞争行为民事赔偿的数额按照实际损失计算；实际损失无法计算的，按照侵权所得利益计算；在恶意侵犯商业秘密的情形下，还可以在上述方法所确定数额的基础上进行惩罚性赔偿。对于侵犯商业秘密的行为，若民事赔偿和行政处罚并存，行政处罚中的“违法所得”与民事赔偿中的“侵权所得利益”具有相同的含义，其数额也应相同，在已经进行了民事赔偿，甚至惩罚性赔偿的情况下，行政机关依然适用“没收违法所得”变相违背了“一事不再罚”原则。在后续《反不正当竞争法》修订时，建议淡化“没收违法所得”这一处罚类型，尽量减少适用的情形而不是予以扩张。若保留现存“没收违法所得”的处罚，则应在前面增加“可以”二字，给予行政机关自由裁量权，在已经进行了充足的民事赔偿的情形下，可以不没收违法所得，以彰显法律之公允。

（7）侵犯商业秘密的民事审判程序中举证责任的转移

在侵犯商业秘密的民事诉讼中，当事人之间举证责任的分配往往直接关系到案件的处理结果。按照侵权法和民事诉讼法的一般规则，商业秘密权利人不但要证明其持有的商业信息属于商业秘密，还要证明被告实施了具体侵犯商业秘密的行为，商业秘密权利人举证十分困难。总的来说，本次修法通过明确规定举证责任的转移、降低证明标准，在法律效果上极大地减轻了商业秘密权利人的举证责任，使得商业秘密侵权纠纷中的举证责任分配近乎变成了举证责任倒置，将是否构成商业秘密侵权的举证责任实质上分配给了侵权人。①

本次修法后，在商业秘密的构成要件方面，权利人只需提供初步证据证明商业秘密的“保密性”，而无须证明“秘密性”和“价值性”，并且合理表明商业秘密被侵犯，举证责任即转移给被告。在侵犯商业秘密的行为方面，

① 陈冠东：《商业秘密侵权纠纷中举证责任的再认识——写在〈反不正当竞争法〉第三十二条增加之际》，载《中国专利与商标》2019年第3期。

权利人只需提供初步证据合理表明商业秘密被侵犯，且提供以下三类证据之一，举证责任即转移给被告：一是“有证据表明涉嫌侵权人有渠道或者机会获取商业秘密，且其使用的信息与该商业秘密实质上相同”，此项针对的是违法获取商业秘密的情形，将实践中广泛适用的“接触＋相同－合理来源”的侵权认定方式以法律形式予以确认。二是“有证据表明商业秘密已经被涉嫌侵权人披露、使用或者有被披露、使用的风险”，此项针对的是违法披露、使用商业秘密的情形，将尚未披露、使用但“有被披露、使用的风险”纳入保护范围，有效提高了对商业秘密的保护效果。三是“有其他证据表明商业秘密被涉嫌侵权人侵犯”，此项为兜底条款。根据第 32 条第 2 款第 3 项的规定，本项的完整表述是：“商业秘密权利人提供初步证据合理表明商业秘密被侵犯，且提供其他证据表明商业秘密被涉嫌侵权人侵犯，涉嫌侵权人应当证明其不存在侵犯商业秘密的行为。”也就是说，商业秘密权利人需要表明其权利受到侵犯，且侵权行为是涉嫌侵权人所为，举证责任即转移给涉嫌侵权人。在证明标准上，商业秘密权利人需要“证明”其采取了保密措施，而对于商业秘密是否受到侵犯，法条采取了“表明”和“合理表明”的表述，无须达到“证明”的高度，降低了证明标准，但是“证明”和“表明”的界限如何，仍需司法解释予以明确。

（二）大数据领域的不正当竞争热点问题

随着数字经济的发展，数据的经济价值日益凸显，越来越多的企业正在采用数据驱动型商业模式和战略，以争取领先竞争对手，维持竞争性“数据优势”。而与一般数据不同，大数据是一个集合体，是指“容量大小超出一般数据软件所能采集、储存和分析的数据集”，既包括随处可见的、多渠道收集到的各式信息，也包括对已收集的信息加工后的预测、分析信息。[①]

① 张玉洁、胡振吉：《我国大数据法律定位的学说论争、司法立场与立法规范》，载《政治与法律》2018 年第 10 期。

通常认为大数据具有“四 V”特征：数据的规模（Volume）大；收集、使用和传播数据的速度（Velocity）快；聚集起来的信息种类（Variety）多；以及数据的价值（Value）高。[①] 鉴于在反不正当竞争法视角下，纠纷多发生在大数据领域内，故一般数据领域内的纠纷不在本书探讨范围内。近年来我国已发生多起大数据纠纷，典型案例有百度诉奇虎 360 违反“Robots 协议”爬取数据纠纷案、脉脉非法抓取使用新浪微博用户信息案、大众点评诉百度地图不正当竞争案、实时公交查询软件“酷米客”诉“车来了”盗取后台数据纠纷案、淘宝诉美景公司大数据产品不正当竞争案等。[②] 从近几年的司法实践来看，目前国内大数据领域的不正当竞争多涉及以下几个问题：

1. 大数据的权属认定及权益分配

我国对数据所有权和控制权缺乏明确系统的规定，散见于不同的法律法规中，且多以原则性或禁止性条款出现，没有明确规定数据的权属问题。[③] 在司法实践中，法院灵活避开权属认定的难题，从保护财产权益的角度出发，承认经营者对其控制的数据享有财产权益。有学者认为数据资源成为企业间的关键竞争资源，不断涌现的数据竞争纠纷引发了新的法律关切，其核心在于数据共享与专享之间、数据控制与使用之间的数据资源配置方式。因此如何在数据经营者之间安排数据共享或专享，如何配置数据信息的控制权与使用权，这是数字经济发展的一个核心问题。[④] 在现有

---

① ［美］莫克斯·E. 斯图克、艾伦·P. 格鲁内斯：《大数据与竞争政策》，兰磊译，法律出版社 2019 年版，第 16 页。

② 百度诉奇虎 360 违反“Robots 协议”爬取数据纠纷案［北京市第一中级人民法院（2014）民三终字第 11 号民事判决书］、脉脉非法抓取使用新浪微博用户信息案［北京知识产权法院（2016）京 73 民终 588 号民事判决书］、大众点评诉百度地图不正当竞争案［上海知识产权法院（2016）沪 73 民终 242 号民事判决书］、实时公交查询软件“酷米客”诉“车来了”盗取后台数据纠纷案［深圳市中级人民法院（2017）粤 03 民初 822 号民事判决书］、淘宝诉美景公司大数据产品不正当竞争案［杭州市中级人民法院（2018）浙 01 民终 7312 号民事判决书］。

③ 曾雄：《数据不正当竞争纠纷的司法实践》，载《信息安全与通信保密》2018 年第 11 期。

④ 田小军、曹建峰、朱开鑫：《企业间数据竞争规则研究》，载《竞争政策研究》2019 年第 4 期。

法律框架未对数据的权利属性加以明确规定的情况下，数据竞争规则的制定应从维护公共利益、促进产业发展和保障用户权益这三个维度加以考量。[①]

2. 数据抓取行为的正当性分析

就目前国内大数据竞争的相关案例而言，涉及的数据抓取行为有三种形式，分别是开放平台数据集下载[②]、开放应用程序编程接口获取[③]和网络爬虫爬取[④]。数据抓取方式不同，认定其构成不正当竞争的规则也不同。在脉脉非法抓取使用新浪微博用户信息案中，双方通过新浪的 Open API 进行合作，分享数据。法院在该案中指出从保护网络用户个人信息的角度出发，第三方通过开放平台 Open API 间接获取用户数据时需获得用户授权和平台方授权，即应遵循“用户授权 + 平台授权 + 用户授权”三重授权原则，否则就构成不正当竞争。在百度诉奇虎 360 违反“Robots 协议”爬取数据纠纷案中，法院经审理认为，“Robots 协议”被认定为搜索引擎行业内公认的、应当被遵守的商业道德，被告公司在推出搜索引擎的伊始阶段没有遵守原告网站的协议声明，其行为应被认定为不正当竞争。据此分析，在《反不正当竞争法》的框架下，认定数据抓取行为是否构成不正当竞争并没有明确具体的规则，法官往往基于不同因素的考量对于此类新问题有不同的理解。尽管具体实践中一些创新性规则的提出及适用有一定的示范意义，但因总体认定框架不明，长此以往，会削弱《反不正当竞争法》对经营者行为的指引及预期作用。

---

① 姚佳:《企业数据的利用准则》，载《清华法学》2019 年第 3 期。

② 开放平台数据集下载，指在平台注册或者付费后即可下载开放数据，下载完成后使用 Python 工具进行提取和整理，使数据以表格或者图表的可视化形式呈现。

③ 开放应用程序编程接口获取，指直接利用 API（Application Programming Interface）读取数据，先由网站主动提供通道，他人通过该通道可描述自己需要的数据，网站审核通过后即可将数据发送给需求方。

④ 网络爬虫爬取，指利用网络爬虫机器人自动浏览万维网，从而保存其访问的网页或进一步用于搜索引擎编制索引数据库。

3. 大数据不正当纠纷具体规则的适用

大数据作为网络新型不正当纠纷的类型之一，2017 年修订的《反不正当竞争法》增设的“互联网专门条款”却并未对其作出回应。在具体的司法实践中，法官多采用《反不正当竞争法》第 2 条来判案，如上述的脉脉非法抓取使用新浪微博用户信息案、实时公交查询软件“酷米客”诉“车来了”盗取后台数据纠纷案、淘宝诉美景公司大数据产品不正当竞争案。《反不正当竞争法》第 2 条在解决大数据纠纷这一类案件时被大量援引，有被滥用的风险。同时因其规定较为抽象，法官在判定时具有较大的自由裁量权，长此以往可能削弱该条的指引作用。最高人民法院此前对第 2 条的适用条件在个案判决中作了具体规定：一是法律未对该种竞争行为作出特别规定；二是确因该种竞争行为导致其他经营者的合法权益受到了实际损害；三是因为该种竞争行为违反诚实信用原则和公认的商业道德而确实具有不正当性或者可责性。为解决上述问题，有学者提出以下途径：将司法实践中已认定过的诚实信用原则和商业道德进行列举，进一步明确第 2 条具体适用规定中诚实信用原则和商业道德的内涵及外延。[①]

（三）互联网平台的不正当竞争法律问题

1. 互联网不正当竞争条款的法律适用

为应对新型互联网不正当竞争行为，2017 年《反不正当竞争法》修订时增加了第 12 条，即所谓的“互联网专条”。“互联网专条”是对之前互联网领域反不正当竞争执法和司法经验的高度总结，但是在修法近两年时间内，该条文被援引使用的次数并不多。截至 2019 年 12 月 15 日，经过在多个法律案例数据库的检索，也仅找到十例适用“互联网专条”进行判决的法律文书。在此选择其中有代表性的两个案例，对其事实依据以及裁判要

---

① 曾雄：《数据不正当竞争纠纷的司法实践》，载《信息安全与通信保密》2018 年第 11 期。

旨进行分析。在“北京微梦诉上海复娱不正当竞争”[①]案中，涉及信息抓取和功能屏蔽问题。微梦公司是新浪微博的ICP备案主体，复娱公司是手机应用“饭友”APP开发者。复娱公司非法抓取新浪微博明星账号数据并在“饭友”APP的微博专题中进行展示，其次在“饭友”APP的微博中恶意屏蔽微博的超级话题、票务、推荐、点赞、外部链接网站、可能感兴趣的人等多项功能，并嵌入送花等其自有功能。微梦公司主张复娱公司的上述两项行为违反了《反不正当竞争法》第12条第2款第4项、第2条规定。二审法院围绕《反不正当竞争法》第12条第2款第4项进行说理，根据双方的用户和经营范围高度重合，认定了微梦公司和复娱公司存在竞争关系，认可了复娱公司抓取新浪微博数据并在“饭友”APP上进行展示影响了微博与用户间的协议的履行，导致微梦公司对数据维护等的投入无法获得相应回报，妨碍、破坏了新浪微博的正常运营，属于不正当竞争。并根据被诉行为已适用《反不正当竞争法》具体条款，否认了微梦公司关于同时适用该法第2条进行调整的主张。该案二审维持了原判。

在“爱奇艺诉乐播不正当竞争”[②]案中，涉及运用技术手段屏蔽视频网站广告问题。“乐播投屏”系乐播科技公司经营的软件，该软件在手机页面设置“爱奇艺”官方视频入口吸引用户点播影视剧节目并可过滤片头及暂停处广告。法院认为被告乐播公司在未经原告许可的情况下，采取技术手段屏蔽爱奇艺网的片头、暂停处广告播放视频，对爱奇艺公司的正当权益造成损害，此行为属于《反不正当竞争法》第12条所规定的“利用技术手段，通过影响用户选择或者其他方式，实施的妨碍、破坏其他经营者合法提供的服务正常运行的行为”，构成不正当竞争，最终依据《反不正当竞争法》第12条第1款、第2款第4项作出了判决。

从上述案件可以看出，《反不正当竞争法》中增加的“互联网专条”，反

---

① 北京知识产权法院（2019）京73民终2799号民事判决书。

② 北京市海淀区人民法院（2018）京0108民初48523号民事判决书。

映了时代发展的要求，为法院处理互联网类型的案件提供了一定参考，这无疑对反不正当竞争法的不断发展进步具有重要的意义。但在具体适用中仍存在许多局限性。第一，覆盖面较窄。目前《反不正当竞争法》第12条的规定无法有效覆盖互联网新型不正当竞争行为。第二，表述不清。如第2款中的“影响用户选择”，这在互联网经营竞争中几乎是不可避免的。如果“影响用户选择”被确定为互联网不正当竞争行为的判断标准，那么市场上任何竞争都会成为不正当竞争，这显然是荒谬的。第三，第4项兜底条款过于模糊。“互联网条款”的诞生在一定程度上是为了防止所有的互联网不正当竞争行为都适用第2条概括性条款，但第12条第4项仍然存在过于模糊的问题，没有说明正当的互联网竞争行为和不正当的互联网竞争行为的界限。互联网竞争行为经常通过“妨碍、破坏”其他互联网企业的产品或服务而实施，如果一概反对、规制，那么很有可能就会干扰行业和市场的发展进步，也与竞争保护的宗旨相违背。

2. 互联网直播中的不正当竞争行为

近几年随着游戏直播行业的发展，互联网直播中的不正当竞争案件也层出不穷，通过检索相关案例可发现主要包括游戏转播侵权案件、“主播跳槽案”等，如“耀宇文化诉斗鱼著作权权属、侵权”[①]案、“鱼趣诉炫魔、脉淼著作权权属、侵权”[②]案。从这些案例可以看出，在网络直播中出现的新型不正当竞争行为，法官多援引《反不正当竞争法》第2条来作为法律依据。适用一般条款认定不正当竞争行为的要件有四个：经营者、竞争行为、违反诚实信用与商业道德以及损害他人合法权益。其中违反诚实信用与商业道德是判断不正当竞争行为最重要的要件。但是商业道德具有地方性、行业性、主观性，不同的理解会产生不同的判决结果，这就要求竞争领域的商业道德必须是公认的即必须以特定市场中普遍的和共同接受的伦理为标

---

① 上海知识产权法院（2015）沪知民终字第641号民事判决书。

② 武汉市中级人民法院（2017）鄂01民终4950号民事判决书。

准。对竞争行为不正当性的认定，往往需要考虑多方利益主体，通过利益衡量平衡各方，这也决定了一般条款适用的复杂性。另外，《反不正当竞争法》第2条在拓宽调整主体范围的同时，也加深了《反不正当竞争法》与其他相关法律界限的冲突。就上述案例而言，在存在不正当竞争纠纷的同时，还存在知识产权纠纷。《反不正当竞争法》的重要作用之一就是为知识产权提供补充性保护。但在这一范围内，两者的适用就有了重叠。因此为了提高效率，节省诉讼资源，应当对该两类法律的适用边界作出明确区分。

3. “二选一”行为的法律规制

所谓“二选一”，规范的称谓是“平台独家交易行为”，它并不是一个严格的法律概念，而是对电商平台拒绝交易、限定交易、排他性交易、独家交易等类似行为的通俗说法，通常是指电商平台企业通过各种手段阻止商家入驻其他电商平台的行为。[①]“二选一”包括合意性“二选一”和强制性“二选一”。合意性“二选一”是指平台和商家双方在互相尊重、充分沟通、完全自主的情况下达成的排他性交易协议，也可称作合作型“二选一”，一般不涉嫌违法。强制性“二选一”是指平台利用自身的强势地位通过屏蔽、降权等手段迫使弱势商家选边站的限定交易、拒绝交易等行为，又可称作剥削型“二选一”，往往成为法律规制的不正当行为。具体而言，对强制性“二选一”行为的规制规则主要存在于以下法律法规中：《反垄断法》第17条、《反不正当竞争法》第2条及第12条、《电子商务法》第22条及第35条。

相比《反垄断法》《电子商务法》，依据《反不正当竞争法》规制“二选一”行为有着一定的优势。相较于《反垄断法》，《反不正当竞争法》第12条的适用门槛较低，不需要认定涉案企业的市场支配地位。相较于《电

① 何茂斌：《电商平台“二选一”行为法律规制初探》，“知产力”公众号，2019年12月10日访问。

子商务法》,《反不正当竞争法》第 12 条的适用范围更广，不限于电子商务领域，适用于所有互联网领域。如市场监管总局公布的 2018 年查处不正当竞争行为典型案例之一的“浙江海盐县市场监督管理局查处嘉兴市洞洞拐网络科技有限公司利用网络技术手段妨碍竞争案”，就是一个外卖平台利用技术手段迫使商户“二选一”的典型案例。市场监管部门认为，当事人为维持其市场占有率，采用修改商家配送范围等不当技术手段，强迫其平台商家关闭或停止在“闪电小哥”平台经营的行为，违反了《反不正当竞争法》第 12 条第 2 款第 2 项的规定，属不正当竞争行为。但同时，仅仅依靠《反不正当竞争法》第 12 条对于“二选一”行为进行规制也有局限性，其只限于规制通过“技术手段”实施的互联网不正当竞争行为，不仅给监管部门的调查取证工作带来一定的困难，而且难以涵盖所有“二选一”情形。

（四）一般条款的适用问题

我国《反不正当竞争法》的一般条款通常指该法第 2 条第 1 款和第 2 款，虽然理论上对于第 2 条是否属于一般条款仍存在较大争议，但是不妨碍司法实践将其作为一般条款来认定不正当竞争行为。

根据“中国裁判文书网”的数据，2018 年 1 月 1 日至 2019 年 12 月 31 日，我国涉及《反不正当竞争法》的案件共 4997 件，而依据第 2 条进行裁判的案件共 1234 件，占比近四分之一，其中 2018 年 757 件，2019 年 477 件；案件数量排前三的地区分别为广东省（283 件）、北京市（177 件）、浙江省（141 件）。截至 2019 年 12 月 31 日，最高法发布的指导性案例中，涉及《反不正当竞争法》的共 5 件，其中涉及第 2 条的共 2 件，发布的公报案例中，涉及《反不正当竞争法》的共 62 件，其中涉及第 2 条的共 22 件。

司法实践中《反不正当竞争法》的适用方式可以归结为三类：一是辅助具体条款的适用，即同时适用一般条款与具体条款，一般条款此时仅作为帮助具体条款适用的辅助性条款；二是辅助其他法律的适用，即以商标法等知识产权法为基础，同时适用反法的一般条款；三是单独适用一般条款，此时一般条款可以独立作为认定不正当竞争行为的依据。

在适用一般条款的态度方面，虽然司法政策和主流裁判始终强调限制适用态度，但司法实践中对于一般条款有明显的不适当扩张其适用范围甚至滥用的倾向。[①]滥用一般条款会增加司法过度干预经济活动的风险，抑制新的商业模式，阻碍市场经济的发展。所以应当坚守一般条款以不适用为原则、以适用为例外的基本逻辑。在适用一般条款的逻辑序位方面，应坚持具体规则优先于一般条款的基本逻辑，未穷尽具体规则，不得径行适用一般条款裁判案件。

在具体适用一般条款时，一方面，将商业惯例上升为一般条款中的“商业道德”需要谨慎对待。虽然 2017 年修法时将“公认的商业道德”修改为了“商业道德”，但作为法律上裁判依据的商业道德必须是“公认的”，即必须以商业领域普遍认知和接受的伦理为标准，防止将个人道德或者社会道德简单等同于商业道德，不适当地扩张不正当竞争行为的范围。[②]法院在判断商业惯例时，有必要从客观和主观两个方面进行把握：客观上主要考察行为的普遍度和延续度，主观上主要考察行为被视为规范的认同度。[③]

另一方面，认定不正当竞争行为时，在道德评判外还要考察市场效果。2017 年《反不正当竞争法》修订时将“扰乱市场竞争秩序”放在“损害其他经营者或者消费者的合法权益”之前，突出了不正当竞争行为对市场秩序的破坏。适用一般条款时也应当更加注重对竞争行为的市场效果分析，以“保护竞争而不是竞争者”为出发点，围绕市场自身的运行规则、竞争行为与市场规则的契合性等客观要素，考察竞争行为是否具有促进竞争的正向效果或者破坏竞争的反向效果，综合作出正当与否的评判。[④]

---

① 孔祥俊：《论新修订〈反不正当竞争法〉的时代精神》，载《东方法学》2018 年第 1 期。

② 宁立志：《〈反不正当竞争法〉修订的得与失》，载《法商研究》2018 年第 4 期。

③ 蒋舸：《竞争行为正当性评价中的商业惯例因素》，载《法学评论》2019 年第 2 期。

④ 傅显扬：《反不正当竞争法一般条款的“定位转型之困”与适用转型的变革方向》，载《南昌大学学报（人文社会科学版）》2019 年第 5 期。

二、反不正当竞争行政执法与司法保护情况

（一）反不正当竞争行政执法情况

1. 反不正当竞争行政执法总体情况[①]

《反不正当竞争法》修订两年间，全国共查处案件 2.35 万件，罚没款 13.29 亿元。2019 年 1 月，市场监管总局和 12 部门开展联合整治“保健”市场乱象百日行动并及时开展督导，公布 100 件典型案件。“百日行动”期间，全国共立案 28287 件，案值 137.03 亿元，罚没款 9.6 亿元，为消费者挽回经济损失 1.23 亿元。2019 年 8 月，全国市场监管部门部署开展重点领域反不正当竞争执法行动等工作，查办了一批具有典型意义、严重影响竞争秩序、侵害经营者和消费者合法权益的不正当竞争案件。截至 2019 年 10 月底，全国共立案 2173 件，结案 1967 件，案值 1.01 亿元，罚没款 1.02 亿元。

2. 典型案例

（1）富迪健康科技有限公司虚假宣传案[②]

2019 年 3 月，湖南省长沙市开福区市场监管局接到举报，反映富迪健康科技有限公司在当地酒店召开业绩表彰大会，该公司实际控制人在会上宣称国家领导人服用该公司产品等内容涉嫌虚假宣传。湖南省长沙市开福区市场监管局迅速对当事人立案调查。

经查，当事人在大会上假称国家领导人服用其“富迪小分子肽”产品，并假称国家部委负责人称赞该产品效果的事实属实，违反了《反不正当竞争法》第 8 条的规定，构成对其商品作虚假的商业宣传的违法行为。2019

---

① 参见中国市场监管报：《新〈反不正当竞争法〉颁布两周年　市场监管晒成绩单》，https://baijiahao.baidu.com/s?id=1649652634793892579&wfr=spider&for=pc，2021 年 7 月 19 日访问。

② 参见中国市场监管报：《食品安全违法犯罪十大典型案例》，http://k.sina.com.cn/article_3686739204_dbbf2d0402000o236.html，2021 年 7 月 19 日访问。

年 6 月，湖南省长沙市开福区市场监管局依据《反不正当竞争法》第 20 条下达处罚决定，责令当事人停止虚假宣传行为，并处罚款 200 万元。

（2）杭州某环保科技有限公司虚假宣传案[①]

2019 年 5 月 21 日，杭州市萧山区市场监管局执法人员根据举报对当事人杭州某环保科技有限公司进行检查，发现该公司多间办公室有“中国环保健康网”等标注，在经营场所有“关于美丽浙江与环境保护宣传工作函”的红头文件等文稿。执法人员对当事人涉嫌虚假宣传行为立案调查。

经查，2018 年 6 月，当事人以上海种善环保中心名义注册环保健康网。自 2019 年 2 月起，当事人自行制作“中国环保健康网浙江站”印章，印制“关于美丽浙江与环境保护宣传工作函”等文件，对外谎称其是专职环境保护宣讲单位，让社会误以为其是政府环保宣传组织或环保部门下属机构。当事人采取以协办方名义的方式，协助企事业单位召开环保宣讲会议，并借此以协办单位、赞助商的名义在会上推销水素杯和家用净水器等产品。当事人还将盖有会议协办单位公章的函件上传到其网站，误导消费者。杭州市萧山区市场监管局认为，当事人的行为违反了《反不正当竞争法》第 8 条规定，构成虚假宣传，故依据《反不正当竞争法》第 20 条之规定，对当事人罚款 50 万元。

（3）俞某等侵犯商业秘密案[②]

2008—2018 年，俞某就职于一家研发、制造、经营汽车塑料模具的专业公司（以下称甲公司）。2008 年入职后，俞某与甲公司签订了《商业秘密和竞业限制补充协议书》，公司后续出台了《信息资产管理办法》，对公司内网服务器进行保密管控。在此期间，公司为俞某配发了电脑，并设定权限，设置用户名、密码，以保护公司商业秘密。但是，俞某利用职务便利，不

① 参见中国质量新闻网：《浙江公布“亮剑 2019——打击假冒伪劣”专项行动查处十大典型案例》，http://www.samr.gov.cn/jjj/fbzdjz/201908/t20190821_306180.html，2021 年 7 月 19 日访问。

② 参见中国市场监管报：《携商业秘密“另起炉灶”，得罚！》，https://baijiahao.baidu.com/s?id=1639478165064067904&wfr=spider&for=pc，2021 年 7 月 19 日访问。

间断地从甲公司内网服务器上下载包含公司技术、市场两方面的文件资料。2017年底，俞某在甲公司不知情的情况下，与另外4名股东出资100万元，成立了乙公司，从事模具制造、加工经营活动，俞某为该公司的法定代表人。2018年3月，俞某在从甲公司离职办理商业秘密移交手续前，将擅自下载的商业秘密文件资料进行拷贝，并于离职后将文件资料带到乙公司，开展经营活动。2019年3月，俞某利用非法获取的商业秘密资料中的客户名单，以乙公司的名义与客户签订一份合同。

2019年4月，宁海县市场监管局接到甲公司举报，怀疑公司商业秘密被侵犯。该局随即展开调查，对乙公司进行现场检查，发现俞某的笔记本电脑上存储有包括甲公司相关技术说明等技术文件及甲公司客户名单等市场文件在内的大量资料。经认定，这些文件资料是不为公众所知悉、具有一定商业价值的。当事人俞某利用职务便利，违反与甲公司协议及规定，非法获取商业秘密，构成违反约定或者违反权利人有关保守商业秘密的要求，披露、使用或者允许他人使用其所掌握的商业秘密的违法行为。当事人乙公司明知俞某提供的资料是涉及商业秘密的资料仍予以使用，构成侵犯商业秘密的违法行为。宁海县市场监管局依据《反不正当竞争法》的规定，责令俞某和乙公司停止违法行为，并作出分别罚款10万元的行政处罚。

（4）桂林市七星区金氏茶叶经营部商业贿赂案[①]

自2018年10月18日起，在经营过程中，当事人为拉拢促使导游将游客带至“七星区金氏茶叶经营部”进行购物消费（未如实入账）以谋取交易机会，采取向自带团队的导游给付“人头费”和“回佣”的方式，吸引导游带旅游团游客过来消费。根据旅游团游客人数，当事人以每人30元的标准支付“人头费”，并按旅游团游客消费总额40%支付“佣金”，或不支付“人头费”，按游客消费金额50%的标准支付“佣金”。2019年4月，当事人共向导游给付“人头费”及“回佣”57682.4元。2018年10月至2019

① 桂林市市监罚字（2019）第2号行政处罚决定书。

年 3 月之间的“人头费”及“回佣”由于无相关证据无法计算。

桂林市市场监管局认为：当事人利用导游对游客的特殊影响力，暗中给付导游“人头费”和“回佣”，拉拢促使导游将游客带至“七星区金氏茶叶经营部”进行购物消费（未如实入账）以谋取交易机会，其行为违反了《反不正当竞争法》的规定，属商业贿赂行为，对其作出没收违法所得并处以罚款的行政处罚决定。

（5）合肥安才教育咨询有限公司市场混淆案[①]

当事人于 2014 年申请域名：www.anhuizsks.com（网站名称：安徽招生考试网）并用作经营，起初该网站主要用于公司资格证业务宣传推广，后受其他省份类似网站启发，转做高考招生信息宣传。涉案网站主要通过页面浏览量获得相关广告投放进而获取相应分红，该网站与“安徽省教育招生考试院”官网（www.ahzsks.com）域名主体部分及网站内容十分相似，易产生混淆，对考生及家长产生严重误导。

合肥市市场监管局认为：当事人擅自使用安徽省教育招生考试院有一定影响力的域名主体部分（ahzsks.com），对考生及家长造成混淆的行为，违反了《反不正当竞争法》第 6 条的规定，构成不正当竞争行为，故对当事人作出行政处罚，罚款 5 万元。

（二）反不正当竞争司法保护情况

1. 反不正当竞争司法保护总体情况[②]

2018 年司法保护总体数据：全国法院共新收一审、二审、申请再审等各类知识产权案件 334951 件，审结 319651 件（含旧存，下同），比 2017 年分别上升 41.19% 和 41.64%。

---

① 国际在线：《央视曝光“李鬼”高考招生网　仿冒者被罚 5 万元》，http://baijiahao.baidu.com/s?id=1647995157116459088&wfr=spider&for=pc，2019 年 12 月 14 日访问。

② 新收及审结案件数据统计截至 2018 年 12 月 31 日。

（1）不正当竞争民事司法审判

2018年，地方各级人民法院共新收和审结知识产权民事一审案件283414件和273945件，分别比2017年上升40.97%和41.99%。其中，新收竞争类案件4146件（含垄断民事案件66件），同比上升63.04%。[①]该年度人民法院审结的具有较大社会影响的知识产权民事案件中，"动视出版公司、华夏电影发行有限责任公司侵害著作权、侵害商标权、擅自使用知名商品特有名称及虚假宣传案"涉及不正当竞争行为。

（2）不正当竞争刑事司法审判

2018年，地方各级人民法院共新收和审结侵犯知识产权罪一审案件4319件和4064件，分别比2017年上升19.28%和11.59%。在审结的侵犯知识产权罪一审案件中，侵犯商业秘密罪案件39件，同比上升50%。[②]

2. 不正当竞争行为分类统计案件数

2019年全国反不正当竞争司法审判主要集中在对商业贿赂行为、侵害商业秘密行为、仿冒行为和虚假宣传行为的规制。具体而言，侵害商业秘密纠纷案件数量最多，其次是虚假宣传案件和仿冒纠纷案件，再次是商业贿赂不正当竞争纠纷案件，有关串通招投标不正当竞争纠纷、商业诋毁纠纷和有奖销售纠纷的案件则相对较少。

2019年全国不正当竞争一审案件中有2391篇文书在中国裁判文书网上公布。在公开的文书中，商业贿赂不正当竞争纠纷案件文书247篇，占比约10.33%；侵害商业秘密纠纷案件文书859篇，占比约35.93%，该类案由中，包含侵害技术秘密纠纷292篇和侵害经营秘密纠纷109篇；仿冒纠纷案件文书545篇，占比约22.79%，该类案由中，包含擅自使用知名商品特有名称、包装、装潢纠纷102篇，擅自使用他人企业名称、姓名纠纷37篇，伪造、

① 参见最高人民法院《中国法院知识产权司法保护状况（2018年）》白皮书，http://www.court.gov.cn/zixun-xiangqing-153242.html，2019年12月10日访问。

② 参见最高人民法院《中国法院知识产权司法保护状况（2018年）》白皮书，http://www.court.gov.cn/zixun-xiangqing-153242.html，2019年12月10日访问。

冒用产品质量标志纠纷 16 篇；虚假宣传案件文书 570 篇，占比约 23.84%；商业诋毁纠纷案件文书 108 篇，占比约 4.52%；串通投标不正当竞争纠纷案件文书 25 篇，占比约 1.05%；有奖销售纠纷案件文书 8 篇，占比约 0.03%；此外，有 29 篇文书未明确划入上述几类案由类别。

3. 典型反不正当竞争案例

（1）央视国际网络有限公司诉新传在线（北京）信息技术有限公司、盛力世家（上海）体育文化发展有限公司擅转奥运赛事案①

央视国际网络有限公司（以下简称“央视国际”）诉称，经国际奥委会和中央电视台授权，其在中国境内享有通过信息网络提供中央电视台制作播出的第 31 届夏季奥运会电视节目实时、延时转播及点播服务的专有权利。而新传在线（北京）信息技术有限公司（以下简称“新传在线”）、盛力世家（上海）体育文化发展有限公司（以下简称“盛力世家”）却将“正在全程视频直播奥运会”等作为百度推广的关键词进行宣传。央视国际认为，被告的上述行为会使用户误以为被告有权进行直播，属于虚假宣传的不正当竞争行为。同时，央视国际称，被告在涉案网站上设置“奥运会单项主播招募”栏目，鼓励用户充值打赏支持主播直播，在直播间中以加框链接嵌套的方式呈现央视直播内容，并分成盈利。央视国际认为，被告利用原告独家奥运会节目资源为涉案网站及浏览器吸引用户，增加其主播的获利机会，以此获取不当商业利益，构成不正当竞争行为。新传在线及盛力世家辩称，“正在全程视频直播奥运会”等宣传语并不虚假，因为新传在线经营的网站通过设置链接，使得用户最终进入央视国际直播的奥运会节目，且主播也对节目内容进行了直播解说，平台和主播基于打赏分成属于正常的商业模式。②

---

① 北京市东城区人民法院（2016）京 0101 民初 22016 号民事判决书；北京知识产权法院（2019）京 73 民终 2989 号民事判决书。参见中国裁判文书网：https://wenshu.court.gov.cn/website/wenshu/181107ANFZ0BXSK4/index.html?docId=a9bb24f4c1f1437e954281f8cb1c6c50，2021 年 12 月 8 日访问。

② 参见中国法院网：《借他人优势获取不当商业利益构成不正当竞争》，https://www.chinacourt.org/article/detail/2019/07/id/4163377.shtml，2019 年 12 月 12 日访问。

法院经审理认为：二被告使用的宣传语并未如实标明相关情况，容易导致相关公众误以为其网站与奥运赛事存在特定联系，构成虚假宣传的不正当竞争行为。本案中，当用户安装运行涉案浏览器后，虽然最终观看奥运赛事节目直播仍系在原告网站实现，但观看页面会被强行插入不受原告网站控制的主播、用户互动浮框，且播放画面上方还显示有网友发送的弹幕内容。这种对原告网站进行干扰的行为妨碍了网站的正常经营。此外，央视国际曾多次发布里约奥运会电视节目的版权声明，二被告作为专业的体育赛事直播平台对此应当知晓，却仍实施上述行为，具有明显的“搭便车”及“不劳而获”的目的。被告的相关行为显然已经超出了必要的限度，不仅构成了对原告提供此项服务的实质性替代，而且破坏了网络直播体育赛事节目需获得授权许可这一行业惯例，违反了诚实信用原则，属于我国《反不正当竞争法》第2条规定的不正当竞争行为。综上，法院判决支持原告的诉讼请求。被告不服一审判决提起上诉，二审法院经审理后维持了一审判决，并驳回了上诉人全部诉讼请求。

互联网的快速发展使得体育赛事直播成为一种新的经营模式，法律并不阻碍技术或商业模式的创新与发展，但任何具有创新性的竞争行为均不得通过不合理地借用他人的竞争优势的方式为自己谋取交易机会。[①] 本案对于具体不正当行为的认定上仍有值得商榷之处，但不可否认的是，本案对完善互联网直播行业的法律监管具有重要的意义。

（2）深圳市腾讯计算机系统有限公司等诉杭州科贝网络科技有限公司等不正当竞争纠纷案[②]

深圳市腾讯计算机系统有限公司、腾讯科技（深圳）有限公司为微信服务运营商，杭州科贝网络科技有限公司、杭州海逸网络科技有限公司负

① 参见中国法院网：《借他人优势获取不当商业利益构成不正当竞争》，https://www.chinacourt.org/article/detail/2019/07/id/4163377.shtml，2019 年 12 月 12 日访问。

② 杭州铁路运输法院（2018）浙 8601 民初 1020 号民事判决书；杭州市中级人民法院（2019）浙 01 民终 9556 号民事判决书。参见参见杭州互联网法院官方微信公众号：https://mp.weixin.qq.com/s/xAjVykTmZJ46awEps1L7HQ，2021 年 12 月 8 日访问。

责注册运营内容、界面相似的微信公众号和小程序从事网络贷款信息中介等业务，存在伪造贷款资质获得微信认证，公众号内对其产品作虚假商业宣传，仿造微信“投诉”界面设置“投诉”模板三项不正当竞争行为。两原告认为，两被告的行为损害微信中其他合法经营者的竞争利益和微信用户作为消费者的合法权益，降低其他经营者和微信用户对微信产品的信赖，破坏微信公众号、小程序正常的注册和运营秩序，削弱微信产品的市场竞争力，应承担共同侵权责任。据此，要求两被告停止侵权、消除影响及赔偿两原告经济损失及维权开支。①

法院经审理认为：首先，原告与被告间存在合同关系，两原告指控两被告行为构成不正当竞争行为，侵权责任与合同责任竞合，受损害方有权选择主张哪种责任，且从合同主体、权益基础、责任承担、司法引导平台治理等角度而言，选择不正当竞争法更具有合理性和必要性。其次，微信生态系统的经营模式是新时期经济社会的创新经营模式，这种经营模式本身并未被规定为知识产权保护对象，但能给经营者带来商业利益和竞争优势，因此受到反不正当竞争法的保护。最后，两被告的行为违反了《反不正当竞争法》第 2 条、第 6 条、第 8 条，损害了原告的竞争性权益。综上，法院依法判决两被告停止侵权、消除影响并赔偿损失。

仿冒公众号背后，是传统网络诈骗手段向公号平台的延伸。从代注册、认证到经营，构成一条围绕仿冒公号的生意链条。公号平台与仿冒公号之间仿若一场“猫鼠斗”的游戏，一直存在，并且不断升级。本案作为首例平台管理者诉平台经营性用户不正当竞争纠纷案，是平台管理者采用法律手段打击不正当竞争行为的一个有益尝试。②此外，本案对于存在合同责任与侵权责任竞合时，平台管理者该主张何种责任的分析，亦有着很大的启发意义。

---

① 参见中国法院网：《杭州铁路法院宣判一网络平台不正当竞争纠纷案》，https://www.chinacourt.org/article/detail/2019/08/id/4280178.shtml，2019 年 12 月 12 日访问。

② 参见中国法院网：《仿冒公号生意链：造假成本低廉 “猫鼠斗”不断升级》，https://www.chinacourt.org/article/detail/2019/10/id/4562437.shtml，2019 年 12 月 12 日访问。

（3）上海二三四五网络科技有限公司诉北京猎豹网络科技有限公司、北京猎豹移动科技有限公司等其他不正当竞争纠纷案[①]

2345 网址导航为原告上海二三四五网络科技有限公司的核心产品，具有较好的用户满意度和良好的商誉。金山毒霸软件系三被告北京猎豹网络科技有限公司、北京猎豹移动科技有限公司、北京金山安全软件有限公司共同开发和运营的产品。原告诉称：从 2014 年开始，金山毒霸软件在安装、运行和卸载环节，利用不同的技术手段，擅自将用户在浏览器中设定的 2345 网址导航主页篡改为毒霸网址大全。原告主张，被告通过金山毒霸软件实施六类行为来进行主页篡改、流量劫持，并且针对不同浏览器进行区别对待，构成不正当竞争。

一审法院经审理认为：是否能够更多地占领最终用户的浏览器主页，事关网址导航经营者的重大经济利益，该经营权益属经营者的合法权益。本案中，被告利用金山毒霸软件采取技术措施，变更浏览器主页的行为无疑将使原告遭受重大经济损失。金山毒霸软件系安全类软件，该类软件在计算机系统中拥有优先权限，其应当审慎运用这种“特权”，对用户以及其他服务提供者的干预行为应采取合理而必要的方式，本案中被告的行为已经超出了合理的限度，违反了诚实信用原则和商业道德。综上，一审法院判决三被告承担停止侵权行为并赔偿经济损失的法律责任。2018 年 9 月，上海知识产权法院作出二审判决，驳回三被告公司的上诉，维持原判。

互联网时代，竞争行为正当性的判断需要妥善处理好技术创新与竞争秩序之间的关系。在本案中，法院认为，安全类软件在计算机系统中拥有优先权限，但经营者对该种特权的运用应当审慎，对终端用户及其他服务提供者的干预行为应以“实现功能所必需”为前提。[②]

① 上海市浦东新区人民法院（2016）沪 0115 民初 5555 号民事判决书；上海知识产权法院（2018）沪 73 民终 5 号民事判决书。参见最高人民法院网站：http://www.court.gov.cn/zixun-xiangqing-153252.html，2021 年 12 月 8 日访问。

② 参见中国法院网：《“金山毒霸”不正当竞争纠纷案》，https://www.chinacourt.org/article/detail/2019/04/id/3848715.shtml，2019 年 12 月 12 日访问。

（4）腾讯科技（深圳）有限公司等与北京青曙网络科技有限公司著作权权属、侵权纠纷案[①]

腾讯科技（深圳）有限公司（以下简称“腾讯科技公司”）对“微信”应用软件、“微信红包聊天气泡和开启页”享有著作权，后授权深圳市腾讯计算机系统有限公司（以下简称“腾讯计算机公司”）运营该软件并使用其中的美术作品。被告北京青曙网络科技有限公司（以下简称“青曙公司”）是“吹牛”应用软件的著作权人和经营者。二原告主张：“吹牛”应用软件中三款电子红包的聊天气泡、开启页与其在先的美术作品构成实质性相似，被告的行为侵犯了二原告的信息网络传播权；“微信红包”相关页面及“微信”整体页面系有一定影响的装潢，“吹牛”应用软件进行了整体抄袭，极易造成相关公众混淆或误认。二原告请求法院判令被告停止侵害著作权和不正当竞争行为，消除影响，赔偿原告经济损失及合理开支。

法院经审理认为：“微信红包聊天气泡和开启页”颜色与线条的搭配、比例，图形与文字的排列组合等体现了创作者的选择、判断和取舍，并展现了一定程度的美感，具有独创性，构成美术作品。上述页面通过大量使用，已经能够起到识别服务来源的作用，构成“有一定影响的装潢”，被告将原告的相关页面设计进行复制后稍加修改即用于自己的软件，不正当地利用他人的劳动成果攫取竞争优势，不仅会导致相关公众的混淆误认，同时也损害了正常的市场竞争秩序，构成不正当竞争。[②]

构成独创性表达的软件页面设计可作为美术作品予以保护。如果相关页面设计构成“有一定影响的装潢”，则可适用反不正当竞争法予以保护。本案判决旗帜鲜明地反对抄袭与可能误导消费者的“搭便车”行为，保护原创，鼓励创新，满足用户的多元化需求，体现了保护互联网领域新型客体的开

---

① 北京互联网法院（2019）京 0491 民初 16794 号民事判决书。参见中国裁判文书网：https://wenshu.court.gov.cn/website/wenshu/181107ANFZ0BXSK4/index.html?docId=03efdf0b299741d89d79aa93002a94ed，2021 年 12 月 8 日访问。

② 参见中国法院网：《“吹牛”软件也有“微信红包”“微信表情”？北京互联网法院 e 案 e 审：侵权！》，https://www.chinacourt.org/article/detail/2019/08/id/4243556.shtml，2019 年 12 月 12 日访问。

放态度。[①]

（5）北京爱奇艺科技有限公司诉杭州龙境科技有限公司等不正当竞争纠纷案[②]

北京爱奇艺科技有限公司（以下简称“爱奇艺公司”）系爱奇艺网（网址为 www.iqiyi.com）、手机端爱奇艺 APP 的运营主体，其在这些平台中提供网络视频服务。爱奇艺公司通过“免费 + 广告”及“付费 VIP 会员”模式提供影视播放服务。杭州龙境科技有限公司（以下简称“龙境公司”）系 2017 年 8 月前涉案 APP“马上玩”的运营主体，此后的运营主体为杭州龙魂网络科技有限公司（以下简称“龙魂公司”）。爱奇艺公司诉称：二被告共同经营的涉案 APP 通过积分有偿兑换的方式向其用户提供爱奇艺 VIP 账号的使用权，并以此吸引用户下载使用其产品的行为，损害了爱奇艺公司的合法权益，扰乱了市场秩序，构成不正当竞争，应当承担相应的法律责任。龙魂公司辩称：其与爱奇艺公司提供的服务不同，二者不存在竞争关系；涉案爱奇艺 VIP 账号为龙魂公司合法购买，其只是将每天 24 小时的 VIP 账号使用权进行分时出租以实现充分使用，此为新的商业模式而非不正当竞争行为，该行为正当。龙境公司辩称：其与爱奇艺公司不存在竞争关系；2017 年 8 月后，涉案 APP 运营权转让给了龙魂公司，龙境公司仅为其提供云流化技术，并未实施被诉行为。

法院经审理认为：首先，爱奇艺公司在本案中主张的其可通过“付费 VIP 会员”模式所获得的收益，是其正当经营行为的结果，其通过此种经营策略获得的是合法的经营利益，受到反不正当竞争法保护。其次，随着互联网技术的发展，资源在不同行业或产业间实现交互、融合是一种常态，不正当竞

① 参见网易：《北京互联网法院十大网络热点案件》，https://www.163.com/dy/article/EOD0PQC50518JHF3.html，2021 年 7 月 19 日访问。

② 北京市海淀区人民法院（2018）京 0108 民初 37522 号民事判决书；北京知识产权法院（2019）京 73 民终 3263 号民事判决书。参见中国裁判文书网：https://wenshu.court.gov.cn/website/wenshu/181107ANFZ0BXSK4/index.html?docId=ee0815d8ca3c43c2a3d2ac6500096df8，2021 年 12 月 8 日访问。

争行为不局限于发生在同业竞争者中，也可以发生在无直接竞争关系的经营者之间；即便仍将竞争关系作为要件之一，用户流量显然是爱奇艺公司和二被告直接争夺的市场资源之一，在此层面上，二者亦存在竞争关系。再次，二被告通过涉案APP有偿向其用户提供爱奇艺VIP账号的使用权的行为违反了其与爱奇艺公司关于VIP账号的使用约定，不具有正当性。最后，涉案APP使用的云流化技术确在一定程度上具有创新性，但并不当然意味着使用该行为的商业模式以及依托于该商业模式下的行为均正当合法，就网络视频行业而言，通过技术手段为用户无偿地提供他人产品或服务与用户利益的提升无关；相反地，用户利益和视频平台是互赖之关系，只有二者建立起良性互动的生态体系，并在其中协调各方利益，才能最终实现二者的共同提升和发展。综上，法院依法判决支持爱奇艺公司全部诉讼请求。

本案为全国首例分时出租视频网站VIP账号使用时长不正当竞争纠纷案。包括视频网站在内的各类网络服务VIP账号出租的现象由来已久，有商家以此为业，赚取了大量的利益，随着本案的宣判，这种行为被宣布不为法律所允许。此外，法院关于竞争关系的认定亦反映了司法实践中在逐步淡化这一要素，正如判决中所言，这与互联网的发展不无关系。总体来看，反不正当竞争法所保护的客体范围在逐步增大。

（6）卡尔斯伯格有限公司与山东嘉士伯啤酒有限公司等商标权权属、侵权纠纷案①

原告卡尔斯伯格有限公司（以下简称“卡尔斯伯格公司”）是世界最大的酿酒集团之一，其名下的“嘉士伯”啤酒世界知名，且在“啤酒”等商品上拥有多件带有“嘉士伯”和“Carlsberg”的知名度很高的有效注册商标。被告山东嘉士伯啤酒有限公司（以下简称“嘉士伯公司”）、山东金孚龙啤酒有限公司（以下简称“金孚龙公司”）等未经原告许可，生产或销售了侵犯

① 北京市石景山区人民法院（2017）京0107民初18968号民事判决书；北京知识产权法院（2019）京73民终1582号民事判决书。参见北京法院审判信息网：https://www.bjcourt.gov.cn/cpws/paperView.htm?id=000000000000000000100903500004&n=1，2021年12月8日访问。

原告商标权的啤酒。此外，嘉士伯公司使用与原告知名商标“嘉士伯”相同的企业字号，在宣传销售中故意使用“嘉士伯”等简称和“纯正的欧洲口味”等用语，构成不正当竞争。四被告答辩称，涉案商品不是由被告生产、销售。嘉士伯公司的名称依法经工商登记部门核准后登记，在日常经营中也没有做突出显示，应享有企业法人姓名权。张某仅为企业股东和法定代表人，嘉士伯公司的民事责任不应任意穿透至自然人股东。戴某在原告起诉前已停止销售被诉侵权产品，不应承担赔偿责任。

法院经审理认为：首先，被诉侵权标识出现在金孚龙公司经营场所及戴某经营的淘宝网店铺的啤酒商品上和相关宣传中，被诉侵权标识分别与原告享有的六枚涉案商标高度相似，极易导致公众混淆误认，但现无证据及事实证明张某个人实施了涉案侵权行为，不能仅凭其法定代表人及唯一股东身份即认定其应为涉案侵权行为承担法律责任。其次，嘉士伯公司在无正当理由或合法授权许可的情况下，将原告的注册商标作为企业字号使用，并且从事同类商品经营，极易导致一般公众的混淆误认，构成不正当竞争。但是，关于嘉士伯公司在宣传商品时，使用简称误导消费者的行为，由于《商标法》等专门立法已经予以保护，《反不正当竞争法》不再给予重复保护。最后，被告使用“纯正的欧洲口味”等用语足以造成公众误解，构成引人误解的虚假宣传行为。综上，法院判决被告承担停止侵权、赔偿损失的法律责任，同时判令嘉士伯公司立即停止使用“嘉士伯”字号并变更登记企业名称。

本案系一起重大疑难复杂的涉外案件。不仅涉及来自丹麦的世界最大酿酒集团之一卡尔斯伯格公司及其名下国际知名的“嘉士伯”啤酒品牌和注册商标，且涉及对原告多枚“嘉士伯”和“Carlsberg 及图”等系列注册商标专用权的侵犯和多重不正当竞争行为。本案的处理结果对于规范企业命名及其使用行为及平等有效地维护涉外权利人合法权益等具有典型意义。[①]

① 参见中国法院网：《侵犯丹麦“嘉士伯”商标权 山东“嘉士伯”一审被判百万并更名》，https://www.chinacourt.org/article/detail/2019/03/id/3801406.shtml，2019 年 12 月 12 日访问。

（7）浙江天猫有限公司诉广东天猫有限公司不正当竞争案[①]

Alibaba Group Holding Limited（阿里巴巴集团控股有限公司，以下简称“阿里巴巴集团”）、浙江天猫网络有限公司（以下简称“浙江天猫公司”）认为广东天猫投资集团有限公司（以下合称为“广东天猫公司”）及其作为股东设立的16家以“天猫”为企业字号的企业、周某（系广东天猫公司股东）未经许可，将与其注册商标相同的“天猫”字样登记为企业字号并在商业经营活动中使用，使相关公众误认为广东天猫公司与其之间存在关联，构成商标侵权及不正当竞争。上述行为已经对其商誉和形象造成了巨大损害。阿里巴巴集团、浙江天猫公司遂诉至法院，并于同日提出行为保全申请，请求法院责令：①广东天猫公司、周某立即停止侵害注册商标专用权及不正当竞争行为；②广州天猫公司停止使用“天猫”或类似字样作为其企业字号；③广东天猫公司、周某不得在其设立的任何公司或其他主体的名称中使用“天猫”或其他与其享有专用权的标识相同或近似的字样。

法院经审理认为：涉案天猫商标已被相关公众所熟知，可以被认定为驰名商标，广东天猫餐饮管理有限公司在门头处突出使用“天猫”标识的行为构成商标侵权，广东天猫公司及旗下企业和周某注册、使用带有天猫文字的企业名称，并在企业经营和广告宣传中使用，主观上具有攀附天猫驰名商标知名度的明显恶意，客观上容易造成消费者误认为其与阿里巴巴集团和浙江天猫公司之间有一定的联系，违反了诚实信用原则和公认的商业道德，破坏了市场竞争秩序，构成不正当竞争行为。综上，法院判决支持原告的诉讼请求。一审判决后，被告提起上诉，浙江省高院驳回上诉，维持原判。[②]

① 杭州市中级人民法院（2017）浙01民初1681号民事判决书。参见中国裁判文书网：https://wenshu.court.gov.cn/website/wenshu/181107ANFZ0BXSK4/index.html?docId=ebb5a524542449e691b6a9ff00e5e6b5，2021年12月8日访问。

② 武大知识产权与竞争法：《关注 ‖ “真假美猴王”：杭州天猫诉广东天猫不正当竞争案宣判——杭州天猫胜诉》，http://www.sohu.com/a/308218976_120057883，2021年7月26日访问。

（8）厦门兴茂贸易有限公司与厦门市誉海食品有限公司侵害商标权及不正当竞争纠纷案[①]

厦门兴茂贸易有限公司（以下简称“兴茂公司”）是“鼓浪屿”商标独占使用权人。2013年，兴茂公司在厦门市誉海食品有限公司（以下简称“誉海公司”）的门店发现，誉海公司在其生产的馅饼包装盒上突出使用“鼓浪屿”等文字，而且产品包装盒规格大小与兴茂公司的包装盒类似；包装盒的内外装潢包括款式及图案的颜色、造型等与兴茂公司近似。2013年，兴茂公司将誉海公司、厦门市东本贸易有限公司告上法庭。

一审法院认为：馅饼盒外包装“鼓浪屿”三字特别突出，不属于正当使用；馅饼包装没有将“鼓浪屿”三字特别突出，属于合理使用。誉海公司在盒盖扉页中使用“鼓浪屿”字样不构成侵权。誉海公司的地址曾位于鼓浪屿，后才迁出，故其在盒盖扉页中将产品表述为“鼓浪屿馅饼”，可以认为是将“鼓浪屿”作为一个地名使用。兴茂公司并未提交证据证明涉案的产品包装、装潢系其特有，且双方的包装盒存在诸多不同，誉海公司的馅饼包装盒并未构成对兴茂公司的不正当竞争。

二审法院认为：誉海公司在其馅饼包装盒上标注“鼓浪屿馅饼”，构成商标侵权。对“鼓浪屿”地名的正当使用应该是“鼓浪屿”作为地名本身的含义，而不是作为区别商品标识的第二含义。誉海公司在其馅饼包装盒上标注“鼓浪屿特产”的行为构成不正当竞争。本案中，誉海公司在馅饼的包装盒上标注“鼓浪屿特产”字样，然而馅饼的制作并不与鼓浪屿区域特定的如土壤、水质、气候等独特的地理因素相关，同样，现有的证据也不足以证明该区域具有馅饼制作独特的诸如传统工艺、民间传说等人文因素。[②]

---

① 厦门市中级人民法院（2015）厦民初字第1473号民事判决书；福建省高级人民法院（2017）闽民终899号民事判决书；最高人民法院（2018）最高法民申727号民事裁定书。参见中国裁判文书网：https://wenshu.court.gov.cn/website/wenshu/181107ANFZ0BXSK4/index.html?docId=963330cc0cc546a0a3ffa9b301143e13，2021年12月8日访问。

② 武大知识产权与竞争法：《知竞案例：“鼓浪屿”商标与不正当竞争案件再审审结》，https://www.sohu.com/a/289025298_120057883?spm=smpc.author.fd-d.247.1576258411494yj2U7N7，2021年7月26日访问。

最高院认为：首先，誉海公司未经兴茂公司许可，在与兴茂公司涉案注册商标相同或类似商品馅饼的包装盒上，突出使用与涉案注册商标相同或近似的“鼓浪屿”商标，容易导致相关公众的混淆误认，属于侵害注册商标专用权的行为。其次，鼓浪屿虽为地名，但兴茂公司通过长期在馅饼商品上使用“鼓浪屿”商标，已获得区分商品来源的第二含义，而不再是作为地名的第一含义。誉海公司在馅饼商品上商标性使用“鼓浪屿”商标，不属于法律规定的正当使用。最后，馅饼并非鼓浪屿岛上的特产。誉海公司的生产地址并非位于鼓浪屿，其在馅饼的包装盒上标注“鼓浪屿特产”，容易导致相关公众误认为该馅饼产自鼓浪屿。而兴茂公司在馅饼产品上核准注册的“鼓浪屿”注册商标，是福建省著名商标，具有较高知名度。在“鼓浪屿馅饼”已经与兴茂公司形成唯一对应关系的情况下，誉海公司在馅饼包装盒上标注“鼓浪屿特产”的行为，违反了诚实信用原则，扰乱了市场竞争秩序。①

（9）王某、江某、浙江淘宝网络有限公司不正当竞争纠纷案②

2016 年 12 月，原告王某经营的淘宝店铺遭到投诉，第三人浙江淘宝网络有限公司（以下简称淘宝公司）根据被告江某的投诉，删除了涉案商品的商品链接。2017 年 1 月，王某向阿里巴巴知识产权保护平台提出申诉，经平台审核，申诉成立，恢复了涉案链接。随后，涉案淘宝店铺又受到江某发起的反申诉。阿里巴巴知识产权保护平台根据反申诉认为王某申诉不成立，判定王某经营的涉案淘宝店铺售假，按照售假进行处罚，删除涉案商品链接，并对涉案淘宝店铺进行了降权处罚。王某向杭州铁路运输法院提起诉讼，认为被告江某的投诉行为不具有正当性，王某和江某为直接竞争关系，已经导致王某及其经营的淘宝网店遭受了实际损失，故江某的恶意投诉行

① 厦门电视台：《保护知识产权——最高法：“鼓浪屿特产”不能随便用》，https://www.sohu.com/a/287812367_362254，2021 年 7 月 26 日访问。

② 杭州铁路运输法院（2018）浙 8601 民初 868 号民事判决书。

为构成不正当竞争，请求法院判令被告江某赔偿王某因商品链接被删除蒙受的经济损失 800 万元及合理费用 3 万元。

法院审理查明，江某并非涉案商标权利人，而是伪造印章、冒用商标权利人的名义，使用虚假的身份材料和商标证书向淘宝公司投诉。被告江某的恶意投诉行为导致原告淘宝链接被删除，且受到降权处罚。涉案淘宝店铺营业额在投诉前后明显下降，投诉之后的十个月营业额下降累计已达 3000 余万元。

法院经审理认为，被告江某作为同业竞争者理应尊重他人的合法权益，诚信经营，但其明知自己不具有投诉资格且不能证明被投诉产品存在侵权的情形下，依然通过变造权利凭证对原告进行恶意投诉，违反了诚实信用原则和商业道德准则，损害了原告正当商业利益，应当对这种恶意投诉行为及时制止、依法严惩。①

本案系《电子商务法》正式实施后，杭铁法院首例因恶意投诉，造成平台内经营者损失故而承担赔偿责任的判决案件。合理利用平台规则，正当地进行侵权投诉是权利人固有的权利。但是如果恶意利用平台的投诉规则，虚构侵权事实，造成其他经营者损害，亦需要承担相应的责任。本案对于防止不正当利用投诉机制获得竞争优势，引导经营者合理利用电商平台规则进行维权具有积极意义。②

（10）“电视猫”视频聚合软件不正当竞争纠纷诉前禁令案——视频聚合软件不正当竞争纠纷中诉前行为保全的适用③

优酷公司运营的优酷网是国内领先的在线视频平台，其每年斥巨资购买正版视频内容在优酷网上供用户观看或下载，并通过在视频播放前、暂

---

① 中国法院网：《杭铁法院网上公开宣判首例恶意投诉案》，https://www.chinacourt.org/article/detail/2019/01/id/3714541.shtml，2021 年 7 月 26 日访问。

② 参见人民法院报：《杭铁法院网上公开宣判首例恶意投诉案》，http://rmfyb.chinacourt.org/paper/html/2019-01/25/content_151355.html?div=-1，2021 年 7 月 26 日访问。

③ 上海市浦东新区人民法院（2018）沪 0115 行保 1 号民事裁定书。参见上海浦东法院官方微信公众号：https://mp.weixin.qq.com/s/EINn4rWQkHEGnQpLzyoZJQ，2021 年 12 月 8 日访问。

停时以及在播放页面周边投放广告以收取广告费、付费会员服务（免广告）、对特定视频单独收费等三种模式来实现盈利目的。千杉公司研发和运营的电视猫视频软件是一款视频聚合软件，主要向智能电视用户提供视频点播服务。申请人认为，电视猫视频软件通过技术手段获得了只能由申请人后台服务程序才能生成的特定密钥 key 值，该行为破坏了申请人的技术保护措施，非法盗取了申请人的视频存储链接，最终实现了以屏蔽申请人片前广告、暂停广告的形式向电视猫视频用户提供优酷网视频内容的行为，构成不正当竞争，若不及时制止该行为，将给申请人造成无可挽回的重大损失，故在诉前申请责令被申请人立即停止实施该不正当竞争行为，并提交了优酷网上 600 余部作品的权属证据以及电视猫视频软件播放上述作品时相关行为的证据材料。同时，申请人以 6600 万元的财产保全责任险合同的方式提供了担保。

浦东法院经审查认为：首先，电视猫视频软件及优酷网均向消费者提供视频播放服务，两者具有直接竞争关系。被申请人的上述行为实质上是将优酷网视频内容与申请人设置的与视频内容共同播放的片前广告、视频暂停时广告相分离，足以使既不愿意观看广告也不愿意支付申请人相应费用的消费者转而使用电视猫视频软件，从而损害了申请人的合法权益，有可能构成不正当竞争。其次，优酷网系国内领先的在线视频平台，电视猫视频软件也拥有大量用户，若不及时制止上述被控侵权行为，可能对申请人的竞争优势、市场份额造成难以弥补的损害。最后，采取保全措施不会损害社会公共利益，且申请人已提供有效担保。综上，申请人的申请符合作出诉前行为保全的条件。

据此，法院裁定被申请人立即停止在经营的电视猫视频软件链接播放来源于优酷网的视频时，绕开申请人在优酷网设置的片前广告、视频暂停时广告的行为。该裁定书向双方当事人送达后，被申请人未提出复议，且积极履行裁定，主动在电视猫视频软件中断开了涉案的 600 余部影视作品的链接，取得了较好的社会效果和法律效果。

本案系全国首例视频聚合软件不正当竞争纠纷诉前禁令案。视频聚合软件系通过抓取第三方服务器中的视频内容，为用户提供多来源、集合性视频服务的产品。涉案“电视猫”视频聚合软件在链接播放来源于申请人的视频内容时采取技术手段，绕开片前广告，取得竞争优势，侵害了申请人合法的经营模式。针对涉案诉前禁令申请，法院从申请人具有胜诉可能性、不采取保全措施会对申请人造成难以弥补的损害、采取保全措施不损害社会公共利益三方面分析，认定申请人的请求具有事实基础和法律依据，最终裁定被申请人在诉前立即停止相关行为，及时有效地保护了申请人的合法权益。

三、反不正当竞争法学术研究情况

2019 年，反不正当竞争法领域内的大事件层出不穷，其中，立法领域备受瞩目的是第十三届全国人民代表大会常务委员会第十次会议通过了对《反不正当竞争法》中有关商业秘密条款的修订，并于决定公布之日起生效；司法领域也是重大案件频现，其中较为引人关注的有百度公司诉今日头条（北京字节跳动科技有限公司）不正当竞争纠纷案和 11 月审结的腾讯公司就周某伦音乐版权诉网易公司侵权纠纷等不正当竞争及知识产权纠纷。学术界对这些社会热点事件亦关注有加，通过多篇学术论文对这些热点问题进行了探讨。

为了更好地呈现学术研究对社会现实的思考与回应，从而反映 2019 年反不正当竞争法领域的学术研究成果，本报告检索并统计核心法学期刊 2019 年收录的“反不正当竞争法”领域的相关论文，概括整体情况，总结其中的代表性观点，以飨读者。

（一）2019 年反不正当竞争法领域研究成果汇总

本报告统计 25 本期刊，包括《中国社会科学》《知识产权》和《中文社会科学引文索引》（CSSCI）来源期刊（2018—2019）中的23本法学类CSSCI期刊。需要特别说明的是，由于《知识产权》收录的论文主要为知识产权与市场竞争类文章，具有极强的代表性，为了更好地反映反不正当竞争法领域的学术研究情况，故将此刊作为统计来源之一。

通过在中国知网文献库、北大法宝法学期刊库以及各期刊官方网站的检索，共收集到2019年发表的反不正当竞争法领域的论文23篇，如表1所示。从表1可以看出，《知识产权》为本年度发表反不正当竞争法领域论文最多的期刊，其数量多达7篇，由此亦可体现《知识产权》期刊对该领域的关注。其余期刊发表的论文数量一般为1—2篇，甚至部分期刊并未发表“反法”领域的论文。

表1　2019年“反法”领域各期刊刊文数量统计

序　号	期　刊	数　量	序　号	期　刊	数　量
1	知识产权	7	14	法商研究	0
2	法　学	3	15	政法论坛	0
3	中外法学	2	16	比较法研究	0
4	华东政法大学学报	2	17	法学家	0
5	法学研究	1	18	法制与社会发展	0
6	法学评论	1	19	东方法学	0
7	法学杂志	1	20	政治与法律	0
8	法律科学	1	21	环球法律评论	0
9	中国法学	1	22	行政法学研究	0
10	清华法学	1	23	政法论丛	0
11	现代法学	1	24	中国社会科学	0
12	法学论坛	1	25	中国刑事法杂志	0
13	当代法学	1	共　计		23

根据论文的内容和主旨，可以将这23篇论文划分为五个主题，具体而言，包括“市场混淆制度”“不正当竞争行为及竞争关系的认定”“法际关

系”“互联网不正当竞争行为”以及其他主题（包括“政府与市场关系探究”“反不正当竞争法属性研析”“商业秘密的法律分析”）。

表 2　2019 年“反法”领域各主题论文数量统计

序　号	主　题	数　量
1	市场混淆制度	5
2	不正当竞争行为及竞争关系的认定	4
3	法际关系	2
4	互联网不正当竞争行为	9
5	政府与市场关系探究 反不正当竞争法属性研析 商业秘密的法律分析	3
共　计		23

表 3　2019 年“反法”领域学术研究成果汇总

序号	期刊	刊号	作者	作者单位①	标题	主题
1	清华法学	第 1 期	冯术杰	清华大学法学院	“搭便车”的竞争法规制	市场混淆制度
2	现代法学	第 3 期	梁志文	广东外语外贸大学华南国际知识产权研究院	论设计保护的功能性原则	市场混淆制度
3	知识产权	第 7 期	戴文骐	深圳大学法学院	认真对待商标权：恶意抢注商标行为规制体系的修正	市场混淆制度
4	法律科学	第 6 期	李士林	华侨大学法学院	商业标识的反不正当竞争法规整——兼评《反不正当竞争法》第 6 条	市场混淆制度
5	知识产权	第 8 期	冯术杰	清华大学法学院	限制注册商标权：商标先用权制度的改革路径	市场混淆制度

① 为论文发表时作者所在单位，下同。

续表

序号	期刊	刊号	作者	作者单位	标题	主题
6	当代法学	第1期	吴伟光	清华大学法学院	对《反不正当竞争法》中竞争关系的批判与重构——以立法目的、商业道德与竞争关系之间的体系性理解为视角	不正当竞争行为及竞争关系的认定
7	中外法学	第1期	张占江	上海财经大学法学院	不正当竞争行为认定范式的嬗变——从“保护竞争者”到“保护竞争”	不正当竞争行为及竞争关系的认定
8	法学评论	第2期	蒋舸	清华大学法学院	竞争行为正当性评价中的商业惯例因素	不正当竞争行为及竞争关系的认定
9	法学	第7期	陈兵	南开大学法学院竞争法律与政策研究中心、韩国仁荷大学法学院	互联网经济下重读“竞争关系”在反不正当竞争法上的意义——以京、沪、粤法院2000—2018年的相关案件为引证	不正当竞争行为及竞争关系的认定
10	法学研究	第2期	蒋舸	清华大学法学院	知识产权法与反不正当竞争法一般条款的关系——以图式的认知经济性为分析视角	法际关系
11	法学	第9期	卢纯昕	广东外语外贸大学法学院、华南国际知识产权研究院	反不正当竞争法在知识产权保护中适用边界的确定	法际关系
12	中外法学	第1期	蒋舸	清华大学法学院	《反不正当竞争法》网络条款的反思与解释——以类型化原理为中心	互联网不正当竞争行为

续表

序号	期刊	刊号	作者	作者单位	标题	主题
13	华东政法大学学报	第 2 期	兰楠	中国政法大学、最高人民检察院	广告过滤行为的正当性评价	互联网不正当竞争行为
14	知识产权	第 4 期	刘 影 眭纪刚	中国科学院科技战略咨询研究院	日本大数据立法增设“限定提供数据”条款及其对我国的启示	互联网不正当竞争行为
15	法学论坛	第 3 期	曹阳	中国人民大学法学院	互联网领域滥用相对优势地位行为的法律规制	互联网不正当竞争行为
16	华东政法大学学报	第 5 期	丁晓东	中国人民大学法学院、中国人民大学未来法治研究院	数据到底属于谁？——从网络爬虫看平台数据权属与数据保护	互联网不正当竞争行为
17	知识产权	第 9 期	郝思洋	中国人民大学法学院	知识产权视角下数据财产的制度选项	互联网不正当竞争行为
18	法学杂志	第 10 期	蔡慧永	中国政法大学民商经济法学院	虚假网络流量法律问题刍议——兼论不正当竞争行为的评判标准	互联网不正当竞争行为
19	知识产权	第 12 期	宁立志 傅显扬	武汉大学法学院 / 知识产权与竞争法研究所	论数据的法律规制模式选择	互联网不正当竞争行为
20	知识产权	第 12 期	刁云芸	中国政法大学知识产权创新与研究中心	涉数据不正当竞争行为的法律规制	互联网不正当竞争行为
21	中国法学	第 1 期	侯利阳	上海交通大学凯原法学院	市场与政府关系的法学解构	其他
22	法学	第 3 期	张占江	上海财经大学法学院	论反不正当竞争法的谦抑性	其他
23	知识产权	第 7 期	朱尉贤	华东政法大学	商业秘密与员工基本技能的区分及冲突解决	其他

（二）2019年反不正当竞争法领域研究成果代表性观点

根据上述统计划分的主题，本报告结合论文的具体内容及主旨将每一主题下的代表性观点、主要内容归纳如下。

1. 市场混淆制度

市场混淆制度是《反不正当竞争法》的重要组成部分，学者们结合审判实践对此予以深入研究，内容涵盖“搭便车”行为的规制、对恶意抢注商标的规制、商业标识的反不正当竞争法救济等方面。

对于以“搭便车”形式表现出来的不正当竞争行为，冯术杰副教授[①]认为在“搭便车”的过错和损害认定、表现形式、适用范围等方面，理论和实践经验丰富的法国法值得我国借鉴。他厘清了“搭便车”行为的内涵和外延，并提出了我国的竞争法规制思路。首先，“搭便车”的过错在于利用他人竞争优势的恶意，对此需要根据案件的综合情形进行认定；“搭便车”造成的损害是竞争优势的减损和商业机会的减少，我国实践中对“搭便车”的损害不应做比混淆等不正当行为更高的要求。其次，个性化成果或知名度是认定“搭便车”行为的权益基础，依据正当权益来认定不正当竞争行为仍是合理而可靠的法律适用方法。实际上，各种不正当竞争行为的认定基本上都是以权益保护为基础的。再次，“搭便车”可以发生于竞争者之间或非竞争者之间，我国实践中应进一步摒弃以竞争关系作为不正当竞争行为认定条件的做法，这有利于我们认清反不正当竞争法与商品化权等概念之间的理论关联。最后，尽管“搭便车”理论的适用需要与知识产权法进行协调，但该理论具有自身的价值目标，保护投入和知名度或商誉的理念为禁止“搭便车”提供正当性基础，其作为不正当竞争行为的认定基础具有独立的地位。

对于在设计保护中起重要区分作用的功能性原则，梁志文教授[②]指出

---

① 冯术杰：《“搭便车”的竞争法规制》，载《清华法学》2019年第1期。

② 梁志文：《论设计保护的功能性原则》，载《现代法学》2019年第3期。

功能性原则的法律适用是版权法、外观设计专利法、商标法和反不正当竞争法的难点问题。从理论上讲，它是设计保护与实用专利保护的沟渠原则，将由技术功能性决定的设计划归为实用专利法的专属调整范围。功能性原则并不是区分版权法、外观设计法、商标法与反不正当竞争法的沟渠原则，区分保护设计的各部门法之间的沟渠原则是知识产权各部门法上规定的其他受保护条件。

对于恶意抢注商标行为，戴文骐助理教授[①]通过论证《反不正当竞争法》提供保护的充分性、合理性及特定情形下《反不正当竞争法》为未经使用的商标提供保护的正当性，为通过《反不正当竞争法》，为未注册商标设定禁止使用请求权提供了全新思路；囿于主客观原因，尽管不能立即适用，但其主张，结合“使用”和“注册”这两种法律应当关注的行为，不论是否存在抢注行为，使用行为是《反不正当竞争法》的调整对象，如果双方均存在使用行为，那么损害的是以商誉为表现的竞争秩序，当存在仿冒、诋毁等不正当行为时应“禁止使用”；如果请求保护者自身还没有使用行为，仍然应围绕对方使用行为是否不正当决定应否“禁止使用”，商标的来源是否违背诚实信用和公认的商业道德应当成为重要的判断因素。

对于商业标识保护的重叠性问题，李士林副教授[②]认为，新施行的《反不正当竞争法》第 6 条虽然删除了注册商标的表述，但“其他混淆行为”的规定与《商标法》第 58 条的衔接并没有明确，注册商标与其他商业标识交织混淆情形下的规范适用并不清晰。他认为，虽然《反不正当竞争法》第 6 条意图消除与《商标法》的重叠保护，囊括溢出《商标法》之外的商业标识，但“其他混淆行为”兜底的宽泛规定可能使上述立法意图落空，因此应将其解释为两种情形：“将商标作为非商标性商业标识使用的行为”和“使用

---

① 戴文骐:《认真对待商标权：恶意抢注商标行为规制体系的修正》，载《知识产权》2019 年第 7 期。

② 李士林:《商业标识的反不正当竞争法规整——兼评〈反不正当竞争法〉第 6 条》，载《法律科学》2019 年第 6 期。

他人商标之外的识别标志引起误认的行为”；并进一步为我国《反不正当竞争法》的规制问题探索路径，主张《反不正当竞争法》确立三个必不可少的规则：（1）剔除商标侵权的内容，消除两法的交叉和重叠；（2）未注册商标和其他商业标识的保护必须建立在已经获得声誉的基础上；（3）使用概括性条款，建构广泛意义上的商业标识保护条款。

对于商标在先使用人的反不正当竞争法保护，冯术杰副教授[①]认为由于我国引入商标先用权制度时未能从体系上对《商标法》与《反不正当竞争法》的关系作出合理安排，导致商标在先使用人在反不正当竞争法上的权益被忽略，并损害到相关公众的利益。冯术杰副教授提出改革方案：承认在先使用并有一定影响的标识在其商誉所及范围内的排他性权益，否定在后注册商标在该范围内的效力。这要求摒弃注册商标权绝对的观念，充分重视保护正当商誉的重要性，按照尊重在先权益的原则确立未注册标识相对于注册商标的优先性。在具体的制度设计上：一方面，应当在《商标法》中明确在先使用并有一定影响的商标的保护适用《反不正当竞争法》；另一方面，应当明确在后注册商标的权利范围不包括在先使用商标的知名度所及的范围。商标注册仍然会是商业标志保护的最高效途径。2017 年修改后的《反不正当竞争法》仍坚持对于受保护标志的知名度要求，这也充分体现了立法者维持《反不正当竞争法》与商标注册制度之间体系化关系的意图。唯具有较高的知名度的标志才能成为《反不正当竞争法》的保护客体，对在后注册商标权形成限制。他强调，在商标先用权制度的实施中，必须坚持知名度的门槛，避免走向商标权使用取得制度与《反不正当竞争法》适用的泛道德化。

2. 不正当竞争行为及竞争关系认定

对于竞争关系的划分，吴伟光副教授[②]指出在司法实践中根据所涉及的

① 冯术杰：《限制注册商标权：商标先用权制度的改革路径》，载《知识产权》2019 年第 8 期。

② 吴伟光：《对〈反不正当竞争法〉中竞争关系的批判与重构——以立法目的、商业道德与竞争关系之间的体系性理解为视角》，载《当代法学》2019 年第 1 期。

商品是否具有相同性、可代替性或者相似性将经营者之间的竞争关系分为直接竞争关系和间接竞争关系的做法没有实际意义，不能解决具体的法律问题。由于《反不正当竞争法》中竞争行为的本质是针对交易能力的竞争，经营者本身便是竞争者。他根据经营者对交易能力的不同竞争方式，将《反不正当竞争法》中的竞争关系重新分为三种类型：经营者与消费者之间的对向竞争关系、具体经营者之间的直接竞争关系和经营者之间的间接竞争关系。《反不正当竞争法》所保护的法益在这三种类型竞争关系中分别是消费者利益、具体经营者利益和公平竞争秩序。此种分类使得《反不正当竞争法》第 2 条中的商业道德条款与保护消费者、具体经营者的利益和公平竞争秩序这三个基本立法目标通过这三种类型的竞争关系而体系性地联系在一起。根据相应类型的竞争关系来确定这种竞争关系中《反不正当竞争法》所保护的具体法益，并依据该具体法益来寻找和构建相应的商业道德，这样就为《反不正当竞争法》第 2 条中的商业道德条款的积极和正确适用提供了可具体操作的指导。将来任何其他新型和具体的商业模式和竞争行为都可以归纳到这三种类型的竞争关系中，并受到相应的商业道德的检验。

对于不正当竞争行为的认定范式，张占江副教授[①]肯定了新《反不正当竞争法》一般条款打破竞争关系的桎梏，引入独立的消费者利益标准，对行为不正当性的认定不再仅针对竞争者利益进行“权利化”的考量，而是依据竞争本身的结构“功能”特性来重新厘定考量因素和利益权衡框架，这标志着“反法”的现代化。他指出，尽管新法在引入独立的消费者利益标准后，认定不正当竞争行为的利益衡量将复杂化，但是竞争是一个动态的过程，若局限于竞争者利益的“财产化”保护，本质是一种对竞争结构的“割裂化”，对竞争过程的“静态化”处理，坚持“保护竞争者”的认定范式，最终很可能会抑制竞争和创新。“反法”源于解决现实竞争问题的需要。各种直接损害消费者利益的不正当竞争行为层出不穷，引入独立的消费者利

① 张占江：《不正当竞争行为认定范式的嬗变——从“保护竞争者”到“保护竞争”》，载《中外法学》2019 年第 1 期。

益判断标准、确立“保护竞争”的认定范式，旨在甩掉历史的包袱，重新跟上时代的步伐。新范式的确立更是法律规范化的必然要求。在保护竞争范式下对不正当竞争行为的认定，就是在对竞争者、消费者和社会公众基于竞争享有的利益进行独立考量与整体权衡的基础上，判断企业是否通过损害其他市场参与者竞争利益的方式不合理地获得了竞争优势，其区别于保护竞争者范式的关键就在于“摒弃了‘权利化’‘财产化’”的判断思路。

对于商业惯例在认定竞争行为中的作用，蒋舸副教授[①]注意到近年来司法实践表现出越来越强调商业惯例的趋势，部分案件中出现了将广泛实践直接等同为商业惯例，并据此肯定竞争行为正当性的现象。她指出这种现象值得警惕。诚然，商业惯例是在特定背景下形成的自发秩序和相对便利的信息中介，因此能为法院进行正当性评价提供线索，但法院应当认识到商业惯例提供的线索存在巨大的局限性，只能被视为辅助工具，而非决定性标准。在判断商业惯例时，法院有必要从客观和主观两个方面进行把握：客观上主要应当考察行为的普遍度和延续度，主观上主要应当考察行为被视为规范的认同度。而即使法院确认了商业惯例的存在，仍然不能直接以之作为竞争行为正当性评价的标准，而是应对竞争行为的市场效果展开进一步的经济分析。毕竟，商业惯例只是竞争政策的分析工具和表达工具。

对于互联网新型不正当竞争行为中竞争关系的认定，陈兵教授[②]发现，互联网经济下竞争关系的相对性正在消解，反不正当竞争法的适用正逐渐转变至对“行为正当性”的辨识上。“竞争关系”不再是认定不正当竞争行为发生之前提，而“行为正当性”标准正成为认定不正当竞争行为相对独立的基准。互联网经济下动态竞争是常态，确定的竞争对手只是一种临时状态，每一个经营者所要争夺的只是作为消费者的用户及其数据资源，只有市场秩序和消费者才是清晰可见的。倘若继续固守“竞争关系的存在是

---

① 蒋舸：《竞争行为正当性评价中的商业惯例因素》，载《法学评论》2019 年第 2 期。

② 陈兵：《互联网经济下重读“竞争关系”在反不正当竞争法上的意义——以京、沪、粤法院 2000—2018 年的相关案件为引证》，载《法学》2019 年第 7 期。

认定不正当竞争行为的前提条件”的观点无异于作茧自缚，放大私法逻辑，消解竞争司法的独立性，误导竞争执法的重点，将反不正当竞争法的适用范围限缩于私权保护，而非公共利益和第三方利益的实现。互联网时代，立法与实践都开始转向对竞争行为正当性的判别，此时竞争法的适用范围和规制空间得以复位，这对规正竞争法之于社会主义市场经济基本法的地位大有裨益，亦是恰逢其时。为了继续推进竞争法适用之独立性，突破“大民事审判思维”的过度影响，陈兵提出了具体而全面的建议措施。

3. 法际关系

对于反不正当竞争法一般条款与知识产权法适用中的竞合问题，蒋舸副教授[①]注意到兜底规范被频繁用于调整新型创新活动的现象所引发的顾虑，她认为停留在本体论层面的研究并不能为纠偏提供完善的指引，激励创新是高度复杂的认知任务，其完成离不开认识论层面的分析，并据此提出引入图式（通俗地讲，图式犹如思维导图，能使信息输入和信息输出更加条分缕析，从而提高信息处理效率）分析视角。具体知识产权部门法代表高效的图式化认知，能为解决细分创新领域的认知难题提供结构化经验，大幅提升认知效率。兜底规范则代表迫不得已的非图式化认知，所提供的经验在数量和质量方面都无法与具体知识产权部门法相媲美。蒋舸为重新认识“反法”一般条款与知识产权法的关系指明路径：第一，引入认识论视角，法院应当以认知效率为标准，功能主义地看待不同创新规则之间的关系，以提升制度效率为标准发展创新规则的内涵与外延。第二，是根据不同情况发挥知识产权图式的作用：当个案结论无争议时，法官应当运用图式使说理过程更清晰；当个案结论有争议时，法官应当运用图式使利益衡量更全面；在系争案件无法直接适用知识产权法时，法官可以考虑借鉴图式中的结构化经验辅助兜底规范的推导。

---

① 蒋舸：《知识产权法与反不正当竞争法一般条款的关系——以图式的认知经济性为分析视角》，载《法学研究》2019 年第 2 期。

对于“反法”在知识产权领域的适用边界，卢纯昕副教授[①]认为反不正当竞争法的规制特点弥补了知识产权专门法的固有局限，这决定了其在知识产权领域具有适用空间。为了防止其在知识产权领域的不当扩张，反不正当竞争法的扩展保护应有一定的限度。对于扩展保护的边界划定，卢纯昕建议引入额外因素法，这是指当一项成果不受或不再受知识产权法保护时，能否获得反不正当竞争法的扩展保护应在个案中考量。只有在出现知识产权立法政策之外的新因素时，反不正当竞争法才可予以规制。额外因素法既肯定了反不正当竞争法的扩展保护，又对这种扩展保护进行合理限制，完美契合了上述反不正当竞争法扩展保护之定位。运用额外因素法需要经过穷尽知识产权法的规定、考察与知识产权立法政策冲突的可能性、考量额外因素三个步骤。其中，额外因素的判定是额外因素法适用的关键。在知识产权法不予规制或不再规制的空白地带，只有在具有额外规制目标、市场供给不足等特殊正当理由时，反不正当竞争法才能提供扩展保护。额外因素法的确立和实现，使得反不正当竞争法的扩展保护既能与知识产权法的立法政策相协调，又能与知识产权法的功能相配合，从而为模仿自由创设了可预见的空间。

4. 互联网领域不正当竞争行为

对于互联网专条，蒋舸副教授[②]认为其出现并非理性之选择：立法者未曾反省类型化原理就盲目选择了案例群类型化的修法进路。类型化的合理性基础在于通过更精细的认知模型来降低决策成本，因此只有当建立精细认知模型的社会收益高于成本时，类型化方为恰当。网络条款并不满足该条件，但既然网络条款已获通过，法院必须在尊重立法现实的基础上，通过适当解释赋予网络条款恰如其分的内涵。蒋舸建议：在文本存在多义性的灰区地带，法院应当采取限缩解释的立场，将网络条款的适用范围控制在

---

① 卢纯昕：《反不正当竞争法在知识产权保护中适用边界的确定》，载《法学》2019年第9期。

② 蒋舸：《〈反不正当竞争法〉网络条款的反思与解释——以类型化原理为中心》，载《中外法学》2019年第1期。

无歧义的范围内，这样既能发挥精细认知模型降低决策成本的作用，又能避免由变量缺乏恒常性、重要性和清晰性而造成的决策障碍。限缩解释必然导致大量所谓新型网络竞争行为无法通过网络条款获得评价。这部分行为的评价仍需借助类型化力量，对既有成熟类型化条款予以功能主义解释，并在确有必要时制订符合类型化原理的新类型化规则。

对于广告过滤行为，结合审判实践，兰楠博士[①]发现广告过滤行为正当性评价存在极大争议，基于此，兰楠认为，新增的互联网专条宣示意义大于实用价值，对行为类型的列举既不互斥也不周延。为了增强条款适用性，兰楠主张审判实践中引入比例原则。我国《反不正当竞争法》的价值理念在于维护公平竞争的市场环境，在尊重经营者的经营自主权的前提下，对可能损害市场竞争秩序、损害其他经营者或消费者合法权益的行为进行规制。这一价值理念与比例原则在公权力的合理运用与公民权利的合理限制之间进行平衡的价值理念是契合的，与比例原则日益发展的价值衡量作用是契合的。通过比例原则可以构建一个用以处理未类型化互联网竞争行为的合法性分析框架：按照比例原则的三个子原则对被诉行为的正当性进行审查。第一步，原告主张并证明被诉行为对《反不正当竞争法》所保护的利益造成了损害。第二步，被告主张并证明该行为带来了正当的、大体相当的抵消性利益（包含目的的正当性），以及该行为方式或手段是损害最小的；如果该抵消性利益明显小于所损害的利益，或者并未采取损害最小的方式或手段，则被诉行为具有了可责性。对第二步中被告主张的查明，具体按照比例原则的三个子原则，即正当性原则、必要性原则、相称性原则来进行。

对于大数据，刘影博士、眭纪刚博士[②]注意到日本《反不正当竞争法》中增设“限定提供数据”条款来规制一部分数据的不正当利用行为。该条款旨在构建一个既有助于保护数据生产者积极性，又不影响数据交易进行

① 兰楠：《广告过滤行为的正当性评价》，载《华东政法大学学报》2019年第2期。

② 刘影、眭纪刚：《日本大数据立法增设“限定提供数据”条款及其对我国的启示》，载《知识产权》2019年第4期。

的法律制度环境。他们认为，在制定过程中，日本面临的立法路径选择、采取立场的背后缘由以及条文形成过程中存在的问题，对于制定和完善我国大数据法律保护体系，具有借鉴意义和启示作用。宁立志教授、傅显扬博士[①]指出，当前关于数据规制模式的主张包括立法赋权模式和行为规制模式两种，而选择数据规制模式属于立法范畴的问题，应当依据立法活动自身的方法和原则作出选择，无论是作为立法方法的归纳法，还是作为立法价值考量的效益原则和适配原则，都应以立法规制对象自身的实证分析为起点。回归大数据自身所处的发展阶段，考证数据规制与自律的发展状况，总结数据失范与救济选择的倾向，应是我们选定数据规制模式的根基所在。当前采用立法赋权模式不符合科技立法的适配原则和效益原则。立法赋权模式设想的以数据赋权为基础的私权保护无法成为，也不应当成为数据权益救济的主要渠道。刁云芸研究员[②]认为，在认定涉数据不正当竞争行为时，除了考虑所涉数据市场价值、所涉数据获取成本、所涉数据使用是否得当以及竞争对手使用数据情况四个因素外，还需研判有无如下三种情形：其一，违反“三重授权原则”收集和使用数据；其二，违背商业道德复制、抄袭他人数据；其三，所涉数据产品或服务存在实质性替代关系。为了更加有效地制止涉数据不正当竞争行为，可通过明确相关裁判原则来强化对数据财产权益的保护。

对于互联网领域滥用相对优势地位的行为，曹阳博士[③]认为我国互联网平台实施的滥用相对优势地位行为在多方面均造成了相当严重的损害，为维护相关企业合法利益乃至行业健康发展、保护消费者合法权益、保障互联网市场公平竞争环境，促进社会整体福利提升与经济健康发展，确有必要对其施以法律规制。对此类行为的法律规制应遵循适度干预、谦抑性、合作监管等理论范式。当前我国对互联网中滥用相对优势地位行为的法律规

① 宁立志、傅显扬：《论数据的法律规制模式选择》，载《知识产权》2019年第12期。
② 刁云芸：《涉数据不正当竞争行为的法律规制》，载《知识产权》2019年第12期。
③ 曹阳：《互联网领域滥用相对优势地位行为的法律规制》，载《法学论坛》2019年第3期。

制在立法、行政执法、司法及行业自律管理等层面尚存在不少问题，不但要从顶层设计的高度入手，选择以“反法”为主，辅之以相关行业监管法的整体规制路径，同时注重与其他相关规制条款间关系的统合协调；而且要从细节层面出发，从立法、行政执法、司法与行业自律管理等多维度采取具体措施强化对此类行为的法律规制。

对于网络平台数据，既可以被认为归个人所有、平台所有、个人与平台共有，也可以被认为是互联网空间的公共数据。丁晓东副教授[①]研究后发现，无论是从法律条文的角度还是后果主义的角度分析，哪种观点都无法得到支持。平台数据的权属之所以无法明确界定，关键在于数据具有多重性质，而其性质又往往依赖于具体场景。在有的场景下，平台数据属于个人数据范畴，需要数据隐私法的优先保护；在有的场景下，平台数据具有类似数据库的性质，需要类似数据库权益的保护；而在其他场景下，平台数据又具有公共性，需要法律保障数据的共享与流通。从数据的多重属性与场景化特征出发，需要确立数据的场景化保护与场景化确权。无论是个人数据保护还是企业数据权益的合理保护，都需要注重通过自下而上的个案来推动数据保护规则的制定与演进。就法理而言，这意味着对数据权利应当基于理性规则进行确定，而非寻求放之四海而皆准的统一规则。在实体判断层面，平台数据权属的界定需要考虑多种不同因素，既需要考虑数据隐私的优先保护，考虑合理保护平台数据权益，又要特别注意促进数据的流通和共享。既需要考虑数据领域的“搭便车”行为与不劳而获，又要注重数据的公共性。既需要防止平台的不合理竞争，又需要防止数据垄断与数据壁垒。如此，互联网才能实现数据的合理流通与合理保护的双赢。郝思洋博士[②]认为调整对象的相似性、类似的制度目标以及相似的历史发展轨迹使知识产权制度能够为数据财产研究提供独特的研究视角和制度参照。在制度选择时，

① 丁晓东：《数据到底属于谁？——从网络爬虫看平台数据权属与数据保护》，载《华东政法大学学报》2019 年第 5 期。

② 郝思洋：《知识产权视角下数据财产的制度选项》，载《知识产权》2019 年第 9 期。

应以激励数据流转为首要价值目标，并按照既有制度优先于创设制度的原则进行排序。在既有制度中，《反不正当竞争法》关于商业秘密的规定能够为数据财产提供一定程度的保护，邻接权制度在扩展客体类型后也可作为数据财产的一类制度选项。在创设制度中，在《反不正当竞争法》中设定独立法益类型的模式不仅能够通过控制特定行为赋予企业有限的财产保护，而且有利于数据流通目标的实现，是数据财产未来较为恰当的制度选项。

对于虚假流量问题，蔡慧永博士[①]认为近年来，对流量的争夺和获取构成了网络竞争的主题。流量代表了网络注意力的分配，承载着用户的交易意愿，构成了消费者权的汇集。在应用反不正当竞争法体系规制虚假流量的过程中，提升消费者的诉讼地位并应用消费者要素理论，能够避免消费者权益和公平竞争秩序产生对立，进而妥善解决虚假网络流量产生的社会危害。在立法程序和司法实践中，将侵害消费者权益作为认定不正当竞争行为的主要依据，同时给予消费者群体在不正当竞争案件中诉讼地位并强化行政机构的部分职能，将有利于虚假流量诉讼中反不正当竞争法的适用和消费者权利保护的改善。

5. 其他

对于政府与市场的关系，侯利阳教授[②]认为我国法学界多以“市场失灵导致政府干预”来突出二者之间的补充关系。但若以市场主体、市场客体、交易条件、竞争关系等因素解构市场经济法律体系，依赖市场内力协调的民法与竞争法也蕴含着政府的干预，基于政府外力干预的市场规制法同时也暗含着市场机制的重现。因此，市场与政府不只是补充关系，更是互为支撑、相互转化的交叉关系。系统性地理解政府干预与市场机制在各个部门内部以及各个部门法之间的联系与区别，对于完善社会主义市场经济法律体系至关重要。总体而言，市场与政府的法学关系可以总结为如下三个方面：其

---

① 蔡慧永：《虚假网络流量法律问题刍议——兼论不正当竞争行为的评判标准》，载《法学杂志》2019 年第 10 期。

② 侯利阳：《市场与政府关系的法学解构》，载《中国法学》2019 年第 1 期。

一，随着市场经济的健康、全面发展，政府对市场干预的程度会逐步降低，但政府干预会一直存在于市场经济法律体系的各个层面。其二，政府干预在不同的部门法中也存在干预的强弱之分。政府干预表现为政府对市场主体、交易客体、交易条件以及竞争条件等方面的外力干涉。依据干预强度的不同，政府干预可以分为立法干预、一次性个案干预与多次性个案干预三种。《反不正当竞争法》原则上也属于立法干预，但是政府在特殊情形下可以进行个案干预，不过此时的干预旨在创设先例，因此属于一次性个案干预。其三，民法、反不正当竞争法以及反垄断法旨在保证市场机制的顺利运行。虽然这些部门法的适用范围存在交叉，但因其界限较为明显，其中的政府干预与市场机制较少，存在转化关系。

对于《反不正当竞争法》的谦抑性，张占江副教授[①]认为目前对不正当竞争行为的认定主要采用的是一种权利侵害式的侵权法思维或抽象的道德判断，极大地损害了竞争。这种对私人竞争关系的不合理介入和过于宽泛的不正当竞争认定方式已经完全失去了其限定企业竞争行为“负面清单”的意义，从根本上动摇了企业自由竞争的基础。《反不正当竞争法》的谦抑性源于一种法治化的要求。尊重市场的权威、尊重私法自治的原则是由宪法基本权利条款所决定的，也是民法与经济法相互衔接、相互支援的体系所决定的。在市场竞争面前，法官对于不正当竞争的判断必须保持足够的谦抑。《反不正当竞争法》的谦抑性还源于自身的制度逻辑。它是为实现更普遍的竞争自由而介入私人竞争关系，融合了私法和公法，最终体现了经济法的特性。作为这种对私权与公权的双重限制，内在嵌入了谨慎的干预思维。《反不正当竞争法》的谦抑性强调的是其作为一种干预而建立在市场调节失效之后的后发性、恢复市场作用的辅助性，以及与市场逻辑保持一致的适应性之上。面对互联网经济、数字经济、分享经济蓬勃发展，对市场上诞生的创新型经济模式和商业模式，不应动辄就采取行政干预或动用司法资

---

① 张占江：《论反不正当竞争法的谦抑性》，载《法学》2019 年第 3 期。

源，而应更多地留待市场自身来解决。

对于商业秘密保护范围，朱尉贤博士[①]注意到保护宽严对于经营者进行行为选择的重要意义。从公共政策角度说，商业秘密宽保护能够保证雇主的投资得到回报，避免“搭便车”行为，从而使雇主加大投资，促进创新。而对商业秘密保护加以适当限制，员工就能够利用其基本技能、知识和经验为不同雇主工作，从而促进员工自由流动、信息自由流动和市场竞争。因此，商业秘密保护必须在两者之间求得平衡，使雇主与员工的利益都得到保障。正确区分商业秘密与员工基本技能是平衡双方利益的第一步。无论是否构成商业秘密，现雇主都无权对员工的先前技能和员工在工作期间非利用雇主物质条件创造的信息主张商业秘密，员工在工作期间提出的笼统的工作目标和概念都属于员工的基本技能，无法与员工基本技能区分且雇主无法证明为其商业秘密的，宜认定为员工的基本技能。平衡双方利益的第二步是解决商业秘密与员工基本技能的冲突。明示的保密协议是解决冲突的最佳途径，对员工离职后能否利用留存于其记忆的商业秘密信息进行约定，而员工离职后的行为的正当性和默示的保密义务可以作为补充。

---

① 朱尉贤：《商业秘密与员工基本技能的区分及冲突解决》，载《知识产权》2019 年第 7 期。

第六章

中国反不正当竞争法发展研究报告

（2019—2020）[①]

① 在本报告撰写过程中，武汉大学法学院 / 知识产权与竞争法研究所硕士研究生成琳、唐静思、孙慕野、袁雅婧做了大量资料收集与整理工作，特此鸣谢。

纵观2020年，我国反不正当竞争法学术研究和制度建设稳步发展，尤其是有关商业秘密的规章和司法解释密集出台，着力解决了商业秘密保护执法和司法中的诸多难题，也与2019年新《反不正当竞争法》实现了衔接。同时，反不正当竞争部际联席会议的正式建立为我国反不正当竞争工作提供了新的指导机制。而在2020年抗击新冠肺炎疫情和互联网产业迅猛发展的背景下，防疫物资生产经营领域和互联网平台经济中的不正当竞争问题频发，也为我国反不正当竞争法律制度的完善和相关学术研究提供了新的契机。

一、反不正当竞争法律制度的新发展

（一）商业秘密保护司法解释、规章的制定

1. 制定背景

2020年1月15日，中美两国经贸代表团在平等和相互尊重的基础上，于美国首都华盛顿正式签署第一阶段经贸协议，其中协议文本第一章的内容就提出要加强两国商业秘密的保护。协议签订之前，我国已于2019年对实施不到两年的2017年《反不正当竞争法》围绕商业秘密条款又进行了第二次修正，这次修正主要是对第9条商业秘密的认定、第17条侵犯商业秘密行为的民事责任、第21条侵犯商业秘密行为的行政责任等条款进行了修改，并于第32条增加规定了侵犯商业秘密案件民事诉讼程序中举证责任的转移。可以说，2019年的修正加强了我国对商业秘密的法律保护，也对维护竞争秩序、促进经济健康发展具有重大意义，但由于修订时间紧、周期短、

任务重，部分条款仍存在一定的不足，亟待通过制定相关司法解释和行政规章予以完善。

此前我国关于商业秘密保护的规章和解释主要是1995年《关于禁止侵犯商业秘密行为的若干规定》（以下简称《商业秘密若干规定》）和2007年《关于审理不正当竞争民事案件应用法律若干问题的解释》（以下简称《不正当竞争解释》），但二者制定时间较早，难以适应如今的商业秘密保护形势，与2019年《反不正当竞争法》也存在一定冲突。为了有效衔接2019年《反不正当竞争法》，2020年我国相继出台了一系列有关商业秘密的规章和司法解释，具体包括：国家市场监督管理总局于9月4日公布了《商业秘密保护规定（征求意见稿）》；最高人民法院于9月10日出台了《关于审理侵犯商业秘密民事案件适用法律若干问题的规定》（以下简称《商业秘密民事案件司法解释》），并于9月12日与最高人民检察院联合发布了《关于办理侵犯知识产权刑事案件具体应用法律若干问题的解释（三）》（以下简称《知识产权刑事案件司法解释（三）》）。

2. 主要内容

（1）《商业秘密保护规定（征求意见稿）》

《商业秘密保护规定（征求意见稿）》共6章39条，从商业秘密界定、侵犯商业秘密行为、对涉嫌侵犯商业秘密行为的查处和法律责任等方面对商业秘密保护进行了系统规定。

在第二章中，第5条将商业秘密概括为“不为公众所知悉、具有商业价值并经权利人采取相应保密措施的技术信息、经营信息等商业信息”，与2019年《反不正当竞争法》的规定一致，并于第6条、第7条、第8条分别解释了“不为公众所知悉”“具有商业价值”和“采取相应保密措施”这三个构成要件的含义。第9条、第11条明确了“权利人”和“侵权人”的含义，第10条规定了职务开发的商业秘密的归属。

第三章对《反不正当竞争法》第9条规定的侵犯商业秘密的情形进行了具体化：一是对以盗窃等方式非法获取商业秘密的情形予以细化；二是对

“披露”“使用”等概念予以界定；三是对“保密义务或者违反权利人有关保守商业秘密要求”予以界定；四是对“限制性使用商业秘密”予以界定；五是对通过教唆、引诱、帮助等方式侵犯他人商业秘密的情形予以细化；六是对第三人构成侵犯商业秘密的情形予以明确；七是对“客户名单”作为商业秘密保护的情形予以明确；八是对反向工程等不构成侵犯商业秘密的情形予以明确。[①]

第四章规定了对涉嫌侵犯商业秘密行为的查处程序，在原规定的基础上增加了对权利人举报时提交材料的要求、委托鉴定、案件中止、证据保全等内容。其中，第 21 条规定了行政执法程序的启动方式，明确权利人举报时需“提供初步证据合理表明其商业秘密被侵犯”，但并不要求发生了损害结果，并降低了证明标准，规定只要权利人能证明存在商业秘密被侵犯的风险即可，减轻了权利人的举证责任。第 28 条增设了责令停止侵权申请，即使案件事实尚未查清，权利人提出申请并出具保证书后也可要求市场监督管理部门责令涉嫌侵权人停止销售利用权利人商业秘密生产的产品。

第五章“法律责任”对《反不正当竞争法》第 21 条在商业秘密侵权案件中的适用进行了细化，明确了商业秘密侵权中“情节严重”的认定标准、责令停止违法行为、合法来源抗辩、违法所得数额认定时“权利人因被侵权所受到的实际损失”“侵权人因侵权所获得的利益”等术语的内涵，并为权利人所受损害的数额提供了较为清晰易行的计算方法。依据《商业秘密保护规定（征求意见稿）》，市场监督管理部门认定商业秘密侵权“情节严重”，可从侵权数额、损害后果、事后补救以及社会影响等方面进行判断。

（2）《商业秘密民事案件司法解释》

《商业秘密民事案件司法解释》第 1 条明确了技术信息、经营信息的具体范围，将“算法、数据、计算机程序及其有关文档等信息”纳入技术信

① 国家市场监督管理总局：《关于〈商业秘密保护规定（征求意见稿）〉的说明》，http://www.moj.gov.cn/news/content/2020-09/04/zlk_3255343.html，2020 年 12 月 19 日访问。

息的范畴。第 2 条至第 7 条对商业秘密的上述构成要件进行了解释，明确公知信息加工所得的新信息、阶段性成果可以成为商业秘密的客体，并规定了采取保密措施的时间要求（在被诉侵权行为发生以前）和具体措施类型，并在第 7 条明确了商业秘密的商业价值可以由其“不为公众所知悉”而产生。第 8 条至第 10 条则解释了《反不正当竞争法》第 9 条中“以其他不正当手段获取权利人的商业秘密”“使用商业秘密”“保密义务”等概念的含义，第 11 条明确了员工、前员工的范围，第 12 条、第 13 条规定了“接触 + 实质性相同”作为认定商业秘密侵权的考虑因素，第 14 条还明确了反向工程不能构成“在先非法获取商业秘密”的抗辩理由。第 21 条规定了民事诉讼过程中，当事人或者案外人可以申请法庭采取保密措施。

（3）《知识产权刑事案件司法解释（三）》

《知识产权刑事案件司法解释（三）》第 4 条解释了侵犯商业秘密罪的构成标准，第 5 条规定了侵犯商业秘密的损失数额和违法所得数额的计算方法，明确了合理使用费、销售利润损失、研发成本、实施商业秘密的收益以及侵权所得利益等参考因素。第 6 条增加了刑事诉讼过程中的保密措施。

3. 规范评价

《商业秘密保护规定（征求意见稿）》《商业秘密民事案件司法解释》和《知识产权刑事案件司法解释（三）》分别从行政、民事、刑事三个角度对商业秘密保护问题进行调整，明确了商业秘密的定义以及相关概念的含义，规范了商业秘密的行政查处程序，完善了商业秘密侵权责任中损害赔偿的计算方法，有效衔接了 2019 年《反不正当竞争法》中的商业秘密条款，对商业秘密保护的执法、司法实践提供了指引，增强了我国商业秘密保护规范的可操作性。

（1）完善了“具有商业价值”的界定标准

价值性作为商业秘密的构成要件之一，过去在法律中一直未能得到较为详细的规定，此前的司法解释和规章也只是进行了定义式的简单解释，并且认为商业秘密的价值性要求该信息能为权利人带来竞争优势，这对权利人主张并证明其商业秘密的价值性构成了较大阻碍，实践中执法机关和法院都存在淡化价值性认定的趋势。

《商业秘密保护规定（征求意见稿）》第 7 条列举了“具有商业价值”的具体情形，规定可从经济收益、对生产经营的影响、信息获取成本等方面认定商业信息的价值性，并且规定“涉嫌侵权人以不正当手段获取或者试图获取”也可反向推定其具有商业价值。这一规定降低了“具有商业价值”的认定标准，凡是被实施侵权措施的商业信息都可以据此被认定为具有价值性，这实际上免除了权利人对价值性的举证义务。这是由于，依据《反不正当竞争法》第 32 条，权利人须在商业秘密民事案件中提供侵权的初步证据，《商业秘密保护规定（征求意见稿）》第 21 条也要求权利人在向市场监督管理部门举报时需提供初步证明材料，既然已有初步证据证明存在商业秘密侵权行为，自然也就符合上述“具有商业价值”的判断标准。

另外，从《商业秘密民事案件司法解释》第 7 条来看，如今立法者对价值性的理解已经不再局限于能够带来竞争优势，而是吸收了 TRIPS 协议第 39 条的规定，承认商业信息可以因其具有秘密性而获得商业价值，并由此引申出了保密的阶段性成果也能够成为商业秘密的客体。这样一来，法律就为技术研发成果提供了更为严密的保护，即便是尚未完成甚至可能研发失败，也可以受到商业秘密保护，对促进技术创新、优化营商环境有着重要意义。

（2）具体化“采取保密措施”的认定标准

《商业秘密保护规定（征求意见稿）》第 8 条对“采取保密措施”列举了八种具体情形，并且于第 2 项、第 6 项、第 7 项、第 8 项着重强调了企业管理商业秘密中利用保密协议防止员工、前员工泄露商业秘密，与实践中大量存在的员工、前员工泄露商业秘密的情况相适应，提示企业强化对员工保守商业秘密的管理措施。《商业秘密司法解释》第 6 条也对“采取保密措施”进行了规定，规定权利人可采取事前、事中的保密措施，也认可权利人在事后采取的保密措施，“要求离职员工登记、返还、清除、销毁其接触或者获取的商业秘密及其载体，继续承担保密义务”。这不仅使“采取保密措施”的认定更具体、更具可操作性，也在实质上减轻了权利人对保密措施的举证责任，在新司法解释下，权利人仅需证明其在事前、事中或者事后的任何一个环节采取了保密措施，即可认定其主张的商业信息满足保密性要求。

（3）细化了侵犯商业秘密的行为类型

《商业秘密保护规定（征求意见稿）》第 12 条至第 16 条和《商业秘密民事案件司法解释》第 8 条至第 10 条对《反不正当竞争法》第 9 条规定的五种侵犯商业秘密行为进行了细化，填补了《反不正当竞争法》中的规范空白，增强了法律法规在认定商业秘密侵权行为上的适用性，也为企业自身加强商业秘密保护、预防商业秘密侵权提供了参考。

值得关注的是，《商业秘密保护规定（征求意见稿）》第 12 条在“以不正当手段获取权利人的商业秘密”中增加了“破坏”的情形。信息时代，以数据方式存在的商业秘密比传统的商业秘密信息更易被篡改和破坏，互联网环境下的商业秘密侵权理应受到法律法规的重点关注。依据《商业秘密保护规定（征求意见稿）》第 12 条第 3 项，植入电脑病毒破坏权利人存储于电子信息系统的商业秘密的，也属于以不正当手段获取他人商业秘密。这一规定表明，我国对商业秘密的保护已经不局限于对商业秘密权属的保护，而是更加关注其有用性和完整性，即使不是为自己使用而单纯破坏他人的商业秘密，同样要承担商业秘密侵权责任。

（4）进一步明确了商业秘密侵权赔偿数额的计算方法

《反不正当竞争法》第 17 条规定了不正当竞争民事赔偿数额的计算方法，规定民事赔偿数额依照权利人因被侵权所受到的实际损失确定；实际损失难以计算的，按照侵权人因侵权获得的利益确定；前述两项均无法确定的，由人民法院依据侵权行为的情节确定 500 万元以下的赔偿。对于情节严重的恶性侵权行为，法院还可判处 1 倍到 5 倍的惩罚性赔偿。

《商业秘密保护规定（征求意见稿）》第 35 条明确了“权利人因被侵权所受到的实际损失”和“侵权人因侵权所获得的利益”的计算方法，包括利润总额、预期利润与被侵害后使用同一信息所得利益的差额、商业秘密许可价款、商业秘密本身商业价值的一定比例等方式。《商业秘密民事案件司法解释》第20条在上述方法之外还确定了侵权人主观过错、侵权行为的性质、情节、后果等考虑因素。

尽管目前对数额计算方法已经有了较为详细的规定，并进一步统一了各机关对商业秘密侵权行为的法律责任认定标准，但仍未能解决“侵权所得数额”与商业秘密侵权的行政责任中“违法所得”在适用上的矛盾。二者虽分属两种责任形式，但都是依靠侵权人实施侵犯商业秘密行为所得利益计算具体数额，且均具有惩罚性色彩，在目标上具有同质性，由此，有学者认为惩罚性赔偿在适用时还应当考虑公法中关于处罚的基本原则。[①] 在同时适用以“侵权所得数额”为基准的惩罚性赔偿和没收违法所得的情形，实际上是对侵权人的同一侵权行为给予两次处罚，既与一事不再罚原则相悖，也有违过罚相当原则。在《商业秘密保护规定（征求意见稿）》的后续修改中，建议增加惩罚性赔偿与没收违法所得的衔接性规定，对于法院已经适用惩罚性赔偿的，执法机关不再没收违法所得；对于已经被实施没收违法所得处罚的，法院可酌情减轻或免除其惩罚性赔偿责任。

（5）增设诉讼中的保密措施

《商业秘密民事案件司法解释》第21条和《知识产权刑事案件司法解释（三）》第6条分别规定了民事和刑事案件审理过程中的保密措施，二者都规定采取诉讼中保密措施须依申请，程度以必要为限，违反保密措施须承担相应责任，构成犯罪的，依法追究刑事责任。商业秘密的价值很大程度上依托于其秘密性，为了防止商业秘密在诉讼过程中的二次泄露，我国民事诉讼法规定当事人可申请不公开审理和不公开质证，但这种方式只能防止案外人窥探商业秘密，却无法制止当事人在诉讼期间实施侵犯商业秘

---

① 参见朱广新：《惩罚性赔偿制度的演进与适用》，载《中国社会科学》2014年第3期，第104-124页。

密的行为或者借诉讼来刺探他人的商业秘密。规定诉讼中的保密措施，就是为了防范诉讼参与人泄露或使用其在诉讼期间获知的商业秘密，为权利人提供更加全面的商业秘密保护，减少实践中权利人为了避免商业秘密扩散而不愿提起诉讼维护自身商业秘密的情形。

但上述司法解释对保密措施具体内容的规定仍不明确，前者未作规定，后者也仅列举了签署保密承诺书一种类型，缺乏具体指引，只能由法院自行裁量确定。国外审判实践中确立了保密令制度，是指"在知识产权案件的诉讼过程中，为保护当事人的商业秘密而在披露程序中就披露对象及披露内容加以限制或禁止的一种法庭指令"。[①] 实际上，我国福建厦门的司法机关自2011年就已经开始实施保密令制度，法庭可依职权或依申请作出保密令，限制或禁止阅读、摘抄或复制，并对违反保密令的行为人依照民事诉讼法有关妨碍民事诉讼强制措施的规定对其拘留、罚款，情节严重的，还可追究其刑事责任。[②] 与保密承诺书相比，保密令具有更强的隔离效果，不是通过保密承诺阻止行为人泄露或不当使用商业秘密，而是将行为人与商业秘密隔离，使其无法在诉讼中阅读或复制商业秘密内容，以达到从源头上防止二次泄露的目的。保密令的保护作用更强，但也在一定程度上损害了对方当事人和一般公众的知情权，需要在法律规范下谨慎适用，建议在后续司法解释中增加规定保密措施的具体类型及其适用条件、适用程序和救济问题。

（二）反不正当竞争部际联席会议制度建立

2020年11月12日，经由市场监管总局请示，国务院办公厅发布了《关于同意建立反不正当竞争部际联席会议制度的函》，该函的发布标志着反不正当竞争部际联席会议制度（以下简称"联席会议制度"）的正式建立，而

---

① 李晓、冀宗儒：《知识产权诉讼中的保密令制度比较研究》，载《知识产权》2015年第11期，第122-129页。

② 郑良、陈旺：《厦门推行知产审判保密令制度》，载《人民法院报》2011年1月23日，http://rmfyb.chinacourt.org/paper/html/2011-01/23/content_21903.html?div=-1，2020年12月19日访问。

这也是该制度的首次设立。

1. 立法支撑

我国 2017 年、2019 年《反不正当竞争法》第 3 条第 2 款规定："国务院建立反不正当竞争工作协调机制，研究决定反不正当竞争重大政策，协调处理维护市场竞争秩序的重大问题。"该条确立了国务院对重大市场竞争问题的决策权，为反不正当竞争工作协调机制的建立提供了立法支撑。

2. 建立过程

联席会议制度采取由上至下的建立模式，由中央层面率先建立，地方各级根据中央精神和各地情况自行建立。国务院办公厅于 2020 年 11 月 12 日回函市场监管总局，在中央层面建立了反不正当竞争部际联席会议制度；而在地方层面，各地的联席会议制度大多仍处于酝酿阶段，福建省于 2020 年 11 月 19 日发文表示建立反不正当竞争厅际联席会议制度[①]，具体制度建构与中央层面的内容基本相同。

3. 制度内容

根据国务院办公厅的回函，联席会议制度内容包括主要职能、成员单位、工作规则、工作要求四大部分。具体如下：

（1）主要职能

联席会议有六大主要职能，包括宏观指导、重大政策研究与推进、指导督促、（全国）重大问题协调，以及热点问题和典型违法活动治理、促进部门协作和进行宣传普及工作等。

（2）成员单位

中央层面的联席会议成员单位包括市场监管总局、中央网信办、教育部、工业和信息化部、公安部、民政部、司法部、住房城乡建设部、农业农村部、文化和旅游部、国家卫生健康委、人民银行、广电总局、银保监会、

---

① 参见中国市场监管报：《福建建立反不正当竞争厅际联席会议制度》，http://www.samr.gov.cn/xw/df/202011/t20201125_323870.html，2021 年 7 月 26 日访问。

证监会、国家中医药局、国家药监局等 17 个部门。

（3）工作规则

联席会议将根据工作需要定期或不定期召开会议，专题研究特定事项时，可视情况召集部分成员单位参加会议，也可邀请其他相关部门、地方和专家参加。

（4）工作要求

市场监管总局承担牵头工作，各成员单位按照职责分工研究问题、制定措施、积极参加、加强沟通等。

4. 制度评价

反不正当竞争部际联席会议制度的建立有利于强化竞争政策的基础性地位，有利于各部门间形成完善的沟通机制，促进反不正当竞争工作的协调开展，改善反不正当竞争执法层面权限不明的问题。

该制度是对时代需要和现实问题的回应。党的十九届四中全会提出，要“强化竞争政策基础地位，落实公平竞争审查制度，加强和改进反垄断和反不正当竞争执法”。联席会议制度通过推进重大政策的研究和落实，组织开展不正当竞争热点问题和典型违法行为的治理，可以有效促进反不正当竞争各相关部门之间的沟通与协调，进而强化基于规则的竞争政策的基础地位，在制度型开放的过程中与世界接轨，使《反不正当竞争法》真正起到“促进社会主义市场经济健康发展，鼓励和保护公平竞争，制止不正当竞争行为，保护经营者和消费者的合法权益”的作用。①

该制度在一定程度上弥补了《反不正当竞争法》的缺陷。根据《反不正当竞争法》的规定，我国目前的反不正当竞争执法体制为“交错复合型”，执法环节存在权责交叉、多头执法的问题。② 此外，《反不正当竞争法》中的一般条款对“经营者”身份特征的严格限定，使得《反不正当竞争法》无

---

① 《21 世纪经济报道》:《社论：加强反不正当竞争执法统筹协调，完善公平竞争制度》，http://www.21jingji.com/2020/11-21/0NMDEzNzlfMTYwNzQ0Nw.html，2021 年 7 月 26 日访问。

② 宁立志：《〈反不正当竞争法〉修订的得与失》，载《法商研究》2018 年第 4 期。

法根据现实状况的变化及时作出调整。由于修法仍需一定时间，建立联席会议制度作为应急性的措施，有利于建立完善的沟通机制，促进反不正当竞争工作的协调开展，改善目前执法权责不明的现状，也有利于根据形势变化将新型不正当竞争行为纳入调整范围，从而在法律尚未完善之时发挥补缺的作用。

但该制度也存在一些疏漏，如未将国家知识产权局列为成员单位。知识产权是重要的竞争工具之一，许多不正当竞争纠纷涉及知识产权。而在联席会议的成员单位中，有市监总局下属的国家药监局，却没有同为市监总局下属的国家知识产权局。这对于处理数量众多的涉及知识产权的不正当竞争纠纷造成了一定程度的障碍。

（三）防疫物资领域的不正当竞争问题

在 2020 年抗击新冠肺炎疫情的大背景下，防疫物资生产经营领域的不正当竞争问题十分突出。国家市场监督管理总局不断公布多起相关典型案例，涉及假冒侵权、价格违法和虚假宣传等多种类型。

1. 防疫物资领域的主要不正当竞争行为

（1）假冒侵权

根据《反不正当竞争法》第 6 条之规定，经营者不得实施擅自使用与他人有一定影响的商品名称、包装、装潢等相同或者近似的标识的混淆行为，引人误认为是他人商品或者与他人存在特定联系。在疫情发展迅速的 1 月、2 月，部分经营者通过使用相同或近似名称或标识假冒知名防疫产品，有些构成市场混淆行为，有些甚至侵犯他人的商标专有权。涉及的防疫产品以口罩、消毒用品等为主，如销售假冒“3M”、日本 YOSHIDA 等知名品牌的口罩。

（2）价格违法

在防疫物资领域，哄抬价格、价格欺诈等价格违法行为较为常见。据《市场监管总局关于新型冠状病毒感染肺炎疫情防控期间查处哄抬价格违法行为的指导意见》（以下简称《指导意见》）的规定，强制搭售，大幅提高配送费用，以及超过正常进销差价率的行为都被认定为哄抬价格。价格欺诈在疫情中通常以价格承诺为体现形式，经营者往往声称自己销售的防疫物资为“市场最低价”，但无任何证据证明。[①]

（3）虚假宣传

疫情期间部分经营者明知其销售的口罩、药品等防护物资不符合疫情防护标准，仍以虚假宣传方式对外宣传其防护物资达到防护标准等，或对外宣传其防护物资具备某种实际上并不具备的功能和效用，从而欺骗消费者购买该防疫商品。[②] 比如将工业防尘口罩宣传为医用口罩，将普通无纺布或纱布口罩宣传为熔喷布口罩，将连花清瘟等抗病毒药品宣传为对新冠肺炎具有预防作用的特效药等。

2. 法律责任适用

《反不正当竞争法》第 17 条对不正当竞争行为的民事责任作了一般规定，规定了侵权责任及相应的赔偿数额计算方法；第 18 条至第 26 条对具体不正当竞争行为的行政责任分别进行了规定；第 31 条对刑事责任作出了总括性规定，即构成犯罪的，依法追究刑事责任；第 27 条则对民事、行政和刑事责任的承担顺序作出了规定，即经营者应承担多种责任但其财产不足以支付时，民事责任优先。这些规定均能适用于防疫物资领域的不正当竞争。

（1）民事责任

对于销售、生产假冒口罩、消毒用品等防疫物资的假冒混淆行为，根据《反不正当竞争法》第 17 条的规定，给他人造成损害的，应当承担侵权

① 如“海南一九堂药品连锁经营有限公司及其 28 家分店价格欺诈案”。参见《市场监管总局“联合双打行动”典型案例（第二批）》，www.samr.gov.cn/xw/zj/202002/t20200224_312056.html，2021 年 7 月 26 日访问。

② 如“上海又慕食品有限公司涉嫌虚假宣传、哄抬物价、销售不符合保障人体健康和人身、财产安全国家标准的口罩案”。该公司虚假宣称其所经营的口罩“功能：防雾霾　防尘　防病菌　防二手烟　防汽车尾气”“安全标准：中国 GB2626-2006 标准”“防护等级：KN90”。参见《市场监管总局“联合双打行动”典型案例》，www.samr.gov.cn/xw/zj/202002/t20200214_311639.html，2021 年 7 月 26 日访问。

责任，难以确定数额的应给予权利人一定数额的赔偿；存在合同关系的，也可承担继续履行、采取补救措施或者赔偿损失等违约责任；此外，消费者可依据《消费者法权益保护法》向经营者主张退还商品价款、要求赔偿损失或惩罚性赔偿。

对于价格违法行为，《价格法》第 41 条规定了经营者退还多付部分、承担赔偿责任等民事责任。《价格违法行为行政处罚规定》（以下简称《价格处罚规定》）第 16 条规定了限期退还多付价款的民事责任，并规定若经营者不退还或不按规定退还该价款，由政府价格主管部门予以没收，若消费者等要求退还，经营者仍需依法承担民事责任。

对于虚假宣传行为，若给他人造成损害，也应依据《反不正当竞争法》第 17 条承担侵权责任；由于经营者对其不符合防疫标准的防疫用品宣传达到了规定的标准，吸引消费者购买其产品，其间也存在违约行为，也有可能承担相应的违约责任；若涉及公益诉讼，民事责任的承担方式可能还包括损害赔偿、赔礼道歉、发布警示公告和召回已销售商品。

（2）行政责任

对于假冒侵权的混淆行为，《反不正当竞争法》第 18 条根据情节严重程度规定了责令停止违法行为、没收违法商品、罚款、吊销营业执照等行政责任。对于价格违法行为，《价格法》第 40 条对价格违法行为的行政责任类型作出了一般性规定，《价格处罚规定》则作出了一系列具体规定。以哄抬价格为例，《价格处罚规定》第 6 条根据情况分别规定了不同的罚款幅度和处罚种类。在疫情迅速发展的 2020 年 1 月下旬，就有多地市场监管局对情节较重的哄抬价格案件作出 300 万元的顶格罚款。[①]《指导意见》第 7 条明确规定了在无违法所得情况下，认定“情节较重”或者“情节严重”的具体情形，包括捏造虚假信息、引发群众恐慌等七种情形。对于虚假宣传行为，

① 参见市场监管总局：《哄抬口罩价格典型案件》，www.samr.gov.cn/xw/zj/202001/t20200129_310831.html，2021 年 7 月 26 日访问。

《反不正当竞争法》第 20 条规定了责令停止违法行为、罚款、吊销营业执照三种行政责任。

（3）刑事责任

防疫物资领域的不正当竞争行为还有可能构成刑事责任。《关于依法惩治妨害新型冠状病毒感染肺炎疫情防控违法犯罪的意见》具体规定了涉及刑事责任的情形，结合我国法律规定，防疫物资领域的假冒侵权行为根据具体情形不同，涉嫌构成生产、销售伪劣产品罪，生产、销售假药罪，生产、销售不符合标准的医用器材罪和销售假冒注册商标的商品罪等[①]；价格违法行为主要涉嫌非法经营罪；而虚假宣传行为则涉嫌虚假广告罪。司法实践中，有法院根据《刑法》第 37 条第 1 款的规定，对违法经营者采取了“从业禁止”的措施，禁止被告人一定时间内从事防疫物资生产经营活动。[②]

（四）互联网平台中的不正当竞争问题

1.《规范促销行为暂行规定》[③] 的分析与解读

促销已成为市场竞争中的重要经营方式，原《关于禁止有奖销售活动中不正当竞争行为的若干规定》难以全面体现上位法新要求，市场监管规则仍需完善，制定一部规范促销行为的专门性规章的需求十分迫切。为了有效规制促销活动，国家市场监督管理总局出台了《规范促销行为暂行规定》（以下简称《暂行规定》），自 2020 年 12 月 1 日起施行。《暂行规定》共

---

① 需特别说明，生产、销售《医疗器械分类目录》中的医用防护口罩、医用外科口罩等医疗器械，且不符合国家标准和行业标准，足以严重危害人体健康的，依生产、销售不符合标准的医用器材罪定罪处罚；生产、销售《医疗器械分类目录》中的医疗器械，不符合国家标准和行业标准但不足以危害人体健康，或生产、销售没有列入《医疗器械分类目录》的其他物品，如普通一次性口罩等，如果以次充好，以不合格产品冒充合格产品，销售金额在 5 万元以上，依生产、销售伪劣产品罪定罪处罚；如果行为人生产、销售医疗器械行为或生产、销售伪劣商品行为同时构成销售假冒注册商标的商品罪，依处罚较重的规定定罪处罚。

② 参见腾讯网:《案例：生产假冒口罩，获刑并处禁止从业五年》，https://new.qq.com/rain/a/20201208A0B8X800，2020 年 12 月 20 日访问。

③ 2020 年 10 月 29 日国家市场监督管理总局令第 32 号公布。

6 章 31 条，分别为总则、促销行为一般规范、有奖销售行为规范、价格促销行为规范、法律责任和附则，刷单行为、其他虚假宣传等不正当竞争行为也被纳入规制范围。

“刷单”是一种典型的虚假宣传方式。在电商平台交易中，由于销售量和好评率构成了潜在购买者选择购买某商品的重要标准，通过刷单来迅速提高销售量和好评率无疑成为商家提升竞争优势的捷径。我国现有法律法规并没有对互联网平台中的“刷单行为”进行明确定义，一般来说，它是指在网络交易过程中，交易双方通过虚构商品、虚构价格或虚构交易评价的手段，以提升卖家商誉或提高卖家搜索排名等市场竞争力的行为，最常见的为虚构交易评价。刷单又可分为正向刷单和反向刷单，前者为卖家雇用他人为自己的店铺刷单，常表现为虚构正面交易评价，以进一步虚构商品人气和销售业绩。后者为卖家雇用他人为竞争者的店铺刷单，包括虚构负面交易评价、大量明显刷单使竞争者受到平台处罚或引起消费者的误解，以提升自己的相对竞争优势来促销。

在《暂行规定》出台前，对于刷单行为，《反不正当竞争法》第 8 条对购买刷单服务的经营者和组织刷单的经营者都有相应规定。[①]《电子商务法》第 17 条规定，电子商务经营者不得以虚构交易、编造用户评价等方式进行虚假或者引人误解的商业宣传，欺骗、误导消费者。

《暂行规定》第二章“促销行为一般规范”中的第 5 条对“刷单行为”进行了规制，其对促销信息的真实性提出了原则性的要求：“经营者开展促销活动，应当真实准确，清晰醒目标示活动信息，不得利用虚假商业信息、虚构交易或者评价等方式作虚假或者引人误解的商业宣传，欺骗、误导消费者或者相关公众。”该条与《电子商务法》第 17 条的规定相契合，对“刷单”“刷量”“刷信誉”等违法行为进行重点打击。

---

① 《反不正当竞争法》第 8 条：“经营者不得对其商品的性能、功能、质量、销售状况、用户评价、曾获荣誉等作虚假或者引人误解的商业宣传，欺骗、误导消费者。经营者不得通过组织虚假交易等方式，帮助其他经营者进行虚假或者引人误解的商业宣传。”

依《暂行规定》第 23 条，经营者实施刷单行为应由市场监管部门按照《反不正当竞争法》第 20 条以虚假宣传行为进行处罚：责令停止违法行为，处 20 万元以上 100 万元以下的罚款；情节严重的，处 100 万元以上 200 万元以下的罚款，可以吊销营业执照。经营者违反《反不正当竞争法》第 8 条规定，属于发布虚假广告的，依照《广告法》的规定处罚，包括责令停止违法行为、罚款和吊销营业执照三种方式。

2.《市场监管总局关于加强网络直播营销活动监管的指导意见》[①] 的分析与解读

近年来，"直播带货"的营销模式已成为商家进行电子商务推广的重要渠道之一，而这一营销模式中存在诸如假冒伪劣、虚假宣传、数据造假等许多不正当竞争行为。此外，网络直播营销活动兼具电子商务、宣传促销、导购卖货等多重特点，又通过互联网直播的形式进行，涉及主体较多，法律关系复杂，模式多种多样。在这一背景之下，对网络直播营销活动进行监管，明确其中各主体的法律义务和责任十分必要。[②]

网络直播营销活动的法律定性一直以来都存在争议，法律法规也未对其概念和性质作出规定。值得借鉴的是，《互联网直播营销信息内容服务管理规定（征求意见稿）》第 22 条对互联网直播营销信息内容服务进行了定义，指通过互联网网站、应用程序、小程序等，以视频直播、音频直播等形式向社会公众推销商品或服务的活动。也有学者指出"直播带货"是指主播以互联网直播的形式，通过实时性的语言、形象、使用感受向消费者宣传、推广商品或服务，以吸引消费者做出购买决策的运营模式。[③]

《市场监管总局关于加强网络直播营销活动监管的指导意见》（以下简称《直播监管指导意见》）第二部分第 2 条规定商品经营者通过网络直播销

---

① 2020 年 11 月 5 日发布。[国市监广（2020）175 号]

② 《〈市场监管总局关于加强网络直播营销活动监管的指导意见〉解读》，http://gkml.samr.gov.cn/nsjg/xwxcs/202011/t20201109_323221.html，2020 年 12 月 17 日访问。

③ 孟雁北：《直播带货中主播商业宣传行为的规制研究》，载《人民论坛》2020 年第 25 期。

售商品或提供服务应当按照《反不正当竞争法》等履行相应的义务和责任，第3条规定网络直播者采用网络直播方式为商品或服务作宣传，应当真实、合法，符合《反不正当竞争法》规定。第四部分第9条对依法查处不正当竞争违法行为作出了规定：针对网络直播营销中虚构交易或评价、网络直播者欺骗和误导消费者等不正当竞争问题，依据《反不正当竞争法》处理，重点查处实施虚假或者引人误解的商业宣传、帮助其他经营者进行虚假或者引人误解的商业宣传、仿冒混淆、商业诋毁和违法有奖销售等违法行为。

由《直播监管指导意见》的内容可知，网络直播营销活动中的商品经营者和网络直播者的行为都应受《反不正当竞争法》的规制，重点查处虚假宣传、仿冒混淆、违法有奖销售和商业诋毁的不正当竞争行为。无论网络直播营销具有何种特殊性，其本质都属于商业行为，因而对于“直播带货”中存在的不正当竞争行为，应相应地受《反不正当竞争法》第6条、第8条、第10条、第11条等相关规定的规制。

《直播监管指导意见》对于网络直播者，除了要求其宣传应当真实、合法，符合《反不正当竞争法》有关规定外，还规定其直播内容构成商业广告的，应按照《广告法》规定履行广告发布者、广告经营者或广告代言人的义务和责任。比如应当遵循《广告法》中规定的禁止类用语和表达，以及对保健食品等特殊商品的广告禁止规定。可见，《直播监管指导意见》对一般直播营销和商业广告进行了规范上的区分。这对于以网络直播方式进行商品代言的明星而言，其同时受到《反不正当竞争法》和《广告法》的双重约束，且不得再以直播为借口拒绝承担《广告法》上广告代言人的义务和责任。但是具体到执法、司法实践中，如何判断直播者的直播内容构成商业广告仍需进一步界定。一方面，相较于传统广告可多次播放，网络直播营销具有一次播放的特点；另一方面，直播营销模式具有随机性和临场性，主播对于某一商品宣传和推广的内容往往是临场发挥而形成的，与传统广告内容是事先固定在图像和视频中的形式并不相同。因此，若直播者的直播内容构成广告，并要求其在口语化、临场化的直播中按照《广告法》

的规定进行表达，可能有些苛刻。

3. 网络账号群控的反不正当竞争法规制

“腾讯诉搜道网络和聚客通不正当竞争案”[①]中，杭州互联网法院（杭州铁路运输法院）将“群控”描述为自动化、批量化操作微信的行为，包括朋友圈内容自动点赞、群发微信消息、微信被添加自动通过并回复、清理僵尸粉、智能养号；监测、抓取微信用户账号信息、好友关系链信息以及用户操作信息（含朋友圈点赞评论、支付等）存储于其服务器，攫取数据信息。

群控行为具备鲜明的违法特征，一是违反了平台规则，危及网络平台的安全、稳定、效率，妨碍、破坏平台的正常运行；二是群控技术与人的竞争显而易见地破坏了正常的竞争秩序，将其他竞争者置于极为不利的竞争地位；三是损害了平台的数据权利、用户的使用体验和其他账号流量运营者的利益。[②]

对网络账号群控进行反不正当竞争法的规制，应先考虑《反不正当竞争法》第二章中是否有具体条款能够与之对应，再考虑是否适用《反不正当竞争法》第2条。

具体而言，使用群控软件批量操作微信可能构成《反不正当竞争法》第12条第2款第4项所规定的其他妨碍、破坏其他经营者合法提供的网络产品或者服务正常运行的行为；[③]而使用群控软件进行刷量行为，若其实质目的系使相关公众对网络产品的交易数量和关注度产生虚假认知以吸引消费者，则可能构成《反不正当竞争法》第8条的虚假宣传。[④]

---

① 杭州铁路运输法院（2019）浙8601民初1987号民事判决书。

② 参见刘云于东南大学《互联网新型不正当竞争法律问题》研讨会上的发言，“中外刑事法前沿”公众号，https://mp.weixin.qq.com/s/9tWKzXYMZsJJuX9CIGFWwA，2020年12月17日访问。

③ 如腾讯诉搜道网络和聚客通不正当竞争案，参见杭州铁路运输法院（2019）浙8601民初1987号民事判决书。

④ 如爱奇艺诉杭州飞益信息科技有限公司、吕某、胡某不正当竞争纠纷案，参见上海知识产权法院（2019）沪73民终4号民事判决书。

若依据《反不正当竞争法》一般条款处理，应当对市场竞争行为主体、行为违反诚信的商业道德或商业习惯、主观过错以及损害正当竞争者的利益等不正当竞争的要素进行分析。这四个要素中的核心是行为是否违反商业习惯或商业道德，此处的商业习惯或商业道德，既包括灵活的认定规则，也包含成熟的、有高度共识的类型化规则；而对于尚未形成明晰的商业习惯或商业道德的情况，裁判者需在利益权衡之后，根据数字经济背景下的实践特点提出应然的标准。[①]

二、反不正当竞争行政执法与司法保护情况

（一）反不正当竞争行政执法情况

1. 反不正当竞争行政执法总体情况[②]

截至2020年12月20日，2020年全国反不正当竞争执法文书共计有465篇在中国市场监管行政处罚文书网上公布（以处罚依据为《中华人民共和国反不正当竞争法》为关键字进行检索）。

就不正当竞争案件发生的地域来看，东部沿海地区与西部地区呈现出明显的地域差异，在公开的465篇文书中，上海市各级市场监督管理局作出的行政处罚文书为141篇，占全部文书的30.32%，其次是江苏省和浙江省，分别占比16.13%和6.88%。

就作出的具体处罚来看，考虑到新冠肺炎疫情对市场经济环境造成的冲击以及对企业生产经营的影响，执法机关在自由裁量的范围内大多会减轻处罚，并主动适用《反不正当竞争法》第25条“经营者违反本法规定从事

---

① 张吉豫等:《聚焦互联网新型不正当竞争法律问题》，https://news.ruc.edu.cn/archives/293983，2021年9月15日访问。

② 数据源于中国市场监管行政处罚文书网，http://cfws.samr.gov.cn/index.html，2020年12月20日访问。

不正当竞争，有主动消除或者减轻违法行为危害后果等法定情形的，依法从轻或者减轻行政处罚；违法行为轻微并及时纠正，没有造成危害后果的，不予行政处罚”之规定，体现出行政执法的灵活性和人文关怀。

2. 典型案例

（1）瑞幸财务造假涉嫌虚假交易案[①]

2020 年 4 月，市场监管总局对瑞幸咖啡（中国）有限公司、瑞幸咖啡（北京）有限公司（以下合称“瑞幸公司”）涉嫌虚假交易等不正当竞争行为开展调查。

经查，2019 年 4 月至 12 月，瑞幸公司为获取竞争优势及交易机会，在多家第三方公司帮助下，虚假提升瑞幸咖啡 2019 年度相关商品销售收入、成本、利润率等关键营销指标，并于 2019 年 8 月至 2020 年 4 月，通过多种渠道对外广泛宣传使用虚假营销数据，欺骗、误导相关公众，违反《反不正当竞争法》第 8 条第 1 款“经营者不得对其商品的性能、功能、质量、销售状况、用户评价、曾获荣誉等作虚假或者引人误解的商业宣传，欺骗、误导消费者”的规定，构成虚假宣传行为。

经查，北京车行天下咨询服务有限公司、北京神州优通科技发展有限公司、征者国际贸易（厦门）有限公司等 43 家第三方公司，为瑞幸公司实施虚假宣传行为提供实质性帮助，违反《反不正当竞争法》第 8 条第 2 款“经营者不得通过组织虚假交易等方式，帮助其他经营者进行虚假或者引人误解的商业宣传”的规定，构成帮助虚假宣传行为。

2020 年 9 月 18 日，市场监管总局及上海、北京市场监管部门，对瑞幸公司及北京车行天下咨询服务有限公司、北京神州优通科技发展有限公司、征者国际贸易（厦门）有限公司等 45 家涉案公司作出行政处罚决定，处罚

---

① 参见经济日报：《市场监管总局对瑞幸咖啡（中国）等 45 家公司不正当竞争行为作出行政处罚》，https://baijiahao.baidu.com/s?id=1678501149575312808&wfr=spider&for=pc，2021 年 7 月 26 日访问。

金额共计 6100 万元。

（2）杭州微 ×× 云数据淘宝信息技术店组织虚假流量刷单案[①]

当事人通过微 ×× 网站和流量刷单专用软件两种方式，为一些直播平台上的商家提供增加虚假粉丝量、点赞数、围观人数等服务，同时为不符合平台开通直播间要求的店铺商家提供开通服务（1 钻以上的店铺经营者才能开通直播权限，称为“上钻”）。

当事人借用杭州微 ×× 云数据淘宝信息技术店的名义注册开通微 ×× 网站并备案，网站核心服务模块是代理嵌套其他网站运营接口服务。当事人通过充值获得代理权限，再为招徕的商家提供流量刷单服务。网络交易平台上的店铺经营者通过微 ×× 网站充值，充值费用进入当事人收款账户。店铺经营者充值以后可在微 ×× 网站上自主下单自助开展流量刷单，网站按照刷单数量扣除相应款项后自动执行刷单指令。

当事人使用“易语言”程序制作专用流量刷单软件，可以为商家用户提供虚增围观人数、评论数、点赞数等服务。当事人组织人员，开发专用软件，租用服务器，并将程序安置在服务器上。商家下载软件客户端，通过购买卡号密码的形式，以月卡、季卡的方式获取软件一个月或一季度的使用权限。商家自行运行软件，实现程序化提升自己店铺直播账号关联的虚假的粉丝量、点赞数、围观人数和评论数。

当事人接到上钻服务订单后，组织人员通过子账号进入该店铺，虚建店铺商品，模拟真实买家下单，虚构交易。当交易量达到平台开通直播间要求的 251 单，也就是店铺达到 1 钻级别后，当事人将虚建的商品删除。之后，当事人帮助该店铺进行直播申请，申请成功后，即完成上钻服务。

当事人通过组织虚假交易、虚假流量刷单等方式，帮助其他经营者提升网店等级，提升直播间的粉丝量、点赞数、围观人数等，违反了《反不

---

① 参见光明网:《直播带货背后的流量刷单应如何认定？》，https://www.sohu.com/a/426443363_162758，2021 年 7 月 26 日访问。

正当竞争法》第 8 条第 2 款的规定情形，属于帮助虚假宣传行为。根据《反不正当竞争法》第 20 条第 1 款之规定，浙江省金华市市场监管局责令当事人停止违法行为，并处罚款 50 万元。

（3）江苏首起违规促销案[①]

2020 年 12 月 8 日，江苏省常州市市场监管局根据举报线索，组织天宁区市场监管局查处一起违规促销案。该案为江苏省查处的首起违规促销案。

经查，当事人系常州市一家规模较大的装潢设计公司，从 11 月下旬开始通过电台广播、微信公众号、户外电子屏等途径对外发布含有“您定装修，我送奔驰。96 万元豪礼送送送”等内容的抽奖信息。当事人称，10 月 1 日至 12 月 31 日，在当事人处签约施工的客户均可参与抽奖活动。该活动共分 5 个奖项：特等奖奖品为价值 30 万元的奔驰汽车一辆（非使用权）；一等奖奖品为红木沙发两套，每套价值 12.8 万元；二等奖奖品为皇宫椅 3 对，每对价值 5.88 万元；三等奖奖品为电瓶车 10 辆，每辆价值 2880 元；四等奖奖品为蚕丝被 30 条，每条价值 2680 元；五等奖奖品为红木靠背椅 50 张，每张价值 2380 元，且奖券可叠加使用。当事人所设置的抽奖式有奖销售最高奖金额已远远高于 5 万元，涉嫌违反《反不正当竞争法》及《规范促销行为暂行规定》的有关规定。

（4）四川成都十七岁贸易有限公司违法有奖销售案[②]

四川成都十七岁贸易有限公司（以下简称“十七岁公司”）在某直播平台销售商品时，因违法有奖销售被成都市天府新区市场监管局罚款 15 万元。这是成都市市场监管局印发《关于开展网络直播带货乱象专项整治和规范管理工作的通知》以来，整治直播带货乱象开出的首张罚单。

① 参见中国市场监管报：《常州查处江苏首起违规促销案》，http://www.cicn.com.cn//2020-12/10/cms133510article.html，2020 年 12 月 20 日访问。

② 参见中国市场监管报：《15 万！整治直播带货乱象，成都开出首张罚单！》，https://baijiahao.baidu.com/s?id=1683262131041411184&wfr=spider&for=pc，2021 年 7 月 26 日访问。

成都市天府新区市场监管局执法人员接到消费者投诉称，十七岁公司在某直播平台销售商品时主要销售牙膏、海盐皂等日化用品，但在直播中还展示了12部苹果手机、10台ipad平板电脑和1张购买苹果手机的发票，声称购买商品就有70台苹果手机和20台ipad平板电脑等礼物赠送，但消费者购买日化用品后并未获赠手机。后经执法人员查实，十七岁公司在直播中出示的购买手机票据为伪造，组织直播的饶某不能提供上述手机、平板电脑的购买地点，没有制定有奖销售规则并对外公布，也不能提供奖品赠送证据，只是想通过此种宣传达到销售商品的目的。成都市天府新区市场监管局认为，十七岁公司的上述行为违反了《反不正当竞争法》第10条第1项、第2项的规定，构成违法有奖销售行为。该局责令十七岁公司停止违法行为，并处罚款15万元。

（5）虚假宣传一次性医用口罩案[①]

衡水市某公司与一印度尼西亚籍人士联络，以每只3.5元人民币的价格从该印度尼西亚男子处购进NEO牌HIJAB型一次性非医用防护口罩14000只，并给予其49000元人民币。该印度尼西亚男子从印度尼西亚雅加达市发货，通过国际航空联邦快递经北京首都机场海关于2020年2月29日送至当事人处。衡水市某公司自2020年2月12日开始，在微信群中将上述一次性非医用口罩宣称为一次性医用口罩，以每只3.7元至3.9元的价格对外进行销售，截至案发共销售13150只，合计销售额为49750元。

衡水市某公司虚假宣传行为违反了《反不正当竞争法》第8条，依据《反不正当竞争法》第20条之规定，衡水市市场监督管理局高新技术产业开发区分局责令其停止违法行为，并处罚款20万元。

本案系在疫情防控中通过虚假宣传行为牟利，其违法性与社会危害性均十分明显。

---

① 参见衡水市高新技术产业开发区市场监督管理局衡高市监处字（2020）05号行政处罚决定书。

（二）反不正当竞争司法保护情况

1. 反不正当竞争司法保护总体情况①

2019 年司法保护总体数据：人民法院共新收一审、二审、申请再审等各类知识产权案件 481793 件，审结 475853 件（含旧存，下同），比 2018 年分别上升 44.16% 和 48.87%。②

（1）不正当竞争民事司法审判

2019 年，地方各级人民法院共新收和审结知识产权民事一审案件 399031 件和 394521 件，分别比 2018 年上升 40.79% 和 44.02%。其中，新收竞争类案件 4128 件，同比下降 1.25%。③该年度人民法院审结的具有较大社会影响的知识产权民事案件中，和睦家医疗管理咨询（北京）有限公司与福州和睦佳妇产医院等侵害商标权及不正当竞争案、本田技研工业株式会社与重庆恒胜鑫泰贸易有限公司等侵害商标权案、河北山人雕塑有限公司与河北中鼎园林雕塑有限公司等侵害著作权案等涉及不正当竞争。

（2）不正当竞争刑事司法审判

2019 年，地方各级人民法院共新收和审结侵犯知识产权犯罪一审案件 5242 件和 5075 件，分别比 2018 年上升 21.37% 和 24.88%。在审结的侵犯知识产权犯罪一审案件中，侵犯商业秘密罪案件 39 件，与上一年度持平。④

2. 不正当竞争行为案件分类统计

2020 年，全国不正当竞争民事一审案件有 2532 篇文书在中国裁判文书

---

① 新收及审结案件数据统计截至 2019 年 12 月 31 日。

② 参见最高人民法院《中国法院知识产权司法保护状况（2019）》白皮书，http://www.court.gov.cn/zixun-xiangqing-226501.html，2020 年 12 月 20 日访问。

③ 参见最高人民法院《中国法院知识产权司法保护状况（2019）》白皮书，http://www.court.gov.cn/zixun-xiangqing-226501.html，2020 年 12 月 20 日访问。

④ 参见最高人民法院《中国法院知识产权司法保护状况（2019）》白皮书，http://www.court.gov.cn/zixun-xiangqing-226501.html，2020 年 12 月 20 日访问。

网上公布，较上一年度有较大幅度增长。在公开的文书中，商业贿赂不正当竞争纠纷案件文书 771 篇，占比约 30.45%；侵害商业秘密案件文书 293 篇，占比约 11.57%，该类案由中，包含侵害技术秘密纠纷 64 篇和侵害经营秘密纠纷 41 篇；仿冒纠纷案件文书 270 篇，占比约 10.66%，该类案由中，包含擅自使用知名商品特有名称、包装、装潢纠纷 148 篇，擅自使用他人企业名称、姓名纠纷 71 篇，伪造、冒用产品质量标志纠纷 5 篇；商业诋毁案件文书 57 篇，占比约 2.25%；虚假宣传案件文书 50 篇，占比约 1.97%；串通投标不正当竞争案件文书 14 篇，占比约 0.55%；有奖销售案件文书 3 篇，占比约 0.12%；此外，有 1074 篇文书未明确划入上述几类案由类别。①

3. 典型反不正当竞争案例

（1）浙江蚂蚁小微金融服务集团股份有限公司、重庆市蚂蚁小微小额贷款有限公司诉苏州朗动网络科技有限公司不正当竞争纠纷案②

2020 年 4 月 26 日，杭州铁路运输法院就原告浙江蚂蚁小微金融服务集团股份有限公司（以下简称“蚂蚁金服”）、重庆市蚂蚁小微小额贷款有限公司（以下简称“蚂蚁微贷”）诉被告苏州朗动网络科技有限公司（以下简称“朗动公司”）不正当竞争纠纷一案作出判决，认定朗动公司在企查查上发布、推送有关蚂蚁微贷清算的误导性信息构成不正当竞争，判令朗动公司赔偿蚂蚁金服、蚂蚁微贷经济损失及合理费用 60 万元，并为其消除影响。

2019 年 5 月 5 日至 6 日，朗动公司运营的企查查通过发布和向特定用户推送的方式，发布了针对蚂蚁微贷清算的企业信息，引发媒体广泛关注，媒体均围绕蚂蚁微贷是否存在清算行为进行了报道，还涉及蚂蚁金服及其

---

① 数据源于中国裁判文书网 https://wenshu.court.gov.cn/“高级检索”功能中“案由”选项，可能存在部分三级案由项下四级案由之和小于三级案由数量以及部分文书未明确划分案由等问题。上述问题未有官方解释，在此对读者表示歉意。

② 杭州铁路运输法院（2019）浙 8601 民初 1594 号民事判决书；杭州市中级人民法院（2020）浙 01 民终 4847 号民事判决书。参见杭州互联网法院官方微信公众号：https://mp.weixin.qq.com/s/xAjVykTmZJ46awEps1L7HQ，2021 年 12 月 8 日访问。

旗下花呗产品，短时间内新闻搜索条数达千万条以上。该条清算信息系企查查抓取自全国企业信用公示系统的公共数据，但系蚂蚁微贷 2014 年企业年度报告出现的历史信息。

法院审理后认为，公共数据是促进经济发展的重要生产要素，应当鼓励市场主体对公共数据的利用和挖掘。但同时，对公共数据的利用应当合法、正当，不得损害国家利益、社会利益和其他主体合法权益，特别是不能损害数据原始主体的合法权益。

本案中，朗动公司运营的企查查平台，构建了以企业数据为内容的大数据生态系统。蚂蚁微贷作为原始数据主体，朗动公司利用信息抓取技术，从全国企业信用公示系统抓取涉及蚂蚁微贷的企业数据，经过分类整理供企查查用户查询，因此，朗动公司推送的企业信息的准确性和时效性将直接影响蚂蚁微贷的企业声誉和竞争性优势。朗动公司推送的涉及蚂蚁微贷的清算信息，因推送方式的设置问题，引发公众将历史清算信息误认为即时信息；在推送内容的准确性上，也与作为其数据来源的全国企业信用公示系统存在偏差。

朗动公司采取容易引人误解的方式推送涉及蚂蚁微贷清算信息的行为，造成了蚂蚁金服、蚂蚁微贷商誉上的损失。此外，朗动公司在其公开声明中，并未对蚂蚁微贷清算信息是历史信息，且推送内容不完整的问题予以纠正，引发了媒体的新一轮关注，进一步扩大了误导性信息对蚂蚁金服、蚂蚁微贷的负面影响。朗动公司的行为构成不正当竞争，应当承担相应的民事责任。

法院认为，考虑到大数据行业还处于起步阶段，相关的行业规则、技术能力尚未成熟完善，需要给大数据产业发展创造适度的张力，为其发展营造足够宽松的发展空间，因此在侵权赔偿责任的承担上不宜对其科以过重的责任，故依照《反不正当竞争法》的相关规定作出了前述判决。二审法院维持了一审法院的判决。该案首次确立了公共数据使用的基本原则，厘清了公共数据合法使用的边界。

（2）欧宝公司诉施富公司侵害商标权及不正当竞争案[①]

2020年5月12日，广州知识产权法院公开宣判欧宝公司诉施富公司侵害商标权及不正当竞争案，首次以判决形式明确平行进口行为不构成商标侵权和不正当竞争。

德国OBO公司是OBO注册商标的权利人。OBO公司通过订立排他许可使用合同的方式，许可欧宝公司在中国大陆开展相关产品销售业务。2018年4月，欧宝公司发现施富公司从新加坡进口OBO品牌防雷器产品至中国销售，于是起诉至广州市南沙区人民法院，认为施富公司的行为侵害涉案商标权且构成不正当竞争，要求施富公司停止侵权、消除影响、赔偿损失。

南沙法院一审认为施富公司不构成商标侵权和不正当竞争。欧宝公司不服一审判决，上诉至广州知识产权法院。

广州知识产权法院依法审理后作出终审判决认为，涉案产品是合法源于商标权人的正品，施富公司未损毁、遮盖商标标识，未变更产品质量和包装，不侵害涉案商标权。同时，施富公司寻求低价产品降低经营成本、追求商业利润的行为不具有反不正当竞争法上的可责性，行为过程未违反诚实信用原则和公认商业道德，不构成不正当竞争，二审法院依法予以维持。

据相关资料显示，此次判决是广东法院首次对平行进口侵权定性问题作出明确回应，通过及时回应社会关切、依法划定行为边界，进一步明晰涉平行进口案件的裁判思路，在侵权判定、法律适用和社会影响等方面均具有探索和首创意义，引发广泛关注。

长期以来，相关行业和社会公众对平行进口行为的认知，普遍存有模糊和争议，无法对民事行为的合法性进行恰当衡量和准确预期。本案作为典型的平行进口知识产权纠纷案，是广东法院第一次以判决形式明确平行进口行为不构成商标侵权和不正当竞争。本案判决准确划定侵权行为和正

---

① 广州知识产权法院（2019）粤73民终6944号民事判决书。另参见羊城晚报：《广东法院首次以判决形式明确：平行进口行为不构成商标侵权和不正当竞争》，http://ep.ycwb.com/epaper/ycwb/html/2020-05/13/content_4_264162.html，2020年12月20日访问。

当使用行为边界，及时回应行业和社会公众司法期待，为利益攸关方提供明确稳定的行为预期，对于推动外贸行业繁荣健康发展具有重要意义。

（3）深圳市腾讯计算机系统有限公司、腾讯科技（深圳）有限公司诉数推公司、谭某不正当竞争纠纷案[①]

2020 年 4 月 26 日，重庆市第五中级人民法院对腾讯公司诉数推公司和谭某不正当竞争一案一审公开宣判，认定二被告提供虚假刷量服务行为构成不正当竞争，判决二被告立即停止不正当竞争行为，赔偿腾讯公司经济损失和合理费用支出共计 120 万元，并刊登道歉声明、消除不正当行为对腾讯公司造成的不良影响。

2017 年 12 月 25 日，谭某开始运营“企鹅代商网”为客户提供虚假刷量服务，后利用 qiehy.com 域名开设了多个关联分网站，均从事有偿刷量、刷单业务。2019 年 7 月，谭某又个人独资成立数推网络公司，登记运营网站，专门从事有偿刷量、刷单业务，直至 2019 年 11 月被诉后上述网站关停。

其间，数推公司及谭某运营的上述网站借助其他网络营销平台，针对腾讯公司旗下网站提供的产品或服务，包括“天天快报”“腾讯视频”“腾讯微视”“QQ 空间”“QQ 名片”“微信”及“微信公众号”等，或者其他运营商网站的产品或服务，以虚假提高内容信息的点击量、点赞量、浏览量、阅读量、粉丝量为目的，向客户有偿销售并提供虚假刷量服务。

重庆五中院经审理认为，被告数推公司及谭某针对原告腾讯公司的互联网产品或服务及其内容信息，以及其他互联网经营者的互联网产品或服务，有偿提供虚假刷量服务，违背诚实信用原则和商业道德，损害互联网经营者或用户和消费者合法权益，其行为特征符合《反不正当竞争法》第 12 条第 2 款第 4 项关于“经营者不得利用技术手段，通过影响用户选择或者其他方式，实施……其他妨碍、破坏其他经营者合法提供的网络产品或者服务正常运行

① 重庆市第五中级人民法院（2019）渝 05 民初 3618 号民事判决书。另参见中国法院网：《网上提供虚假刷量服务行为构成不正当竞争——重庆二被告被判赔偿腾讯公司 120 万元》，https://www.chinacourt.org/article/detail/2020/08/id/5402804.shtml，2020 年 12 月 20 日访问。

的行为”的规定，为不正当竞争行为，应当纳入《反不正当竞争法》予以规制。同时，二被告主观上存在共同实施不正当竞争行为的意思联络，客观上分工合作，构成共同侵权，应承担赔偿责任。法院遂依法作出前述判决。

本案是全国首次适用《反不正当竞争法》第12条（即“互联网专条”）的案件，该案对互联网虚假刷量行为的规制提供了具体思路，作出了有益探索。

（4）深圳市腾讯计算机系统有限公司、腾讯科技（深圳）有限公司等与广州点云科技有限公司侵害作品信息网络传播权纠纷案①

2020年8月12日，杭州互联网法院对全国首例涉5G云游戏侵害作品信息网络传播权及不正当竞争纠纷两案宣判。

原告腾讯计算机公司、腾讯科技公司是涉案五款游戏的合法运营方和维权方。广州点云科技有限公司未经授权，将涉案游戏置于其云服务器中，供公众在网页版、移动端以及PC端使用“菜鸡”云游戏平台获得涉案游戏，侵害二原告对涉案游戏享有的信息网络传播权；同时，其将用户流量复制到其平台上，利用涉案游戏为“菜鸡”云游戏平台做引流宣传，通过销售“秒进卡”“加时卡”提供云游戏排队加速、加时的有偿服务，提供“上号助手”的无偿服务，限制二原告的涉案游戏画质、功能及信息链接等行为，挤压了二原告的盈利空间及商业机会，威胁二原告的用户数据安全，构成不正当竞争。

关于云游戏模式下不正当竞争行为的认定，法院经审理认为：

①从复制流量、引流宣传行为来看，用户选择通过“菜鸡”云游戏平台操作涉案游戏，实质进入的仍是“腾讯”平台涉案游戏操作系统本身，即使将PC端用户转化为其他客户端用户，整体的用户数量和流量亦仍体现在

---

① 杭州互联网法院（2020）浙0192民初1329号、1330号民事判决书；浙江省杭州市中级人民法院（2021）浙01民终2040、2041号民事调解书。本案一审判决后，被告提起上诉，二审中双方以调解方式结案。另参见中国法院网：《全国首例涉5G云游戏侵权案宣判 英雄联盟等5款游戏获赔258万元》，https://www.chinacourt.org/article/detail/2020/08/id/5400925.shtml，2020年12月20日访问。

涉案游戏中，并不会因“云”模式的转变造成用户数量和流量的此消彼长，该种引流宣传行为能够为著作权项下权利的损害后果所涵盖，不构成不正当竞争。

②从“秒进卡”“加时卡”有偿增值服务及限制涉案游戏画质来看，“云 +”与“互联网 +”“平台 +”模式均是网络产业新兴的商业模式，本身具有中立性，不具有专属性，并非被诉行为不正当性的事由体现。被告赋予用户对画质自主选择权客观上确实降低游戏画质分辨率，影响游戏玩家的体验感，鉴于这种行为所带来的负面评价并不针对腾讯平台提供的网络服务质量，仍应作为信息网络传播行为的损害后果评价。

③就“上号助手”的无偿服务而言，是否在云游戏平台使用“上号助手”服务系用户自行选择的结果，用户数据本身所产生的利益并不当然属于二原告的合法权益。退一步而言，即使“上号助手”功能存在威胁数据安全的较大可能性，损害的也是用户账号、密码的相关信息权利，相关诉的利益亦与二原告无涉。

④就限制游戏功能及信息链接而论，被告在未经许可的情况下直接采用技术手段对二原告提供的产品和服务进行干预和限制，包括限制营销宣传、资讯广告、周边商品交易等，用户对此行为不知情且并非出于主动选择，具有不正当性和可责性，显然会对腾讯平台普遍使用的游戏运营模式和盈利方式造成干扰和影响，进而挤压了腾讯平台的商业机会和盈利空间，直接导致二原告对相关游戏的合法利益受损，构成《反不正当竞争法》第 12 条第 2 款第 4 项规定的不正当竞争行为。

法院一审判决被告停止在相关平台提供《英雄联盟》《穿越火线》《地下城与勇士》《逆战》《QQ 飞车》5 款游戏，删除与上述游戏有关的用户数据，合计判决赔偿 258 万元。

该案系全国首例涉及 5G 云游戏著作权及不正当竞争案件，该案判决对云游戏模式下信息网络传播侵权的审查标准，以及著作权保护与反不正当竞争保护边界作了有益探索，在充分保障游戏权利人合法权益的基础上，鼓励技术创新和新业态发展，维护自由和公平竞争的市场秩序，对于推动云游戏产业的健康有序发展具有重要意义。

（5）腾讯科技（深圳）有限公司、深圳市腾讯计算机系统有限公司诉深圳市某网络科技有限公司著作权侵权和不正当竞争系列案[①]

2020 年 3 月，广东省深圳市南山区人民法院审结了全国首例认定开发、运营虚假微信截图生成软件构成著作权侵权和不正当竞争的系列案。

案件原告为腾讯科技（深圳）有限公司（以下简称“腾讯科技公司”）、深圳市腾讯计算机系统有限公司（以下简称“腾讯计算机公司”），被告为深圳市某网络科技有限公司（以下简称“某网络公司”）。原告腾讯科技公司开发了微信软件，并授权原告腾讯计算机公司进行运营。

被告某网络公司运营的某截图网站以及某截图、某对话生成器等九款手机应用软件可以让用户通过自行编辑生成包括微信首页、微信对话、微信红包、微信转账、微信钱包、好友申请等一系列与微信场景界面相同或实质性近似的虚假界面截图。

南山区法院经审理认为，涉案“微信表情、微信支付图标、微信红包详情页、微信红包气泡、微信图标”在颜色与线条的搭配、比例，图形与文字的排列组合等方面均体现出一定的个性化选择和独创性表达，具有审美意义，构成美术作品，受著作权法保护。被告未经许可，在其经营的“某截图”网站及涉案九款应用软件中均提供了与两原告享有权利的作品完全相同或仅有细微差别的图案，使前述软件的用户可以在其选定的时间和地点获得与涉案美术作品相同或实质性近似的页面，侵害了原告依法享有的信息网络传播权，应当承担相应的民事责任。

同时，被告作为软件的开发者、运营者，利用了两原告享有的竞争优势和独创性的智力成果，向消费者提供了一款虚假截图的制作、生成工具，

① 广东省深圳市南山区人民法院（2019）粤 0305 民初 5539-5547 号民事判决书。另参见中国法院网：《开发运营虚假微信截图生成软件　某公司被判赔 75 万》，https://www.chinacourt.org/article/detail/2020/04/id/4884003.shtml，2020 年 12 月 20 日访问。

其行为违反了诚实信用原则和公认的商业道德，具有反不正当竞争法意义上的不正当性，严重损害两原告的竞争利益，亦损害了消费者的合法利益以及正常的市场竞争秩序。

法院判决被告某网络公司立即停止在涉案应用软件中侵害原告腾讯科技公司、腾讯计算机公司信息网络传播权的行为，立即停止在涉案应用软件中的不正当竞争行为，并向两原告赔偿经济损失及合理开支共计 75 万元。

该系列案是全国首例认定开发、运营虚假微信截图生成软件构成著作权侵权和不正当竞争的案件，对应用软件设计元素作品认定的难点问题以及互联网企业经营模式反不正当竞争法保护的新型问题提供了解决范式。微信软件与人们的日常生活密切相关，该系列案判决对与现实生活有密切联系的法律问题作出了明确的司法回应，为网络黑灰产业链上游治理提供了知识产权解决方案，有效维护了互联网行业的市场竞争秩序。

（6）上海陆家嘴国际金融资产交易市场股份有限公司、上海陆金所互联网金融信息服务有限公司诉西安陆智投软件科技有限公司不正当纠纷案[①]

外挂软件抢购自家平台上的理财产品，上海陆家嘴国际金融资产交易市场股份有限公司（以下简称“陆金所公司”）、上海陆金所互联网金融信息服务有限公司（以下简称“陆金服公司”）以其构成不正当竞争为由，将软件运营方西安陆智投软件科技有限公司（以下简称“陆智投公司”）起诉至法院。2020 年 8 月 6 日，上海市浦东新区人民法院对该案进行了一审公开宣判：判决陆智投公司立即停止相关不正当竞争行为，公开声明、消除影响，并赔偿两原告经济损失及维权合理开支共计人民币 50 万元。

两原告认为，被告提供的一款代购工具系外挂软件，用户在通过该软件输入两原告会员账号、登录密码、交易密码等信息的前提下，无须关注

① 上海市浦东新区人民法院（2019）沪 0115 民初 1133 号民事判决书。另参见中国法院网：《上海陆金所提起不正当竞争之诉 获赔 50 万元》，https://www.chinacourt.org/article/detail/2020/08/id/5398453.shtml，2020 年 12 月 20 日访问。

两原告平台发布的债权转让产品信息即可根据预设条件实现自动抢购，并先于手动抢购的会员完成交易，不仅破坏了两原告平台的公平交易规则，剥夺了其他会员的公平交易机会，也令两原告通过会员制度建立的市场优势损失殆尽。同时，被告利用代购工具创造的不公平交易机会，吸引、抢占两原告的客户资源，借此推广其他多款理财产品与理财工具，有违基本的商业道德。

法院审理后认为，对于不正当竞争之诉成立与否的判别，不以同业竞争关系为前提，而应着眼于经营者实施的特定行为是否具有市场竞争属性，是否造成了损害并具有不正当性。

本案中，两原告平台发布的债权转让产品虽不属于定期发布的常规金融产品，但却因投资周期较短、手续费用相对优惠等因素颇受用户欢迎，数量少、热度高、随机性强是其主要特点。用户为抢购特定的债权转让产品必须投入持续性的全面关注，这正是两原告作为一种营销模式推出该类产品所期待的结果，而这种结果能为两原告带来可观的流量利益。

被告公司运营的陆智投抢购服务，实质是由软件系统代替人工方式为用户抢购两原告平台的债权转让产品。债权转让产品的抢购实质上属于平台用户间的利益竞争，但被告通过运营抢购服务介入其中并为部分用户提供抢购优势的行为，已造成平台流量利益的减损、用户潜在交易机会的剥夺和平台营商环境的破坏三方面的损害结果。陆智投抢购服务还具有不正当性，不仅因为它对两原告平台规则的颠覆破坏了产品抢购的公平基础，还因为该抢购服务刻意规避两原告的监管机制，反映了被告对该行为所持的主观故意。

综上，法院认为，被告公司经营的陆智投抢购服务，通过为两原告平台用户提供不正当抢购优势的方式，妨碍两原告债权转让产品抢购业务的正常开展，对两原告及平台用户的整体利益造成了损害，不正当地破坏了两原告平台公平竞争的营商环境，构成不正当竞争。对该行为应给予反不正当竞争法上的否定评价。

（7）凤凰卫视公司、天盈九州公司诉凤凰佳艺公司侵害商标权、不正当竞争纠纷案[①]

因认为凤凰佳艺（北京）文化传媒有限公司（以下简称“凤凰佳艺公司”）在经营活动特别是网站宣传中，使用的“凤凰”及相关标识，与凤凰卫视商标有限公司（以下简称“凤凰卫视公司”）享有注册商标专用权、北京天盈九州网络技术有限公司（以下简称“天盈九州公司”）享有使用权的“凤凰卫视”“鳳凰衛視”及相关标识、“鳳凰網”商标近似，凤凰卫视公司和天盈九州公司以侵害商标权、不正当竞争为由，将凤凰佳艺公司诉至法院。2020年8月3日，北京市海淀区人民法院一审认定被告构成商标侵权和不正当竞争，判决凤凰佳艺公司立即停止侵权、消除影响，并赔偿经济损失500万元。

两原告诉称，凤凰卫视公司依法享有“凤凰卫视”“鳳凰衛視”及相关标识、“鳳凰網”商标的注册商标专用权，并许可天盈九州公司使用。凤凰卫视公司运营的凤凰卫视自1996年3月31日启播，是华语媒体中最有影响力的电视媒体之一。天盈九州公司运营的凤凰网前身是1998年创办的凤凰卫视官方网站，是一个以互联网资讯门户为核心，涵盖宽频、手机、无线互联网服务的全新媒体企业，是全球领先的跨平台网络新媒体公司。经过20余年的发展，凤凰卫视公司注册的“凤凰卫视”“鳳凰衛視”及相关标识、“鳳凰網”商标，已经成为家喻户晓的品牌，在一般消费者中享有极高的知名度。

凤凰佳艺公司未经许可，擅自在其网站、举办的会议、公司招牌、人员名片等处，使用“凤凰”等标识，从事新闻通讯、新闻报道、新闻记者、节目制作等服务，导致相关公众对相关服务的来源产生混淆，侵害了两原告的注册商标专用权及使用权。同时，凤凰佳艺公司擅自使用包括“凤凰”字样的“凤凰佳艺（北京）文化传媒有限公司”“香港凤凰通讯社有限公

---

① 北京市海淀区人民法院（2018）京0108民初67950号民事判决书；北京知识产权法院（2020）京73民终2928号民事判决书。另参见中国法院网：《因“凤凰”等商标被侵权　凤凰卫视起诉获赔500万》，https://www.chinacourt.org/article/detail/2020/08/id/5391348.shtml，2020年12月20日访问。

司”“凤凰通讯社有限公司”企业名称，并进行虚假宣传，构成不正当竞争。故两原告诉至法院，请求法院判令被告立即停止侵权、刊登声明、消除影响、赔偿原告经济损失 1000 万元。

被告辩称，凤凰佳艺公司具有独立的名称、经营范围和对外标识，与两原告经营的品牌、商标不具有关联性，两原告认为凤凰佳艺公司侵犯其商标权并存在不正当竞争的主张，没有事实和法律依据。凤凰佳艺公司自成立以来尚未实际经营，两原告要求赔偿经济损失、赔礼道歉等诉求，没有事实和法律依据。

法院经审理后认为，被控侵权标识“凤凰”与原告注册商标中显著识别部分“凤凰”的字形、读音及含义完全相同，已经构成高度近似商标；从图形的构图要素及各要素组合后的整体结构进行比对，被控侵权标识与原告使用的注册商标构成近似商标。

被控侵权标识在整体结构上，基本是原告商标旋转 90 度后的镜像呈现，凤凰佳艺公司提供的服务与原告注册商标核定使用的服务，属于类似服务，系在类似服务上使用近似标识的行为。从相关公众的认知角度来看，由于涉案商标经两原告的大量使用，已经与其形成了稳定对应关系，被告的经营外观以及对被控侵权标识在媒体服务上的使用方式，极易导致相关公众混淆误认，且凤凰佳艺公司在对外宣传中，也积极将“凤凰通讯社”与“凤凰卫视”“凤凰网”相联系，系主动追求相关公众将两者混淆误认的结果，该行为构成侵犯商标权。

凤凰卫视公司是自 1996 年成立以来一直使用的企业名称，其中的核心字号“凤凰”经过原告多年的使用及宣传，已经在传媒领域产生了很强的显著性，在传媒行业中，已经与原告之间建立起稳定的、唯一对应的关系。原告公司与被告公司同属传媒行业，凤凰佳艺公司在其企业名称中，使用原告已经具有较高知名度的“凤凰”字号，在其经营网站上使用“凤凰通讯社有限公司”以及实际并不存在的“香港凤凰通讯社有限公司”企业名称，与原告“凤凰”核心字号高度相似。凤凰佳艺公司及其法定代表人多次在公开场合声明“凤凰通讯社是继凤凰集团的凤凰卫视和凤凰网诞生之后又一个与之并行的，具有国际影响力和竞争力的新闻媒体机构”及“凤凰通讯社是继凤凰集团的凤凰卫视和凤凰网之后诞生的集网络、影视、杂志等于一身的立体综合体”，被告法定代表人还对外宣称，被告与原告“是一起的，都在凤凰集团旗下”，已经构成虚假宣传。

凤凰佳艺公司的以上行为显然是为了借助地理印象，使相关公众对原告与被告公司的经营服务及其关联性产生混淆或误认，意欲利用原告知名度及这种联想达到误导相关公众的效果，以非法争夺原告市场利益，构成不正当竞争。

综合考虑被告侵权时间长、范围广、侵权情节恶劣以及原告涉案商标及企业字号具有较高知名度等因素，法院综合判定凤凰佳艺公司承担相应的经济损失赔偿额。

最终，法院一审判决凤凰佳艺公司立即停止侵犯两原告注册商标专用权及使用权的行为；立即停止在其经营场所及提供服务产品上，使用含有“凤凰”字样的“凤凰通讯社”“香港凤凰通讯社有限公司”及“凤凰通讯社有限公司”企业名称及停止宣传其经营的“凤凰通讯社”是凤凰集团旗下与凤凰卫视和凤凰网并行的新闻媒体机构之类用语的虚假宣传不正当竞争行为；停止在其企业名称中使用含有“凤凰”字样的不正当竞争行为；刊登声明、消除影响，并赔偿两原告经济损失500万元。二审法院认为一审法院认定事实清楚，适用法律正确，进而驳回上诉，维持原判。

（8）腾讯计算机公司、腾讯科技公司诉被告浙江搜道网络公司、杭州聚客通科技公司不正当竞争纠纷案①

2020年6月2日，杭州铁路运输法院就原告腾讯计算机公司、腾讯科

① 杭州铁路运输法院（2019）浙8601民初1987号民事判决书；浙江省杭州市中级人民法院（2020）浙01民终5889号民事裁定书。被告在一审判决生效前上诉，后又撤回了上诉，判决已生效。另参见中国法院网：《首例涉微信数据权益认定不正当竞争案宣判》，https://www.chinacourt.org/article/detail/2020/06/id/5264431.shtml，2020年12月20日访问。

技公司诉被告浙江搜道网络公司、杭州聚客通科技公司不正当竞争纠纷一案进行一审宣判，判令两被告停止涉案不正当竞争行为，赔偿两原告经济损失及合理费用 260 万元，并为其消除影响。

原告腾讯计算机公司、腾讯科技公司分别是微信软件的著作权人和微信产品的经营者。两被告开发、运营的“某群控软件”，利用 Xposed 外挂技术将该软件中的“个人号”功能模块嵌套于个人微信产品中运行，为购买该软件服务的微信用户在微信平台中开展商业营销、管理活动提供帮助。两原告认为，两被告的行为妨碍微信平台的正常运行，损害了两原告对于微信数据享有的数据权益，构成不正当竞争。

关于被控侵权软件擅自收集微信用户数据，存储于自己所控制的服务器内的行为是否属于《反不正当竞争法》第 2 条规定的不正当竞争行为，杭州互联网法院认为，两原告主张数据权益的微信平台数据，可以分为两种数据形态：一是数据资源整体，二是单一数据个体。网络平台方对于数据资源整体与单一数据个体所享有的是不同的数据权益。

就微信平台数据资源整体而言，微信产品数据资源系两原告投入了大量人力、物力，经过长期经营积累聚集而成的，该数据资源能够给两原告带来商业利益与竞争优势，两原告对于微信平台数据资源应当享有竞争权益。如果两被告破坏性使用该数据资源，则构成不正当竞争，两原告有权要求获得赔偿。

就微信平台单一数据个体而言，两原告所主张其享有数据权益的数据是指微信用户账号数据、好友关系链数据、用户操作数据。由于网络资源具有“共享”的特质，单一用户数据权益的归属并非谁控制谁享有，使用他人控制的用户数据只要不违反“合法、正当、必要、不过度、征得用户同意”的原则，一般不应被认定为侵权行为。但如果危及微信产品用户的个人数据安全，两原告对于两被告侵害微信产品用户个人数据安全的行为应当有权请求予以禁止。

首先，本案被控侵权软件具有收集、存储及监控微信产品数据功能，即便两被告经过了微信平台中相关经营性用户的授权许可或者经营性用户对于自己提供于微信平台的信息享有数据携带权，但上述微信数据并非相关经营性用户单方信息，还涉及微信平台中作为经营性用户微信好友的其他微信用户个人账号数据以及经营性用户与其微信好友通过相互交集而共同提供的用户数据。两被告擅自将该部分并不知情的微信用户的数据移作由自己存储或使用，不符合用户数据可携带的基本要求，构成了对微信用户信息权益的侵害。其次，两原告的个人微信产品作为社交平台，其主要功能是帮助用户与其他用户相互交换信息、交流情感进行交际。微信用户对于其个人微信数据具有很高的敏感性及安全性要求。两被告的被诉行为已危及微信产品用户信息安全，势必导致微信用户对微信产品丧失应有的安全感及基本信任，减损微信产品对于用户数据流量的吸引力，进而会恶化两原告既有数据资源的经营生态，损害两原告的商业利益与市场竞争优势，实质性损害两原告对于微信产品数据资源享有的竞争权益。

因此，法院认为，被控侵权软件批量化操作微信、发布商业活动信息已妨碍、破坏了两原告合法提供的网络产品与服务的正常运行，属于《反不正当竞争法》第 12 条第 2 款第 4 项所规定的妨碍、破坏其他经营者合法提供的网络产品或者服务正常运行的行为，构成不正当竞争。

该案由微信群控软件引发，系杭州互联网法院宣判的首例涉及微信数据权益认定的不正当竞争案。该案判决明确了网络平台对于其所控制的用户信息享有不同性质的数据权益，同时厘清了网络平台不同数据权益间的权利边界。

（9）杭州迪火科技有限公司诉北京三快科技有限公司侵犯商业秘密与不正当竞争纠纷案[①]

2020 年 8 月 27 日，北京知识产权法院就原告杭州迪火科技有限公司（以

---

① 北京知识产权法院（2018）京 73 民初 960 号民事判决书。参见中国裁判文书网：https://wenshu.court.gov.cn/website/wenshu/181107ANFZ0BXSK4/index.html?docId=9e878d36da564bbd9d0fac8c000a0494，2021 年 12 月 8 日访问。原被告不服一审判决提起上诉，最高人民法院进行了开庭审理［（2021）最高法知民终 837 号案件］，截至 2021 年 11 月 20 日，判决结果尚未公布，有待后续进一步关注。

下简称“迪火公司”，“二维火”运营主体）起诉北京三快科技有限公司（以下简称“三快公司”，“美团”运营主体）涉嫌侵犯商业秘密与不正当竞争案作出判决：①三快公司立即停止涉案不正当竞争行为；②三快公司于本判决生效之日起10日内赔偿迪火公司经济损失200万元及合理支出10万元。

从立案之日起历时两年，这场SaaS（Software-as-a-Service的缩写名称，意思为软件即服务，即通过网络提供软件服务）数据安全之争终于有了阶段性结果。

2018年迪火公司向北京、杭州两地法院提起诉讼，认为三快公司涉嫌窃取迪火公司及商家的经营数据，构成不正当竞争，要求三快公司赔偿合计金额1.02亿元。迪火公司在诉讼请求中声称，被告运营的“美团小白盒”非法侵入其运营的二维火“智能收银一体机”系统（以下简称“二维火”系统），劫持该系统和商户的第三方支付流量，构成不正当竞争。迪火公司认为，使用了“二维火”系统，这家商户的顾客应该通过“二维火”付款。“二维火”也因此可以向金融支付通道抽取支付金额3.5‰的佣金。

2019年7月22日杭州市中级人民法院公布的迪火公司与三快公司不正当竞争纠纷案的判决结果为：驳回迪火公司的全部诉讼请求，案件受理费24.68万元由迪火公司负担。[①]

但针对相同事实，北京知识产权法院认为：首先，迪火公司开发的“二维火”系统并非一般的安卓系统平台，而是基于安卓系统专门为商户收款而设计的智能收银系统，且迪火公司在其系统中设置了具有排他性的软件安装包代码规则，这意味着迪火公司不允许其他软件在未经其同意的情况下随意进入该系统并篡改其代码数据，尤其是与其系统具有相同收银功能的其他软件系统。其次，三快公司开发的“美团小白盒”插件安装于“二维火”系统后，并非基于用户的操作被动启动，而是通过监控“二维火”的收款

---

① 参见杭州市中级人民法院（2018）浙01民初3166号民事判决书。参见中国裁判文书网：https://wenshu.court.gov.cn/website/wenshu/181107ANFZ0BXSK4/index.html?docId=826e1387fc4a4a498e62aaff00a0cbb5，2021年12月8日访问。

程序运行，以悬浮窗的形式依附于“二维火收银 APP”之上，且随着用户进行“结账”操作而自动跳出，具有诱导用户使用“美团收款”的明显意图。再次，用户在点击了美团悬浮窗或特定按键后，支付页面会自动跳转至美团支付的操作页面，“二维火”的收款程序随之中断，明显起到了妨碍“二维火”收款系统正常运行的效果。最后，虽然“美团收款”程序在表现形态上确如其所称，系经用户授权且自主选择而运行，但根据 2017 年《反不正当竞争法》第 12 条第 2 款第 1 项的规定，经营者在他人合法提供的网络产品或服务正在运行的过程中，如需插入链接或强制进行目标跳转，应经该网络产品或服务经营者同意。而在本案中，“美团小白盒”插件插入并强制进行目标跳转的行为均未经原告同意。综上，北京知识产权法院认定被告的上述行为已构成“利用技术手段，通过影响用户选择或者其他方式，实施妨碍、破坏其他经营者合法提供的网络产品或者服务正常运行的行为”，违反了 2017 年《反不正当竞争法》第 12 条的规定，构成不正当竞争行为。

本案在京、杭两地同时起诉却得到了截然相反的判决结果，引起广泛讨论与各界关注。我国法院对此类出于竞争目的而进行技术介入的行为作出明确统一的司法判断十分重要，未来最高法院的判决势必会对数据合规和 SaaS 市场健康有序运行产生深远影响。

（10）百度网讯科技有限公司诉梦西游网络科技有限公司不正当竞争纠纷案[①]

因认为苏州梦西游网络科技有限公司（以下简称“梦西游公司”）利用技术手段提供百度文库需用下载券下载的文档和付费文档的下载服务，北京百度网讯科技有限公司（以下简称“百度公司”）将梦西游公司诉至法院，

---

① 北京市海淀区人民法院（2019）京 0108 民初 51116 号民事判决书；北京知识产权法院（2020）京 73 民终 2972 号民事判决书。另参见北京日报客户端：《首例在线文库文档下载不正当竞争纠纷案，百度胜诉获赔 200 万》，https://new.qq.com/omn/20200922/20200922A0673400.html，2020 年 12 月 20 日访问。

要求消除影响并赔偿经济损失及合理开支共计 300 万元。

2020 年 9 月 22 日北京市海淀区人民法院审结了此案，判决梦西游公司赔偿百度公司经济损失 200 万元及合理开支 3 万元。二审法院驳回了上诉，维持原判。

原告百度公司诉称，梦西游公司通过天猫网中的店铺“梦西游网络科技”，利用其提供的插件向用户提供百度文库需用下载券下载的文档和付费文档的下载服务，并据此牟利。上述行为直接导致百度文库用户数量的减少和浏览量的降低，妨碍、破坏了百度公司合法提供的网络产品的正常运行，给百度公司造成重大经济损失，构成不正当竞争。

被告梦西游公司辩称：百度公司没有证据证明通过梦西游公司的服务下载了百度文库的文档，至多只是下载了与百度文库文档内容相同的文档，鉴于该文档是从网络中下载，故该下载并未侵犯百度公司的任何权益。百度公司并不享有反不正当竞争法所保护的合法权益，双方当事人亦不存在竞争关系，梦西游公司提供了可以合法下载与百度文库文档内容相同文档的可能方法，足以说明被诉行为不具有不正当性。百度公司没有证据证明由于被诉行为导致其遭受用户减少、流量减少等损害。

法院经审理认为，百度公司作为百度文库的开发者和运营者，通过正当、合法经营积累起百度文库文档和用户等经营资源，并据此获得经营收益、市场份额及竞争优势，上述合法权益应受到反不正当竞争法的保护。

关于被诉行为是否具有不正当性，法院认为梦西游公司实施的被诉行为使用户无须上传和分享文档，直接影响了百度文库通过非 VIP 用户上传文档获取文档资源这一重要渠道；同时，还打破了百度公司对用户下载文档设置的相关限制，使服务购买者无须遵循百度文库产品在文档下载方面的运营规则，即可无差别地获得相关文档，破坏了百度文库产品和服务的正常运行。且梦西游公司在明知其行为具有不当性的情形下，采用隐蔽手段持续使用百度公司的重要经营资源进行牟利。被诉行为直接造成了百度文库用户和文档资源的流失，进而影响到百度文库的用户流量，损害了百度文库基于流量可以获得的增值收益和竞争优势。同时，被诉行为还影响了用户购买百度文库 VIP 会员的积极性，从而直接造成百度公司会员收入的减少。根据《反不正当竞争法》第 12 条第 2 款第 4 项的规定，被诉行为构成不正当竞争。

本案是全国首例提供在线文库文档下载服务不正当竞争纠纷案，通过本案裁判有力地保护了在线文库产品经营者的合法权益，依法惩治了利用技术手段妨碍他人合法产品和服务正常运行的不当行为，亦是对网络灰产中新型不正当竞争行为的一次有力打击，有效维护了互联网行业的竞争秩序。

三、反不正当竞争法学术研究情况

2020 年，是反不正当竞争法领域十分活跃的年份。在制度层面，如本章前文所述，为加强商业秘密保护，激励研发与创新，衔接《反不正当竞争法》，《商业秘密保护规定（征求意见稿）》《商业秘密民事案件司法解释》等纷纷公布；而后，为进一步加强对反不正当竞争工作的组织领导和统筹协调，国务院办公厅同意建立反不正当竞争部际联席会议制度。在实务层面，重大案件频现，如瑞幸财务造假涉嫌虚假交易案[①]、首例涉微信数据权益认定不正当竞争案[②]等都引发学界关注。因此，为了更好地呈现学术研究对社会现实的思考与回应，从而反映 2020 年反不正当竞争法领域的学术研究成果，本报告检索并统计核心法学期刊 2020 年收录的反不正当竞争法领域的相关论文，概括整体情况，提炼其中的代表性观点，以作年度总结。

（一）2020 年反不正当竞争法领域研究成果汇总

本报告共统计了 25 本期刊，包括《中国社会科学》《知识产权》和《中

① 见前文“反不正当竞争行政执法情况”部分中对 2020 年经典案例之分析。

② 见前文“反不正当竞争司法保护情况”部分中对 2020 年经典案例之分析。

文社会科学引文索引》（CSSCI）来源期刊（2019—2020）中的 23 本法学类期刊。需要特别说明的是，由于《知识产权》刊发的论文主要为知识产权与市场竞争类文章，具有极强的代表性，为了更好地反映反不正当竞争法领域的学术研究状况，故将此刊作为统计来源之一。

通过在中国知网文献库、北大法宝法学期刊库以及各期刊官方网站的检索，共收集到 2020 年发表的反不正当竞争法领域的论文 29 篇，如表 1 所示。从表 1 可以看出，《知识产权》为本年度发表反不正当竞争法论文数量最多的期刊，其数量为 6 篇，由此亦可体现《知识产权》期刊对该领域的关注。其余期刊发表的论文一般为 1—3 篇，有部分期刊并未发表反不正当竞争法的文章。

表 1　2020 年“反不正当竞争法”领域各期刊刊文数量统计

序　号	期　刊	数　量	序　号	期　刊	数　量
1	知识产权	6	14	政法论丛	1
2	现代法学	4	15	中国刑事法杂志	0
3	法律科学	3	16	中国社会科学	0
4	法学评论	2	17	政治与法律	0
5	法　学	2	18	政法论坛	0
6	东方法学	2	19	清华法学	0
7	法学杂志	2	20	行政法学研究	0
8	法商研究	2	21	环球法律评论	0
9	中国法学	1	22	法学研究	0
10	华东政法大学学报	1	23	法学论坛	0
11	法制与社会发展	1	24	法学家	0
12	中外法学	1	25	当代法学	0
13	比较法研究	1	共　计		29

2020 年，反不正当竞争法领域研究成果丰硕。学者们不仅扎根基础理论研究，且瞄准社会热点、聚焦实务痛点，充分体现了反不正当竞争法学

者的社会责任担当。

根据论文的内容与主旨，可以将这29篇论文划分为五个主题，分别是“反不正当竞争法的定位与发展”“传统不正当竞争行为”“互联网不正当竞争行为”“数据与反不正当竞争法”“政府与市场关系探究”，具体参见表2。

表2 2020年“反不正当竞争法”领域各主题论文数量统计

序号	主题	数量
1	反不正当竞争法的定位与发展	8
2	传统不正当竞争行为	11
3	互联网不正当竞争行为	3
4	数据与反不正当竞争法	4
5	政府与市场关系探究	3
共计		29

如表2所示，其中以“反不正当竞争法的定位与发展”为主题的论文达8篇，主要分为两个部分：一是反不正当竞争法应当如何定位及如何实现其与不同法律制度之间的衔接；二是反不正当竞争法中诸如“不正当竞争判断标准”“商业道德”“竞争观”等基础问题的深入探讨。同时，有多达11篇论文以“传统不正当竞争行为”为主题进行研究，主要的研究对象是“市场混淆制度”和“商业秘密制度”，呈现的是学界对于“未注册商标”“商业标志混淆判断”“商业秘密保护”等问题的思考。另外，有3篇论文持续关注“互联网不正当竞争行为”，与往年在“认定理念”“适用条文”“裁判模式”等问题的思考方向不同，本年度学界更多聚焦新出现的互联网不正当竞争行为。有4篇论文关注“数据与反不正当竞争法”，对学界白热化讨论的“数据”“数据权益”“数据确权”等问题，学者们从反不正当竞争法的角度对数据规制进行了深入分析。还有3篇论文从国家治理理念出发，在反不正当竞争法的语境之下对“政府与市场关系”进行了探讨。

表 3　2020 年“反不正当竞争法”领域学术研究成果汇总

序号	期刊	刊期	作者	作者单位[①]	标题	主题
1	中外法学	第 1 期	张占江	上海财经大学法学院	反不正当竞争法属性的新定位——一个结构性的视角	反不正当竞争法的定位与发展
2	法学评论	第 4 期	郭传凯	山东大学法学院	走出网络不正当竞争行为规制的双重困境	反不正当竞争法的定位与发展
3	法律科学	第 6 期	陈耿华	西南政法大学经济法学院	论竞争法保障消费者利益的模式重构	反不正当竞争法的定位与发展
4	知识产权	第 6 期	王艳芳	最高人民法院知识产权庭	商业道德在反不正当竞争法中的价值与标准二重构造	反不正当竞争法的定位与发展
5	知识产权	第 6 期	张伟君 庄雨晴	同济大学法学院	“《商标法》优先适用论”辨析	反不正当竞争法的定位与发展
6	现代法学	第 6 期	陈耿华	西南政法大学经济法学院	我国竞争法竞争观的理论反思与制度调适——以屏蔽视频广告案为例	反不正当竞争法的定位与发展
7	法学	第 9 期	王晨竹	上海交通大学凯原法学院	竞争法与反倾销法的功能性冲突及协调路径	反不正当竞争法的定位与发展
8	知识产权	第 10 期	黄武双 谭宇航	华东政法大学知识产权学院	不正当竞争判断标准研究	反不正当竞争法的定位与发展
9	政法论丛	第 1 期	魏丽丽	河南财经政法大学知识产权学院	商标恶意抢注法律规制路径探究	传统不正当竞争行为

① 为论文发表时作者所在单位，下同。

续表

序号	期刊	刊期	作者	作者单位	标题	主题
10	法商研究	第 1 期	李雨峰	西南政法大学民商法学院	未注册在先使用商标的规范分析	传统不正当竞争行为
11	东方法学	第 2 期	吴元元	西南财经大学法学院	在所有与使用之间：商誉保护的制度逻辑——以广药集团与加多宝公司系列争讼为中心	传统不正当竞争行为
12	现代法学	第 3 期	汤文平	暨南大学法学院	从个案规范到民法法典化——以“乔丹案”对司法解释及民法典草案的影响为例	传统不正当竞争行为
13	知识产权	第 3 期	苏和秦 梁思思	北京万慧达（上海）律师事务所	论商标的指示性合理使用	传统不正当竞争行为
14	现代法学	第 4 期	田晓玲	西南政法大学民商法学院	我国商业标识法律保护制度的协调与完善	传统不正当竞争行为
15	中国法学	第 4 期	刘继峰	中国政法大学民商经济法学院	反不正当竞争法中“一定影响”的语义澄清与意义验证	传统不正当竞争行为
16	法学杂志	第 5 期	陶乾	中国政法大学法律硕士学院	论竞价排名服务提供者注意义务的边界	传统不正当竞争行为
17	知识产权	第 6 期	王太平	广州外语外贸大学法学院	我国普通未注册商标与注册商标冲突之处理	传统不正当竞争行为
18	知识产权	第 7 期	刘维	上海交通大学凯原法学院	论混淆使用注册商标的反不正当竞争规制	传统不正当竞争行为
19	法学杂志	第 9 期	周澎	中南财经政法大学知识产权研究中心	中美商业秘密保护问题及对策研究	传统不正当竞争行为
20	现代法学	第 3 期	王晓晔	深圳大学法学院	论电商平台“二选一”行为的法律规制	互联网不正当竞争行为

续表

序号	期刊	刊期	作者	作者单位	标题	主题
21	华东政法大学学报	第3期	王迁	华东政法大学知识产权学院	论规制视频广告屏蔽行为的正当性——与“接触控制措施”的版权法保护相类比	互联网不正当竞争行为
22	法学	第8期	袁波	上海财经大学法学院	电子商务领域“二选一”行为竞争法规制的困境及出路	互联网不正当竞争行为
23	法商研究	第1期	丁晓东	中国人民大学法学院	论数据携带权的属性、影响与中国应用	数据与反不正当竞争法
24	东方法学	第1期	韩旭至	华东政法大学法律学院	数据确权的困境及破解之道	数据与反不正当竞争法
25	法律科学	第2期	丁晓东	中国人民大学法学院	论企业数据权益的法律保护——基于数据法律性质的分析	数据与反不正当竞争法
26	法律科学	第2期	杨翱宇	清华大学法学院	数据财产权益的私法规范路径	数据与反不正当竞争法
27	法学评论	第1期	孙晋	武汉大学法学院	习近平关于市场公平竞争重要论述的经济法解读	政府与市场关系探究
28	比较法研究	第2期	张晨颖	清华大学法学院	竞争中性的内涵认知与价值实现	政府与市场关系探究
29	法制与社会发展	第6期	金善明	中国社会科学院法学研究所	竞争治理的逻辑体系及其法治化	政府与市场关系探究

（二）2020年反不正当竞争法领域研究成果代表性观点

根据上述统计划分的主题，本报告结合论文的具体内容及主旨将每一主题下的代表性观点、主要内容归纳如下：

1. 反不正当竞争法的定位与发展

对于反不正当竞争法的定位问题，张占江副教授[①]认为，在司法实践中，对不正当竞争行为的认定存在两个显著的问题：其一，简单地套用权利侵害式侵权认定范式；其二，以空泛的道德评价作为不正当竞争认定的标准。上述问题很大程度上可以归结为学界对反不正当竞争法属性定位产生了偏差。要对反不正当竞争法的竞争法属性进行重构，就要摒弃对特定主体营业利益（竞争优势）进行“权利化”保护的侵权法思维，而以“竞争秩序保护”为中心建立不正当竞争（“不正当”）认定的标准和方法。作为经济法的反不正当竞争法，既要预防国家赋予自身干预职能过多，又要将私法性的制度融入整体经济秩序的规范体系之中。从这一意义上讲，反不正当竞争法是意思自治和国家干预的内在统一，是公法与私法“关联交错的场合”。

在《反不正当竞争法》定位问题上，涉及“保护消费者”价值理念问题时，陈耿华博士[②]在文中从制度变迁的视角阐明反不正当竞争法缘何反射保护消费者利益，检视并反思了在互联网时代该种保护模式的不足，在此基础上论证反不正当竞争法应直接保护消费者利益，并据此提出了相应制度安排建议。具体来说，受《反不正当竞争法》最初立法动因、特定经济社会发展阶段特点及立法技术之影响，该法以反射方式保障消费者利益。然基于经济层面互联网商业模式谱写消费者主权，实践层面经营者利益与消费者利益冲突升级，观念层面消费者整体权利意识锐进以及为回应消费者整体利益诉求，证成反不正当竞争法应直接保护消费者利益，并从权益主体、权益内容及权益救济三维度构建反不正当竞争法的消费者利益保护体系。黄武双教授、谭宇航博士[③]在《不正当竞争判断标准研究》中，对于

① 张占江：《反不正当竞争法属性的新定位——一个结构性的视角》，载《中外法学》2020 年第 1 期。

② 陈耿华：《论竞争法保障消费者利益的模式重构》，载《法律科学》2020 年第 6 期。

③ 黄武双、谭宇航：《不正当竞争判断标准研究》，载《知识产权》2020 年第 10 期。

修订后的反不正当竞争法仍未赋予消费者诉权的问题发表了看法。他们认为，无论这种立法安排是否妥当，至少表明了立法者对反不正当竞争法的定位——能够因不正当竞争行为而获得私法救济的主体是经营者，消费者利益保护是间接的，通过在私法上救济经营者、在公法上惩罚行为人来实现。消费者利益的保护，应当通过更好地解释、执行《消费者权益保护法》等法律，或游说立法者在反不正当竞争法中赋予消费者诉权实现。

在《反不正当竞争法》定位主题下，关于《反不正当竞争法》与其他法律的关系，郭传凯博士[①]认为,《反不正当竞争法》中的互联网条款将网络不当竞争行为纳入《反不正当竞争法》体系之中进行规制，造成了架空反垄断法及反不正当竞争法规制宽泛化的双重困境。以网络不当竞争行为的规制为契机,《反垄断法》与《反不正当竞争法》间的关系应当被充分关注。双重困境的克服要充分激活《反垄断法》在网络竞争领域的规制作用，并且对《反不正当竞争法》的网络条款进行限缩适用。王晨竹博士[②]认为，在全球市场一体化不断深化及各个国家广泛实行竞争法域外适用的背景下，竞争法与反倾销法外延效应的彼此互动展现出更为明显的功能性冲突。在未来的区域贸易中，中国安排竞争法与反倾销法的协调机制中需要注意遵循竞争法和反倾销法的冲突和协调规律，依据不同国家和区域的现实情况制定策略，做好面对新责难和新挑战的准备。针对目前学界所流行的商标法保护规则优先于反不正当竞争法规则适用的观点，张伟君、庄雨晴两位学者[③]认为这主要是受到德国法的影响，并提出我国《商标法》等知识产权专门法的适用并不排斥《反不正当竞争法》的适用,《商标法》等知识产权专门法无法制止的行为依然有可能依据《反不正当竞争法》得以禁止。“《商标法》优先适用论”不能绝对化，更不可被滥用。我国知识产权司法实践该走出“《商标法》优先适用论”的误区，应确立《商标法》与《反不正

① 郭传凯:《走出网络不当竞争行为规制的双重困境》，载《法学评论》2020 年第 4 期。

② 王晨竹:《竞争法与反倾销法的功能性冲突及协调路径》，载《法学》2020 年第 9 期。

③ 张伟君、庄雨晴:《“〈商标法〉优先适用论”辨析》，载《知识产权》2020 年第 6 期。

当竞争法》“平行适用原则”。

在《反不正当竞争法》基本问题的新发展方面，王艳芳博士[①]在文中认为，自由、公平和效率是《反不正当竞争法》的基本价值取向，商业道德则是《反不正当竞争法》的基本评判标准。《反不正当竞争法》中的商业道德异于世俗道德，我国当下许多对竞争行为正当性的评价标准通常被赋予过多其他的指标，例如公正理念等。这很可能会导致对行为的判断标准被泛道德化，从而不适当地扩张行为的认定范围。因此，反不正当竞争法中的商业道德应定位于商业伦理。商业伦理并非是抽象概括的“镜花水月”，其同样具备特定的价值观，即与反不正当竞争法的基本价值取向保持一致，追求的不仅仅是一般意义上的公平，同时更重要的是积极的效率。尤其要按照自由和效率的价值取向进行认定或者创制，最大限度地维护竞争自由以及契合市场精神。而无论是价值取向还是商业伦理，都要求奉行模仿自由原则，司法裁判者应当慎用不劳而获的判断标准，以防阻碍市场创新和活力。特别是有必要遏制以“搭便车”、不劳而获等为名，不适当地扩张适用范围、压缩创新空间和干预正当竞争，给予市场成果自由利用的充分机会与空间。黄武双教授、谭宇航博士[②]有感于当前关于不正当竞争判断标准尚未形成共识，分歧较为严重的情况，探讨当前经济环境下不正当竞争的判断标准，提出了“竞争利益—竞争行为—竞争损害—竞争评估”范式，即判断一项竞争行为是否不正当时，需要依次考虑三个构成要件。第一，原告是否存在值得保护的竞争利益。此时竞争利益应为特定的、合法的、具备优势的。第二，原被告之间是否存在具体竞争关系。在竞争关系不断地被拓宽、弱化，乃至摒弃的背景下，要考虑的是具体竞争关系的存在，不要求经营者提供的产品或产品类别完全相同，应参酌“经营模式的近似程度”“用户群体的重合程度”两个因素。第三，被告的竞争行为是否使原告竞争利益受损。

① 王艳芳：《商业道德在反不正当竞争法中的价值与标准二重构造》，载《知识产权》2020年第6期。

② 黄武双、谭宇航：《不正当竞争判断标准研究》，载《知识产权》2020年第10期。

在自由竞争的市场经济体制中，经营者无权要求对其市场地位、顾客来源或盈利机会的保护像保护绝对权利一样，使其免受竞争者的侵害，而是必须将其部分损害作为自由竞争的自然结果而予以容忍，仅享有准财产权或财产性权益。在司法审判中，前述三点若成立，就可初步证明被告的竞争行为具有不正当性。考虑到反不正当竞争法具有市场调控法的“底色”，还需结合比例原则，考虑消费者、其他市场参与主体的利益，对竞争行为作进一步评估。在竞争观方面，陈耿华博士[①]认为，我们应该树立动态的竞争观。以屏蔽视频广告行为为例，如若采用静态竞争观，通常会基于屏蔽、过滤他人广告行为损及经营者利益而认定行为具有不正当性。相反，如果植入动态竞争观，问题的答案将有所不同。依照竞争优胜劣汰机制，有市场则有竞争，有竞争则伴随损害，这里的竞争损害尤为常态，不带有是非色彩，应予中性评判，不能因为有损害结果就简单推导出竞争行为具有非正当性。

2. 传统不正当竞争行为

针对《反不正当竞争法》重要组成部分的市场混淆规制制度，学者们结合审判实践予以深入研究。在商业标识方面，刘继峰教授[②]注意到，立法者一方面将《反不正当竞争法》中的“假冒他人注册商标”直接删除；另一方面从《商标法》中引入了“一定影响”这个新概念，替换原《反不正当竞争法》中的“知名”和“特有”。立法者的这种做法使长期以来商业标识混淆认定方法上的可参考性和独立性被削弱了。刘继峰教授从语义学上分析得出，由于语境从《商标法》转到了《反不正当竞争法》，即便是同一词语，在法域不同的情况下，意义也发生了转变，那么，“商业标识不正当竞争行为”与“商标先用权及商标侵权行为”的认定也会存在差异。田晓玲副教

---

① 陈耿华：《我国竞争法竞争观的理论反思与制度调适——以屏蔽视频广告案为例》，载《现代法学》2020 年第 6 期。

② 刘继峰：《反不正当竞争法中“一定影响”的语义澄清与意义验证》，载《中国法学》2020 年第 4 期。

授[①]以法益保护理论为指导，试图厘清《商标法》和《反不正当竞争法》保护商业标识的界限。其认为，驰名商标跨类使用、反向假冒和域名抢注不属于侵犯商标权的行为，应当纳入《反不正当竞争法》调整范围。《反不正当竞争法》应当在混淆类不正当竞争行为之外，增加淡化和阻碍竞争两类针对商业标识的不正当竞争行为类型。如此，《商标法》和《反不正当竞争法》各司其职，相互配合，商业标识或可得到周延、恰当之保护。对于商标恶意抢注行为，魏丽丽副教授[②]在文中基于我国现行多部法律对商标恶意抢注行为的规制进行了探讨，在适用《反不正当竞争法》进行规制时，其提出了适用该法的优势与边界，其优势在于《反不正当竞争法》的积极性、主动性，其边界在于竞争关系的存在以及利用恶意抢注商标实施不正当竞争行为，同时，《反不正当竞争法》规制商标恶意抢注时，需要以恶意抢注不正当竞争行为民事责任、行政责任的承担为中心。对于普遍存在的转售环节商标使用行为，苏和秦、梁思思[③]两位律师基于对国内司法案例的总结，认为对于转售商在店招上单独使用权利人商标的行为，法院在裁判时存在裁判思路上的分歧。为了解决这些分歧，在我国《商标法》将来的修订中，应注意两种指示性使用行为的区别，并对指示性合理使用的概念作出明确规定。作者认为，此种转售环节的使用行为具有引起相关公众误认其与权利人存在特定联系的间接混淆的可能性，已经构成了对商标的侵权。同时，在权利人商标和字号相同或相似的情况下，未经许可在店招上使用他人商标的行为还可能构成擅自使用他人有一定影响的企业名称（字号）的不正当竞争行为。在注册商标和未注册商标的关系问题上，李雨峰教授[④]认为，理论界与实务界对在先使用商标和注册商标之关系、在先使用商标的法律构造等的认识也存在差别，基于对注册取得商标权制度的维护和对商标使用

① 田晓玲：《我国商业标识法律保护制度的协调与完善》，载《现代法学》2020 年第 4 期。

② 魏丽丽：《商标恶意抢注法律规制路径探究》，载《政法论丛》2020 年第 1 期。

③ 苏和秦、梁思思：《论商标的指示性合理使用》，载《知识产权》2020 年第 3 期。

④ 李雨峰：《未注册在先使用商标的规范分析》，载《法商研究》2020 年第 1 期。

的强调，商标法上形成了三种效力不同的商标权益，即注册商标权益、在先使用商标权益、其他商标权益，而这三种商标权益在权能和效力范围上存有一定差别。王太平教授[①]认为，在普通未注册商标与注册商标之间冲突的处理方面，《反不正当竞争法》与《商标法》的规定存在潜在的冲突，因此，必须从普通未注册商标保护的中国语境和维护注册取得商标权体制的价值取向出发，结合在后注册商标是否存在不正当抢注、注册时间等因素，综合考虑诚实信用、保护在先权利、制止市场混淆等原则，合理解释《反不正当竞争法》第 6 条与《商标法》第 59 条第 3 款，公平处理冲突。刘维副教授[②]分析了混淆使用商标适用《反不正当竞争法》第 6 条第 4 项的法教义学基础、比较法基础，发现该项是禁止混淆条款，应当作为《商标法》第 58 条的具体指向。《反不正当竞争法》第 6 条第 4 项不会与《商标法》第 57 条的规定相抵触，能够廓清与攀附注册商标行为的边界，同时，《反不正当竞争法》第 6 条是专为制止商业标识仿冒的混淆条款，无论注册商标还是未注册商标，只要以致人混淆的方式实施商业标识的仿冒，均可纳入该条的范围。对于市场混淆中的“搭便车”现象，汤文平教授[③]以“乔丹案”为例，从法政策角度对“搭便车”进行了重估，认为“搭便车”未必就是侵权，其正当性扎根于人类行为的基本策略，扎根于名人光环形成及维护的特殊规律，当然也扎根于公平竞争与商业自由的平衡机制。陶乾副教授[④]文章讨论的重点是，当行为人将与他人商标或企业名称对应的相同或相似的文字作为搜索引擎竞价排名关键词或者将其包含在相应的搜索结果中，发生市场混淆后，竞价排名服务提供者的注意边界的确定问题。其认为，虽然从一定程度上说，非权利人设定他人商标或商号为关键词具有“搭便车”的

---

① 王太平：《我国普通未注册商标与注册商标冲突之处理》，载《知识产权》2020 年第 6 期。

② 刘维：《论混淆使用注册商标的反不正当竞争规制》，载《知识产权》2020 年第 7 期。

③ 汤文平：《从个案规范到民法法典化———以“乔丹案”对司法解释及民法典草案的影响为例》，载《现代法学》2020 年第 3 期。

④ 陶乾：《论竞价排名服务提供者注意义务的边界》，载《法学杂志》2020 年第 5 期。

色彩，但如果“搭便车”行为并未产生负面的外部效果，则不需要法律的特别干涉。在商品包装装潢方面，吴元元教授[①]以事后反思性视角审视广药集团与加多宝公司系列争诉，司法应当对系争标的所承载的、作为稀缺文化资产的商誉进行公正合理的确权，以确保未来的市场主体有足够的激励进行商誉创造，并充分发挥商誉应有的经济、社会功能。针对红罐包装装潢之争，其认为正是加多宝而非广药集团成就了红罐凉茶价值惊人的商誉，因此，由其商誉创造所决定，加多宝所产产品符合“知名商品”的构成要素，其自行设计并注册的红罐包装装潢理应受到《反不正当竞争法》的保护，而包装装潢的法律归属，端在于商誉及其创造者。

在商业秘密议题中，周澎博士[②]从制度演进、规制内容、司法保护以及执法水平等角度对中美商业秘密保护进行了比较分析，认为现行《反不正当竞争法》虽对商业秘密的外延进行了扩张，也增加了惩罚性赔偿的规定，但商业秘密保护立法仍存在制度体系化的需求。

3. 互联网不正当竞争行为

随着时代进步与技术的不断发展，互联网领域新型不正当竞争行为也日渐多发，学界对此也颇多关注。比如电商平台“二选一”的问题，王晓晔教授[③]在文中首先探讨了电商平台“二选一”行为对市场的影响和规制现状，其指出，虽然我国目前出现了适用《反不正当竞争法》规制“二选一”行为的案件，但在适用上存在一定的问题。首先，虽然电商平台的“二选一”行为明显损害了其他平台的利益，但其本质上是排除、限制竞争的行为，与《反垄断法》有着更加直接和密切的关系。其次，虽然电商平台“二选一”的行为适用《反不正当竞争法》的门槛较低，因为不需要认定企业的市场支配地位，但是根据《反不正当竞争法》第12条，涉及互联网不正当

① 吴元元：《在所有与使用之间：商誉保护的制度逻辑——以广药集团与加多宝公司系列争讼为中心》，载《东方法学》2020年第2期。

② 周澎：《中美商业秘密保护问题及对策研究》，载《法学杂志》2020年第9期。

③ 王晓晔：《论电商平台“二选一”行为的法律规制》，载《现代法学》2020年第3期。

竞争行为的审理需要对相关“技术手段”进行调查取证。最后，《反不正当竞争法》中规定的法律责任对于处于寡头垄断状态下的我国电商平台没有实质性的威慑力。袁波博士[①]认为，尽管《反不正当竞争法》是规制电子商务领域“二选一”行为的竞争法依据之一，但我国《反不正当竞争法》相关条文缺乏可执行性或可适用性：首先，我国《反不正当竞争法》第12条即“互联网专条”旨在规范网络竞争行为，但该条款是采用案例群类型化的方法提炼而成，依此对“二选一”的行为进行规制的可能性不大；其次，《反不正当竞争法》第2条的适用条件已经被严格限定，尽管“二选一”行为对市场竞争或消费者利益的损害明显，但其未必构成对诚实信用原则和公认的商业道德的违反。郭传凯博士[②]认为，不论是“二选一”还是其他排挤行为，一般只有在经营者滥用市场力量的前提下才能危害市场竞争秩序，继而进入《反垄断法》的规制视阈，而不涉及市场力量滥用的“二选一”“屏蔽对手”等行为必须具备真正的不正当性才可以被《反不正当竞争法》规制。如果经营者仅仅希望消费者排他地接受其提供的产品而要求消费者进行“二选一”，或者以不能享受某种优惠为筹码“强迫”消费者关闭、修改竞争者的服务，抑或在一定限度内屏蔽了竞争对手的广告信息等行为，很可能属正常的竞争行为而不具备可责性。王迁教授[③]关注的是视频广告屏蔽软件所引发的问题，视频网站的免费用户通过软件的使用，跳过视频网站在播放影视剧之前播放的视频广告。王迁教授认为，屏蔽广告行为类似于受到版权法保护的“接触控制措施”，《反不正当竞争法》不会赋予这种行为正当性，因为法律需要保护由商业模式实现的视频网站从广告中获得报酬的利益。同时，“保护消费者利益”和“实质性非侵权用途”规则均不能成为视频广告屏蔽软件开发方的抗辩理由。

---

① 袁波:《电子商务领域“二选一”行为竞争法规制的困境及出路》，载《法学》2020年第8期。

② 郭传凯:《走出网络不当竞争行为规制的双重困境》，载《法学评论》2020年第4期。

③ 王迁:《论规制视频广告屏蔽行为的正当性——与“接触控制措施”的版权法保护相类比》，载《华东政法大学学报》2020年第3期。

4. 数据与反不正当竞争法

数据的法律规制问题，是近年学界讨论的热点。韩旭至博士[①]在文中从物权法、合同法、知识产权法、竞争法、个人信息保护法等诸多规范中对数据进行考察，当前，适用竞争法保护企业数据是司法实务中经常采取的路径。然而，适用竞争法的缺陷在于，激活本属于释义规定的《反不正当竞争法》第2条具有极大的不确定性，六大要件亦将通过《反不正当竞争法》保护数据权益的门槛大大提高，将无法实现维护数据支配权的诉求。通过对若干国内外经典案例进行分析，韩旭至博士认为，一般条款的适用取决于个案衡量的非常规操作，不宜成为一种专门的保护模式，否则将有损司法的正当性和安定性，更有“向一般条款逃逸”的危险。不得不适用一般条款进行裁判，恰好说明了法律制度供给存在严重危机，现有体系无法回应数据权利问题。丁晓东副教授[②]关注到，欧盟颁布的《一般数据保护条例》首次在立法中确立了数据携带权，赋予个体无障碍地获取与转移个人数据的权利。在文中，丁晓东副教授论述了数据携带权之于市场竞争影响的两面性，一方面，数据携带权可以对抗“锁定效应”促进市场竞争，一定程度上避免“赢家通吃”局面的出现。另一方面，可能促进用户更为便利地将数据从小企业迁移到大企业，这反而会加剧数据垄断。此外，如果一个企业可以通过用户数据携带权而轻易获取另一个企业的商业秘密，那么就等于在法律上承认未经对方许可获取商业秘密不属于不正当竞争，这种推论显然不符合人们对商业秘密保护与反不正当竞争的一般认知。除此之外，丁晓东副教授[③]还认为在互联网与大数据时代，数据已经成为企业的重要资产，对企业数据权益应当进行合理保护，但对企业数据不宜进行绝对化与排他性的财产权保护，而应当进行类型化与场景化保护。如，对于非公开

---

① 韩旭至:《数据确权的困境及破解之道》，载《东方法学》2020年第1期。

② 丁晓东:《论数据携带权的属性、影响与中国应用》，载《法商研究》2020年第1期。

③ 丁晓东:《论企业数据权益的法律保护——基于数据法律性质的分析》，载《法律科学》2020年第2期。

的企业数据，应当提供商业秘密保护；对于半公开的数据库数据，应当提供类似欧盟的数据库特殊权利保护；对于公开的网络平台数据，应当采取竞争法保护，避免恶性“搭便车”行为。他还在文中提到，竞争法对于企业数据的保护虽然面临着规则不确定的问题，但《反不正当竞争法》的这一缺点却也正是其优点所在，相比其他传统私法，《反不正当竞争法》可以更为场景化地对数据争议作出判断。不同于丁晓东副教授，杨翱宇博士[①]将数据分为非公开数据和公开数据，前者可受商业秘密制度保护，对作为当前主要研究对象的后者如何保护尚无共识，因此杨翱宇博士认为，应在数据之上创建具备有限排他性的准财产权，在现有法律体系之下，应保留《民法总则》第127条[②]，在《反不正当竞争法》第9条之后新增一个条文对数据准财产权保护作出规定。在《反不正当竞争法》第9条有关商业秘密的规定之后新增一个条文，将数据准财产权内容置于其中，以此在条文逻辑上形成对非公开数据和公开数据的完整保护。

5. 政府与市场关系探究

孙晋教授[③]在文中以习近平总书记系列重要讲话和中央会议精神为基础，对市场公平竞争和竞争法治重要论述进行全面梳理后，总结出习近平总书记重要论述的核心原则就在于正确处理政府与市场的关系，如何正确处理二者关系是影响竞争法治乃至市场经济发展的核心问题所在。政府与市场关系的正确处理为竞争性发展和竞争法治建设提供了核心指导原则，围绕该原则实现竞争法治在宏观和微观层面都有不同的要求和体现。在宏观方面，构建统一开放、竞争有序的市场体系是基本要求，而竞争政策基础地位的确立是实现该要求的应然选择；在微观方面，应着力通过做“减法”即减轻企业的竞争负担和做“加法”即增加企业的竞争机会相结合的方式，共同保障企业自由竞争，同时注重以竞争法和公平竞争审查制度规制行政

---

① 杨翱宇：《数据财产权益的私法规范路径》，载《法律科学》2020年第2期。

② 现为《民法典》第127条。

③ 孙晋：《习近平关于市场公平竞争重要论述的经济法解读》，载《法学评论》2020年第1期。

性垄断来保障企业公平竞争。张晨颖副教授[①]从澳大利亚、欧盟、美国及跨域视角对“竞争中性”进行多元化解读后，得出了竞争中性在国内法、国际层面诞生的背景、所表达的意义、规制对象、适用范畴各有不同的结论。而中国语境下，“竞争中性”的内涵归根结底是寻找政府与市场关系的边界。在此基础上，她认为，在政府与市场共同构建的二维象限下，竞争中性应当因循五对矛盾关系实现其进路。这五对矛盾分别是：竞争政策与产业政策、国有企业与私营企业、大企业与小企业、内资企业与外资企业、本地企业与外地企业。竞争中性的原则及其在以上五对矛盾中的具体适用，可以回答何时需要政府干预市场、如何判断政府干预适度的问题。因此，要构建实现竞争中性的三层次制度体系以实现中国的竞争中性，这三项制度及其体系是：以公平竞争审查制度为主导，竞争法律制度为基石，中小企业帮扶制度、国有企业改革为辅助。金善明博士[②]在文中指出，当前，我国经济已转向高质量发展阶段，试图依靠传统思维和方法再现经济增长的想法或做法已显得不合时宜，因而转换竞争治理范式、确立竞争为经济增长的内生驱动机制成为客观趋势和必由之路。竞争是市场经济的核心机制，是现代国家获得经济增长与繁荣的最有效手段。因此，在处理政府与市场关系上，金善明博士认为，应不断培育和完善经济增长的内生驱动机制，充分发挥市场的资源配置作用，改变现有的经济增长模式过度依赖政府的主导作用而忽视竞争应有效用的情况。

---

① 张晨颖：《竞争中性的内涵认知与价值实现》，载《比较法研究》2020 年第 2 期。

② 金善明：《竞争治理的逻辑体系及其法治化》，载《法制与社会发展》2020 年第 6 期。

图书在版编目 (CIP) 数据

中国反不正当竞争法发展研究报告 / 宁立志等著
. —北京：中国法制出版社，2021.12
ISBN 978-7-5216-1984-3

Ⅰ. ①中… Ⅱ. ①宁… Ⅲ. ①反不正当竞争—经济法
—研究报告—中国 Ⅳ. ① D922.294.4

中国版本图书馆 CIP 数据核字（2021）第 118100 号

责任编辑：李连宇 封面设计：李 宁

中国反不正当竞争法发展研究报告
ZHONGGUO FAN BUZHENGDANG JINGZHENGFA FAZHAN YANJIU BAOGAO

著者 / 宁立志等
经销 / 新华书店
印刷 / 北京虎彩文化传播有限公司
开本 / 710 毫米 ×1000 毫米 16 开 印张 / 23 字数 / 318 千
版次 / 2021 年 12 月第 1 版 2021 年 12 月第 1 次印刷

中国法制出版社出版
书号 ISBN 978-7-5216-1984-3 定价：89.00 元

北京市西城区西便门西里甲 16 号西便门办公区 传真：010-63141852
邮政编码 100053 **编辑部电话：010-63141811**
网址：http://www.zgfzs.com **印务部电话：010-63141606**
市场营销部电话：010-63141612
（如有印装质量问题，请与本社印务部联系。）